Basler Zeitschrift für Geschichte und Altertumskunde

Herausgegeben von der
Historischen und Antiquarischen
Gesellschaft zu Basel

Schwabe Verlag Basel   2010 · Band 110

Die *Basler Zeitschrift für Geschichte und Altertumskunde* erscheint jährlich in einem Band (eine bis zwei Nummern). Zuschriften und Beiträge wissenschaftlichen Inhalts sind zu richten an einen der beiden Redaktoren:

Dr. Hans Berner
Universitätsbibliothek, Schönbeinstrasse 18/20, CH-4056 Basel;

Dr. Hermann Wichers
Staatsarchiv, Martinsgasse 2, CH-4001 Basel.

Der Preis des vorliegenden Bandes beträgt sFr. 75.–. Die Zeitschrift kann durch alle Buchhandlungen oder direkt vom Verlag bezogen werden. Tauschsendungen werden an die Universitätsbibliothek Basel erbeten.

Die Zeitschrift besitzt keinen Besprechungsteil; unverlangt eingehende Rezensionsexemplare können nicht zurückgeschickt werden.

Die Publikation dieses Bandes wurde ermöglicht durch die grosszügige Unterstützung der Freiwilligen Akademischen Gesellschaft (Basel).

© 2010 Historische und Antiquarische Gesellschaft zu Basel
und Schwabe AG, Verlag, Basel
Abbildung auf dem Umschlag: Gilbert de la Porrée, Bischof von Poitiers, kommentiert die Werke des Boethius, um 1200. UB Basel, Ms. O II 24, Bl. 14r.
Gesamtherstellung: Schwabe AG, Druckerei, Muttenz/Basel
Printed in Switzerland
ISBN 978-3-7965-2687-9
ISSN 0067-4540

www.unibas.ch/hag
www.schwabe.ch

Inhaltsverzeichnis

Scriptorium und Offizin.
Festgabe für Martin Steinmann zum 70. Geburtstag

Vorwort	5
Martin Germann: Sankt Martin in Tours und eine seiner monumentalen Bibeln des 9. Jahrhunderts: Wie haben die Hersteller deren harmonische Proportionen bestimmt? Untersucht am Pandekt Ms. Car. C 1 der Zentralbibliothek Zürich	7
Jean-Claude Rebetez: «In cujus rei testimonium…». Quatre chartes inédites de 1257	21
Christoph Eggenberger: «Psalterium eines Cistercienser-Klosters der Baseler Diözese um 1260. Besançon, Bibliothèque municipale, Ms. 54»	37
Charlotte Bretscher, Peter Kamber und Mikkel Mangold: Neues zu ZHB P 4 4°. Besitzer und Buchschmuck des Breviers aus der Bibliothek von St. Urban	55
Martin Roland: Basler Buchmalerei um 1430/40 – Zwei Neuzuschreibungen aus dem Bestand der Österreichischen Nationalbibliothek	81
Beat von Scarpatetti: Weltverachtung an der Schwelle der Neuzeit. Zu den Glossen in der Bibliothek Heynlins von Stein (ca. 1430–1496)	107
Pierre Louis Van der Haegen: Sortimentspolitik der Basler Inkunabeldrucker. Johann Amerbach als Drucker konservativer Standardwerke und als Promotor neuartiger humanistischer Literatur	127
Silvana Seidel Menchi (aus dem Italienischen übersetzt von Monika Pelz): Eine tragische Freundschaft. Julius, Erasmus, Hutten	143
Rudolf Gamper: Wie Vadian seine Deutung der St. Galler Geschichte verbreitete	165

Ueli Dill: «Nautile, symbolum atque larva nostra». Theodor Zwinger unterwegs im Meer des Lebens	177
Martin Möhle: Das Zwingerhaus am Nadelberg	209
Beat Rudolf Jenny: Ein Brief aus dem reichen Fundus der Basler Briefsammlungen. Basel, Johannes Oporin, Theodor Zwinger und die *puella* Susanna	229
Christoph Jungck: Ein Lob aus Tübingen für Basler Drucker	241
Patrick Andrist: Strassburg – Basel – Bern. Bücher auf der Reise. Das Legat der Bibliothek von Jacques Bongars, die Schenkung von Jakob Graviseth und das weitere Schicksal der Sammlung in Bern	249
Ariane Huber Hernández: «Wegen bogarsischer arrestierter liberey» – Korrepondenz zum Wechsel der Bibliothek Jacques Bongars' von Basel nach Bern	269
Marlis Stähli: «Nach der Neigung der jedesmaligen Bibliothekare». Die Basler Universitätsbibliothek aus Zürcher Sicht – Das Gutachten von 1834	277
Fritz Nagel: Worte des Gedenkens für Dr. Paul Henry Boerlin, gesprochen an der Sitzung der Historischen und Antiquarischen Gesellschaft zu Basel vom 30. November 2009	299
Jahresbericht und Jahresrechnung der Historischen und Antiquarischen Gesellschaft zu Basel 2009/2010	305
Verzeichnis der Gesellschaftspublikationen	317
Verzeichnis der Autorinnen und Autoren	321

Festgabe für Martin Steinmann zum 70. Geburtstag

Vorwort

Während 27 Jahren hat Martin Steinmann die «Basler Zeitschrift für Geschichte und Altertumskunde» als Redaktor betreut – nur eine seiner Verpflichtungen neben dem Hauptamt als Vorsteher der Handschriftenabteilung der Universitätsbibliothek Basel, den Lehraufträgen für das Fach der Historischen Hilfswissenschaften an der Universität Basel und der Mitarbeit in zahlreichen Gremien und Fachkommissionen. Den diesjährigen Band der BZGA nun widmet ihm die Historische und Antiquarische Gesellschaft zu Basel, deren Vorsteher und langjähriges Vorstandsmitglied Martin Steinmann war, als Festgabe zu seinem 70. Geburtstag am 21. Juli 2010. Die Beiträge, welche Freunde und Kollegen zu diesem Anlass stiften, berühren Themen, mit denen sich Martin Steinmann seit Jahrzehnten beschäftigt: Schrift und Buch im umfassendsten Sinn, die Geschichte besonderer Manuskripte und Druckwerke, die Bedingungen ihrer Herstellung und Bewahrung, die materiellen und geistigen Lebensverhältnisse von Autoren, Druckern und Sammlern. Neben der immensen Erschliessungsarbeit an den Basler Handschriftenbeständen – grösstenteils unpubliziert, auch ausserhalb der Universitätsbibliothek aber in den zwei Registerbänden (1979/1987) sichtbar – schlägt sich sein Schaffen in einer Vielzahl grösserer und kleinerer Publikationen nieder. Genannt seien nur die Dissertation über «Johannes Oporinus. Ein Basler Buchdrucker um die Mitte des 16. Jahrhunderts» (1966), die Habilitation über «Die humanistische Schrift und den Beginn des Humanismus in Basel» (1976), die Studie «Von der Handschrift zur Druckschrift der Renaissance» (1995), die Edition von Conrad Gessners «Historia plantarum» (1987–1991) oder – als mediävistischer Beitrag – die Mitarbeit an der historischen Gesamtdarstellung «Basel: Geschichte einer städtischen Gesellschaft» (2000). Zu denken ist ausserdem an Editionen und Projekte, die Martin Steinmann angestossen, begleitet und/oder gefördert hat, wie die «Amerbachkorrespondenz», den «Katalog der datierten Handschriften in der Schweiz in lateinischer Schrift vom Anfang des Mittelalters bis 1550», die «Kunstdenkmäler des Kantons Basel-Stadt» oder das Kuratorium «Katalogisierung der mittelalterlichen und frühneuzeitlichen Handschriften der Schweiz».

Bei ihrer zentralen Aufgabe, der Erhaltung alter Bestände, müssen Archive und Bibliotheken einen Weg finden zwischen restriktiven Schutzmassnahmen und Öffnung für die Benutzerschaft. Es hat viel mit der Person von Martin Steinmann zu tun, dass die Handschriftenabteilung der Universitätsbibliothek Basel bei aller Beachtung konservatorischer Bedürfnisse ein zugänglicher Ort blieb, wo nicht nur wenigen ausgesuchten Spezialisten Einlass gewährt wird, sondern ein weiter Besucherkreis sich mit den hier aufbewahrten Schriftzeugnissen und Dokumenten auseinandersetzen kann. Dahinter stand nicht einfach «Publikumsnähe» als verordnetes betriebliches Konzept, sondern Verständnis für ganz unterschiedliche Forschungsinteressen. Die in diesem Band versammelten Beiträge bilden den Ausdruck des Dankes für vielfältige freundschaftliche und kollegiale Unterstützung, welche die Autorinnen und Autoren – zusammen mit vielen andern – durch Martin Steinmann erfahren haben.

Die Herausgeber der BZGA ihrerseits danken, stellvertretend für die Historische und Antiquarische Gesellschaft zu Basel, allen Beteiligten für die Mitwirkung an der vorliegenden Festgabe, deren Druck die Freiwillige Akademische Gesellschaft Basel dankenswerterweise wesentlich mitgetragen hat.

Basel, im Juli 2010   Hans Berner und Ueli Dill

Sankt Martin in Tours und eine seiner monumentalen Bibeln des 9. Jahrhunderts: Wie haben die Hersteller deren harmonische Proportionen bestimmt? Untersucht am Pandekt Ms. Car. C 1 der Zentralbibliothek Zürich[1]

von Martin Germann

Die karolingischen Bibeln des 9. Jahrhunderts aus dem Skriptorium der Abtei Sankt Martin in Tours sind seit jeher als Monumente der Buchkunst verstanden worden, und seit dem Auffinden der Bibel von Moutier-Grandval auf einem Estrich in Delémont im Jahre 1822 ist das Interesse an ihnen nie mehr erloschen. Der Versuch, dieses bebilderte Exemplar zu hohem Preis dem französischen König zu verkaufen, scheiterte damals, und erst 1836 gelang ihr Verkauf an die Bibliothek des British Museum (heute British Library) in London. Nun befassten sich die Gelehrten mit ihr und ihrer Herkunft. Durch weitere Funde und Forschungen bis in unsere Zeit wurde das Skriptorium von Tours genauer bekannt, und seine Werke wurden untereinander in Beziehung gesetzt. Eine große Zahl von Publikationen auch berühmter Gelehrter hat sich der Erforschung dieser Bibeln gewidmet.

Unter den über 100 Handschriften dieses Skriptoriums, die heute bekannt sind, werden Texte zur lateinischen Literatur und Grammatik, zur Kirchengeschichte, zur Theologie und Philosophie und auch etwa 40 Bibeln überliefert. Diese großformatigen Codices sind aus drei Gründen Monumente der europäischen Kulturgeschichte: als bedeutende Zeugen der Bibeltext-Überlieferung, als frühmittelalterliche Pracht-Codices und als Kunstwerke der Schrift, der damals neu geschaffenen karolingischen Minuskel, die heute noch unsere Schrift ist.

Das Zürcher Exemplar der karolingischen Bibel stammt aus den besten Jahren des Skriptoriums zur Abtszeit von Alkuins Lieblings-

---

1 Leo Cunibert Mohlberg: Mittelalterliche Handschriften, Zürich 1951 (Katalog der Handschriften der Zentralbibliothek Zürich, 1), S. 93f., Nr. 226, und Nachtrag S. 367. – Die ältere Literatur über die touronischen Bibeln verzeichnet das Tafelwerk: Die Bibel von Moutier-Grandval, British Museum add. ms. 10546, Bern 1971; vgl. darin besonders die Beiträge: Die Alkuin-Bibeln, von Bonifatius Fischer (S. 49–98); Der Codex und die Schrift, von Albert Bruckner (S. 99–120); Die Buchkunst, von Ellen J. Beer und Alfred A. Schmid (S. 121–185), mit ausgiebigem Tafelteil.

schüler und Nachfolger, Fridugisus (Fredegisus), Abt von Tours 807–834. Durch sorgfältige philologische Arbeit war hier ein im Ganzen recht genauer lateinischer Bibeltext der Vulgata erreicht worden. Die Abtei Sankt Martin zählte damals über 200 Mönche, und das Skriptorium hatte auch qualitativ einen Höchststand erreicht: die besten Schreiber waren herangezogen, eine sparsame Minuskelschrift, die auf den ersten Blick kaum mehr die Unterscheidung der Schreiberhände möglich machte, hatte sich herausgebildet. Nur wenige, vereinheitlichte Abkürzungen wurden verwendet. Für die Gestaltung standen verschiedene Schriften in hierarchischer Abstufung[2] zur Verfügung: die Capitalis quadrata als Initialbuchstabe für den Beginn eines biblischen Buches, die Unzialschrift für die Eingangszeilen, die Halbunziale für die ersten Textzeilen. Eine römische Majuskel diente als Anfangsbuchstabe jedes Abschnitts, die Capitalis rustica für Seitentitel und Textbeigaben. Einige wenige Flechtwerkinitialen wurden vom Buchmaler eingefügt. Der Buchschmuck wurde der Funktion durchaus untergeordnet. Keine verschwenderische Pracht sollte vom Inhalt ablenken; der Schmuck war allein Markstein, Wegmarke für den Leser. Klarheit sollte herrschen.

Im Skriptorium muss die Herstellung der Bücher genau organisiert gewesen sein: von der Herstellung des Pergaments (für das große Bibelformat brauchte man pro Doppelblatt 1 makellose Tierhaut eines Kalbes oder Schafes, für die Bibelhandschrift in Zürich also die Häute einer Herde von über 200 Tieren), über die Zurichtung der Lagen (je 4 Doppelblätter so ineinandergelegt, dass sich je Haar- bzw. Fleischseiten zur Erzeugung eines einheitlichen optischen Eindrucks gegenüberstehen), Blindlinierung nach genauem Schema der harmonischen Proportionen (siehe Abbildung 1) bis zur Zuteilung der Schreibabschnitte: An der Zürcher Bibelhandschrift haben mindestens ein halbes Dutzend Schreiber gearbeitet. Sie hatten sich genau an den vorgegebenen Platz zu halten: man vergleiche die enger laufende Schrift am Fuße der Versoseite, was zeigt, dass das Blatt rechts bereits einem anderen Arbeitsgang zugeteilt oder sogar bereits geschrieben war. Aus solchen Beobachtungen schließen wir auf eine manufakturmäßige Herstellung mit exakter Planung und

---

2 Peter Rück: Anmutung durch Schrift, zur Aussage der Schriftgestalt, in: Erika Eisenlohr/Peter Worm (Hgg.): Fachgebiet historische Hilfswissenschaften. Ausgewählte Aufsätze zum 65. Geburtstag von Peter Rück, Marburg a.d.L. 2000 (Elementa diplomatica, 9), S. 113–115, hier S. 113, Sp. 1; Johanne Autenrieth: «Litteræ Virgilianæ». Vom Fortleben einer römischen Schrift, München 1988 (Schriften des historischen Kollegs. Vorträge, 14), hier S. 18f.

sorgfältiger Kontrolle aller Arbeitsschritte durch eine verantwortliche Skriptoriumsleitung.

Ziel war die Herstellung eines korrekten Bibeltextes für das karolingische Reich. Am Schlusse jedes biblischen Buches wurde die Anzahl der Verse genau vermerkt. Kein Fehler, keine Auslassung durfte den heiligen Text verstümmeln. Der Bibeltext sollte fehlerfrei und in makelloser Schönheit im karolingischen Reich verbreitet werden, getreu dem Befehl Karls des Großen in seiner Allgemeinen Mahnung *(Admonitio generalis)* für Wissenschaft und Bildung in seinem Reich aus dem Jahr 787.

Unter Karls Nachfolger und Sohn Ludwig, genannt der Fromme (regierend 814–840), sollten diese Bibeln den Kathedralkirchen und Hauptabteien des ganzen Reiches als Norm für die Vergleichung der lokal vorhandenen Texte und als Ersatz für ältere Textfassungen zur Verfügung stehen. Der Bibelexport aus Tours scheint gut funktioniert zu haben; jedenfalls konnten die Erstbesitzer der heute ganz oder in Fragmenten überlieferten turonischen Bibeln auf die geistigen Zentren des Reiches, von Westfrankreich bis nach Sachsen, vom Rheinland bis nach Norditalien lokalisiert werden,[3] oft Stiftungen von Mitgliedern des Kaiserhauses selbst. Allein in den Diözesen Basel, Konstanz und Chur lagen mindestens zwölf Touroner Bibeln.

Während meiner Arbeit in der Handschriftenabteilung der Zentralbibliothek Zürich hatte ich das Vergnügen, einen kleinen Aufsatz zu schreiben[4] über die gegen zehn Kilogramm schwere Touroner Bibelhandschrift, die so aufbewahrt wird, wie sie einst geplant wurde, nämlich als Pandekt, das heißt als Ganzes in *einen* Band gebunden. Neben der Schriftkunst und der gediegenen Präzisionsarbeit der harmoniebewussten Schreiber faszinierte mich beim Betrachten der wohlgestalteten Seiten des offenen Buches deren monumentaler Aufbau. Da ich zu dieser Zeit auf die Aufsätze des am Bauhaus geschulten Typographen Jan Tschichold (1902–1974) aufmerksam geworden war,[5] untersuchte ich die karolingische Bibel im Hinblick auf die Maßverhältnisse genauer.

---

3 Bonifatius Fischer (wie Anm. 1), S. 95–98.
4 Martin Germann: Die karolingische Bibel aus Tours, ein Monument der Minuskelschrift um 825/830, in: Alfred Cattani/Bruno Weber (Hgg.): Zentralbibliothek Zürich, Schatzkammer der Überlieferung, Zürich 1989, S. 10–13 und 141–144.
5 Jan Tschichold: Ausgewählte Aufsätze über Fragen der Gestalt des Buches und der Typographie, Basel 1975, S. 45–75.

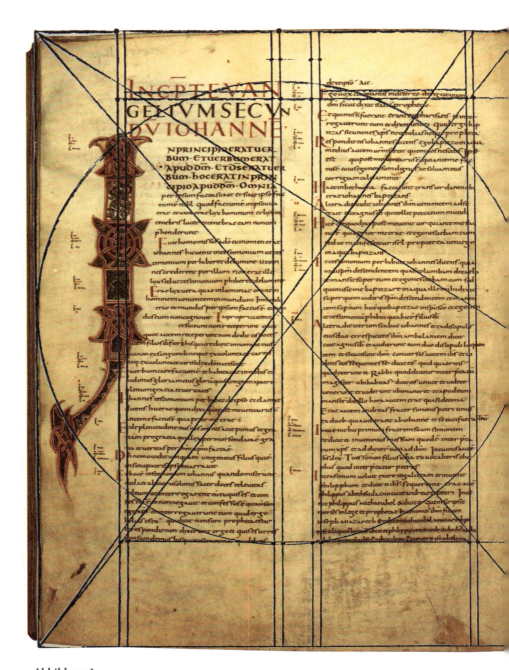

Abbildung 1

Die Proportionen der karolingischen Bibel (Zentralbibliothek Zürich, Ms. Car. C 1, f. 354v/355r) mit dem Beginn des Johannes-Evangeliums. Originalmaße des Doppelblatts: 480 × 720 mm.

Das offene Buch betrachtend, entdeckte ich die harmonischen Proportionen: Die Doppelblätter des offenen Buches verhalten sich von Höhe zur Breite wie 2 zu 3; das Verhältnis von Höhe zu Breite des einzelnen Blattes, das heißt die Proportion des Buchformats, beträgt 4 zu 3. Der Schriftspiegel ist in der Höhe gleich der Blattbreite; die beiden Kolumnen jeder Seite stehen so, dass der Bundsteg 2 Teile, der Kopfsteg 3, der Außensteg 4 und der Fußsteg 6 Teile misst; die 4 Teile des Außenstegs entsprechen einem Zwölftel der Breite des Doppelblattes, der Fußsteg entspricht einem Viertel und der Kopfsteg einem Achtel der Schriftspiegelhöhe.

Diese Maßverhältnisse sind so eindrücklich und regelmäßig eingehalten, dass man nicht an Zufall bei der Herstellung glauben kann. Dahinter steht ein Gestaltungswille, dem gute mathematische und geometrische Kenntnisse zur Verfügung gestanden haben, und die man umso mehr bewundern muss, als bekanntlich die Karolingerzeit die arabischen Zahlen noch nicht kannte, sondern mit den römischen Zahlen rechnen musste, was besonders das Multiplizieren und Dividieren kompliziert machte, sodass man sich bis ins hohe Mittelalter mit den Multiplikations- und Divisionstabellen des Victorius von Aquitanien (unter dem Titel *Calculus*, verfasst um 450 n. Chr.) zu behelfen hatte[6].

Wie haben die Entwerfer der Bibel diese harmonischen Verhältnisse gefunden und konstruiert? Diese Frage beschäftigt mich hier. Rechenkunst und Geometriekenntnisse der Karolingerzeit beruhen auf dem Werk *Stoicheia* des Euklid (Eukleides von Alexandria, um 360–280 v. Chr.). Dessen lateinische Übersetzung hat man Boethius (um 480–524) zugeschrieben und unter dem Titel *Elementa* dem lateinischen Mittelalter bekannt gemacht,[7] während die Geometer und Landvermesser der Römerzeit Teilübersetzungen gekannt haben. Vom 9. bis zum 12. Jahrhundert haben die Araber für vollständige Übertragungen aus griechischen Handschriften gesorgt, und die arabischen Versionen wurden in der Folge bedeutend für die Wissenschaft des Hochmittelalters vor allem durch

---

6 Wesley M. Stevens: Karolingische Renovatio in Wissenschaften und Literatur, in: Christoph Stiegemann/Matthias Wemhoff (Hgg.): 799, Kunst und Kultur der Karolingerzeit. Beiträge zum Katalog der Ausstellung Paderborn 1999, Mainz 1999, S. 662–680, hier S. 670f. – Das Beispiel einer Tabelle des Victorius findet sich in der Burgerbibliothek Bern, Codex 250 f. 1–11, aus dem 10. Jahrhundert.

7 Es existieren noch mindestens 19 Handschriften aus der Zeit vor dem Jahr 1200, aufbewahrt in Bibliotheken von Cambridge bis Prag und Bamberg bis Rom, vgl. Menso Folkerts: Euclid in medieval Europe, Winnipeg 1989 (Questio de rerum natura, 2), hier S. 21f.

die Übersetzungstätigkeit mit der Hilfe von Juden ins Lateinische auf der iberischen Halbinsel vom 12. Jahrhundert[8] an.

Im einzelnen mussten die Konstrukteure des harmonischen Buchformats in St. Martin vor allem die Lehrsätze des Euklid kennen, die dieser tausend Jahre früher aufgestellt hatte: jenen in Buch 3 von Boethius' Übersetzung, der Parallelogramme auf der gleichen Fußlinie erklärt; diese Kenntnis erlaubt, durch Parallelverschiebung Längen beliebig zu unterteilen. Im weiteren entnahm man den *Elementa* den Satz über die Konstruktion des Quadrates und, besonders wichtig, in Buch 5 den Satz des Pythagoras von Samos (2. Hälfte des 6. Jahrhunderts v. Chr.), welcher beweist, dass ein Dreieck mit den Seitenverhältnissen von 3 : 4 : 5 einen rechten Winkel enthält.

Diese elementaren Kenntnisse sind in den Handschriften der Karolingerzeit durchaus überliefert. Als Beispiel seien hier zwei genannt, die heute in der Burgerbibliothek Bern aufbewahrt sind und aus der Bibliothek des Jacques Bongars (1554–1612) stammen, von seinem Patensohn und Erben, Jacques Graviseth (1598–1656) im Jahr 1632 der Stadt Bern geschenkt.

Die eine Handschrift mit der heutigen Bezeichnung Codex 299 enthält die Bücher der Geometrie und der Arithmetik des Euklid: *Libri artis geometriæ et arithmeticæ ab Euclide, translati de Græco in Latinum.*[9] In dieser Handschrift des 11. Jahrhunderts aus Frankreich findet sich auf f. 9ra unten der Beweis für die Parallelverschiebung mit beibehaltenen Winkeln, mit samt einem kleinen Schema in roter Farbe, durchaus korrekt. Folio 14vb unten bis f. 15ra oben ist der Satz des Pythagoras zusammengefasst, dass die Flächen der Quadrate über den kürzeren Schenkeln rechtwinkliger Dreiecke sich zum Quadrat über der Hypotenuse summieren, und das Verhältnis der Seitenlängen von 3 : 4 : 5 beim rechtwinkligen Dreieck wird erwähnt; die vom Illustrator nachträglich beigefügte Skizze zeigt allerdings weder einen rechten Winkel noch die korrekten Seitenmaße, was ein Licht wirft auf die schwierige Lage früherer Gelehrter und Lehrer, die sich mit unvollkommenen Lehrbüchern, von nachlässigen Schreibern und Illustratoren verstümmelt, mühsam über elementare Kenntnisse kundig machen mussten.

---

8   Gute Zusammenfassung der Überlieferungsgeschichte bei Otto Mazal: Geschichte der abendländischen Wissenschaft des Mittelalters, Graz 2006, Bd. 2, S. 9f.
9   Hermann Hagen: Catalogus codicum Bernensium (Bibliotheca Bongarsiana), Bern 1875, Reprint Hildesheim 1974, S. 316–318; Menso Folkerts: Die Altercatio in der Geometrie I des Pseudo-Boethius, in: Gundolf Keil (Hg.): Fachprosa-Studien (Festschrift G. Eis), Berlin 1982, S. 84–114, bes. S. 97 (Sigle Bn).

Die gleichen Texte und Schemata finden sich in der Handschrift Codex 87 der Burgerbibliothek Bern. Sie stammt vom Priester Constantius im Kloster Sankt Peter in Luxeuil, der notiert hat, dass er den 18 Blätter umfassenden Text im Juni des Jahres 1004 innert 11 Tagen geschrieben habe.[10] Hier zeigt die zugehörige Skizze durchaus ein rechtwinkliges Dreieck, aber dafür steht bei einer der Katheten die römische Ziffer III (statt IV).

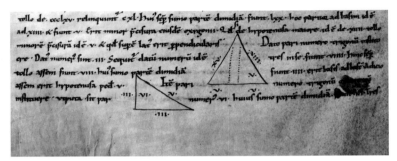

Mit diesen Kenntnissen waren die theoretischen Voraussetzungen für eine erfolgreiche Konstruktion des harmonischen Buchschemas gegeben. An Instrumenten benötigten die Konstrukteure nur das rechtwinklige Dreieck, einen Zirkel sowie ein Lineal, jedoch keinen Maßstab!

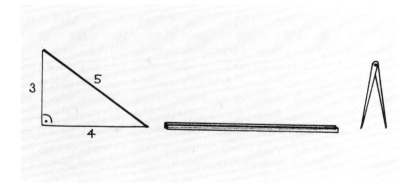

10 Hagen (wie Anm. 9), S. 104–108; Beat Matthias von Scarpatetti: Katalog der datierten Handschriften in der Schweiz in lateinischer Schrift vom Anfang des Mittelalters bis 1550, 3 Bde., Dietikon 1977–1991, hier Bd. 2, Nr. 28 und Abb. 14; Menso Folkerts: «Boethius» Geometrie II, ein mathematisches Lehrbuch des Mittelalters, Wiesbaden 1970 (Boethius, 9), mit Edition von Proposition 48, S. 200, Z. 189–191.

Das heißt, sie mussten nicht messen und rechnen, sondern konnten geometrisch konstruieren, was damals entschieden einfacher war. Das Schema der turonischen Bibeln ließ sich mit geometrischer Konstruktion entwerfen. Im Folgenden wird versucht, die Anweisungen für den Konstrukteur wiederzugeben und das Entstehen des Schemas mitzuverfolgen. Wir versuchen, das Vorgehen zu rekonstruieren.

Die Anweisung des Buchgestalters für die Herstellung des Musters eines Doppelblattes könnte folgendermaßen gelautet haben:

Zur Herstellung einer Vollbibel größten Formats in harmonischen Proportionen soll so vorgegangen werden:

Nimm das genaueste rechtwinklige Dreieck, den besten Zirkel und das geradeste lange Lineal und erstelle das Muster eines Doppelblattes.

1. Aus gleich großen, gut vorbereiteten Kälberhäuten nimm eine und schneide aus ihr in der gewünschten Blatthöhe der herzustellenden Bibel genau rechteckig ein langes Blatt, soweit die Haut reicht.

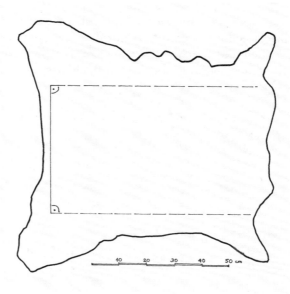

2. Die passende Breite des Doppelblatts in harmonischer Proportion findest Du so: Halbiere die Blatthöhe mittels Falzen oder mit dem Zirkel; schlage mit dem Zirkel drei halbe Blatthöhen auf die Länge. Daraus ergibt sich ein Doppelblatt im Format 2 zu 3 von Höhe zu Breite.

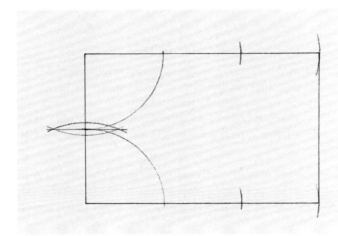

3. Den Falz des Buches findest Du, indem Du die halbe Breite des Doppelblatts durch Falzen oder mit dem Zirkel markierst und diese Mittellinie bezeichnest. Wenn Du das Doppelblatt entlang der Mittellinie faltest, ergibt sich ein Buchformat in 4 zu 3 von Blatthöhe zu Blattbreite.

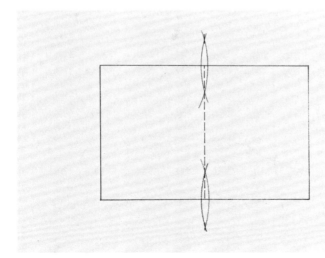

4. Schlage vom oberen und unteren Endpunkt der Mittellinie mit dem Zirkel je einen Halbkreis mit dem Radius der halben Blatthöhe über beide Blätter. Daraus findest Du die Begrenzung der beiden Außenstege links und rechts, wenn Du die Strecken vom Zirkelbogen bis zu den Blattecken halbierst.

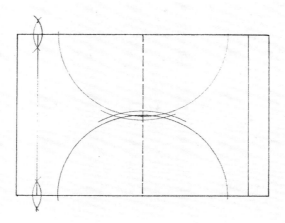

5. Die Begrenzung der beiden Innenstege findest Du, wenn Du einen Außensteg halbierst und dieses Maß links und rechts der Mittellinie abträgst.

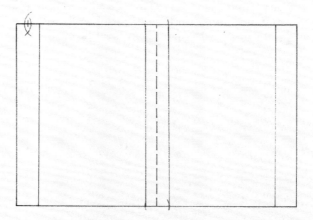

Die Begrenzung des Schriftspiegels oben und unten findest Du folgendermaßen:

6. Ziehe von den oberen äußeren Blattecken eine Diagonale zum Fußpunkt des Innenstegs des Gegenblattes, sowie von den unteren äußeren Blattecken eine Diagonale zum Kopfpunkt der Innenstege dieses Blattes.

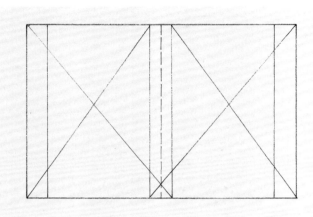

7. Der Schnittpunkt der beiden Diagonalen ergibt den Mittelpunkt eines Kreises mit dem Durchmesser der Blattbreite, welche gleich der Höhe des Schriftspiegels ist. Ziehe am Kreis oben und unten rechtwinklig Tangenten als Kopf- und Fußlinien des Schriftspiegels und erkenne, dass daraus Stege in harmonischer Proportion entstanden sind, nämlich im Verhältnis von 2 zu 3 zu 4 zu 6 für Innen-, Kopf-, Außen- und Fußsteg.

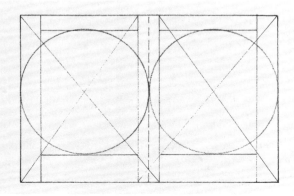

8. Markiere die Breite der beiden Schriftspalten, indem Du die Breite des Außenstegs für jede Kolumne doppelt in den Schriftspiegel überträgst. Halbiere den Kopfsteg als Schreiblinie für den Kolumnentitel!

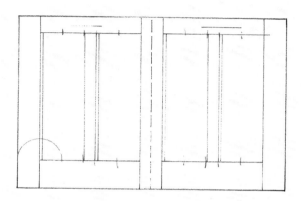

9. Unterteile die Spalten in die Anzahl der gewünschten Zeilen (50); dies geschieht am einfachsten durch Parallelverschiebung, wie Du sie aus dem Euklid gelernt hast.

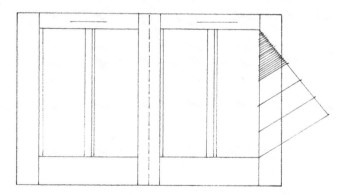

Übergib dem Leiter des Skriptoriums dieses Musterblatt, damit die Schreiber ihre Schriftproben ausführen können. Wenn der Umfang aller Bücher der Bibel berechnet und die Schriftproben genehmigt sind, wird der Auftrag erteilt, dass etwa zweihundertundzwanzig Häute vorbereitet werden für die Herstellung einer Bibel dieses Formats.

Dann soll der Meister der Linierer die Maße diesem Musterblatt entnehmen und eine Schablone erstellen,[11] nach welcher die Brüder, welche linieren, alle 220 Häute in gleicher Weise zurichten und sorgfältig mit ihrem Instrument linieren, damit die Schreiber ihr Werk nach Plan sorgfältig beginnen, ausführen und innert der bestimmten Zeit vollenden können.

Kommentar und Schluss

Bis heute fehlt uns eine detailliertere Vorstellung von der Linier- und Schreibpraxis in den frühmittelalterlichen Skriptorien.[12] Wir postulieren folgende Thesen:

1. Das Messen und Vergleichen von Blatthöhen und Blattbreiten, Spaltenbreiten und Randstegen verschiedener Exemplare von turonischen Bibeln ergeben keine sinnvollen Resultate, da vielleicht gar nicht gemessen, sondern geometrisch konstruiert worden ist.
2. Aus dem gleichen Grund ist die Suche nach einem verwendeten karolingischen Längenmaß im Zentimeterbereich wahrscheinlich zwecklos.
3. Erforscht werden sollten die Proportionen des Buches; vielleicht lassen sich daraus Skriptoriumsgebräuche erschließen.
4. Eine gezielte Untersuchung aller bekannten Touroner Bibeln wäre erwünscht und könnte aufschlussreiche Resultate ergeben.

---

11 Wir haben keine Vorstellung über das Vorgehen, und auch die Tagung «Der Aufbau der Seite in mittelalterlichen Handschriften» in der Burgerbibliothek Bern am 25. Januar 2010 (Tagungsbericht noch ausstehend) brachte keinen Durchbruch.
12 An der in Anm. 11 erwähnten Tagung wurde klar, dass die Vielfalt der vorkommenden Phänomene bisher weder zeitlich noch lokal in ein System zu bringen ist.

«In cujus rei testimonium...».
Quatre chartes inédites de 1257

par Jean-Claude Rebetez

Parmi de nombreux documents médiévaux, il existe aux Archives de l'ancien Évêché de Bâle[1] quatre chartes de 1257, rédigées en latin et inconnues des chercheurs.[2] C'est en retirant, durant l'été 2009, l'un de ces parchemins des «restes à classer» des AAEB, que nous avons découvert les trois autres (mis en place dans la deuxième moitié du XXe siècle seulement) dans les dossiers provenant de l'ancien chapitre canonial de Saint-Ursanne. Il s'agit de quatre documents faisant état de deux dons en faveur de l'abbaye de Valdieu,[3] près de Belfort, à savoir deux chartes du 13 mars 1257 de l'évêque de Bâle Berthold II de Ferrette (1249–1262) et deux chartes du 2 octobre 1257 du seigneur Richard de Glères.[4] Dans les deux cas, chaque «paire» de chartes a été réalisée par le même auteur, porte une date identique, et décrit le même don; pourtant, les exemplaires de chaque paire présentent des différences formelles et de contenu d'importance variable. Dans le présent article, nous allons d'abord analyser ces documents dans leur forme et leur contenu, puis les replacer dans leur contexte historique, afin de voir quelles conclusions nous pouvons en tirer.

Analyse des documents

Le fait qu'un même acte soit dressé simultanément en deux ou plusieurs exemplaires n'est pas rare au Moyen Âge; les diplomatistes,

---

1 AAEB, Porrentruy (Suisse): voir le site web www.aaeb.ch.
2 AAEB, B 288/26, B 288/27 et Chartes. Les notes dorsales (analyses et «cotes») sur les parchemins montrent qu'ils proviennent tous du fonds d'archives des chanoines de Saint-Ursanne. Documents inconnus de Joseph Trouillat: Monuments de l'histoire de l'ancien Évêché de Bâle, 5 vol., Porrentruy 1852–1867, de Rudolf Wackernagel et Rudolf Thommen: Urkundenbuch der Stadt Basel (UBB), Bd. 1, Basel 1890, et d'Anton Gössi: Das Urkundenwesen der Bischöfe von Basel im 13. Jahrhundert (1216–1274), Basel 1974 (Quellen und Forschungen zur Basler Geschichte, 5).
3 Valdieu: com. de Valdieu-Lutran, cant. Dannemarie, arr. Altkirch, dép. Haut-Rhin.
4 Berthold de Ferrette: évêque de Bâle de 1248 à 1262 (Helvetia Sacra, I/1, Berne 1972, p. 177s.); Richard II de Glères, sire de Montjoie, attesté entre 1233 et 1291 (J. T. de Mesmay: Dictionnaire historique, biographique et généalogique des anciennes familles de Franche-Comté, Versailles 2006, t. 2, p. 96), père probable du *Minnesinger* Wilhelm von Gliers, figurant dans le manuscrit Manesse).

qui ont bizarrement fort peu traité de ce sujet, parlent alors d'originaux multiples *(mehrfache Ausfertigung)*.[5] Le plus souvent, on réalisait des originaux multiples afin de pourvoir chaque partie intéressée d'une version du texte du contrat ou de l'accord concerné. À notre connaissance, il n'existe pas d'étude sur ce type de documents pour l'époque et la région qui nous intéressent. Il est cependant possible de poser quelques jalons en s'appuyant sur l'exemple des documents épiscopaux, car ces derniers ont fait l'objet de publications et de recherches détaillées qui facilitent notre étude. En effet, sur la base des éditions et régestes réalisés par Anton Gössi dans son travail sur les chartes épiscopales du XIIIe siècle, nous avons pu dresser la liste des actes dont l'évêque Berthold est l'auteur diplomatique et qui sont conservés en double exemplaire. Les sept exemples[6] ainsi identifiés d'actes en deux exemplaires datent de 1251 à 1261 et représentent 14 documents sur les 89 attribués à Berthold par Gössi, soit environ 16% du total (à quoi il faut naturellement ajouter nos deux pièces du 13 mars 1257). Un rapide survol de ces 14 chartes permet les observations suivantes:[7]

– Taille: les dimensions des parchemins des actes en deux exemplaires sont identiques ou très proches dans les trois cas (six chartes au total) pour lesquels nous avons des informations.
– Mains ou scripteurs: sur les six cas (12 chartes) où Gössi se prononce, il n'attribue qu'une fois les deux exemplaires à des mains différentes.[8]

---

5 Milagros Cárcel Ortí (éd.): Vocabulaire international de la diplomatique, Valence 1997, p. 30.
6 Gössi (voir n. 2), 1251, 15 juin: p. 175, n° 83–84 (régestes), p. 189s. (éditions); 1252, 29 juillet: p. 190, n° 91–92 (éditions), p. 62s. (main); 1256: p. 177, n° 117–118 (régestes), p. 66 (main); 1257, 25 mars: p. 177, n° 121–122 (éditions), p. 62s. (main; voir aussi UBB I, n° 322, p. 234 pour un autre avis); 1257, 28 décembre: p. 193, n° 125–126 (éditions), p. 48 (main); 1260: p. 179, n° 143–144 (régestes), p. 47 (mains); 1261, 24 décembre: p. 180, n° 152–153 (régestes), p. 51 (main; voir aussi UBB I, n° 401, p. 299, pour un autre avis). A notre connaissance, il n'existe pas d'acte de Berthold II ayant été transmis à trois exemplaires ou davantage.
7 Il ne nous a pas été possible de vérifier ces éléments sur les originaux par nous-même et nous avons repris les informations de Gössi, mais il ne les donne pas systématiquement, pas plus que les UBB (voir n. 2).
8 Gössi (voir n. 2): il s'agit du texte de 1260 (p. 179, n° 143–144 et p. 47 pour les mains); dans deux cas, les éditeurs des UBB (voir n. 2 et 6) attribuent les deux versions à des mains différentes, contrairement à Gössi: 1257, 25 mars (UBB I, n° 322, p. 234) et 1261, 24 décembre (UBB I, n° 401, p. 299); un même scripteur pouvait modifier sensiblement son écriture selon le soin apporté au document et le degré de cursivité (voir dans Gössi les illustrations n° 13–15). Sur la difficulté de l'analyse des mains: Benoît-Michel Tock: Une chancellerie épiscopale au XIIe siècle: le cas d'Arras, Louvain-La-Neuve 1991, p. 25,

– Contenu: dans tous les cas (14 chartes), il n'existe que des variations de contenu très faibles ou justifiables.[9]

Nous pouvons donc admettre que les actes de Berthold expédiés en deux exemplaires étaient souvent (mais pas toujours) écrits par le même scribe, avaient une taille comparable, et qu'ils présentaient des contenus identiques ou fort proches – comme il est du reste logique.

Qu'en est-il de nos quatre documents inédits de 1257? Les deux chartes épiscopales du 13 mars présentent de très grandes différences de forme. La charte A (la plus grande et la plus complète)[10] a une taille de 19 cm × 14 cm (avec un revers de 1.5 cm), pour 10 lignes de texte, rédigé d'une encre noire; des rubans de tissu de 5 mm de large portaient les deux sceaux (perdus, sauf un fragment du sceau épiscopal); malgré certains efforts (grands interlignes), la mise en page est relativement peu soignée (parchemin asymétrique, lignes penchées, marge droite irrégulière); l'écriture présente un module de 2.5 mm et affecte un certain caractère solennel (ornementation des majuscules, aigrettes sur les r, etc.). La charte B est beaucoup plus petite (14.5 cm × 9 cm, dont un revers de 2.5 cm), compte 11 lignes d'une encre brune; elle était scellée de deux sceaux (perdus) sur des rubans de tissu bicolores de 1 cm de large; la mise en page, très régulière, est simple mais soignée, comme l'écriture (module de 1.5 mm), qui n'est pas de la même main que la charte A.

Nous avons édité en annexe la version A de l'acte du 13 mars 1257, dont le lecteur trouvera aussi une reproduction photographique. Cette version A est la plus complète et nous pensons qu'elle a pu être le modèle de la version B. L'auteur du document, l'évêque Berthold, explique avoir repris de divers tenanciers laïcs la terre «dite de Chervillers»[11] (vers Saint-Ursanne) et l'avoir concédée en jouissance héréditaire au couvent Sainte-Marie de Valdieu, de l'ordre de La Chaise-Dieu, contre un cens *(Zins)* annuel de 5 sous; Berthold réserve les droits de l'Église de Bâle et du chapitre de Saint-Ursanne, qui sont propriétaires de cette terre. La charte est scellée par l'évêque et le prévôt de Saint-Ursanne, Erkenfrid; le lieu du contrat

---

et J. Kruisheer: Kanzleianfertigung, Empfängeranfertigung und Anfertigung durch Dritte. Methodologische Anmerkungen anlässlich einiger neuerer Untersuchungen, in: Archiv für Diplomatik 25 (1979), p. 256–300 (ici p. 264).

9 Comme par exemple une modification de la liste des scellants liée à la présence d'un sceau supplémentaire (UBB, voir n. 2, I, n° 322, p. 234, 1257, 25 mars).
10 AAEB, Chartes *(sub dato)*, document classé en 2009.
11 Chervillers: lieu-dit au bord du Doubs, ancienne commune d'Epauvillers, vers Saint-Ursanne, canton du Jura.

est inconnu. Nous pouvons admettre que l'un des exemplaires a été remis au couvent de Valdieu et l'autre au chapitre de Saint-Ursanne, comme garantie de la préservation de ses droits. La comparaison des deux versions montre que le contenu des deux premières et des quatre dernières lignes de la charte A (plus des deux tiers du texte), se retrouve dans la charte B au mot et à la lettre près – nonobstant d'insignifiantes différences, comme de petites variations orthographiques ou d'abréviation. Toutefois, la version B se signale par d'importantes omissions dans la partie centrale du document:

— La mention d'une partie des tenanciers laïcs dessaisis de la terre de Chervillers (ligne 3 de la version A) manque dans la version B.
— La présentation du récipiendaire est sévèrement tronquée: en effet, le texte B ne parle que du monastère de Valdieu de l'ordre de La Chaise-Dieu, alors que le texte A ajoute la mention «du prieur et des moines servant Dieu dans ledit lieu de Chervillers». Cette dernière information est de taille, puisque nous apprenons ainsi qu'il y eut alors une tentative pour le moins étonnante d'établir dans la boucle du Doubs un prieuré de La Chaise-Dieu dépendant de Valdieu!

Ces différences du texte sont-elles volontaires? Ecartons d'abord l'hypothèse d'erreurs de copie: non seulement la version B est d'une présentation plus soignée et rigoureuse que la version A, mais le texte a subi de petites modifications nécessaires pour en préserver la cohérence en fonction des coupes effectuées, ce qui prouve que ces dernières sont voulues. Il ne s'agit pas non plus de coupes visant simplement à adapter la taille du texte B au format du parchemin, très inférieur à celui de la version A: même en admettant qu'on n'ait pas disposé de parchemin plus grand, il aurait suffi pour gagner largement la place nécessaire à une copie intégrale de faire un revers plus petit, identique à celui de la version A… Nous ne croyons pas davantage qu'il faille supposer que l'une des versions soit un faux, comme les diplomatistes du siècle passé l'auraient peut-être soupçonné en considération de leurs différences de forme[12] et de

---

12 On notera que le formulaire de l'acte est très réduit: après l'intitulatio et la formule de dévotion très brève *(«Dei gratia»)*, nous n'avons qu'une adresse très brève aussi *(«universis»)*; pas de salut, ni de préambule ou d'arenga; cette concision se rapproche d'actes en vulgaire plus tardifs (Gössi, voir n. 2, fig. 30, 1271 et surtout fig. 32, 1274: même texte en allemand). À notre connaissance, aucun des autres actes de Berthold ne comporte ce formulaire si bref, ce qui ne signifie pas qu'il s'agit d'un faux, mais plutôt d'un acte peu important ou que la version A a été instrumentée par le destinataire, Valdieu (chose alors courante).

fonds: réaliser un faux représentait déjà au Moyen Âge une somme importante d'efforts – et des risques! – que les variantes du contenu entre les deux versions ne justifient pas ici. Nous pouvons donc admettre que l'évêque de Bâle et le prévôt de Saint-Ursanne ont en l'occurrence consciemment scellé ces deux actes, pourtant nettement distincts dans leur contenu; le fait est d'autant plus insolite qu'il constitue un cas atypique parmi les actes en double exemplaire de l'évêque Berthold.

Les chartes du 2 octobre 1257 présentent un cas assez différent. Nous désignons ici par version A la charte scellée par le seul Richard de Glères. Formellement, elle est un peu plus petite que la charte B (jadis scellée par lui et le comte Ulrich II de Ferrette)[13] et elle comporte le même nombre de lignes (14), mais l'écriture n'est pas la même et est moins soignée que dans la version B. De plus, le texte contient de grandes différences: même si les deux versions de l'acte du 2 octobre ont en gros la même structure et le même contenu, les variantes sont extrêmement nombreuses, portant sur des points de détail, des formulations différentes, la syntaxe, etc. Bien que certaines phrases ou propositions soient parfois très proches ou identiques, il ne s'agit pas de deux exemplaires d'un même acte, mais de deux rédactions distinctes.

Dans le texte A, le seigneur Richard de Glères, approuvé par sa femme Marguerite et son fils Berthold, donne sa *«villa»* (un domaine foncier) de Montbion[14] au couvent de Valdieu, à la condition que les moines y bâtissent une chapelle Saint-Nicolas où une messe bi-hebdomadaire devra être célébrée perpétuellement en mémoire de Richard et de sa famille. Le couvent devra payer un cens de 6 sous dû au chapitre de Saint-Imier[15] et Richard renonce explicitement à tout droit sur les hommes du domaine et sur ceux qui viendraient à l'avenir le cultiver. Le contenu du texte B se distingue surtout par les points suivants:

- Alors que la version A explique que le couvent de Valdieu appartient à l'ordre de La Chaise-Dieu, du diocèse de Clermont, la version B spécifie, elle, que Valdieu relève du diocèse de Bâle et de l'ordre de saint Benoît, mais sans mention de La Chaise-Dieu.

---

13 Ulrich II: comte de Ferrette de 1227 à 1275; voir Christian Wilsdorf: Histoire des comtes de Ferrette (1105–1324), s.l. 1991.
14 Montbion: lieu-dit au-dessus de Chervillers (voir n. 11).
15 Chapitre de Saint-Imier (commune du Jura bernois actuel), voir Helvetia sacra, III/1, 1, Berne 1986, p. 302–303 et surtout II/2, Berne 1977, p. 434–441.

- La chapelle Saint-Nicolas doit être construite à Chervillers (version A: Montbion).
- La version B va plus loin que la version A en précisant que la totalité des revenus du domaine de Montbion doit servir à cette chapelle – une clause restrictive par rapport à Valdieu.[16]
- L'annonce du sceau du comte ne se trouve évidemment que dans la version B.
- Après les annonces des sceaux figure une deuxième confirmation du don, faite à la première personne, par Marguerite et Berthold, la femme et le fils de Richard de Glères, mais aussi la sœur et le neveu d'Ulrich (ce que le texte ne précise pas).[17]

A l'instar des actes du 13 mars 1257, et pour les mêmes motifs, nous pouvons exclure ici qu'un des documents soit un faux. Les différences de contenu ont été voulues ou au moins acceptées par les deux scellants, respectivement le comte de Ferrette et Richard de Glères. Comme Richard est l'auteur diplomatique de la donation et des deux actes, il est possible que la charte A ait été rédigée la première et ait servi de modèle non contraignant à la charte B, réalisée sous les auspices du comte simultanément ou peu de temps après.[18] S'il est clair que le couvent de Valdieu a reçu l'une des chartes, il n'y a pas de certitude sur le destinataire de la deuxième; à notre avis, il s'agissait aussi de Valdieu, car le deuxième document apportait la caution du comte de Ferrette, le beau-frère de Richard et le plus grand féodal de la région, ce qui constituait une garantie de poids – malgré certaines précisions du texte peut-être moins favorables au couvent.

Ces deux paires de documents présentent donc des variations inhabituelles tant pour la forme que pour le fonds, qui ne remettent pas en cause leur authenticité, mais constituent un fait insolite, qui reste à interpréter.

---

16 Version B: «(…) *ita videlicet ut apud Chavilier ad laudem et honorem beati Nycolay, per abbatem ecclesie supra dicte, capella, prout facultas exigit, honorabilius extruatur, ita vero ut redditus predicte ville ad eandem capellam presententur, in qua semel (…)*». Version A: «(…) *sic videlicet ut in villa prehabita* [Montbion], *capella ad laudem et honorem beatissimi confessoris Nicolai per abbatem cenobii sepedicti construatur, in qua semel (…)*».

17 «(…) *ego Margarita uxor domini R. de Gliers et ego Bertoldus filius ejus, dicimus et presentibus profitemur donationem prescriptam per nostras manus et puram voluntatem esse factam. Actum et datum (…)*».

18 Certes, les deux actes portent la même date: «Fait et donné l'an du Seigneur 1257, le 2 octobre, indiction 15». Mais la distinction entre les dates de l'action juridique et de la rédaction de l'acte (voire ici des rédactions) semble peu respectée à l'époque dans notre région.

Valdieu, sa fondatrice et les Ferrette

L'abbaye de Valdieu n'a pas connu un grand développement et est peu étudiée.[19] Fondée après 1250, elle est réduite en prieuré et tombe en commende au XVIe siècle, puis l'archiduc Léopold d'Autriche confère en 1617 le prieuré au collège des Jésuites d'Ensisheim pour assurer l'entretien de quatre Pères;[20] le couvent devient français après la guerre de Trente Ans et ses bâtiments seront détruits à la Révolution, puis lors du creusement du canal du Rhône au Rhin.[21] Valdieu se trouve à 2–3 km des communes de Montreux-Vieux et Montreux-Jeune et à 15 km à l'est de Belfort, en Alsace, dans le département du Haut-Rhin, mais juste à la frontière avec le Territoire de Belfort; au Moyen Âge, l'abbaye se situait dans le diocèse de Bâle, près de la limite avec le diocèse de Besançon.

Valdieu appartient officiellement dès octobre 1260 à la congrégation de La Chaise-Dieu.[22] L'abbaye de La Chaise-Dieu est fondée au milieu du XIe siècle par Robert de Turlande, fils d'un noble auvergnat. Elle participe au renouveau spirituel basé sur la recherche de la pauvreté et une vie érémitique austère, avec une stricte lecture de la Règle de saint Benoît. L'ordre regroupe plusieurs abbayes filiales plus ou moins autonomes, auxquelles il faut ajouter de très nombreux prieurés; il essaime surtout dans la France du sud, en Espagne et en Italie. La congrégation atteint le faîte de son expansion au XIIIe siècle et Valdieu représente un point d'extension extrême de l'ordre vers le Nord-Est.

Agnès de Commercy[23] est la fondatrice du couvent de Valdieu: veuve de Ferry (ou Frédéric) V, comte de Toul, Agnès vient d'une famille lorraine et réside à Fontenoy-le-Château,[24] place forte

---

19   Abbé A. Behra: Les Trois Montreux. Histoire de la Seigneurie de Montreux-Château suivie d'un chapitre sur l'Abbaye de Valdieu, Mulhouse 1929 (réimpression en 1984), spéc. p. 319–344; René Bornert: Le texte authentique de la charte de fondation de l'abbaye de Valdieu de 1260, in: Annuaire du Sundgau (1998), p. 237–250.
20   Behra (voir n. précédente), p. 329; AAEB A 94–95/2.
21   Gérard Himmelberger: L'abbaye de Valdieu, in: Annuaire de la Société d'Histoire Sundgauvienne (1986), p. 207–220, ici p. 218s.
22   Léon Viellard: Documents et Mémoires pour l'histoire du Territoire de Belfort, Besançon 1884, p. 473–480 (copie du XVIIIe siècle d'une charte-pancarte reprenant la charte de tradition de Valdieu à La Chaise-Dieu d'octobre 1260, complétée par la mention d'autres donations effectuées peu avant et après 1260); Bornert (voir n. 19), p. 238–243 (édition de la charte de tradition originale d'octobre 1260, en regard avec le texte ci-dessus et avec une traduction française).
23   Viellard (voir n. précédente), p. 473–480; Simone François-Vivès: Les seigneurs de Commercy, Nancy 1938, p. 28; Wilsdorf (voir n. 13), p. 107, 144.
24   Fontenoy-le-Château: cant. Bains-les-Bains, arr. Epinal, dép. des Vosges.

bouclant le sud du comté de Toul et chef-lieu d'une importante seigneurie. En 1254, Agnès donne à Guido, un moine de La Chaise-Dieu, le site de la future abbaye (vers son château de Montreux), puis des dîmes à Montreux-Vieux, pour y créer un couvent dont il sera l'abbé.[25] Le choix surprenant de cette congrégation si éloignée s'explique très probablement par des liens personnels entre elle et Guido, ainsi que par la proximité de l'abbaye casadéenne de Faverney,[26] située dans le diocèse de Besançon à environ 25 km de Fontenoy. Agnès établit Valdieu sur des terres provenant de son propre héritage familial et situées dans une région sous l'influence des comtes de Ferrette, à la frontière avec le comté de Montbéliard. En 1260, elle réserve explicitement l'avouerie *(Vogtei)* de l'abbaye au seigneur de son château de Montreux.

Si Agnès est à l'origine de Valdieu, la fondation a profité de nombreux autres bienfaiteurs, à commencer par l'évêque Berthold et son frère, le comte Ulrich II de Ferrette. Outre leurs interventions de 1257 jusqu'ici inconnues, ces derniers donnent en 1261 respectivement la moitié des revenus du patronage de l'église de Ballersdorf (environ 5 km à l'est de Valdieu) et la moitié d'un moulin proche.[27] Plus important encore, les autres bienfaiteurs émargent le plus souvent de la famille ou du cercle des personnes liées aux Ferrette.[28] Ainsi, Thibaut de Belvoir appartient à une famille comtoise, d'une branche cadette de celle dont est issue la deuxième femme d'Ulrich II, Agnès de Vergy;[29] Henri de Ferrette est un bâtard du comte Frédéric II, donc le demi-frère d'Ulrich II; Richard de Glères a épousé Marguerite de Ferrette, la sœur d'Ulrich et de Berthold; enfin, un autre donateur, Erkenfrid von Rixheim, le prévôt de Saint-Ursanne aussi mentionné dans la charte du 13 octobre 1257, est chantre de l'Église de Bâle et manifestement un proche de Berthold, sinon des

---

25 Bornert (voir n. 19), p. 243s., spéc. n. 4 (d'après Archives du Département du Haut-Rhin, + D, Supplément 2 et 15).
26 Faverney: cant. d'Armance, dép. Hte-Saône. Couvent féminin du haut Moyen Âge, transformé par l'archevêque de Besançon Anséri en abbaye d'hommes qu'il confie à La Chaise-Dieu en 1132, sans abandonner toutefois son droit de correction. Ses successeurs conservent un droit de regard sur le monastère, qui suscite d'ailleurs une querelle entre l'archevêque Humbert et l'abbaye de La Chaise-Dieu en 1260 (Gallia pontificia, vol. I: Diocèse de Besançon, Göttingen 1998, p. 160–165; René Locatelli: Sur les chemins de la perfection. Moines et chanoines dans le diocèse de Besançon vers 1060–1220, Saint-Étienne 1992, p. 277, n. 4).
27 Ballersdorf: cant. Altkirch, dép. Haut-Rhin (Bornert, voir n. 19, p. 246–247; Wilsdorf, voir n. 13, p. 152, n. 150.
28 Viellard (voir n. 22) et Bornert (voir n. 19).
29 Wilsdorf (voir n. 13), p. 107; Bornert (voir n. 19), p. 246; Mesmay, t. 1 (voir n. 4).

Ferrette. Du reste, Ulrich II a peut-être épousé en premières noces la sœur d'Agnès de Commercy, ce qui expliquerait pourquoi cette dernière le désigne sous le terme de *«frater»*.[30] Pour fonder Valdieu, Agnès a certainement mis à contribution des biens provenant de sa branche familiale issue des Bar-Montbéliard (rappelons qu'Agnès est, comme les Ferrette, une descendante du comte Renaud de Bar), ce qui explique leur localisation aux confins du comté de Ferrette et leur caractère assez marginal par rapport au patrimoine de sa famille. La dotation initiale de Valdieu reste relativement modeste et la famille d'Agnès ne paraît pas y avoir prêté une grande importance – y compris après la mort de celle-ci.

Il est clair en revanche qu'Agnès a créé le couvent avec l'accord des deux frères de Ferrette et leur soutien. Le poids de leur engagement dans cette affaire est en effet évident; il témoigne de la parfaite entente des deux frères et se manifeste peut-être moins par la valeur des dons concernés (plutôt modestes) que par le réseau des relations familiales et sociales dont il témoigne et qu'il met en œuvre. Quel est leur but? Si une certaine solidarité familiale avec Agnès est possible, les motivations de politique lignagère sont sans aucun doute déterminantes. Valdieu se trouve dans une zone frontalière importante pour les Ferrette, laquelle sera bientôt agitée par un violent conflit avec les comtes de Montbéliard. Il est donc essentiel pour les Ferrette de participer à la fondation de Valdieu, du reste impossible sans leur accord. Ulrich escomptait ainsi pouvoir, à terme, mettre totalement sous sa coupe le nouveau couvent, en relation avec la seigneurie de Montreux, également convoitée et qui reviendra effectivement aux Ferrette.[31] Par la suite, Ulrich et ses fils poursuivent leur soutien à Valdieu.[32] Il est possible qu'Ulrich ait vu dans Valdieu un sanctuaire familial secondaire, à l'usage de la lignée de son fils aîné, Frédéric de Rougemont, écarté de la succession comtale: en effet, lorsque Jean, le fils de Frédéric, meurt sans enfants en juin 1295, son oncle, le comte Thibaut de Ferrette, s'empare de sa succession (la châtellenie de Rougemont, au Nord-Ouest du comté) et fonde une messe anniversaire à l'abbaye de Valdieu, où Jean est alors enseveli auprès de sa sœur Jeannette et d'autres membres de sa famille, si l'on en croit l'acte de fondation du 14 juillet 1295.[33] Berthold a encore une

---

30 Wilsdorf (voir n. précédente).
31 Wilsdorf (voir n. précédente), p. 230s.; Behra (voir n. 19), p. 37s.
32 Bornert (voir n. 19), p. 248.
33 AAEB, A 94–95/2, copie du XVIIe siècle de la donation du 14 juillet 1295. Les identifications de Behra et de Bornert sont fautives. Sur la succession et la mort de Jean: Wilsdorf (voir n. 13), p. 179.

autre motivation. Comme évêque, il a beaucoup aidé les couvents et religieux de son diocèse (en particulier les franciscains et les cisterciens),[34] et nous voyons ici qu'il soutient aussi l'incorporation de Valdieu à l'ordre de La Chaise-Dieu. En effet, en 1257 déjà, Berthold présente le couvent comme valdéen (contrairement à son frère Ulrich, plus réticent) et, en 1260, il scelle l'acte d'incorporation officielle de Valdieu à l'ordre, qui garantit à La Chaise-Dieu le choix de l'abbé.[35] Les risques de conflit restent néanmoins contrôlables: La Chaise-Dieu est loin et Valdieu jouira au sein de la congrégation d'une certaine autonomie, profitable à l'évêque et aux potentats locaux, dont les Ferrette (du reste, le pape octroie en 1291 le droit de libre élection à Valdieu).[36] Berthold permet et favorise l'implantation dans son diocèse d'un ordre respecté; il poursuit ainsi un but spirituel et religieux, même s'il le concilie avec ses priorités lignagères.

Les chartes de 1257: contexte et interprétation

Ces quatre chartes documentent les donations faites à Valdieu de revenus localisés dans la boucle du Doubs et la prévôté du chapitre de Saint-Ursanne. Rappelons ici que le chapitre de Saint-Ursanne et la seigneurie temporelle qui en dépend sont sous la domination des évêques de Bâle, qui y resserrent continuellement leur emprise durant le Moyen Âge.[37] Le milieu du XIIe siècle constitue un moment important, puisque l'évêque, déjà seigneur suzerain du chapitre, rachète en 1241 du seigneur d'Asuel l'avouerie exercée par ce dernier sur le chapitre et ses gens; de plus, les prévôts de Saint-Ursanne sont dès lors manifestement nommés par les évêques: Erkenfrid von Rixheim est semble-t-il le premier chanoine de l'Église de Bâle qui occupe cette fonction, et il a sans aucun doute été choisi par l'évêque Berthold de Ferrette.[38]

---

34 HS I/1(voir n. 4), p. 178–180; Gössi (voir n. 2), p. 29–31.
35 Le fait est d'autant plus notable que Berthold a évidemment connaissance du conflit qui oppose alors l'ordre à l'archevêque de Besançon au sujet de Favernay (voir n. 26).
36 Bornert (voir n. 19), p. 244s.
37 Jean-Claude Rebetez: La donation de l'abbaye de Moutier-Grandval en 999 et ses suites jusqu'à la fin du XIIe siècle, in: Actes de la Société jurassienne d'Emulation (1999), p. 197–261; Jean-Paul Prongué: La Prévôté de Saint-Ursanne du XIIIe au XVe siècle: Aspects politiques et institutionnels, thèse de l'Université de Genève, 1995, p. 60–65.
38 Erkenfrid est attesté comme prévôt pour la première fois le 13 février 1256 (Trouillat, voir n. 2, t. 1, n° 446, p. 638), alors que son prédécesseur Heinricus apparaît encore dans une charte du 27 avril 1248 (Trouillat, t. 1, n° 392, p. 573). Or Berthold devient coadjuteur en mars 1248 et évêque en juin 1248 (HS I/1, voir n. 4, p. 177s.).

Dans la charte du 13 mars 1257, Berthold donne la terre de Chervillers – ou plutôt il transfère à Valdieu la jouissance de biens relevant de l'Église de Bâle et du chapitre de Saint-Ursanne, aux dépens des précédents tenanciers, des laïcs, qui ont dû y renoncer solennellement. Ces derniers sont donc les vrais donateurs (probablement forcés!) et le sacrifice de l'Église de Bâle est très relatif, puisqu'elle ne fait que changer de tenanciers, même s'il est possible que les redevances aient été baissées. L'évêque dispose en outre ici de biens relevant du chapitre de Saint-Ursanne et en investit lui-même Valdieu. Le texte ne mentionne pas l'accord du prévôt, qui le valide toutefois par son sceau: l'acte témoigne ainsi crûment de l'autorité de Berthold. La version A nous apprend de plus que Berthold a soutenu l'idée de fonder un prieuré à Chervillers (à moins qu'il ne l'ait imposée?), qui s'intégrait parfaitement dans le contexte de prise en main bâloise de la prévôté de Saint-Ursanne et permettait à Berthold d'y inscrire, en cas de succès, la marque de son influence à la fois religieuse et temporelle. Il est aussi possible que la mention du prieuré ait constitué pour Berthold un moyen de ménager l'avenir par rapport à l'abbaye de Valdieu, ouvrant la voie à des pressions pour le cas où le développement de cette dernière lui échapperait. Quoi qu'il en soit, en 1257, il n'y a certainement pas encore de «vrai» prieuré à Chervillers, mais bien plutôt le (fragile) projet d'en réaliser un: le prieur et les moines mentionnés dans l'acte n'existent que virtuellement sur le parchemin, ou constituent, au mieux, une équipe provisoire venue pour organiser le nouveau domaine et préparer les conditions d'une éventuelle filiale, d'ailleurs en accord avec le système d'exploitation casadéen, qui fait une large place aux prieurés.

Pouvons-nous à présent expliquer la raison de la différence de contenu entre les versions A et B? À notre avis, la charte B est l'exemplaire qui a été donné au chapitre de Saint-Ursanne, comme garantie du respect de ses droits. D'entente avec Erkenfrid, l'évêque a probablement expurgé de cette version les éléments les plus susceptibles de susciter une résistance déclarée du chapitre (déjà peu ménagé par ailleurs) – en particulier la perspective d'un prieuré concurrent établi à une dizaine de kilomètres de Saint-Ursanne! L'évêque évitait ou différait ainsi un conflit, mais il conservait ouvertes toutes les options. Cette façon tortueuse de procéder n'aurait rien de surprenant de la part de Berthold, dont on connaît par ailleurs les méthodes souvent cauteleuses…[39]

---

[39] Christian Wilsdorf: Ulrich II de Ferrette et son frère Berthold, prévôt de Moutier-Grandval et évêque de Bâle: une fructueuse collaboration (1245–1262), in: Jean-Claude

Le don de Richard de Glères du 2 octobre 1257 s'inscrit dans le même contexte régional. Le domaine de Montbion se trouve aussi dans la prévôté de Saint-Ursanne, juste au-dessus de Chervillers (ce qui n'est certainement pas un hasard). Richard offre ainsi un bien relativement important, mais marginal par rapport à sa seigneurie, située à la frontière ouest de la prévôté de Saint-Ursanne. Son but est de faire construire et desservir par les moines une chapelle Saint-Nicolas à Montbion, où deux messes anniversaires en sa mémoire et celle des membres de sa famille devront être dites chaque semaine, ce qui en ferait un petit sanctuaire familial. Le texte témoigne aussi indirectement du fait que la région est en développement démographique, car Richard renonce aux droits qu'il pourrait avoir sur les immigrants. Le document B, scellé par le comte Ulrich, beau-frère du seigneur de Glères, renforce la portée du don de Richard par son autorité et apporte la garantie que sa sœur et son neveu (voire lui-même, si les biens sont issus des Ferrette) ne le contesteront pas à l'avenir. Les autres modifications contenues dans cette charte s'expliquent facilement en la rapprochant de l'acte du 13 mars de son frère Berthold. En spécifiant que l'ensemble des revenus de Montbion doivent servir à la chapelle Saint-Nicolas et que celle-ci doit être construite à Chervillers, Ulrich lie tacitement le sort de la chapelle et du prieuré, ce qui renforce les chances de viabilité des deux projets. En effet, s'il est douteux que les revenus cédés par Richard suffisent seuls à la construction projetée, ils peuvent contribuer utilement à l'entretien du prieuré où seraient dites les messes fondées. Par cette mesure rationnelle et prudente, Ulrich préserve tous les intérêts en présence: ceux de Richard et de sa femme, ceux de Valdieu (dans une moindre mesure) et, surtout, ceux de son frère, l'évêque Berthold.

Malgré ces précautions, ces fondations ne porteront guère de fruits. En 1323 en effet, l'abbaye de Valdieu, poussée par la pauvreté, vend au chapitre de Saint-Ursanne les revenus de Montbion donnés par feu Richard de Glères, ainsi que le «moulin de Chervillers avec son battoir».[40] Il n'y a ni prieuré, ni chapelle; de plus, ces biens ont été engagés au prieur de Bellelay, qui en conserve l'usufruit sa vie durant, signe évident que les problèmes d'argent de Valdieu ont empêché toute réalisation de nature religieuse à Chervillers. L'acte de 1323 précise que Valdieu remet aussi tous ses titres de propriété

Rebetez (éd.): La donation de 999 et l'histoire médiévale de l'ancien Évêché de Bâle, Porrentruy 2002, p. 187–212 (voir le cas de Michelbach: p. 204–208).

40 AAEB, Chartes(3 février 1323) et B 288/26 et 27 (e.a. confirmation épiscopale du mois d'août 1323).

sur ces biens, ce qui conforte nos hypothèses sur la destination des différentes versions et explique leur présence dans les archives de Saint-Ursanne. Les documents des siècles ultérieurs montrent que la région est sévèrement touchée par la crise démographique, puisqu'il n'y a plus aucune maison à Montbion en 1440: le domaine a sans doute été déserté au XIVe siècle et il faudra attendre le début du XVIe siècle pour qu'il s'y trouve à nouveau un habitat fixe, une simple ferme.[41]

Pour résumer, l'examen des chartes de 1257 met en évidence les points suivants:

- Les différences de contenu dans les chartes du 13 mars 1257 sont a priori étonnantes, mais s'expliquent dans le cadre de la collaboration entre les deux frères de Ferrette et en fonction de leurs objectifs respectifs.
- Le soutien à l'abbaye de Valdieu par Berthold et Ulrich fait l'objet d'un engagement très précoce de leur part (dès 1257 en tout cas, donc bien avant 1260 et l'affiliation officielle à La Chaise-Dieu), ce qui valorise encore plus leur rôle dans sa fondation, en particulier celui de l'évêque Berthold, qui concilie ses (réelles) motivations religieuses avec ses objectifs politiques et lignagers.
- Ces textes (et les autres dons en faveur de Valdieu) illustrent combien le comte Ulrich et l'évêque Berthold ont œuvré de concert, et en parfaite intelligence. Nous voyons ici comment les représentants d'un puissant lignage féodal procèdent pour développer leur influence, en s'appuyant mutuellement et en usant systématiquement de tous les leviers de pouvoir possibles (pouvoirs spirituel et temporel de l'évêque, pouvoir comtal et féodal d'Ulrich, liens familiaux, influence sur les couvents, etc.), y compris pour des objets secondaires, comme le prieuré de Chervillers.
- La stratégie de pouvoir mise en œuvre paraît efficace, mais en partie aléatoire. Certains projets échouent platement, comme celui du prieuré. D'autres entreprises se développent favorablement (les Ferrette prendront le contrôle de Valdieu), mais souvent suite à des hasards imprévisibles (la seigneurie de Rougemont fait retour au comté suite à la disparition de la lignée de Frédéric de Ferrette, ce qu'Ulrich ne pouvait anticiper en 1260). Quelle

---

41   AAEB, B 288/27; voir Jean-Paul Prongué: Evolution démographique de la prévôté de Saint-Ursanne (1440–1510), in: Jean-Claude Rebetez: La donation de 999 (voir n. 39), p. 419–454.

que soit leur habileté, le succès général des Ferrette, et des autres grands lignages, est partiellement tributaire des circonstances et d'évolutions inattendues. Cela explique qu'ils multiplient les interventions, ne perdent aucune occasion d'occuper le terrain, d'avancer leurs pions partout, de ménager l'avenir: les moissons futures dépendront du nombre des graines semées!
- Les différences de contenu dans les quatre chartes de 1257 renvoient à une société où le statut du document écrit n'est pas le même qu'aujourd'hui et permet des pratiques difficilement compréhensibles pour nous. Même si les cas que nous avons décrits restent exceptionnels, ils illustrent bien le fait qu'au XIIIe siècle, l'acte écrit est loin de faire foi par lui seul: en cas de litige, il constitue naturellement un élément de preuve important (surtout s'il est scellé par un puissant), mais les témoins, la coutume, les arguments et la qualité des parties sont encore plus décisifs – étant entendu que l'issue d'un arbitrage ou d'un procès dépend surtout du rapport de force...

Annexe

1257, 13 mars (charte A). – sine loco

L'évêque Berthold de Ferrette investit de la terre de Chervillers le couvent casadéen de Valdieu, son prieur et ses moines résidants à Chervillers, contre un cens de 5 sous. (AAEB, Chartes, sub dato)

Nos Berchtoldus, Dei gratia Basiliensis episcopus, notum facimus universis quod terram dictam Scharvilier[42] */1/ cum suis appendiciis in manus nostras per*[43] *Odiliam mulierem de Sancto Ursicino et filios ejus Johannem, /2/ Chŏnonem et per Chŏnonem dictum Nigrum de Monfavergin*[44] *et filios ejus Heinricum et Johannem per manum /3/ Lŭdwici villici de Sancto Ursicino resignatam, monasterio de Valle beate Marie Virginis, nostre dyocesis, /4/ et priori et monachis in dicto loco de Scharvilier Deo famulantibus sub regula abbatie predicti monasterii /5/ et sub ordine abbatie beati Roberti de Casa Dei Claremontensis diocesis,*

---

42 Charte B: «*Schavilier*».
43 Charte B: «(...) *per Odiliam mulierem de Sancto Ursicino et filios ejus Johannem et Cononem per manum villici Lodewici resignatam, monasterio de Valle beate Marie Virginis nostre diocesis et monachis in eodem Deo famulantibus sub regula abbatie beati Roberti de Casa Dei Claremontensis diocesis ad quam abbatiam dictum monasterium pertinet, pro annuo censu (...)*».
44 Première attestation du hameau de Montfavergier (com. Montfaucon, canton Jura).

ad quam abbatiam sepe dictum monasterium /6/ pertinet, pro annuo censu quinque solidorum concessimus jure hereditario possidendam, salvis juribus ecclesie /7/ nostre et ecclesie beati Ursicini ad quas dicta terra jure proprietatis dinoscitur pertinere; in cujus rei testimonium /8/ presens est pagina nostri et Erchinvridi prepositi Sancti Ursicini sigillorum muniminibus roborata. /9/ Actum seu datum anno Domini M° CC° LVII°, III idus martii.

«Psalterium eines Cistercienser-Klosters der Baseler Diözese um 1260. Besançon, Bibliothèque municipale, Ms. 54»[1]

von Christoph Eggenberger

Der Titel ist ein über siebzig Jahre altes Zitat, heute müssen wir es offen lassen, ob der Psalter aus der Basler Diözese oder derjenigen von Konstanz stammt. Die aussergewöhnliche Handschrift harrt noch immer einer grundlegenden Untersuchung; eine Zürcher Dissertation blieb unvollendet.[2] Der sog. Bonmont-Psalter in Besançon, Bibliothèque municipale Ms. 54, der weit mehr darstellt als die Abschrift der 150 Psalmen Davids und seiner Mitautoren im Alten Testament, interessiert in der Gruppe der herausragenden Bilderhandschriften aus der Mitte des 13. Jahrhunderts, des Mainzer Evangeliars in Aschaffenburg,[3] des Zisterzienserlektionars in Hamburg,[4] des Rheinauer Psalters in Zürich (Zentralbibliothek

---

1 So titelt Hanns Swarzenski den entsprechenden Eintrag zu seiner Katalognummer 46: Hanns Swarzenski: Die lateinischen illuminierten Handschriften des XIII. Jahrhunderts in den Ländern an Rhein, Main und Donau, Berlin 1936, Textband S. 126–128, Tafelband Abb. 546–566.

2 Barbara Franzen-Blumer: Zisterziensermystik im Bonmont-Psalter. Ms. 54 der Bibliothèque Municipale von Besançon, in: Kunst + Architektur in der Schweiz 51 (2001), S. 21–28; Peter Kurmann: Skulptur und Zackenstil. Eine Gruppe der Strebepfeiler-Apostel am Langhaus des Münsters in Freiburg i. Br. und ihre mutmasslichen zeichnerischen Vorlagen, in: Zeitschrift für Schweizerische Archäologie und Kunstgeschichte 40 (1983), S. 109–114; Renate Kroos: Psalter für Gebrauch in der Diözese Konstanz (?), bald nach 1253, in: Die Zeit der Staufer, Ausstellungskatalog, Stuttgart 1977, Bd. 1, Nr. 723, S. 543–545.

3 Harald Wolter-von dem Knesebeck: Das Mainzer Evangeliar. Strahlende Bilder – Worte in Gold, Regensburg 2007 (zugleich Kommentarband zum Faksimile des Mainzer Evangeliars, Aschaffenburg, Hofbibliothek, Ms. 13, Luzern 2007, als Ausstellungskatalog für Ausstellungen in Mainz und Aschaffenburg 2007); Harald Wolter-von dem Knesebeck: Das Goldene Mainzer Evangeliar – ein Krönungsevangeliar, in: Pracht und Glaube des Mittelalters. Das Goldene Mainzer Evangeliar und sein Umfeld, Museen der Stadt Aschaffenburg, Ausstellung im Stiftsmuseum vom 20.10.2007 bis zum 6.1.2008 = Sonderdruck aus dem Aschaffenburger Jahrbuch für Geschichte, Landeskunde und Kunst des Untermaingebietes 27, Aschaffenburg 2010, S. 11–30; Vortrag von Harald Wolter-von dem Knesebeck: Das Wort ward Bild. Die Miniaturen des Goldenen Mainzer Evangeliars und ihr Gesamtprogramm, Zentralbibliothek Zürich, 5. März 2009.

4 Hans-Walter Stork: Die Hamburger Handschrift, eine Schwesterhandschrift zum Mainzer Evangeliar in der Hofbibliothek Aschaffenburg, in: Pracht und Glaube des Mittelalters (wie Anm. 3), S. 31–57; Vortrag von Hans-Walter Stork: Zeitgleiche Kunstzentren. Das Hamburger Zisterzienserlektionar (um 1250) und sein Bildprogramm im Vergleich zum Rheinauer Psalter, Zentralbibliothek Zürich, 1. Oktober 2009.

Zürich, Ms. Rh. 167).[5] Die beiden ersteren wurden durch Harald Wolter-von dem Knesebeck und Hans-Walter Stork bearbeitet, die Psalterien von Besançon und Rheinau werfen bisher ungelöste Fragen auf, beide können nicht lokalisiert und nur auf Grund stilistischer Kriterien datiert werden. Sie könnten nicht unterschiedlicher sein in Ausstattung und Anspruch; aus diesem Kontrast ergeben sich neue Einsichten.

Auch über die Gemeinsamkeiten: Die jüngste Diskussion über den Rheinauer Psalter anlässlich der Tagung «Buchschätze des Mittelalters. Forschungsrückblicke – Forschungsperspektiven» in Kiel ergab, es könnte sich vielleicht um ein Auftragswerk einer hochgestellten, weiblichen Persönlichkeit handeln?[6] Die weiblichen Gebetsformeln in Ms. 54 legen nahe, dass der Psalter aus einem Doppel- oder einem Frauenkloster stammt. Die Einträge der Todestage von Mutter Hemma von Husen und Vater Arnold der Schreiberin, *scriptricis,* wie sie sich ausdrücklich nennt, lassen keinen Zweifel daran, eine Nonne hat den Text geschrieben.[7] Das Eingangsbild in Besançon auf f. 7r (Abb. 2) nach dem reich illustrierten Kalender (Abb. 1) weist programmatisch auf die spirituelle, weiblich mystische Ausrichtung des Bildprogramms. Die Salbung Jesu wird als Verquickung verschiedener Erzählungen dargestellt, zwei Frauen salben gleichzeitig Haupt und Füsse des Herrn, und der Maler spielt auf das Abendmahl an. Die hieratische, frontale Haltung Jesu mit seinem mächtigen grünen Nimbus mit dem roten Kreuz macht die Miniatur zum Andachtsbild, zum heilsgeschichtlich bedeutsamen Eingangs-

---

5 Ellen J. Beer: Der «Rheinauer Psalter». Ein Werk des Zackenstils in Bayern vor der Mitte des 13. Jahrhunderts, in: Studien zur Buchmalerei und Goldschmiedekunst des Mittelalters. Festschrift für Karl Hermann Usener zum 60. Geburtstag am 19. August 1965, hrsg. von Frieda Dettweiler, Herbert Köllner und Peter Anselm Riedl, Marburg an der Lahn 1967, S. 251–266; Ellen J. Beer: Das 13. Jahrhundert. Regensburger liturgische Handschriften zwischen 1220 und 1260, in: Regensburger Buchmalerei. Von frühkarolingischer Zeit bis zum Ausgang des Mittelalters, Ausstellung der Bayerischen Staatsbibliothek München und der Museen der Stadt Regensburg, München 1987, S. 59, 62, 64f., Nr. 49; Christoph Eggenberger: Die Psalterien des 13. Jahrhunderts, in: Die Bibliothek des Benediktinerklosters Rheinau in der Zentralbibliothek Zürich, Zürich 2005 (Buchausgabe von «Librarium» 48/I, 2005).

6 24. bis 26. April 2009 organisiert vom Kunsthistorischen Institut der Christian-Albrechts-Universität zu Kiel: Prof. Dres Klaus Gereon Beuckers und Christoph Jobst. Die Publikation der Tagungsakten ist in Vorbereitung. Siehe dazu auch Helmut Engelhart: Der St. Marienthaler Psalter. Eine Prachthandschrift des 13. Jahrhunderts im Besitz der sächsischen Zistersienserinnenabtei St. Marienthal, Regensburg 2006, S. 23.

7 f. 4r: Kalenderblatt Juli. Zum 19. Juli rubrizierte Randnotiz neben dem Sternzeichen: «Sol in leonem. sc'pt'cis / hemma de husen ʊ mat`». f. 4v zum 22. August: «pat` ei`dē sc'pt'cis / arnold`». Der Frage, wer Hemma von Husen ist, muss noch nachgegangen werden.

portal zum Psalter. Die Anspielung auf das Abendmahl ist nur eine Seite, wichtiger ist, wie Jesus zu seiner Rechten von Petrus und zu seiner Linken von Johannes, seinem Lieblingsjünger, umrahmt wird. Oben salbt Maria, die Schwester des Lazarus, in dessen Haus Jesu Haupt mit kostbarem Öl (Mt. 26,6–7; Mk. 14,3), unten salbt eine Sünderin im Hause eines Pharisäers die Füsse Jesu und trocknet sie mit ihrem Haar (Lk. 7,37–38).[8] Eine spätere Tradition sieht in ihr Magdalena.[9] Judas, der Apostel rechts aussen, begehrt auf und sagt, hätte man das Öl nicht besser verkauft und den Erlös den Armen gegeben (Joh. 12,2–5)? Das Bild ist nicht nur ein Andachtsbild, es ist eine Anleitung zur Meditation im Sinne von Bernhard von Clairvaux.[10]

Zu der für die Bodenseeregion charakteristischen Christus-Johannes-Gruppe kommt die ekklesiologische Achse hinzu mit Petrus, vor allem mit der salbenden Frau oben in Gestalt der *Sponsa*, der *Ecclesia*, der Verkörperung der Kirche also. Dargestellt ist eine adlige Dame, die mit Krone und Gebinde an die gleichzeitigen Skulpturen des Naumburger Domes erinnert. Das Bild in seiner von der Diagonale der beiden Frauen gekreuzten Symmetrie besitzt eine Ausstrahlung, die den Betrachter in den Bann zieht. Diese Wirkung wird dadurch noch verstärkt, dass es das erste ganzseitige Bild ist nach den Kalenderseiten mit den kleinen, etwas wirr auf die Seiten verstreuten Zeichnungen der Sternzeichen und Monatsarbeiten. Die Handschrift hatte vielleicht zu Beginn keine Bilder, da die Dedicatio mit dem «*abbas Waltherius*» und der «*Agnesa*» ja auf f. 8r folgt.[11] Somit wird das Salbungsbild zum Titelbild, mit heilsgeschichtlichen Inhalten aufgeladen. Dies wird mit Blick auf f. 18r mit der Darstellung des heiligen Antlitzes Christi und auf das Jüngste Gericht noch betont. Es überrascht nicht, die scheinbar zufällig zusammengewürfelte Bilderreihe als ein ausgeklügeltes, heilsgeschichtliches Bildprogramm interpretieren zu können.

---

8 Swarzensi (wie Anm. 1), S. 126; Frank O. Büttner: Imitatio pietatis. Motive der christlichen Ikonographie als Modelle der Verähnlichung, Berlin 1983, S. 136–142.
9 Gregor der Grosse: Homiliae XL in Evangelia 33. PL 76, Sp. 1239c.
10 Bernhard von Clairvaux: Hohelied-Predigten 23, Sämtliche Werke V, Innsbruck 1994, S. 338.
11 Der unregelmässige angeschnittene Falz vor dem ersten Folio spricht für den Verlust einer oder gar zweier Blätter. – Zum Lagenaufbau: Lage I mit dem Kalender heute ein Ternio: f. 1–6 mit Linierung; Lage II: f. 7–14; Lage III: f. 15–22; Lage IV folgende ab f. 23 mit Liniierung. Die Lagen II und III weisen keine Liniierung für Text auf, wohl aber mit dem Metallstift gezogene Linien auf den Rectoseiten zur Definition des Rahmens der Bilder. Die Linien sind auf den Versoseiten nicht zu sehen.

Die Abfolge der Bildseiten im Besançon-Psalter präsentiert sich im Vergleich mit dem Rheinauer Psalter wie folgt:

Besançon. Bibliothèque municipale, Ms. 54 (sog. Bonmont Psalter)		Zentralbibliothek Zürich, Ms. Rh. 167 (sog. Rheinauer Psalter)
Versoseite	Rectoseite	
Fehlende Folios zu Beginn?		Fehlende Folios zu Beginn?
Kalender: f. 1–6		Kalender: f. 1–6
Dezember, f. 6v	Die doppelte Salbung Jesu f. 7r	
Verkündigung an Maria, Visitatio, Geburt Jesu: f. 7v (zwei Bildregister)	Widmungsbild mit Maria und Kind: f. 8r	Verkündigung: f. 7v Geburt: f. 8v
Anbetung der Drei Könige, Praesentatio: f. 8v	Salomos Thron, Kreuzigung, Marienkrönung: f. 9r	Praesentatio: f. 9v
Taufe Christi, Abendmahl: f. 9v (zwei Bildregister)		Taufe: verloren? (zwischen f. 9 und 10)
		Abendmahl oder Gethsemane: verloren? (f. 34/35 zu Psalm 26)
		Beatus vir: f. 10r
	Hl. Nikolaus : f. 10r	
Christus im Garten Gethsemane: f. 10v	Hl. Katharina: f. 11r	Gethsemane: verloren? (s. oben)
Gefangennahme, Christus vor Pilatus: f. 11v (zwei Bildregister)		Gefangennahme: f. 52v (zu Psalm 38)
		Christus vor Pilatus: f. 69v (zu Psalm 51)
	Hl. Cäcilia: f. 12r	
Dornenkrönung: f. 12v	Hl. Agnes: f. 13r	
Geisselung: f. 13v	Hl. Margaretha: f. 14r	
Kreuztragung, Vorbereitung der Kreuzigung: f. 14v (zwei Bildregister)	Martyrium des hl. Sebastian: f. 15r	
Kreuzigung durch die Tugenden: f. 15v	Johannes der Täufer: f. 16r	Kreuzigung: verloren? (f. 70/71 zu Psalm 52)
Kreuzabnahme: f. 16v	Hl. Blasius und Pantaleon: f. 17r	
Grablegung: f. 17v	Imago Christi: f. 18r	Grablegung: f. 87r (zu Psalm 68)
Auferstehung: f. 18v	Hl. Petrus und Paulus: f. 19r	Auferstehung: f. 107r (zu Psalm 80)
Die Frauen am Grab, Noli me tangere: f. 19v (zwei Bildregister)	Martyrium des hl. Georg: f. 20r	
Anastasis: f. 20v	Jüngstes Gericht: f. 21r	
Himmelfahrt Christi: f. 21v	Martyrium des hl. Andreas: f. 22r	Himmelfahrt: f. 123v (zu Psalm 95)
Pfingsten: f. 22v	Beatus vir: f. 23r	Pfingsten: f. 128v (Psalm 101)
		Jüngstes Gericht: f. 145v (zu Psalm 109)

Allein die Aufstellung macht die Parallelen und Unterschiede deutlich. In Besançon liegt das bildliche Schwergewicht auf dem grossen Vorspann, während der Rheinauer Psalter nach dem nur vierteiligen Vorspann die Bilder zu den einzelnen Psalmen zuordnet. Das ausserordentliche Zusammenspiel der beiden Bilderreihen im Psalter von Besançon benutzt die technische und die inhaltliche Klaviatur. Die Reihe der mehr zeichnerischen, farbig gehöhten Bilder – von lavierten Federzeichnungen zu sprechen, greift zu kurz[12] – auf den Rectoseiten und der kräftigen Deckfarbenbilder auf Goldgrund auf den Versoseiten verfolgen verschiedene inhaltliche Stränge. Die Farbzeichnungen sind eng verwandt mit der zeitgenössischen Skulptur, neben den von Gerhard Schmidt genannten Werken in Regensburg sind mit Otto Homburger die Figuren des ehemaligen Lettners im Strassburger Münster, heute im Musée de l'Œuvre Notre-Dame, zu nennen; sie datieren in die Zeit von 1247/50 und werden 1261 erstmals erwähnt. Peter Kurmann weist auf die erstaunliche Nähe zu Skulpturen am Münster in Freiburg i.Br. hin.[13] In die Zukunft weisend ist die Tatsache, dass die bedeutungsschwereren «Zeichnungen» direkt auf das innerhalb des Bildrahmens geglättete, präparierte Pergament gemalt sind, während der Goldgrund, rückwärts gewandt, der traditionellen Abfolge des häufig dem Psalter vorangestellten, christologischen Zyklus von der Verkündigung bis Pfingsten vorbehalten bleibt. Das Jüngste Gericht folgt der Anastasis, noch vor Himmelfahrt und Pfingsten, während in Rheinau das Gericht den fulminanten Endpunkt markiert.[14] Die beiden Zyklen sind zeitlich nur wenig voneinander entfernt, die Farbzeichnungen sind nachträglich auf die ursprünglich leeren Rectoseiten gemalt worden. Damit ist die Anlage des Vorspanns in Besançon die gleiche wie in Rheinau mit den auf den Versoseiten gemalten Bildern und den leeren Rectoseiten.

12 Swarzenski (wie Anm. 1), do. S. 127; Gerhardt Schmidt: Beiträge zum Erminoldmeister, in: Zeitschrift für Kunstwissenschaft 11 (1957), S. 141–174, hier S. 170: Schmidt ist mit Carl Nordenfalk und gegen Hanns Swarzenski der Meinung, dass die «Zeichnungen» von einer zweiten Hand stammen. – Das Pergament der Bildhintergründe ist präpariert, geglättet: kein Goldgrund wie auf den Versoseiten, aber das Bildfeld wirkt heller als die Blattränder.
13 Otto Hamburger: Über zwei deutsche Bilderhandschriften des 13. Jahrhunderts. Ein Evangeliar in Hamburg und ein Psalter in Donaueschingen, in: Festschrift für Erich Meyer zum sechzigsten Geburtstag. Studien zu Werken in den Sammlungen des Museums für Kunst und Gewerbe Hamburg, Hamburg 1959, S. 75–84, hier S. 84; Kurmann (wie Anm. 2).
14 Auch im Mainzer Evangeliar bildet das Pfingstbild auf f. 97v im Anschluss an das Johannes-Evangelium den Schlusspunkt.

Repräsentation und Gefälligkeit contra Narration und meditativer Vertiefung: Die Zweiregistrigkeit fehlt in Rheinau, sie führt in Besançon dazu, dass sich eine inkohärente Szenenabfolge ergibt, weil man der Anastasis eine ganze Bildseite widmen wollte. So kommt diese nach dem *Noli me tangere* zu stehen. Die überbordende Fülle von Ms. 54 entspringt dem reichen, spirituellen Alltag des Frauenklosters mit meditativen Zügen und mystischen Ansätzen, Rh. 167 bleibt dagegen unterkühlt, geglättet, auf Hochglanz poliert, auf Prunk ausgerichtet, geschmäcklerisch gar und sehr privat, fast zu schön! Der Zackenstil ist in beiden Handschriften ähnlich stark ausgebildet, aber in Rheinau geglättet, geschönt, auf Symmetrie getrimmt, in Besançon direkter, eher rau; das Farbklima unterscheidet sich stark: die kräftigen Blau- und Rottöne in Besançon, die fein aufgetragenen, changierenden Farben in Rheinau. Der Rückgriff auf Techniken aus dem Goldschmiedeatelier in Rheinau weist auf eine grosse Werkstatt hin, die die speziellen Wünsche der hochgestellten Auftraggeberin, des Auftraggebers erfüllen konnte. Dass sie oder er sich nicht in einem Widmungsbild in Szene setzt, überrascht und mag auf einen Verlust auch am Anfang der Handschrift hinweisen. In Besançon finden wir ein solches auf f. 8r. Alle Interpretationen des ABBAS WALTHERIUS und der AGNESA sind bisher erfolglos und quellenmässig nicht zu belegen gewesen. Von Bonmont, von Wettingen war die Rede.

Das Jüngste Gericht in Besançon hat mit demjenigen in Rheinau wenig gemeinsam, und es ist auch nicht der Schlusspunkt des Zyklus (Abb. 3 und 4); das Martyrium des hl. Andreas ist das letzte Bild. Das Schwert stellt eines der wenigen Bildelemente dar, die in beiden Gerichtsbildern erscheinen, die blutenden Wunden an Seite und Händen noch, der Kreuznimbus, die gekrönten Häupter, die verdammt sind auch; sie aber erscheinen in Besançon am rechten Bildrand. Dies macht aufmerksam darauf, dass in Rheinau die geretteten Seelen fehlen! Die unorthodoxe Ikonographie spricht für einen privaten Auftrag, ein kirchlicher Auftraggeber könnte sich die augenfällige Ausklammerung der Erlösung nicht leisten. Das Rheinauer Gerichtsbild bezieht sich eng auf den dazugehörigen Psalmentext, während es in Besançon nicht zum heilsgeschichtlichen, sondern zum anderen, parallelen Zyklus gehört. Psalm 109 (110), 5f. lautet: «… er zerschmettert Könige am Tage seines Zornes. Er hält Gericht unter den Völkern, er häuft die Toten, die Häupter zerschmettert er weithin auf Erden.»

Die Auferstehungsbilder in Besançon und Zürich kommen sich erstaunlich nahe, mit allen Abweichungen, die nicht zu vernachlässigen sind (Abb. 5 und 6). Im Vergleich mit Mainz wird die Bodensee-, Oberrhein-Färbung deutlich: die Rüstungen, die marmorierte Grabplatte, aber in Mainz ist ein Rautenmuster am Grabrand zu sehen wie in Rheinau. Es fällt auf, dass der Auferstandene in Besançon ohne Wundmale dargestellt ist. Hatten die Nonnen mit der Betonung der ganzseitigen Geisselung und dem merkwürdigen Bild mit Christus in der Anbetung des Kreuzes der asketischen, mystischen Vertiefung in das Leiden Genüge getan, erscheint Christus nun in strahlender, unversehrter Schönheit. In Rheinau haben die Soldaten die Augen geöffnet, der mittlere weist sogar auf Christus hin, sicherlich kein Zufall oder gar ein Versehen; in Besançon sind sie tief in Schlaf versunken und stützen ihre Köpfen auf.

Der Osterzyklus in Besançon ist sehr viel weiter gefasst, der klösterlich-mystischen Vertiefung gemäss, während die Auftraggeberin von Rheinau sich in wenigen markanten Bildern einen unmittelbaren, visuellen Einstieg in die Heilsgeschichte verschaffen wollte. Sie ging nicht so weit, die grausamsten Bilder wegzulassen: Die Kreuzigung ist wohl zwischen f. 70 und 71 bloss verloren gegangen. Neben der Auferstehung sehen wir in Besançon die Frauen am Grab, das *Noli me tangere* und – ganz erstaunlich in der Abfolge – erst danach die Anastasis, die Höllenfahrt Christi auf f. 20v. Die Szene des *Noli me tangere* dürfte eigentlich in einem Frauenpsalter nicht fehlen; Ms. 54 ist ein solcher, Rheinau kann dagegen nicht als Frauenpsalter bezeichnet werden.

Der christologische Zyklus erhält in Ms. 54 einen eigenartigen Rhythmus durch die dazwischen geschobenen Einzelbilder, eine ganz neue Dynamik, noch gesteigert durch den Wechsel von Vollbildern und zweiregistrigen Bildern. Die Dynamik ist auch ein wesentliches Stilmerkmal sowohl im Mainzer Evangeliar wie im Rheinauer Psalter, dort aber auf ganz andere Weise realisiert. In Ms. Rh. 167 ist es vor allem die Steigerung der letzten Bilder mit Auferstehung, Pfingsten und Jüngstem Gericht, auch Petrus trägt wesentlich zur Dynamisierung bei, was bereits im vierten Bild mit der Gefangennahme einsetzt und im Pfingstbild kulminiert (Abb. 7). Petrus ist die Schlüsselfigur des Zyklus, dem Apostel scheint der Psalter geweiht zu sein, im Kalender wird er jedoch nicht mehr erwähnt als sonst.[15] Es ist allein die Bildsprache, die den Rheinauer Psalter zum Petrus-Psalter macht. Die Kombination von Petrus und weiblichem Auftrag mag überraschen, doch Petrus

---

15 22. Februar: Cathedra Petri; 29. Juni: Petrus und Paulus; 1. August: ad vincula. Der Eintrag zum 18. November, Weihe der Basiliken St. Peter und St. Paul in Rom, fehlt.

schützt die Reuigen, Büssenden, Beichtenden, die Jungfrauen und Schiffbrüchigen.[16] Die fehlende Erlösung fiel im Gerichtsbild auf, ist der Psalter als ein Busseakt zu verstehen?

Die Gefangennahme ist auf f. 52v nicht das eigentliche Bildthema, der Judaskuss steht hier und in Besançon im Zentrum, aber nur in Rheinau wird Petrus zu einer zentralen Figur, weil er aus dem Bild direkt den Betrachter fixiert. Eine beinahe hypnotische Wirkung geht von diesem Blick aus, was weit entfernt ist von den Intentionen der Maler des Besançon-Psalters, es sei denn, es handelt sich um Christus. Die spirituelle Haltung, die Ausrichtung auf das Gebet und die mystische Vertiefung gesteht nur Christus den direkten Blickkontakt mit dem Betrachter zu, sei es in der Gesichtsikone, in der Dornenkrönung oder bei der Auferstehung. Die Ausstrahlung der Rheinauer Gefangennahme wird noch dadurch verstärkt, dass es sich um ein eindrückliches, in der Kunstgeschichte frühes Nachtbild handelt. Die beiden Fackeln und die Lampe, die ein Soldat nahe an das Gesicht Jesu hält, machen dies deutlich. Wie ganz anders in Ms. 54, wo die Farben hell leuchten und der Goldgrund glänzt, keine Fackel ist zu sehen.

Das Bild der Auferstehung ist ein Schlüsselpunkt, denn nur da erscheint auch in Rheinau Christus in Blickkontakt mit dem Betrachter. Es ist auch das Bild, in das der Maler den höchsten Ehrgeiz gelegt hat, es ist ein Meisterwerk innerhalb des meisterhaften Zyklus, weshalb es auch als eines von wenigen Anhaltspunkte aufweist, die es gestatten, es mit anderen Werken wie dem St. Katharinentaler Kreuz im Historischen Museum Basel zu vergleichen.[17] So kann der Entstehungsort des Rheinauer Psalters im Bodenseegebiet oder im nahen süddeutschen Raum eingegrenzt werden. Anders präsentiert sich Ms. 54. Aber auch dort hat es Bodensee-, reichenauisch-sanktgallische Elemente, vereinzelt nur, wie etwa der übereck gestellte Turm, der die Verkündigung von der Visitation trennt. Das Interesse an der Architektur zeigt sich nicht nur hier. In Rheinau wird sie als heilsgeschichtlich aufgeladenes Element nur ganz gezielt ins Bild gebracht: im so bedeutenden wie singulären Pfingstbild. Petrus wird hier nicht durch Blickkontakt mit dem Betrachter, sondern durch

---

16 http://de.wikipedia.org/wiki/Simon_Petrus [10.4.2010].
17 François Maurer: Zum gemalten Katharinentaler Kruzifix, in: Beiträge zur Kunstgeschichte des Bodenseeraums und des Oberrhein. Dr. h.c. Albert Knoepfli zugeeignet (Unsere Kunstdenkmäler 20, 1969), S. 137–145. – Auf die Ähnlichkeit des Kreuzes mit der Auferstehung sowohl in Besançon 54 wie in Ms. Rh. 167 weist hin Renate Kroos: Kreuz aus St. Katharinental, Bodenseeraum (Konstanz?) um 1250–60, in: Die Zeit der Staufer (wie Anm. 2), Nr. 433, S. 305f.

die architektonische Umrahmung ausgezeichnet, mit Bedacht ist die architektonische Ikonographie gestaltet. Der Bildvergleich mit Ms. 54 lässt sich gewinnbringend anstellen (Abb. 8). An beiden Orten fällt das Portal zu Füssen der Apostel auf, das in Rheinau bisher nicht gedeutet werden konnte. Das Element ist Petrus als Fussschemel zugeordnet, beide Füsse stellt er darauf, und nur Petrus. In Besançon setzen Petrus und Johannes einen Fuss drauf, und das Tor ist deutlich als die *porta clausa,* die eschatologische, geschlossene Türe gekennzeichnet, wie sie oft dargestellt wird.[18] Der Mauerzug ist die Stadtmauer Jerusalems, wo sich das Pfingstwunder ereignete, doch dahinter steht bereits der Blick auf das himmlische Jerusalem und die geschlossene Türe, durch die Christus bei seiner Wiederkunft schreiten wird. Und die *porta clausa* ist auch ein Mariensymbol, es steht in beiden Bildern für die im Pfingstbild sonst gerne dargestellte Maria inmitten der Apostel.[19] In beiden Handschriften herrscht eine weitgehende Übereinstimmung in der Gestaltung des Tores mit der Deckplatte, dem Rundbogen, den beiden Okuli, nur ist anstelle des Türbeschlags und der Türflügel in Rheinau eine Kreuzform eingeritzt, die jedoch unförmig, recht zufällig hingeworfen erscheint, weshalb dies wohl nicht überinterpretiert werden darf etwa als Grab Petri. Klar ist, Rheinau zeigt mehr als Jerusalem, man geht kaum fehl, in der Architektur auch ein Abbild von Alt St. Peter zu sehen. Das Rheinauer Pfingstbild ist von einem hohen Mass an Ästhetisierung geprägt, die Symmetrie gewichtete mehr als die ikonographische Korrektheit, nur elf Apostel sind gemalt. Wie dem Auferstehungsbild mit den sehenden Soldaten kommt auch Pfingsten in Rheinau eine besondere Stellung zu, auch als Kulminationspunkt der Petrusikonographie.

18 Ezechiel 44.
19 Dombibliothek Hildesheim, St. Albans Psalter, Ms. St. Godehard 1, p. 55.

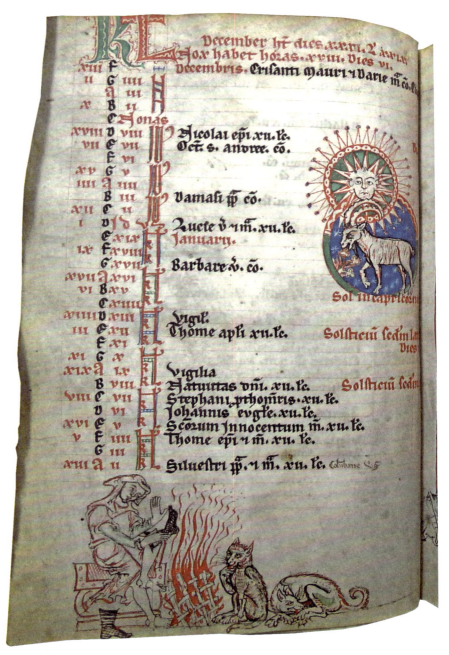

Abbildung 1
Besançon, Bibliothèque municipale, Ms. 54, f. 6v. Dezember.

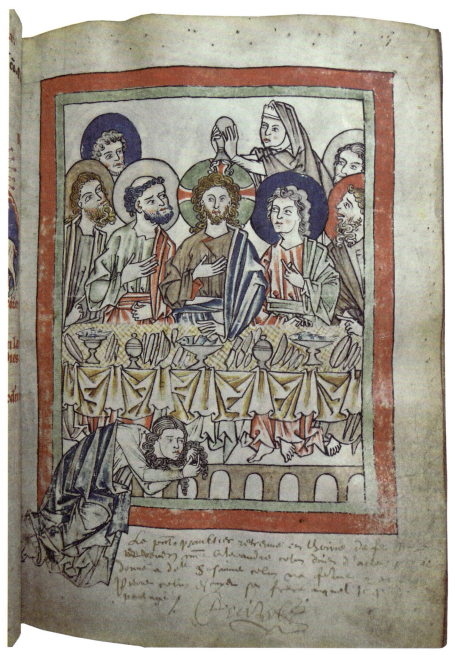

Abbildung 2
Besançon, Bibliothèque municipale, Ms. 54, f. 7r. Salbung Jesu.

Abbildung 3
Besançon, Bibliothèque municipale, Ms. 54, f. 21r. Jüngstes Gericht.

«Psalterium eines Cistercienser-Klosters der Baseler Diözese» 49

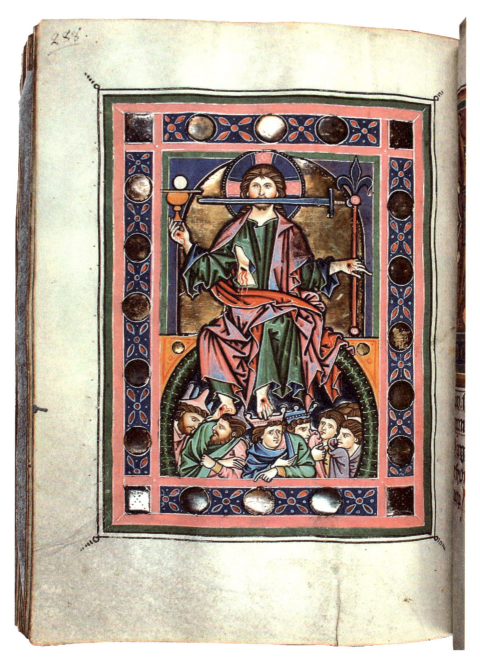

Abbildung 4
Zentralbibliothek Zürich, Ms. Rh. 167, f. 145v. Jüngstes Gericht.

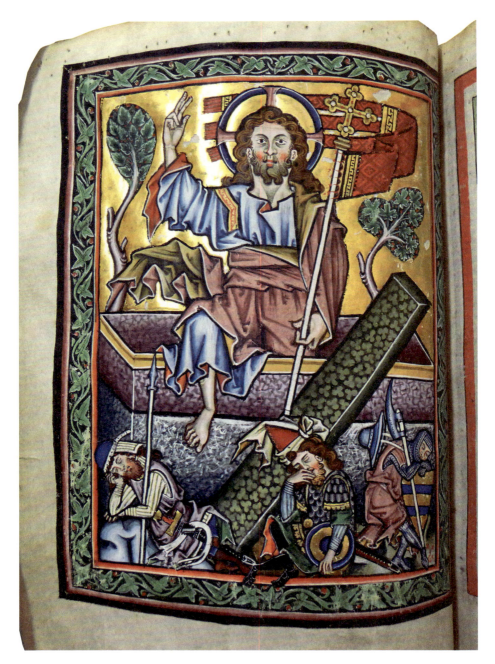

Abbildung 5
Besançon, Bibliothèque municipale, Ms. 54, f. 18v. Auferstehung.

Abbildung 6
Zentralbibliothek Zürich, f. 107r. Auferstehung.

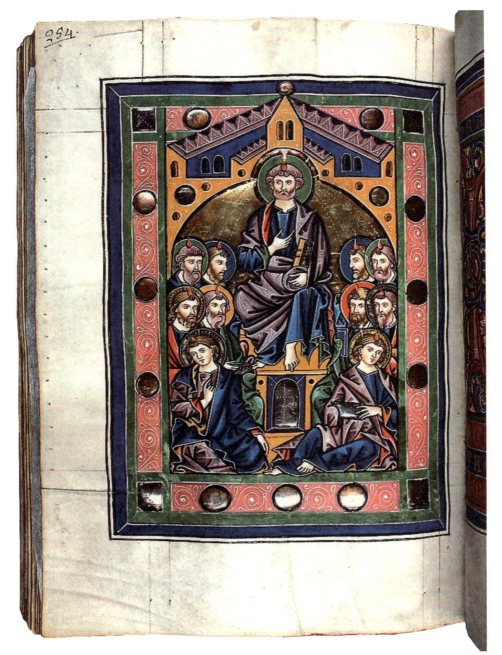

Abbildung 7
Zentralbibliothek Zürich, Ms. Rh. 167, f. 128v. Pfingsten.

«Psalterium eines Cistercienser-Klosters der Baseler Diözese»

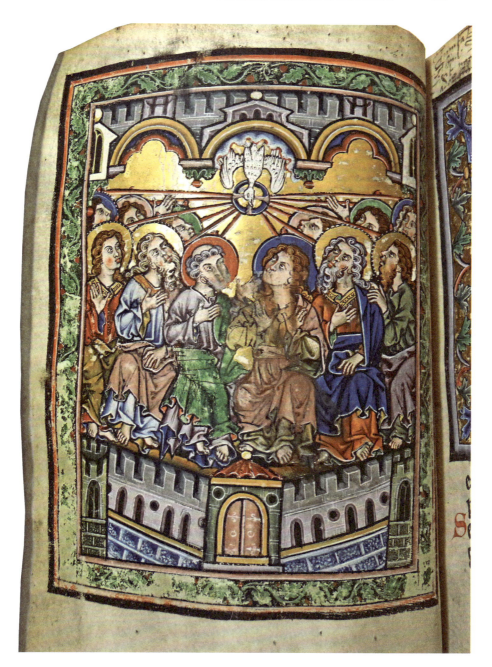

Abbildung 8
Besançon, Bibliothèque municipale, Ms. 54, f. 22v. Pfingsten.

Neues zu ZHB P 4 4°.
Besitzer und Buchschmuck des Breviers aus der Bibliothek von St. Urban

von Charlotte Bretscher, Peter Kamber und Mikkel Mangold

In den Beständen des ehemaligen Klosters St. Urban findet sich ein zisterziensisches Brevier, das nach dem Kalendar wohl für ein im Bistum Konstanz gelegenes Kloster geschrieben worden ist, verzeichnet es doch zum 26. November das Fest des heiligen Konstanzer Bischofs Konrad. Da im *Proprium de tempore* das Fest für *Corpus Christi* mit 12 Lektionen enthalten ist,[1] ergibt sich eine ungefähre Datierung der Handschrift in das erste Drittel des 14. Jahrhunderts.[2] Im Folgenden werden einige Aspekte der interessanten Besitzgeschichte beleuchtet und Elemente des Buchschmucks genauer untersucht.

Vorbesitzer

Im September 1538 schenkte der Bebenhäuser Mönch Johannes Fabri dem Zisterzienserkonvent von St. Urban das Brevier und einen Psalter. Fabri hatte sein Heimatkloster im Zuge der Reformation zusammen mit den andern katholisch gebliebenen Konventualen auf Geheiss Herzog Ulrichs von Württemberg am 17. November 1535 verlassen müssen.[3] Er fand in St. Urban vorübergehend Aufnahme, und aus Dankbarkeit für die Gastfreundschaft überliess er seinen Ordensbrüdern die zwei Handschriften. Dies bezeugt seine Schenkungsnotiz (1r):

---

[1] Bei den Zisterziensern wurde das Fest für *Corpus Christi* 1318 mit 12 Lektionen und zwei Messen eingeführt, siehe M. Bernard Backaert: L'évolution du calendrier cistercien, in: Collectanea ordinis Cisterciensium reformatorum 12 (1950), S. 81–94, 302–316, hier S. 304.

[2] Die Handschrift wurde im Rahmen des Projektes «Die mittelalterlichen Handschriften des Klosters St. Urban» von den Autoren des vorliegenden Beitrags katalogisiert. Das Projekt (Laufzeit 2008–2011) wird vom «Kuratorium für die Katalogisierung mittelalterlicher und frühneuzeitlicher Handschriften der Schweiz» wissenschaftlich begleitet, dessen Initiator und langjähriger Präsident Prof. Dr. Martin Steinmann war.

[3] Zur Aufhebung des Klosters Bebenhausen siehe Jürgen Sydow: Die Auflösung des Zisterzienserklosters Bebenhausen, in: Festschrift für Hermann Heimpel, Göttingen 1971 (Veröffentlichungen des Max-Planck-Instituts für Geschichte 36), Bd. 1, S. 698–717; Jürgen Sydow: Die Zisterzienserabtei Bebenhausen, Berlin/New York 1984 (Germania Sacra N.F. 16.2).

Breviarium ordinis adiuncto psalterio omnibus fratribus in illorum commodum ac usum frater Joannes Fabri alias professus Bebenhussensis, sed tunc temporis ut hospes susceptus, et benigne tractatus apud sanctum Urbanum (ut ne ingratus videatur) in monumentum et quasi testamentum sui, reliquit, ea conditione ut loco communi non amoveantur. Anno Christi millesimo quingentesimo tricesimo octavo, die 28 Septembris.

Die St. Urbaner Mönche hielten sich an die Bedingung des Donators. Bis zur Aufhebung des Klosters im Jahr 1848 blieb das Brevier in der Bibliothek. Danach gelangte es unter der Signatur P 4 4° in die Luzerner Kantonsbibliothek und mit dieser 1951 in die Zentral- und Hochschulbibliothek Luzern.[4] Der im Schenkungsvermerk erwähnte Psalter ist verloren.[5] Fabri blieb nicht lange in St. Urban. Er wandte sich nach Tennenbach und hielt sich 1540 als Beichtiger im Zisterzienserinnenkloster Lichtental bei Baden-Baden auf. Von dort kehrte er 1542 in die Zisterze Tennenbach zurück, wo die übriggebliebenen Bebenhäuser Konventualen eine vorläufige Heimat fanden.[6]

Über die Besitzgeschichte des Breviers vor 1538 gibt es bisher nur (mehr oder weniger begründete) Vermutungen. Klar scheint, dass es nicht zum alten Bebenhäuser Bestand gehört;[7] Fabri muss das Buch anderswo ‹aufgelesen› haben. Im Laufe der Katalogisierung der

---

4 Zum Schicksal der St. Urbaner Bibliothek nach der Aufhebung siehe Peter H. Kamber: «… es solle die Bibliothek von St. Urban hieher translociert, & die Kosten aus der Bibliothekscassa bestritten werden». Die Bibliothek der 1848 säkularisierten Zisterzienserabtei Sankt Urban, in: Kirchliches Buch- und Bibliothekswesen 4 (2003), S. 137–157.

5 Raeber (wie unten Anm. 8), S. 11, reproduziert den älteren Lesefehler *ammoveatur* statt *ammoveantur* und vertieft den Irrtum auf S. 16. Den Psalter kann man sich wie den in der Bayerischen Staatsbibliothek verwahrten Clm 10107 vorstellen, aus der Mannheimer Hofbibliothek, *«Ex libris Jo. Nic. Weislinger Parochi in Capell 1732»*, stilistisch ebenfalls in Beers «Gruppe 2» einzuordnen (vgl. unten). Die 168 Blätter, welche den Hauptteil jener Handschrift bilden (Südwestdeutschland oder Schweiz, 2. Viertel 14. Jh.), machen deutlich, dass es sich bei Fabris Geschenk um zwei separate Bücher gehandelt haben muss, wie die Notiz schon für sich nahelegt; Béatrice Hernad: Die gotischen Handschriften deutscher Herkunft in der Bayerischen Staatsbibliothek. Teil 1: Vom späten 13. bis zur Mitte des 14. Jahrhunderts, Wiesbaden 2000 (Katalog der illuminierten Handschriften der Bayerischen Staatsbibliothek in München, Band 5, Teil 1), Textband S. 208f. (Kat. Nr. 289), Tafelband S. 325 (Abb. 644 und 645).

6 M. Pia Schindele OCist.: Die Abtei Lichtental. Ihr Verhältnis zum Cisterciensersorden, zu Päpsten und Bischöfen und zum badischen Landesherrn im Laufe der Jahrhunderte, in: Freiburger Diözesan-Archiv 105 (1985), S. 67–248, hier S. 84; Wilfried Setzler: Die Geschichte des Klosters Bebenhausen von den Anfängen bis zur Aufhebung, in: Ursula Schwitalla/Wilfried Setzler (Hgg.): Die Zisterzienser in Bebenhausen, Tübingen 1998, S. 9–28, hier S. 25.

7 Eberhard Gohl: Handschriften, Drucke und Einbände aus Bebenhausen, in: Zeitschrift für Württembergische Landesgeschichte 49 (1990), S. 143–167, hier S. 158f.

Handschrift gelang es, einen getilgten Vermerk (405vb) unter der UV-Lampe zu entziffern.[8] Er liefert aufschlussreiche Informationen über den Verbleib der Handschrift im 15. Jahrhundert und lautet:

> [L]iber iste est fratris Johannis Stantenat profess[i] monasteri[i] Luczellensis, quem vendidit Dominus [?] Dominus Nicolaus abbas eiusdem loci tali condicione quod [non] alienetur usu [?] a predicto cenobio. Anno domini m° iiii° quinquagesimo quinto.

Demnach wurde das Brevier im Jahre 1455 im Zisterzienserkloster Lützel von Abt Nikolaus Amberg (1443–1466) an den Konventualen und nachmaligen Abt (1466–1471) Johannes Stantenat verkauft.[9] Es könnte sich auch nach 1535 noch dort befunden haben. Dann wäre Fabri im Sundgauer Kloster in den Besitz der Handschrift gelangt. Allerdings gibt es keine Anhaltspunkte dafür, dass Bebenhäuser Mönche in Lützel Zuflucht suchten.[10]

Einige Hinweise gehen jedoch in eine andere Richtung. Johannes Stantenat aus Uffholtz im Elsass wird 1430 erstmals als Konventuale in Lützel erwähnt. In diesem Jahr sandte ihn Abt Conrad Holzacker (gest. 1443) zusammen mit Niklaus Amberg ans Collège Saint-Bernard nach Paris.[11] 1466 zum Abt von Lützel gewählt, blieb er aber nur fünf Jahre im Amt. Von 1471 bis zu seinem Tode 1494 wirkte er als Abt von Salem. Er trat als Bauherr und Auftraggeber prachtvoller Handschriften in Erscheinung. Berühmt ist das Salemer Abtsbrevier (UB Heidelberg, Cod. Sal. IX c/d), zu dem er selbst das Konzept des Buchschmucks lieferte.[12] Stantenat wird das von

---

8   Raeber kommt in ihrer Dissertation zum Schluss, es handle sich bei dem Brevier um eine Stiftung einflussreicher und begüterter Patrizierfamilien aus Freiburg i. Br. für eines der nahegelegenen Klöster des Ordens von Cîteaux, Günterstal oder Tennenbach (vgl. unten). Sie geht deshalb davon aus, dass Johannes Fabri auf seinem Weg von Bebenhausen nach St. Urban in Tennenbach Station gemacht habe und dort in den Besitz der Handschrift gelangt sei. Zu Recht weist sie auf den durch Rasur getilgten, nicht entzifferten Besitzvermerk hin und vermutet, dieser könnte näheren Aufschluss über den Weg des Breviers geben, siehe Judith Raeber: Buchmalerei in Freiburg im Breisgau: ein Zisterzienserbrevier aus dem frühen 14. Jahrhundert. Zur Geschichte des Breviers und seiner Illumination, Wiesbaden 2003, S. 18.

9   André Chèvre: Lucelle, in: Helvetia Sacra Abt. III, Bd. 3.1, S. 302f.

10 André Chèvre: Lucelle. Histoire d'une ancienne abbaye cistercienne, Delémont 1973, S. 127.

11 Denis Ingold/Ralph Stantina: Un prélat ami des arts: Jean Stantenat, abbé de Lucelle et de Salem (1466–1494), in: Annuaire de la Société d'Histoire du Sundgau 1999, S. 47–56, hier S. 49f.

12 Paula Väth: Die spätmittelalterlichen Handschriften aus dem Kloster Salem, Frankfurt a.M. etc. 1993, S. 30f.; Vom Bodensee zum Neckar: Bücherschätze aus der Bibliothek des Zisterzienserklosters Salem in der Universitätsbibliothek Heidelberg, bearb. von Armin

Amberg erworbene Brevier mit nach Salem gebracht haben, wo es auch nach seinem Tod blieb. Das formelhafte Entfremdungsverbot, das ja auch im Schenkungsvermerk Fabris erscheint, hätte Stantenat demzufolge nicht respektiert.

Nach Salem, dessen Abt Ordenskommissar für Oberdeutschland war, begab sich wahrscheinlich auch die Mehrzahl der 1535 aus Bebenhausen vertriebenen Mönche. Von dort aus wurden sie auf Klöster verteilt, in denen Personalmangel herrschte. Ein ungenannter Mönch wurde aus diesem Grund auch nach Wettingen entsandt. Mehrere ehemalige Bebenhäuser Konventualen waren zwischen 1535 und 1540 am Versuch beteiligt, die Zisterze Stams im Tirol zu reformieren. In diesem Zusammenhang ist einmal auch von Johannes Fabri die Rede. Am 4. Januar 1536 bat Abt Pelagius Baur von Stams den Salemer Abt Johannes, ihm weitere, namentlich bezeichnete Bebenhäuser Mönche zu senden, darunter auch Johannes Fabri.[13] Es gibt keine Anhaltspunkte dafür, dass Fabri tatsächlich nach Stams ging. Er muss sich aber in diesem Zeitraum in Salem oder zumindest im Verfügungsbereich des Salemer Abtes aufgehalten haben. Hier wird er in den Besitz des Breviers gekommen sein.

Wann und unter welchen Umständen Abt Nikolaus Amberg das Buch erwarb, ist völlig offen. Gelegenheiten gab es viele. 1433 studierte er an der Universität Heidelberg. Noch unter seinem Vorgänger Conrad Holzacker (1409–1443) nahm er am Konzil von Basel teil. 1444 flohen Abt und Konvent von Lützel vor den Armagnaken nach Basel und blieben dort bis 1450.[14] Abt Nikolaus spielte als Vizekanzler Kaiser Friedrichs III. (1415–1493) auch eine Rolle bei den Verhandlungen zum Wiener Konkordat von 1448.[15] Überdies ist nicht auszuschliessen, dass das Brevier schon länger in Lützel lag. Belege für eine ursprüngliche Bestimmung zugunsten des Klosters Lützel – der Mutterabtei von St. Urban – gibt es allerdings keine, auch nicht für enge Beziehungen der Zisterze zu den Freiburger Patrizierfamilien.[16]

Schlechter [et al.], Heidelberg 2003, S. 10; Alberich Siwek: Die Zisterzienserabtei Salem. Der Orden, das Kloster, seine Äbte, Salem 1984, S. 93.

13 Sydow, Zisterzienserabtei Bebenhausen (wie Anm. 3), S. 63. Sydow, Auflösung (wie Anm. 3), S. 701f.

14 Amberg stammte aus Basel und wurde im Basler Münster zum Abt geweiht, Chèvre (wie Anm. 9), S. 302. Ihm zuzuordnen sind wohl zwei Nachträge im Kalendar (3r–8v): *Henrici imperatoris et Kundegund uxoris sue* (13. 7.); *Dedicatio Basiliensis ecclesie* (11. 10.).

15 Chèvre (wie Anm. 9), S. 302. Chèvre (wie Anm. 10), S. 112f.

16 M. Sacerdos Friederich OCist.: Das Anniversarienverzeichnis der Cistercienserabtei Lützel, in: Jahrbuch des Sundgau-Vereins, Bd. V (1937), S. 11–63.

Der älteste Besitzereintrag in der Handschrift weist in den Breisgau. In den Randminiaturen finden sich die Wappen der Freiburger Patrizierfamilien Falkenstein (14r, Abb. 1) und Munzingen (338r), sowie jenes der Strassburger Bürgerfamilie Stauffenberg (14r, 322r). Als mögliche Besitzer oder Stifter des Breviers wurden Gregor von Falkenstein (gest. 1331) und seine Ehefrau Luitgard von Stauffenberg,[17] deren Tochter Demut (gest. 1374 od. 1399) und Schwiegersohn Johannes von Munzingen, genannt «der Ramer» (gest. 1339), vorgeschlagen,[18] als Empfängerinnen einer solchen Stiftung eine der Zisterzen in und um Freiburg, Günterstal oder Tennenbach, vermutet.[19] Tatsächlich standen die Falkenstein und Munzingen in engen Beziehungen unterschiedlicher Art zu beiden Klöstern: Stiftungen, Zeugenschaft bei Beurkundungen, Familienmitglieder als Konventualinnen und Konventualen.[20] Ein konkretes Beispiel ist etwa die auf den 11. April 1319 datierte Leibgeding-Stiftung Gregors von Falkenstein und seiner Gemahlin Luitgard von Stauffenberg für ihre beiden Töchter Anna und Cili, Nonnen in Günterstal. Johannes von Munzingen siegelte zum Zeichen seiner Einwilligung.[21]

Für die Falkenstein-Stauffenberg-Munzingensche Stiftung eines Breviers an ein bestimmtes Freiburger Kloster gibt es jedoch – ausser dem bezeichneten Buch selbst – keine weitere Nachricht, und in Bezug auf die Herkunft der Handschrift ist nichts bewiesen. Es gibt mehrere Gründe, sich nicht auf Freiburg festzulegen.

Zunächst ist festzuhalten, dass der Buchschmuck nicht einheitlich ist und in verschiedenen Arbeitsgängen angebracht wurde, wobei vermutlich drei Phasen zu unterscheiden sind: An die historisierten Initialen, die von einer Hand stammen, wurden von anderer Hand zum Teil anthropomorphe Drachen mit rankenähnlichen Schwänzen, oft mit Hunden, Vögeln, Hasen, Hirschen und Fabeltieren angebracht; die nachträglich zugefügten Randminiaturen

---

17 Josef Schmid (Hg.): Schöne Miniaturen aus Handschriften der Kantonsbibliothek Luzern, Luzern 1941, S. 15f.
18 Raeber (wie Anm. 8), S. 23–25.
19 Ebd., S. 48f.
20 Siehe dazu Philipp F. Rupf: Das Zisterzienserkloster Tennenbach im mittelalterlichen Breisgau. Besitzgeschichte und Aussenbeziehungen, Freiburg i. Br./München 2004, S. 85, 149, 296; Ulrike Denne: Die Frauenklöster im spätmittelalterlichen Freiburg im Breisgau. Ihre Einbindung in den Orden und in die städtische Kommunität, Freiburg i. Br./München 1997, S. 155, 167f.
21 Freiburger Urkundenbuch, bearb. von Friedrich Hefele, Freiburg i. Br. 1957, Bd. 3, S. 375, Nr. 500, und Tafelband 3, Siegeltafel 14, Nr. 114.

schliesslich sind im Auftrag der späteren Besitzer- oder Stifterfamilien entstanden.[22] Somit wird auch klar, dass es sich beim Brevier nicht um eine Auftragsarbeit dieser Familien handelt,[23] sondern die Handschrift lag bereits vor und wurde nachträglich im Sinn der Besitzer oder Stifter ergänzt, wobei den Wappenmalereien in den Randminiaturen eine besondere Bedeutung zukommen. Im Freiburger Augustinermuseum und im Historischen Museum Basel befinden sich Teile eines weiteren Kunstwerkes, ungefähr aus der gleichen Zeit, welches ikonographisch und vielleicht auch funktional Parallelen zum Luzerner Brevier P 4 4° aufweist: der Wappenteppich aus dem Dominikanerinnenkloster Adelhausen. Dieser verbindet Szenen aus der höfischen Bilderwelt (Alexander der Grosse und die indische Königin Kandace auf einem Elefanten, Samson bezwingt Löwen, Phyllis treibt Aristoteles als Reittier durch den Garten, Jäger auf der Wildschweinjagd)[24] mit den Wappen der Freiburger Familien Munzingen, Falkenstein und Snewlin, sowie der Basler Familie Vorgassen.[25] Für den Teppich ist formuliert worden, wie im Kunstwerk eine grössere Gruppe in den Wappen ihre familiären Verflechtungen darstellte und ihre soziale Verbundenheit festigte. Die Stiftung an eine geistliche Institution lässt sich auch als spätere, sekundäre Funktion denken.[26]

Ausstattung

Das schöne Zisterzienser-Brevier hat, nachdem es dem liturgischen Gebrauch entzogen war und gleichsam ein neues, kunstwissenschaftliches Kapitel in seiner Geschichte aufgeschlagen wurde, im 19. und 20. Jahrhundert wenig Beachtung gefunden. Erst in letzter

---

22 Auch Raeber (wie Anm. 8), S. 100–107, bemerkt Stil- und Qualitätsunterschiede und scheidet Arbeitsgänge, glaubt aber fest an eine einzige Werkstatt. Skeptisch gegenüber der Händescheidung ist Martin Roland in seiner Rezension über Raebers Buch: Anregendes zu einer bisher kaum bekannten Handschrift, in: IASLonline [14. 7. 2004], [31].
23 So Raeber (wie Anm. 8), S. 46.
24 Was die szenische Ikonographie betrifft, so scheinen diese in den Handschriften im Laufe des 14. Jahrhunderts seltener werdenden Randfiguren auf Bildteppichen erst im folgenden Jahrhundert in Basel und in Strassburg zu voller Blüte gekommen zu sein; siehe Anna Rapp Buri/Monica Stucky-Schürer: Zahm und wild. Basler und Strassburger Bildteppiche des 15. Jahrhunderts, Mainz 1990.
25 Jutta Eissengarthen: Mittelalterliche Textilien aus Kloster Adelhausen im Augustinermuseum Freiburg, Freiburg i. Br. 1985, S. 11–22.
26 Guido Linke/Stephanie Zumbrink: Zum ewigen Gedenken – Stifterwappen und Stifterbilder für Freiburger Klöster, in: Freiburg im Breisgau. Eine Stadt braucht Klöster, Lindenberg im Allgäu 2006, S. 91–96, hier S. 91f.

Zeit ist dem reichen Buchschmuck mehr Aufmerksamkeit geschenkt worden. Es rückte in die Nähe der (nach Zürich zu lokalisierenden) St. Galler Weltchronik und weiterer Denkmäler des transalpinen, nach Westen orientierten «dolce stil novo».[27] Die Miniaturen dieser Bücher, aber auch gleichzeitige Glasmalereien und Statuen sind einander ähnlich. Es ist der gleiche Stil, doch lässt sich mehr behaupten?

Um 1300 bildeten Bodenseeraum (Hochrhein) und Oberrhein eine zusammenhängende Kulturlandschaft. Künstler, die auf einem höheren Niveau zu arbeiten vermochten, waren nicht an eine Werkstatt an einem Ort gebunden und hätten so auch kaum befriedigend wirksam sein können. Schwierig scheint es, über Gattungsgrenzen hinaus, aber auch bei ungleichem Massstab Künstlerhände oder Werkstätten (ohne weitere Nachrichten oder Indizien) zu identifizieren. Ein Stil war wenig individuell, in der Schrift und auch im Buchschmuck. Sogar die Fleuronné-Initialen in einem kleinen Brevier sind schlecht vergleichbar mit jenen in einem grossen Antiphonar; eine Grossplastik kann einer Randminiatur zwar ähneln, der Schluss auf einen gemeinsamen Ursprungsort anhand des gleichen Stils ist dennoch gewagt.

Der Buchschmuck im St. Urbaner Brevier, der kunstwissenschaftliches Interesse geweckt hat, besteht einerseits aus 27 historisierten Initialen samt Ausläufern,[28] deren Gestalten in der Tat

---

27 Vgl. Raeber (wie Anm. 8), S. 108ff. Für Martin Roland (wie Anm. 22) ist die Zuordnung beider Handschriften in ein gemeinsames «Werkstattumfeld» vollkommen schlüssig, und zwar trotz «der eklatanten Größenunterschiede, trotz der in der Weltchronik fehlenden Initialornamentik und trotz der doch bescheideneren Qualität des Breviers»; vgl. auch Jürgen Wolf: Psalter und Gebetbuch am Hof: Bindeglieder zwischen klerikal-literater und laikal-mündlicher Welt, in: Mark Chinca/Christopher Young (Hgg.): Orality and Literacy in the Middle Ages, Turnhout 2005, S. 139–167, hier S. 166.

28 14ra thronender Christus mit Weltkugel, Isaias. 39vb Geburt Christi, um die Ausläufer der Initiale: Zwei Engel mit Spruchbändern *Gloria in excelsis deo et in ter[ra]* und *Gloria in excelsis deo* verkünden den von einem Hund, Ziegen und Schweinen umgebenen Hirten die Geburt Christi. 49ra Beschneidung Christi. 53rb Anbetung der heiligen drei Könige. 104va Jakob und zwei Brüder des Joseph mit dessen blutbeflecktem Gewand. 123va Einzug in Jerusalem. 132va Auferstehung Christi, Kreuz im Hintergrund. 149va Himmelfahrt. 155vb Pfingstbild. 160va Gnadenstuhl. 228va Kreuzigung des Andreas. 233va Steinigung des Stephan. 236vb Johannes Ev. am Schreibpult. 240ra betlehemitischer Kindermord. 244va Agnes und der vom Teufel gerittene Verführer. 252ra Darbringung im Tempel. 262rb Benedikt und Scholastica. 266va Verkündigung an Maria. 282va Enthauptung des Johannes Bapt. 292vb Maria Magdalena mit Salbentopf. 308va Maria wird von Engeln in den Himmel gehoben. 314rb Die Mutter von Bernhard von Clairvaux träumt von einem weissen, braunrückigen Hund. 322ra schlafender Jesse mit spriessender Wurzel. 328va Michael als Drachentöter. 338ra Allerheiligen. 366rb Nikolaus schenkt zwei Mädchen eine Goldkugel, dabei liegend ihr Vater. 378va Katharina von Alexandrien und Margareta.

Ähnlichkeit mit den viel grösseren Figuren der St. Galler Weltchronik haben, andererseits aus Randminiaturen,[29] auf deren Deutung noch zurückzukommen ist. Es sind allerdings die untergeordneten Ebenen der Ausstattung mit Fleuronné-Initialen oder Lombarden, welche für die Einordnung der Handschrift in den stilistischen und zeitlichen Kontext zunächst wichtig sind,[30] und hierzu gibt es bisher noch keine klaren Aussagen (und keine Abbildungen).[31] Das Fleuronné der St. Galler Weltchronik ist vom selben Florator ausgeführt wie jenes der Handschrift B VIII 27 der Universitätsbibliothek Basel,[32] seine Arbeit ähnelt jener des Manesse-Florators J 2;[33] dieser Fleuronnétyp war weit verbreitet und lässt seinerseits kaum weitere Schlüsse zu. Im Luzerner Brevier war jedenfalls ein anderer am Werk, der Bezug zur St. Galler Weltchronik ist hier also nur ein sehr allgemeiner.

In P 4 4° findet sich Fleuronné auf zwei (oder drei) Ebenen: Es gibt zunächst ein- und zweizeilige rote und blaue Lombarden mit Fleuronné in der Gegenfarbe, die zweizeiligen mit ganzseitigen Fleuronnéstäben in Rot und Blau, oft mit durch haarnadelförmige Fäden lose eingebundenen Tieren oder Fabelwesen in Federzeichnung am Rand. Weiter finden sich auch acht zwei- oder dreizeilige – also

---

29 14r Dornauszieher, Vögel und Affe mit Spiegel (?) auf Baum; Wappen: oben Falkenstein, unten Stauffenberg. 39v Weinranken, darin zwei Steinböcke, ein Widder, ein Ziegenbock; oben Wiese mit zwei Steinböcken und einem Widder, Mond. 53r Stern, zwei Reitkamele und ein gesatteltes Pferd, Stadt, Raubtier mit Vogel in den Fängen. 132v Storch und zwei Vögel; oben Wiese mit drei Vögeln, Sonne. 155v Fidelspieler, Blütenbaum, Blumen, zwei Fische, Affe mit Apfel (?), Vogel im Vogelbauer; oben zwei Pfauen. 160v zwei Vögel; oben zwei kämpfende Einhörner. 236v zwei Vögel in Baum, gekrönte Jungfrau mit Einhorn, Jäger ersticht das Einhorn, jagender Hund, zwei Hirsche, Wassertier mit Fisch; oben Raubkatze, Panther. 244v Panther, Enhydros, Adler, der zur Sonne fliegt, Phönix. 252r gekrönte Sirene, zwei Vögel (Nachtrabe, Regenpfeifer), zwei gekrönte Löwen, Fledermaus. 292v Jäger, das Horn blasend, mit Spiess und Hündchen, Bär, Hund, der einen Hirsch reisst, Keiler, Panther. 314r Elefant mit Burg auf dem Rücken, Hahn. 322r Baum mit sechs Vögeln; oben Pelikan, der sich die Brust aufreisst, Adler, der zur Sonne fliegt, Phönix; Wappen: Stauffenberg. 338r Spinnerin, Vogel im Vogelbauer, Katze; Wappen: Munzingen. 366r Elefant mit Burg auf dem Rücken, Hahn.
30 Vgl. (neben den im Folgenden genannten Titeln) etwa Sonia Scott-Fleming: Pen Flourishing in Thirteenth-Century Manuscripts, Leiden 1989, S. 72–75.
31 Dies bedauert etwa Martin Roland (wie Anm. 22), [53].
32 Die Handschrift stammt aus der Basler Kartause und wurde auch von Konrad von St. Gallen (St. Galler Weltchronik bis 207vb) geschrieben, Inhalt: Hugo von Langenstein, Martina (1ra–292vb), am Schluss Schreibervermerk; sog. Mainauer Naturlehre (293ra–304rb); Schondoch, Der Littauer (304va–307rb, von anderer Hand).
33 Wolfgang Augustyn/Christine Jacobi-Mirwald/Christine Sauer/Martin Roland: Fleuronné, in: Reallexikon zur Deutschen Kunstgeschichte, Bd. 9 (2003), Sp. 1113–1196, hier Sp. 1163f. (Martin Roland: Knospenfleuronné).

immer noch kleine – rot-blau ornamental gespaltene Initialen mit rot-blauem Fleuronné und Fleuronnéstäben, zwei davon mit Fabeltieren in der Schaftaussparung (Abb. 2 und 3).[34]

Ellen Beer hat vor sechzig Jahren anhand des Fleuronné einen oberrheinischen Initialstil definiert. Die gespaltenen Lombarden des Luzerner Breviers P 4 4° lassen sich – nebst weiteren seither hinzugekommenen Beispielen – zweifelsfrei ihrer zweiten Stilgruppe zuordnen.[35] Unter den bisher dieser ebenso kohärenten wie weitläufig beheimateten Gruppe zugeordneten Handschriften sticht – neben dem Graduale von St. Katharinental – der Karlsruher Codex «Unbekannter Herkunft 1», ein zisterziensisches Graduale, dadurch hervor, dass auch er (durch mehr als einen Künstler) mit Deckfarbenmalereien gleichen Stils ausgestattet ist, zudem weist er ebenfalls Wappen von Freiburger und Strassburger Geschlechtern auf.[36]

Fleuronné (oder Fleuronnée) ist eine Begleiterscheinung der Gotik, im 12. Jahrhundert in Paris (und Bologna)[37] entstanden. Es entwickelte sich aus der Silhouetteninitiale, zuerst als Palmettenfleuronné, im 13. Jahrhundert als Knospenfleuronné, seit Beginn vorzugsweise in Rot-Blau.[38] Schon die Vorformen (wie später die oberrheinischen Sonderformen) finden sich besonders häufig in Zisterzienserhandschriften, vielleicht wegen des Statuts von 1134,

---

34 164va *Corpus Christi;* 248vb *Conversio Pauli;* 258ra *Cathedra Petri;* 273va Philipp und Jakob, mit Fabeltier; 303vb *Corona spinea,* mit Fabeltier; 317ra *Octava nativitatis BMV;* 342rb Martin; 380va *Dedicatio ecclesiae.*

35 Ellen J. Beer: Beiträge zur oberrheinischen Buchmalerei in der ersten Hälfte des 14. Jahrhunderts, unter besonderer Berücksichtigung der Initialornamentik, Basel/Stuttgart 1959. Als neuere Übersicht siehe Martin Roland, in: RDK (wie Anm. 33), besonders Sp. 1162–1166; allgemeiner formuliert es (Sp. 1162): «Kennzeichen sind Aussparungen zwischen den Farbflächen der Buchstabenkörper, die Verbindung des Fleuronné mit zoomorphen und figürlichen Elementen sowie die Verwendung von Blattspiralen»; spezieller (Sp. 1164): «In der Handschriftengruppe um die Engelberger ‹Bibly› […] ist das Fleuronné mit dünner Feder gezeichnet. Neu sind florale und zoomorphe Schaftaussparungen, Blattspiralen, sowie verschiedene vollfarbige Elemente (Ranken, Medaillons mit ausgesparten Mischwesen oder zoomorphen Formen) […]. Besonders hervorzuheben sind die den Schriftspiegel rahmenden Fleuronnéleisten und zoomorphe Federzeichnungen».

36 Beer (wie Anm. 35), Kat. Nr. 23; auf S. 112 die immer noch gültige Bemerkung: «doch scheint es sich im Hinblick auf die geographisch weitverzweigte Gruppe 2 der hier besprochenen Filigranornamentik gerade *nicht* um einen an ein bestimmtes Scriptorium gebundenen Stil zu handeln.»

37 Eberhard König: Fleuronnée, in: Lexikon des gesamten Buchwesens, Bd. 2 (²1989), S. 612; RDK (wie Anm. 33), Sp. 1128.

38 Einen Überblick gibt Patricia Stirnemann: Fils de la vierge. L'initiale à filigranes parisienne: 1140–1314, in: Revue de l'art 90 (1990), S. 58–73.

in welchem es heisst: *litterae unius coloris fiant, et non depictae.*[39] In Paris war es die Regel, eher kleinere Initialen mit Fleuronné zu schmücken, am Oberrhein wurden gerade die grossen besonders typisch. In Frankreich sind die Gliederungsebenen eines Textes normalerweise klar getrennt, in den Randgebieten nimmt das Fleuronné sogar die obersten Stufen der Hierarchie in Beschlag. Seit etwa 1300 wurden hier pflanzliche und zoomorphe Motive aus gespaltenen Buchstabenschäften ausgespart, in den südlichen Niederlanden erst später als in Deutschland.[40] Vielleicht wurde der sogenannte Oberrheinische Initialstil aber durch die Zisterzienser im nördlichen Frankreich und den südlichen Niederlanden vermittelt, eindeutige Aussagen sind bis jetzt nicht möglich.[41]

Die Belegung der Ränder mit Drolerien und Randminiaturen, wie sie sich im Luzerner Brevier finden, hat sich wiederum in Paris um die Mitte des 13. Jahrhunderts etabliert – vor allem in Psaltern und Stundenbüchern – und kam hundert Jahre später wieder aus der Mode.[42] Zuerst verbreitete sie sich nach Norden, erst um 1300 auch nach Süden, als sie via den Norden auch nach Deutschland gelangt war.[43] Die direktesten Vergleichsbeispiele finden sich in nordfranzösischen und südniederländischen Handschriften, haben also vielleicht die gleiche Herkunft wie das besondere Fleuronné des oberrheinischen Initialstils und stehen damit möglicherweise in Zusammenhang.

Das Fleuronné der Handschrift P 4 4° ist von hoher Qualität. Auffällig sind die genannten rund 120 Drolerien in gekonnter grau-blauer oder roter Federzeichnung.[44] Einige Fabelwesen und

---

39 RDK (wie Anm. 33), Sp. 1120.
40 Martin Roland, in: RDK (wie Anm. 33), Sp. 1152f.
41 Vgl. Beer (wie Anm. 35), S. 18.
42 Referenzwerk ist Lilian M. C. Randall: Images in the Margins of Gothic Manuscripts, Berkeley etc. 1966, ein ausführliches Motivregister in Worten und in Abbildungen; einen weiten Ausblick gibt Michael Camille: Image on the Edge. The Margins of Medieval Art, London 1992; wiederaufgenommen wurde das Thema von Elizabeth Moore Hunt: Illuminating the Borders of Northern French and Flemish Manuscripts, 1270–1310, New York/London 2007, sowie von Jean Wirth: Les marges à drôleries des manuscrits gothiques (1250–1350), Genève 2008, mit Erwähnung von ZHB P 4 4° (p. 74 und 76, mit Abbildung von 266v).
43 Wirth (wie Anm. 42), p. 11.
44 In Luzern wird auch ein zweites Brevier aus gleicher Zeit aufbewahrt: P 9 4°; 172r ganz ähnliche Fabelwesen in Federzeichnung am Rand. Im Antiphonar aus Friensberg (P 18 fol.) gibt es diese Fabeltiere 15r, 32r, 39r, 62r, 75v, 112r, 156r (radiert), 161v, 196v, 231r und 236v; die stilisierten fünf- oder sechszähligen Blumen oder Rosetten (1r, 69r, 75v etc.) und die Tiere und Pflanzen in den Schaftaussparungen gehören ebenfalls zum Stil der Beerschen «Gruppe 2»; die Lombarden sind wegen des ungleichen Massstabs kaum

Tiere, etwa Hund und Hase auf 154r (Abb. 4), finden sich in der auf die Ränder ausgreifenden Deckfarbenmalerei wieder: der Hund beispielsweise auf 228v und 252r, der Hase auf 53r, 104v, 322r und 338r. Die Fleuronné-Initialen gehen in Drolerien über, die historisierten Initialen durch ihre Drachen und Rankenausläufer ebenfalls.[45] Die beiden ursprünglichen, ganz verschieden gestalteten Dekorationssysteme folgen einem vergleichbaren Gestaltungsprinzip. Der weiss-schwarz gefleckte Hund findet sich auch in den Randminiaturen (vgl. unten); auch zwischen den beiden zu unterscheidenden Deckfarbenmalereien auf den Rändern gibt es also Entsprechungen.

Randminiaturen

Ausgangspunkt zur Deutung der Randminiaturen[46] ist die Feststellung, dass sie in keinem direkten inhaltlichen Zusammenhang[47] mit dem ursprünglichen Programm der historisierten Initialen des Breviers stehen. Sie sind nachträglich zusammen mit den Wappen eingetragen worden und sind einem eigenen ikonographischen Programm verpflichtet, das im Folgenden ansatzweise untersucht werden soll.

Am leichtesten zugänglich ist vielleicht die szenischen Darstellung am unteren Rand von 236v (Abb. 5): Eine sitzende gekrönte Jungfrau umfängt mit ihrer rechten Hand das Horn des Einhorns, die linke Hand hält sie erhoben, möglicherweise ein Redegestus, ein Jäger tötet das Einhorn mit einer Lanze, wobei der einzelne, von Vögeln bewohnte Baum am rechten Rand möglicherweise für den

---

vergleichbar. Die charakteristischen Rosetten finden sich wieder in Ms. B III 1 der UB Basel (Beer, Kat. Nr. 6), vereinzelt auch die Fabeltiere am Rand: 100rb (Drache), 210r (Kapuzen-Paarhufer) und 267r (Storch); ähnlich steht es mit MsMurQ 5 in der Aargauer Kantonsbibliothek (Beer, Kat. Nr. 5, Abb. 20). Die vergleichbaren Merkmale sind mit anderen Worten noch längst nicht erschöpfend zusammengestellt und verglichen.

45 Mehrere Seiten sind im ersten Zustand geblieben: 49r, 104v, 123v, 149v, 228v, 233v, 240r, 262r, 266v, 282v, 308v, 328v und 378v. Auch das Tier über der äussern Spalte auf 236v gehört wohl zur früheren Ausstattung.

46 Vgl. oben Anm. 29. Als Randminiaturen werden hier *nur* die nachträglich zugefügten Deckfarbenmalereien auf den Rändern bezeichnet, nicht aber die auf die Ränder ausgreifenden Teile der früheren Ausstattung.

47 Mögliche Ausnahmen bilden die Randminiatur 39v (Geburt Christi): Die Weinranken und Wiese mit Steinböcken, Widdern, Ziegenbock und Mond können als Fortsetzung der bukolischen Szene auf dem Rankenausläufer verstanden werden, und 53r (Anbetung der Heiligen drei Könige): Die zwei Kamele und das Reitpferd könnten die Reittiere der Drei Könige darstellen, die Burg oder Stadt Jerusalem; ebenfalls würde dann der Stern der Weisen am oberen Rand zum Ensemble gehören.

Wald steht.⁴⁸ Hintergrund ist hier zweifellos die Schilderung des Physiologus, der schreibt, das Einhorn könne durch eine Jungfrau angelockt und gefangen werden.⁴⁹ Seine anschliessende Gleichsetzung des Einhorns mit Christus «*Sic et dominus noster Iesus Christus, spiritalis unicornis, descendens in uterum virginis, per carnem ex ea sumptam, captus a Iudaeis, morte crucis damnatus est*»⁵⁰ ist durch den tötenden Jäger unmittelbar in die Darstellung hineingenommen und eine geistliche Deutung offensichtlich angelegt.⁵¹ Schwieriger sind die weiteren Elemente dieser Randminiatur: Der linke Rand zeigt eine weitere Jagdszene: Zwei Hirsche werden von einem weissschwarz gefleckten Jagdhund gehetzt. Auch hier mag mittelbar der Physiologus die Darstellung beeinflusst haben. Im Kapitel XXIX, das dem Hirsch gewidmet ist und mit dem Psalmvers «*Sicut cervus desiderat ad fontes aquarum*» (Ps 41,2) anhebt, findet sich in Auslegung des Psalmverses «*Montes excelsi cervis*» (Ps 103,18) die Deutung der Gläubigen als Hirsche,⁵² während der Jagdhund seinen biblischen Hintergrund im Psalmvers 21,17 «*Circumdederunt me venatores*» hat. Eine ähnliche Szene findet sich in der Randminiatur 292v (Abb. 6): Hier hat der gleiche weiss-schwarz gefleckte Jagdhund sich jedoch bereits im fliehenden Hirsch verbissen, während am unteren Rand ein Jäger sein Horn bläst und ein kleines, bellendes Hündchen an der Leine hält.⁵³ Die Hirschjagd steht für das Motiv des Menschen als gejagtem Wesen, dem die bösen Mächte zusetzen. In beiden Darstellungen muss davon ausgegangen werden, dass die Figur des Jägers eine im christlichen Sinn negative Konnotation hat, wie sie sich beispielsweise bei Hieronymus findet, der den grossen Jäger vor

---

48 Jürgen Werinhard Einhorn: Spiritalis Unicornis. Das Einhorn in Literatur und Kunst des Mittelalters, München ²1998, S. 462 (Verzeichnis der Bilddenkmäler, C. IV. 1. b.).

49 Francis J. Carmody: Physiologus latinus. Éditions préliminaires versio B, Paris 1939, S. 31: «*Et nullus omnino venator eum capere potest; sed hoc argumento eum capiunt: puellam virginem ducunt in illum locum ubi moratur, et dimittunt eam in silvam solam; at ille vero, mox ut viderit eam, salit in sinum virginis, et complectitur eam, et sic comprehenditur, et exhibetur in palatio regis.*»

50 Ebd.

51 Zur grossen Verbreitung des Motivs «Jungfrau mit Einhorn» in der darstellenden Kunst vgl. Einhorn (wie Anm. 48), S. 387–592 (Verzeichnis der Bild-Denkmäler).

52 Carmody (wie Anm. 49), S. 51: «*Montes apostolos et prophetas dicit, cervos vero homines fideles, qui per apostolos et prophetas et sacerdotes perveniunt ad agnitionem Christi.*»

53 Eine szenisch ähnliche Darstellung der Hirschjagd mit Horn blasendem Jäger, Hundeführer und Hündchen findet sich auch im Codex Manesse, 220v (Der von Suonegge; http://digi.ub.uni-heidelberg.de/diglit/cpg848/0400); Harald Wolter-von dem Knesebeck: Aspekte der höfischen Jagd und ihrer Kritik in Bildzeugnissen, in: Werner Rösener (Hg.): Jagd und höfische Kultur im Mittelalter, Göttingen 1997, S. 493–572, hier S. 512 und 550 (Abb. 11).

dem Herrn Nimrod als *adversus deum semper rebellis*[54] bezeichnet, und die unter anderem ihren Ausgangspunkt in der Auslegung von Ps 90[55] hat, wo Gottes Macht vor den Schlingen der Jäger und dem Verderben rettet.[56] In den beiden genannten Randminiaturen findet sich am oberen Rand ein identisches gelbes geflecktes Raubtier, aus dessen geöffnetem Maul rot gemalter Odem kommt, wohl ein Panther, von dem der Physiologus sagt, er sei *varium quidem colore*[57] und den er mit Christus gleichsetzt, der seinerseits vieles verkörpert und über ungezählte Eigenschaften verfügt.[58] Auch der rote Odem ist bei der Identifikation des Tieres mit dem Panther des Physiologus erklärbar: Aus dem Maul des Panthers strömt ein *odor suavitatis, ita ut superet omnia aromata*;[59] es handelt sich also um die bildnerische Umsetzung des Wohlgeruchs, der alle Tiere anlockt, und der wie die Stimme Christi die Menschen dazu bringt, ihm zu folgen.

Die beiden Randminiaturen haben keine einsichtige Verbindung zu den auf den betreffenden Seiten gemalten Initialen des Breviers (236v Johannes, Initiale: Johannes Ev. am Schreibpult; 292v Maria Magdalena, Initiale: Maria Magdalena mit Salbentopf); sie erweitern das Bildprogramm unabhängig vom Textzusammenhang, dem die Initialen verpflichtet sind; sie sind als Zeichen zu verstehen, die auf allgemeine christliche Glaubensinhalte verweisen. Solche Zeichen sind die Tiere des Physiologus in hohem Masse und sie sind in den Randminiaturen des Breviers vielfach vertreten: Auf 160r (Trinitas, Initiale: Gnadenstuhl) finden sich am oberen Rand zwei kämpfende Einhörner, deren Hörner sich überkreuzen:[60] Das Einhorn erscheint hier in der Gestalt des grimmigen Böckchens,[61] wobei die Angriffigkeit des Tieres auf der rechten Seite durch das geöffnete Maul betont

---

54 Tractatus in psalmos, Corpus Christianorum, Series latina 78, S. 420: «*Venatores quippe in scripturis sanctis in sinistram partem accipi saepe diximus. Nebrod enim ille gigas, adversus Deum semper rebellis, venator fuit. Esau quoque venator fuit.*»
55 Vor allem Ps 90,3: «*quia ipse liberabit te de laqueo venantium de morte insidiarum.*»
56 Die Haltung der Exegese gegenüber Jagd und Jäger ist jedoch nicht eindeutig negativ, sie wandelte sich, wohl auch unter dem Einfluss des jagdversessenen Adels, vgl. Thomas Szabó: Die Kritik der Jagd. Von der Antike zum Mittelalter, in: Werner Rösener (Hg.): Jagd und höfische Kultur im Mittelalter, Göttingen 1997, S. 167–229.
57 Carmody (wie Anm. 49), S. 40.
58 Ebd., S. 41: «*sicut dictum est per Salomonem de domino Iesu Christo, qui est dei sapientia, spiritus intelligibilis, sanctus, unicus, multiplex, subtilis, mobilis, certus, incontaminatus, verus, suavis, amans bonum, aptus, qui nihil boni vetet fieri, clemens, firmus, stabilis, securus, omnia potens, omnia prospiciens, omnia faciens, mobilior sapientis, et reliqua.*»
59 Ebd., S. 40.
60 Einhorn (wie Anm. 48), S. 561 (Verzeichnis der Bilddenkmäler, H.I. 2. b).
61 Carmody (wie Anm. 49), S. 31: «*Physiologus dicit unicornem hanc habere naturam: pusillum animal est, simile haedo, acerrimum nimis.*»

wird, so dass auch der Psalmvers 21,22 *«Salva me de ore leonis et a cornibus unicornium»* mit anklingen mag. Auf der gleichen Seite findet sich auch ein gelber Vogel, möglicherweise ein Adler, sowie ein Regenpfeifer *(charadrios)*, von dem der Physiologus berichtet, dass er ganz weiss sei und die Gestalt Christi angenommen habe,[62] denn *totus est candidus dominus noster, nullam habens nigredinem*. Auf 244v (Agnes, Initiale: Agnes und der vom Teufel gerittene Verführer) sind am unteren Rand gemalt (Abb. 7): Zunächst der gefleckte Panther, der für Christus steht, dann der zur Sonne fliegende Adler, der nach dem Physiologus durch die Nähe zur Sonne das Dunkel aus seinen gealterten Augen vertreibt und durch das dreifache Bad in der Quelle zu neuer und grösserer Kraft gelangt; er steht für den Menschen, dem durch die Taufe und den Blick auf den Herrn gleiches widerfährt.[63] Dem Adler schliesst sich der Phönix an, der sich selbst verbrennt und wieder aufersteht – wie Christus, dem die Macht gegeben ist, sein Leben hinzugeben und wieder zu nehmen.[64] Auch der Panther fehlt in dieser Randminiatur nicht; schwer zu deuten jedoch ist das schwarze, schweinchenartige Tier, das aus einer Höhle kommt; möglicherweise handelt es sich dabei um einen Enhydros, der sich als Krokodilfänger bewährt, indem er sich zur Tarnung mit Dreck bedeckt und so dem Krokodil, dem Tod und der Hölle, in den Rachen springt und es vernichtet.[65] Auch für den Enhydros gilt, dass er Christus gleichzusetzen ist, der Menschengestalt *(terrenam carnem nostram)* annahm und in die Hölle hinabstieg. Auf 322r *(Nativitas BMV,* Initiale: Wurzel Jesse) tritt neben Adler und Phönix noch der Pelikan hinzu, der seine Kinder durch sein Blut wieder zum Leben erweckt wie Christus durch den Kreuzestod.[66]

---

62 Ebd., S. 15: *«Est volatile quod dicitur caladrius; de hoc scriptum est in Deuteronomio: Non manducandum. Physiologus dicit de hoc quia totus albus est, nullam partem habens nigram […]. Caladrius igitur personam accepit salvatoris nostri.»*
63 Ebd., S. 19.
64 Ebd., S. 20: *«Est aliud volatile quod dicitur phoenix; huius figuram gerit dominus noster Iesus Christus, qui dicit in evangelio suo: Potestatem habeo ponendi animam meam et iterum sumendi eam.»*
65 Ebd., S. 35: *«Physiologus dicit de eo quoniam satis hoc animal inimicum est crocodilo […] cum viderit crocodilum in littore fluminis dormientem aperto ore, vadit et involvit se in limum luti, quod possit facilius illabi in faucibus eius […] crocodilus igitur desubatus, vivum transglutit eum; ille autem dilanians omnis viscera eius exit vivus de visceribus crocodili iam mortui.»*
66 Ebd., S. 17: *«Genuit igitur auctor et conditor totius creaturae, omnipotens deus, nos […] nos vero e contrario percussimus eum in faciem, servientes in conspectu eius creaturae potius quam creatori. Idcirco ascendit dominus noster Iesus Christus in altitudinem crucis.»*

Abbildung 1

Erster Sonntag im Advent, Anfang des *Proprium de tempore*. ZHB P 4 4°, 14r.

Abbildung 2
Philipp und Jakob, erste Lesung zur ersten Nokturn. ZHB P 4 4°, 273v.

Abbildung 3

Corona spinea, erste Lesung zur ersten Nokturn. ZHB P 4 4°, 303v.

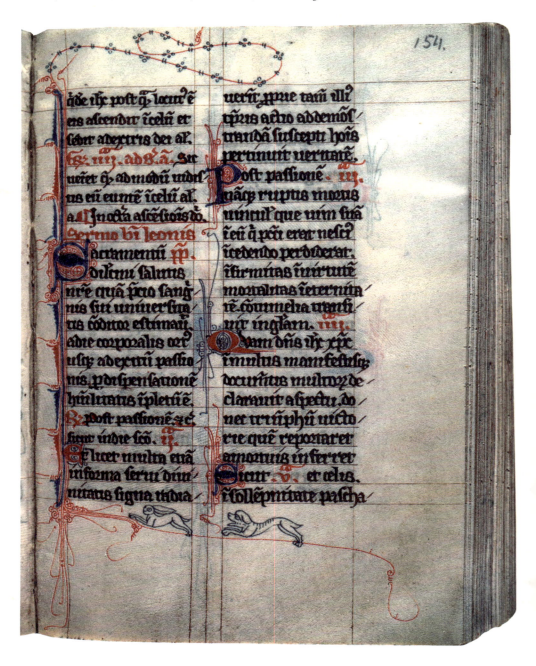

Abbildung 4
Oktav von Auffahrt, erste Lesung. ZHB P 4 4°, 154r.

Abbildung 5

Johannes evangelista, erste Lesung zur ersten Nokturn. ZHB P 4 4°, 236v.

Abbildung 6
Maria Magdalena, erste Lesung zur ersten Nokturn. ZHB P 4 4°, 292v.

Abbildung 7
Agnes, erste Lesung zur ersten Nokturn. ZHB P 4 4°, 244v.

In der Randminiatur 252r *(Purificatio BMV,* Initiale: Darbringung im Tempel) findet sich eine Sirene mit Krone, hier im Gegensatz zu der Schilderung im Physiologus, der sie als Mischwesen aus Vogel und Mensch beschreibt, mit einem doppelten Fischleib;[67] sie betört durch die Süsse ihres Gesangs, so wie dies auch weltliches Vergnügen vermag, und macht die Menschen zur *adversariorum praeda*.[68] Über ihr ist ein schwarzer Vogel gemalt, vielleicht ein Nachtrabe *(nycticorax),* ein unreiner[69] Vogel, der die Finsternis mehr liebt als das Licht, und daher für das Volk der Juden steht.[70] Zu den unreinen Vögeln gehört auch die am oberen Rand gemalte Fledermaus,[71] die jedoch nicht zu den Tieren des Physiologus gehört. Der weisse Regenpfeifer *(charadrios)* und die beiden gekrönten Löwen dagegen verweisen nach dem Physiologus auf Christus, die Löwen sogar dreifach, nämlich indem sie, um den Jägern zu entgehen, ihre Spuren verwischen, indem sie im Schlaf ihre Augen offen halten und indem sie am dritten Tag nach der Geburt ihre Jungen durch ihren Atem zum Leben erwecken.[72]

Zwar ist in den Randminiaturen des Breviers die Tierwelt des Physiologus nicht erschöpfend dargestellt, auch lassen sich nicht alle abgebildeten Tiere auf den Physiologus zurückführen; doch zusammen mit der Miniatur der Jungfrau mit dem Einhorn bilden sie ein lockeres ikonographisches Programm mit christologischem Verweisungscharakter, das einer liturgischen Handschrift wohl ansteht.[73]

Ganz anderer Art ist die Randminiatur 14r (Abb. 1), wiederum ohne inhaltlichen Zusammenhang mit der historisierten Initiale (1. Sonntag im Advent: thronender Christus mit Weltkugel, Isaias): Am Fuss eines Baumes, auf dem sich ein Affe und Vögel tummeln, sitzt ein Mann, der sich einen Dorn aus dem rechten Fuss zieht. Das

---

67 Seit dem Frühmittelalter gibt es zwei Erscheinungsformen der Sirenen: einerseits ein weibliches Wesen mit Vogelleib oder mit einem einfachen oder doppelten Fischleib; Lexikon der christlichen Ikonographie, Bd. 4, Sp. 168–170; Paul Michel: Tiere als Symbol und Ornament. Möglichkeit und Grenzen der ikonographischen Deutung gezeigt am Beispiel des Zürcher Grossmünsterkreuzganges, Wiesbaden 1979, S. 67–70.
68 Carmody (wie Anm. 49), S. 25f.
69 Nach Dt 14,17.
70 Carmody (wie Anm. 49), S. 18: «*Nycticorax immunda avis est et tenebras amat magis quam lucem. Hic figuram gerit populi Iudaeorum, qui adveniente domino et salvatore nostro ad salvandos eos repulerunt eum a se.*»
71 Nach Dt 14,18.
72 Carmody (wie Anm. 49), S. 11f.
73 Einhorn (wie Anm. 48), S. 267. Der Elefant auf 314r sei hier nur erwähnt, weil er vom gleichen Typ wie der oben genannten auf dem Bildteppich im Augustinermuseum in Freiburg ist.

Motiv des Dornausziehers ist aus der Antike bekannt; allgemein wird angenommen, dass die Bronzedarstellung des 1. Jahrhunderts im Konservatorenpalast in Rom das Vorbild ähnlicher Darstellungen gewesen sei.[74] Die früheste bekannte mittelalterliche Beschreibung der Skulptur stammt aus dem 12. Jahrhundert: Ein sonst unbekannter Magister Gregorius beschreibt sie in seiner Schilderung der Sehenswürdigkeiten der Stadt Rom und nennt sie ein *ridiculum simulacrum Priapi*.[75] Als Skulptur lebte das Motiv im Mittelalter weiter, sie findet sich, um nur einige zu nennen, im Kreuzgang des Grossmünsters in Zürich,[76] am Portal der Abteikirche von Vézelay, in der Kirche von Grandson und am Schwabentor in Freiburg im Breisgau.[77] Die Darstellung des Dornausziehers an der prominenten Position zu Beginn des Breviertextes lässt annehmen, dass eine dem Betrachtenden erschliessbare Bedeutung vorliegt. Dornen sind in der Bibel häufig Bild für die Sünde, für die Verstocktheit auch derjenigen, die nicht auf Gottes Wort hören wollen, so insbesondere im Gleichnis vom Sämann (Mt 13,7 / Mc 4,7 / Lc 8,7), wo die Dornen die Samen ersticken.[78] In der *Regula Benedicti*, Kapitel 13, wird gefordert, dass sowohl bei den *Laudes* wie bei der *Vesper* unter der Leitung des Oberen die *oratio dominica* vollständig gebetet werde, «denn immer wieder gibt es Ärgernisse, die wie Dornen verletzten», und wenn die Brüder beten «Vergib uns, wie auch wir vergeben», reinigten sie sich durch die Worte von diesen.[79] Bernhard von Clairvaux legt dem Beginn der achtundvierzigsten seiner Hoheliedpredigten die Perikope *«Sicut lilia inter spinas, sic amica mea inter filias»*[80] zugrunde und sagt: Es sind keine guten Mädchen, die

---

74 Dornauszieher gibt es bei Randall (wie Anm. 42) allerdings keinen.
75 Gordon McNeil Rushfort: Magister Gregorius de mirabilibus urbis Romae, in: The Journal of Roman Studies 9 (1919), S. 14–58; Beschreibung der Figur S. 49: *«De ridiculo simulachro Priapi. Est etiam aliud eneum simulacrum valde ridiculosum quod Priapum dicunt. Qui demisso capite velud spinam calcatam educturus de pede, asperam lesionem pacientis speciem representat. Cui si demisso capite velut quid agat exploraturus suspexeris, mire magnitudinis virilia videbis.»*
76 Michel (wie Anm. 67), S. 125f.
77 Zusammenstellung der Zeugnisse: Reallexikon zur Deutschen Kunstgeschichte, Bd. 4 (1958), Sp. 289–298.
78 Mt 13,7: *«alia autem ceciderunt in spinas et creverunt spinae et suffocaverunt ea»*; Mc 4,7: *«et aliud cecidit in spinas et ascenderunt spinae et offocaverunt illud et fructum non dedit»*; Lc 8,7: *«et aliud cecidit inter spinas et simul exortae spinae suffocaverunt illud.»*
79 Regula Benedicti, Kap. 13, 12/13: *«Plane agenda matutina vel vespertina non transeat aliquando, nisi in ultimo per ordinem oratio dominica, omnibus audientibus, dicatur a priore, propter scandalorum spinas quae oriri solent, ut conventi per ipsius orationis sponsionem qua dicunt: Dimitte nobis sicut et nos dimittimus, purgent se ab huiusmodi vitio.»*
80 Ct 2,2.

stachelig sind; solange die Seele sich im Leib befindet, ist sie unter Dornen und muss die beunruhigende Versuchung und die Stacheln der Bedrängung erdulden.[81] Weiter nennt er die Psalmverse «Ich habe mich bekehrt in meinem Kummer, als der Dorn in mir bohrte»[82] und bemerkt mit einer gewissen Genugtuung: Viele machen ihre Schuld wieder gut, wenn sie die Strafe spüren.[83] Den Schluss des Abschnittes bilden die Worte «*Spina culpa est, spina poena est, spina falsus frater, spina vicinus est malus*». Der Dorn ist Bild für die Schuld, für die Sünde, wobei auch immer die alttestamentarischen *spinae et tribuli*[84] mit anklingen, die an die Erbsünde erinnern. Der Dornauszieher ist als von Sünde geplagter Mensch zu deuten, als verbohrter Tor auch, der die Heilsbotschaft nicht vernimmt. So ist zum Beispiel am Fussende der Grabplatte des Magdeburger Erzbischofs Friedrich von Wettin (gest. 1152) ein kleiner Dornauszieher angebracht, der Bischofsstab bohrt sich in seinen Nacken, eine bildliche Darstellung des Sieges des Christentums über die Heiden.[85]

Zu dieser Deutung passt denn auch der in der Randminiatur 14r im Baum hockende Affe (Abb. 1). Affen sind das überhaupt häufigste Motiv in der Randzone hochgotischer Handschriften,[86] und es finden sich auch weitere Exemplare in Handschriften aus Beers Stilgruppe 2, den nächsten Verwandten des Breviers.[87] Vom Affen berichtet der Physiologus in einem gemeinsamen Kapitel zusammen mit dem Wildesel *(onager)* und sagt, er habe die Gestalt des Teufels:[88] Er hat einen Kopf, aber keinen Schwanz; so verhält es sich auch beim Teufel: Sein Beginn, d.h. sein Kopf, war unter den Engeln im Himmel, sein Ende, d.h. sein Schwanz, wird Christus endgültig herbeiführen. Wenn der Affe in der Randminiatur, was nicht sicher

---

81 Sancti Bernardi opera, Bd. 2, hrsg. von Jean Leclercq u.a., Rom 1958, S. 67: *«Non bonae filiae quae pungunt [...]. Donec in carne est anima, inter spinas profecto versatur, et necesse patiatur inquietudines tentationum tribulationumque aculeos.»*
82 Ps 31,4 iuxta LXX: *«Conversus sum in aerumna mea, dum configitur spina.»*
83 Sancti Bernardi opera, Bd. 2 (wie Anm. 81), S. 67: *«Multi cum sentiant poenam, corrigunt culpam.»*
84 Gn 3,17/18: *«maledicta terra, in opere tuo in laboribus comedes eam cunctis diebus vitae tuae, spinas et tribulos germinabit tibi et comedes herbas terrae.»*
85 Abbildung z.B. RDK (wie Anm. 77), Sp. 292.
86 Ein zweiter Affe findet sich 155v. Vgl. allgemein zum Thema H. W. Janson: Ape and Ape Lore in the Middle Ages and the Renaissance, London 1952 (Studies of the Warburg Institute, vol. 20), konkreter Wirth (wie Anm. 42), zum Affen S. 313 ff., zur Jagd S. 181 ff.
87 Einen Affen (mit Spiegel) im Baum, von Vögeln umgeben, gibt es etwa auf 4r eines Antiphonars (OP, pars aestivalis), Cod. 308 der Colmarer Bibliothèque Municipale, aus den 1330er Jahren; Beer (wie Anm. 35), Kat. Nr. 26.
88 Carmody (wie Anm. 49), S. 38: *«Similiter et simia figuram habet diaboli: sicut enim simia caput quidem habet, caudam vero non habet.»*

zu erkennen ist, einen Spiegel in der Pfote hält, wäre er als Symbol der *Vanitas,* der Eitelkeit, zu verstehen.[89] Die Gleichsetzung von Affe und Teufel findet sich in zisterziensischem Bereich beispielsweise bei Caesarius von Heisterbach in seinem *Dialogus miraculorum:* Ein junges frommes Mädchen sieht auf den Schultern von nichtzisterziensischen (!) Mönchen, die zum Gebet gehen, Dämonen in der Form von Affen und Katzen hocken, und einem Ritter erscheint, als er krank darniederliegt, der Teufel am Fussende des Bettes, ausgestattet mit einem Affengesicht und Ziegenhörnern.[90]

Die Randminiatur 14v, zu Beginn des Breviers, evoziert Sünde und Schuld, sie erinnert an den ewigen Widersacher, an Laster und Erbsünde, und kann als demütige Geste der Familien Falkenstein und Stauffenberg interpretiert werden, deren Wappen über und unter ihr stehen. Sollte der Maler jedoch mit ihr eine ähnliche Funktion angestrebt haben, wie sie das vertraute Bild König Davids zu Beginn des Psalters hat, ist ihm das sicher nicht recht gelungen, doch mag tröstlich sein, was die Proverbien zum Thema der Dornen beisteuern: «Des Faulen Weg ist von Dornen versperrt, doch gebahnt ist der Weg des Fleissigen.»[91]

Schliesslich noch eine Bemerkung zur Darstellung des Dornausziehers im Luzerner Brevier: Sie gleicht auffallend in Kleidung (blauer Mantel, Hut) und Haltung (rechtes Bein über das linke geschlagen, im Gegensatz zum antiken Dornauszieher, der das linke Bein auf dem rechten aufstützt) derjenigen Walters von der Vogelweide im Codex Manesse.[92] In ähnlicher Pose findet sich in

---

89   Lexikon der christlichen Ikonographie, Bd. 1, 1968, Sp. 78. In der Randminiatur 155v hält der Affe einen roten runden Gegenstand in der Pfote, möglicherweise einen Apfel; hier liegt eine Verbindung mit dem Sündenfall nahe; ebd., Sp. 77.

90   Caesarius von Heisterbach: Dialogus miraculorum, hrsg. von Joseph Strange, Köln/Bonn/Brüssel 1851, Bd. 1, S. 334, Dist. 5, Kap. 50: «*Inclusa quaedam [...]. Haec ante reclusionem, cum adhuc esset in aetate puellari, et in habitu saeculari, religiosa tamen, in humeris et in scapulis monachorum de Porceto deambulantium in oratorio daemones in formis symearum atque cattorum residere conspexit.*»; Bd. 2, S. 318, Dist. 12, Kap. 5: «*In villa Enthenich quae in territorio Bonnensi sita est, miles quidam nobilis Walterus nomine habitans erat [...]. Hic cum tempore quodam graviter infirmaretur solusque iaceret, diabolus ad pedes lectuli visibiliter apparuit. Erat autem, sicut ipse nobis retulit, facies eius ad instar symeae disposita, cornua habens caprina.*»

91   Prv 15,19: «*Iter pigrorum quasi sepes spinarum via iustorum absque offendiculo.*»

92   Codex Manesse, 124r (http://digi.ub.uni-heidelberg.de/diglit/cpg848/0243). Die Haltung ist eine Illustration von Walters bekanntem Gedicht (8,4): «Ich saz ûf eime steine / und dahte bein mit beine. / dar ûf sazte ich den ellenbogen, / ich hete in mîne hant gesmogen / mîn kinne und ein mîn wange. [...]» Vgl. auch Hans Reinhardt: Eine Handschrift des 12. Jahrhunderts in der Basler Universitätsbibliothek, in: BZGA 77 (1977), S. 5–21, hier S. 7.

der Weingartner Liederhandschaft Heinrich von Veldeke: Er sitzt in einem rot-gelb geteilten Gewand mit einem Kranz auf dem Kopf unter einem mit Vögeln besetzten Baum, schlägt jedoch das linke Bein über das rechte.[93] In der Darstellung der Menschen öffnen sich die Randminiaturen einer höfischen Welt;[94] sie kommen damit ihren vermutlichen Auftraggebern entgegen, die dem Freiburger Patriziat angehörten, und sind damit Zeugnis für die engen Verbindungen von weltlich-höfischer und geistlicher Welt, wie sie für mittelalterliche Familienverbände typisch sind.

---

93 Weingartner Liederhandschrift (B), erstes Viertel des 14. Jahrhunderts (Stuttgart, Württembergische Landesbibliothek, Cod. HB XIII 1), S. 51 (http://digital.ub.uni-duesseldorf.de/content/pageview/1076015). Im Codex Manesse, 30r stützt Heinrich von Veldeke seinen linken Ellenbogen auf das linke hochgezogene Knie, gekleidet ist er in ein purpurrotes Kapuzenkleid, seinen unbedeckten Kopf ziert ein Kranz.

94 So z.B. auch in der Jagdszene 292v; vergleichbar sind der Fidelspieler 155v und die Spinnerin 338r.

Basler Buchmalerei um 1430/40 – Zwei Neuzuschreibungen aus dem Bestand der Österreichischen Nationalbibliothek

von Martin Roland

Cod. 2329 der Österreichischen Nationalbibliothek enthält die *Rhetoricorum libri quinque* des Georgius Trapezuntius, Cod. 3145 die Metamorphosen des Ovid. Dass beide Codices, deren Entstehung um 1430/40 gesichert ist (siehe unten), für Philologen von Interesse sein können, ist offensichtlich, und daher ist auch ihre Behandlung in einer Festschrift für Martin Steinmann durchaus angebracht. Der Ausgangspunkt meiner Beschäftigung ist freilich ein anderer, denn ich stand vor der Aufgabe, den quantitativ bescheidenen, aber qualitativ hochwertigen Buchschmuck im Rahmen der Katalogisierung der illuminierten Handschriften und Inkunabeln einordnen zu müssen.[1] Die künstlerische Ausstattung blieb bisher, abgesehen von der Kurzinventarisierung durch Franz Unterkircher in den 1950er Jahren, unbearbeitet.[2] Hier soll der Versuch unternommen werden, die beiden Codices in enge Beziehung zu setzen und deren Entstehung in Basel während des Konzils auf Grund kunsthistorischer Vergleiche wahrscheinlich zu machen.

---

1 Zu diesem nun schon seit über 100 Jahren in Wien laufenden Unternehmen, zu dessen Leitfiguren Hermann Julius Hermann, Otto Pächt und Gerhard Schmidt zählen, vgl. zuletzt Martin Roland: A Century of Cataloguing Illuminated Manuscripts in Vienna (http://paecht-archiv.univie.ac.at/dateien/cat-illum-mss-vienna.pdf). Dabei handelt es sich um den Basistext zu: Martin Roland: Sto lat katalogowania średniowiecznych rękopisów iluminowanych w Wiedniu, in: Z badań nad książką i księgozbiorami historycznymi [Studies in the history of books and book-collections] 3 (2009), S. 59–73. – Die beiden Beschreibungen werden erscheinen in: Mitteleuropäische Schulen VI (ca. 1410–1450) Österreich mit Ausnahme von Wien und Niederösterreich, Deutschland, Schweiz (Die illuminierten Handschriften und Inkunabeln der Österreichischen Nationalbibliothek 15) [in Vorbereitung].

2 Franz Unterkircher: Inventar der illuminierten Handschriften, Inkunabeln und Frühdrucke der Österreichischen Nationalbibliothek, Wien 1957, Bd. 1, S. 68 (zu Cod. 2329: 1434, vermutlich Österreich, mit italienischem Einfluss) bzw. S. 91 (zu Cod. 3145: Mitte 15. Jh., Österreich [?]). Den italienischen Einfluss, den Unterkircher bei Cod. 2329 zu erkennen meint, wird sich wohl weniger stilistisch begründen lassen, sondern wird auf den Charakter der Schrift zurückzuführen sein. Die mögliche Entstehung in Österreich wird wohl einfach die auf Grund des Bibliotheksstandorts wahrscheinlichste Option gewesen sein. – Basel als Entstehungsort mittelalterlicher Handschriften kommt bei Unterkircher nur bei der Eberler-Bibel von 1464 (Wien, ÖNB, Cod. 2769 und 2770) vor; vgl. Unterkircher, Bd. 1, S. 84 und 263.

Cod. 2329 enthält wie gesagt die fünf Bücher der Rhetorik des Georg von Trapezunt und wurde sicher noch zu dessen Lebzeiten geschrieben. Der Autor wurde 1395/96 auf Kreta geboren, verließ die Insel 1415/16, lebte danach in Vicenza und von 1427/28 bis 1437 in Venedig; 1484 starb er beinahe 90-jährig in Rom. Sein sicher in Venedig entstandenes Werk zur Redekunst stellt nach Monfasani die einzige umfassende, von einem Humanisten in Italien während des Quattrocento verfasste Rhetorik dar.[3] Der Text ist in 24 Codices überliefert und zwischen 1472 und 1547 mehrfach gedruckt worden.[4] Cod. 2329 ist jedenfalls der älteste datierte Codex, der sich erhalten hat, und wird von Monfasani als wichtigster Textzeuge zusammen mit dem 1438 datierten Ms. 2400 der Universitätsbibliothek Bologna herangezogen. Monfasani belegt, dass der Text nicht vor der Mitte des Jahres 1433 entstanden sein kann.[5] Andererseits ergibt sich aus einer postwendend verfassten Antwort des Autors[6] auf einen Brief des Guarino da Verona vom 15. März 1437,[7] dass er diesem den Text vor zwei Jahren übersandt hatte.[8] Genau in dieser Spanne von der Mitte des Jahres 1433 bis März 1435 liegt das im Cod. 2329 überlieferte Datum, der 22. September 1434: *Georgii Trapezontii Cretensis quinque Rethoricorum libri expliciunt feliciter. Anno etc. 1434 XXII die mensis septembris etc.* (f. 183v – Abb. 1).[9]

Da der Kolophon mit seiner Datierung sonst in keiner Abschrift vorkommt,[10] muss man davon ausgehen, dass er nicht allgemein mit dem Text verbreitet wurde und sich daher auch nicht auf diesen, sondern tatsächlich auf die Abschrift bezieht. Trotz der frühen Entstehung belegen einige abweichende Lesarten – schwerwiegend

---

3   Zu deren Bedeutung vgl. John Monfasani: George of Trebizond. A Biography and a Study of His Rhetoric and Logic, Leiden 1976, S. 261–289.
4   John Monfasani: Collectanea Trapezuntiana. Texts, Documents and Bibliographies of George of Trebizond, Binghampton 1984, S. 459–461. Der in Paris 1538 veranstaltete Druck wurde 2003 in Hildesheim mit einer Einleitung von Luc Deitz nachgedruckt. Das Exemplar der ehemaligen Bibliothek des ungarischen Königs Matthias Corvinus (Budapest, Széchényi Nationalbibliothek, Cod. lat. 281) ist vollständig digitalisiert: http://www.corvina.oszk.hu/corvinas-html/hub1codlat281.htm.
5   Monfasani, George of Trebizond (wie Anm. 3), S. 26; eine Edition des Prologs (f. 1r) von Monfasani, S. 370–372.
6   Monfasani, Collectanea (wie Anm. 4), S. 381–411.
7   Ebd., S. 364–376.
8   Monfasani, George of Trebizond (wie Anm. 3), S. 26, Anm. 115, und S. 30; Monfasani, Collectanea (wie Anm. 4), S. 386f.
9   Franz Unterkircher: Die datierten Handschriften der Österreichischen Nationalbibliothek 2: Von 1401 bis 1450, Wien 1971, S. 34.
10 Vgl. Monfasani, Collectanea (wie Anm. 4), S. 459 und Hss.-Liste S. 3–78.

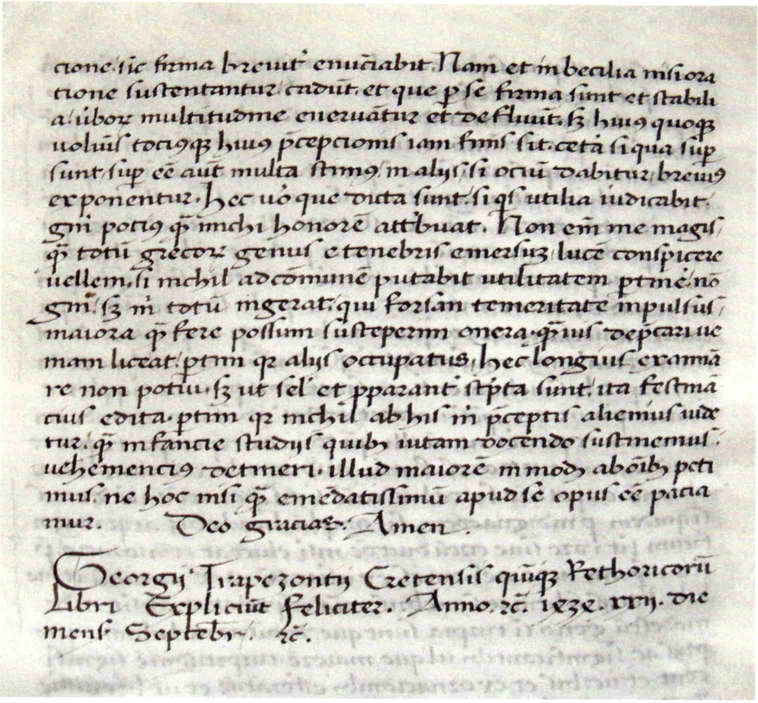

Abbildung 1

Wien, Österreichische Nationalbibliothek, Cod. 2329, Georgius Trapezuntius, Rhetoricorum libri quinque, f. 183v, Kolophon. Basel, 1434.

vor allem auf f. 147v *Gaiarini* statt *Guarini*[11] – einen gewissen Abstand zur Originalfassung. Bemerkenswerterweise enthält Cod. 2329 aber, am Rand zeitnah hinzugefügt, spätere Revisionen des Autors an seinem Text.[12] Wie dies zu interpretieren ist, werden erst eine textkritische Untersuchung der Überlieferung und eine Edition zeigen können.

Wenn der Codex tatsächlich in Basel entstand (siehe die folgenden Argumente), dann muss man davon ausgehen, dass entweder

11 Ebd., S. 361, Absatz 1, Anm. 3 (die Anmerkung selbst auf S. 363). Die Invektive gegen Guarino da Verona (Guarinus Veronensis) (ff. 147v–149r) in den Collectanea, S. 361–364, ediert.
12 Ebd., S. 361. Weitere derartige Addenda z.B. auf ff. 27r, 30r, 33v, 34r, 37v, 55r, 60r, 70v, 80v, 82v, 101r–102r. Griechische Passagen wurden z.B. ff. 136v, 137r in die vorgesehenen, etwas zu klein bemessenen Freiflächen ergänzt; an einigen Stellen (z.B. ff. 137v, 147r, 174v) blieben die Flächen leer.

Georg von Trapezunt selbst nach Basel kam oder seinen ganz neuen Text dort verbreiten ließ.[13]

Die Schrift des Cod. 2329 ist ohne das Vorbild italienischer Humanistenminuskeln nicht vorstellbar (Abb. 1 und 2). Übernommen werden vor allem der klare Gesamtcharakter des Schriftbildes und Einzelformen wie die durchgehende Verwendung des langen s (auch am Wortende). Aus der gotischen Tradition stammen hingegen die Verwendung des Bastarda-a anstatt der a-Form der karolingischen Minuskel sowie der Gebrauch des runden r und des runden d. Weder das Fehlen von e-caudata oder ae noch der Sprachstand (ch statt h; zusätzliche h z.B. *prohemium* – Abb. 2) sind ungewöhnlich für die Überlieferung der Werke des Georg von Trapezunt.[14] Die stilistisch begründete Vermutung, die Handschrift sei in Basel während des Konzils entstanden, scheint auch in Hinblick auf die Schrift glaubwürdig, da dort sicherlich italienische bzw. stark italienisch beeinflusste Schreiber zur Verfügung standen.[15] Eine breite Überlieferung fehlt freilich, wie aus der profunden Untersuchung des Materials durch Martin Steinmann hervorgeht. Einen ähnlichen Schriftcharakter wie Cod. 2329 zeigt insbesondere Ms. A I 32 der Universitätsbibliothek Basel.[16] Würde man Cod. 2329 als in Basel entstanden akzeptieren, dann wäre auch für die Überlieferung frühhumanistischer Schriften in der Konzilsstadt ein wichtiger Beleg gewonnen.

---

13 John Monfasani ist in Bezug auf eine Reise des Autors zum Konzil skeptisch: «It would be a shock to me to learn that George went to Basel in 1433 or 1434. It is quite possible, however, that someone in Italy carried a manuscript of George's work to Basel and that 2329 is a copy of this manuscript.» (E-Mail vom 5. Oktober 2005). Es ist auch nicht ganz auszuschließen, dass der Codex in Italien (wohl in Venedig) geschrieben wurde, dann ohne Dekor nach Basel gelangte und dort ausgeschmückt wurde. Gegen diese Möglichkeit spricht die Verarbeitung des Pergaments, das keine Hinweise auf südeuropäische Gewohnheiten (z.B. deutliche Unterscheidbarkeit von Haar- und Fleischseite) zeigt.

14 Vgl. Monfasani, Collectanea (wie Anm. 4), S. XVII. Ich danke Sonja Reisner für die Durchsicht von Textproben. Die «minimalen orthographischen Abweichungen von der klassischen Norm sind durchwegs typisch für das Latein dieser Zeit und zeigen keinerlei deutliche regionale Färbung.» (E-Mail vom 7. Dezember 2001).

15 Martin Wagendorfer, dem ich herzlich für ein Gespräch über seine Einschätzung der Schrift danke, hält es durchaus für möglich, in dem Schreiber einen Nicht-Italiener als «Nachahmungstäter» zu sehen, der die neuen Formen versteht und gekonnt, aber nicht vollständig rezipiert.

16 Martin Steinmann: Die humanistische Schrift und die Anfänge des Humanismus in Basel, in: Archiv für Diplomatik 22 (1976), S. 376–393, bes. S. 392f. und Abb. 11f. Der mit diesem Beitrag zu Feiernde schätzt den Schreiber von Ms. A I 32 als «um die humanistische Kultur bemüht» ein, er glaubt aber kaum, dass er ein Italiener gewesen sei.

Dass sich die Werke des Georg von Trapezunt bereits vor der Mitte des 15. Jahrhunderts auch nördlich der Alpen verbreitet haben, belegt neben dem Cod. 2329 auch Cambridge, University Library, Add. 6190. Dessen Schreiber bedient sich freilich einer nordalpinen (das heißt sicher nicht italienischen) Kursive. Die Übersetzung von *De amima* des Aristoteles durch Georg von Trapezunt ist gemeinsam mit einem 1441 in Oxford geschriebenen Text überliefert.[17]

Cod. 3145 überliefert die Metamorphosen des Publius Ovidius Naso[18] und besteht im Unterschied zum nahezu gleich großen Cod. 2329 nicht aus Pergament, sondern aus Papier. Die Analyse der Wasserzeichen erlaubt eine ziemlich präzise Datierung um 1435/45.[19] Der Klassiker wurde – wieder im Unterschied zu Cod. 2329 – nicht in einer auf den Humanismus weisenden Schrift geschrieben, sondern in ganz banaler mitteleuropäischer Bastarda[20] (Abb. 3). Die von verschiedenen Händen eingetragenen Interlinear- und Randglossen konnten bisher noch nicht bestimmt werden.[21]

---

17 Monfasani, Collectanea (wie Anm. 4), S. 12. Ab dem dritten Jahrhundertviertel gibt es dann zahlreiche Belege für die Verbreitung seiner Texte nördlich der Alpen (Monfasani, ebd., S. 3–78).

18 Der Text füllt ff. 1r–178v. Zu den drei Versgruppen auf f. 178v vgl. Fritz Saxl: Verzeichnis astrologischer und mythologischer illustrierter Handschriften des lateinischen Mittelalters: Die Handschriften der National-Bibliothek in Wien, Heidelberg 1927, S. 126. Zu den ersten beiden vgl. Franco Munari: Catalogue of the Mss of Ovid's Metamorphoses, London 1957, S. 3, und Hans Walther: Initia carminum ac versuum medii aevi posterioris latinorum (Carmina medii aevi posterioris latina I), Göttingen, 2. Aufl., 1969, Nr. 2199 und 13.410 (= Ovidius, Tristia I, 7, 35–40). Auf ff. 179r–182r folgt die *Summa memorialis Ovidii Metamorphoseon* des Oricus de Capriana (Jeannine Fohlen [et al.]: Notes sur quelques manuscrits de textes classiques latins conservés à la Bibliothèque Vaticane, in: Revue d'histoire des textes 1 (1981), S. 185–227, bes. S. 215–218; Edition bei Luigi Munzi: Una inedita Summa memorialis delle Metamorfosi Ovidiane, in: Dicti studiosus. Scritti di filologia offerti a Scevola Mariotti dai suoi allievi, Urbino 1990, S. 329–385), und auf ff. 182r–184v ein alphabetisches Register *(Tabula)* mit Verweisen auf die einzelnen Bücher.

19 Diverse Dreiberge: frei, ohne Beizeichen (z.B. ff. I, 85 und 103) identisch mit Piccard online, Nr. 150040 (Udine 1443): http://www.piccard-online.de/?nr=150040 (eine seltsam verformte Variante desselben Typus [z.B. ff. 127, 136] derzeit nicht nachweisbar); Dreiberg im Kreis mit einkonturiger Stange mit Kreuz (z.B. ff. 2, 80) identisch mit Piccard online Nr. 153404 (Udine 1439): http://www.piccard-online.de/?nr=153404. Bei den Dreibergen im Kreis sind die Abweichungen freilich derart minimal, dass eine exakte Bestimmung auf Grund der Wasserzeichen wohl nicht möglich ist.

20 Zwischen f. 72r und 72v ist ein Tinten- (und Hand-?)Wechsel zu beobachten. Der Duktus der Schrift wird zunehmend kursiver.

21 Vgl die in Anm. 18 genannte Literatur. Die Glossen sind nicht durchgehend in derselben Dichte eingetragen. Sie werden im 6. Buch, das f. 55v beginnt, merklich seltener, die Randglossen fehlen fast vollständig. Zwischen f. 94r (im 9. Buch) und f. 112r (im 10. Buch) nimmt die Glossierung wieder zu.

Bevor wir uns dem Buchschmuck zuwenden, muss noch über die spärlichen Informationen berichtet werden, die die beiden Codices über ihre Besitzgeschichte preisgeben. Von Cod. 3145 weiß man nur, dass er bis 1756 Teil der Bibliothek der Universität Wien war und in diesem Jahr mit dem gesamten Handschriftenbestand der Sammlung an die Hofbibliothek, die Vorgängerin der heutigen Österreichischen Nationalbibliothek, abgegeben wurde. Hinweise darauf, wie und wann der Codex in den Besitz der Universität gelangte, fehlen.[22] Der Einband, der vielleicht weitergeholfen hätte, wurde im 19. Jahrhundert durch einen schlichten Pappband ersetzt.[23]

Die Provenienz von Cod. 2329 lässt sich bis ins 16. Jahrhundert zurückverfolgen, als der Band dem ungarischen Humanisten Johannes Sambucus (1531–1584) gehörte (vgl. den Eintrag auf f. 1r unten: *Joannis Sambuci Tirnaviensis* – Abb. 2). Dessen Bibliothek gelangte in zwei Schüben in die Wiener Hofbibliothek (1578 und 1587). Die Signatur *462* auf f. 184v belegt, dass Cod. 2329 1578 von Sambucus an die Hofbibliothek verkauft wurde.[24] Sambucus besaß außerdem einen Autographen der von Georg von Trapezunt verfertigten Übersetzung der *Historia animalium* des Aristoteles,[25] den er 1574 verborgte und nie zurückbekam,[26] und einen griechischen Codex aus dem Besitz des Georg von Trapezunt.[27]

Buchschmuck

Nachdem über den Entstehungsort der beiden Codices bisher keine verlässlichen Informationen beigebracht werden konnten, soll nun eine Einordnung mit stilkritischen Mitteln versucht werden. Immer-

22 Alphons Lhotsky: Die Wiener Artistenfakultät 1365–1497, Wien 1965, S. 71, Anm. 144, erwähnt den Codex, freilich nur um durch einen Konjunktiv zu bekennen, dass man nichts über dessen ältere Provenienz weiß: «... könnte man annehmen, daß er im Lehrbetriebe verwendet worden sei.»
23 Auch eine 1780 – also vor der Neubindung – von Johannes Georg Schwandner verfasste Katalogbeschreibung (Wien, ÖNB, Cod. Ser. n. 2201, p. 666) gibt keine Hinweise auf mögliche Vorbesitzer.
24 Hans Gerstinger: Johannes Sambucus als Handschriftensammler, in: Festschrift der Nationalbibliothek in Wien, Wien 1926, S. 251–400, bes. S. 391 (teilweise irrig); Hermann Menhardt: Das älteste Handschriftenverzeichnis der Wiener Hofbibliothek von Hugo Blotius 1576. Kritische Ausgabe der Handschrift Series nova 4451 vom Jahre 1597 mit vier Anhängen, Wien 1957, S. 21f.
25 Gerstinger (wie Anm. 24), S. 346f., 391.
26 Der Codex ist offenbar nicht erhalten, vgl. Monfasani, Collectanea (wie Anm. 4), S. 298, 706.
27 Wien, ÖNB, Philos. et philol. gr. 220; vgl. Monfasani, Collectanea (wie Anm. 4), S. 79.

hin sind beide Handschriften jeweils zu Beginn mit einer aufwendig gestalteten Hauptseite versehen,[28] die jeweils eine historisierte Deckfarbeninitiale enthält.

In Cod. 2329 beginnt der Prolog mit einer 4,6 cm hohen historisierten Deckfarbeninitiale (f. 1r – Abb. 2 und 4). Der schmale, mit einem Blattfries belegte blaue Buchstabenkörper des *C(um michi in mentem veniat)* liegt auf einem goldenen, schwarz konturierten Initialfeld mit eingezogenen Ellipsen an den Ecken. Der Autor im Binnenfeld wird von der Initiale und dem Außengrund so überschnitten, dass er als Halbfigur, gleichsam wie durch ein Fenster gesehen oder auf einem Rednerpult sprechend, erscheint (Abb. 4). Georg von Trapezunt ist in ein rotes Gewand mit Pelzaufschlägen am Kragen und an den Ärmeln gekleidet.[29] Über seine rechte Schulter hängt ein hellvioletter Umhang, auf dem Kopf trägt er eine rote Kappe, die speziell die Ohren verdeckt.[30] Die Arme der schräg (gleichsam in einem imaginären Raum) stehenden Halbfigur deuten einen Redegestus an. Diese raumhaltige Pose ist umso bemerkenswerter, als sie mit dem Goldgrund, der als Fläche das Licht reflektiert, in Kontrast steht. Von der Initiale geht ein wie das Initialfeld mit Goldgrund ausgelegter senkrechter Streifen entlang des Schriftspiegels aus, der mit einem von einer Akanthusranke umwundenen Stab gefüllt ist (Rankenzierleiste). Die Vorderseite der gelappten und durch plastische Grate strukturierten Blätter ist altrosa, ihre Rückseite blau.

Am Beginn der Bücher 1, 3–5 (ff. 1v, 60v, 98v, 130r) stehen goldene Lombarden mit altrosa bzw. blauen Binnen- bzw. Initialfeldern, die mit feinem weißem Filigran dekoriert sind (f. 98v ein Fleur-de-lis-Motiv). Die Initialfelder sind rechteckig, an den Ecken

---

28 Ich verwende den Begriff «Hauptseite» für jene Seite (mitunter Doppelseite), die den Beginn durch Buchschmuck besonders hervorhebt. Dabei handelt es sich in der Regel um die erste Seite (f. 1r), mitunter befinden sich jedoch Inhaltsverzeichnisse oder Vorworte davor. Der Begriff «Titelseite» ist durch den modernen Buchdruck anders besetzt und sollte daher in diesem Zusammenhang gemieden werden, denn derartige Zierseiten enthalten ja keineswegs nur den Titel, sondern den Beginn des Werkes.

29 Zur Frage der Gelehrtenkleidung vgl. Anm. 37 mit Hinweisen auf weitere Bildbeispiele.

30 Eine derart geformte Kappe trägt auch jener Vertreter der Universität, der in einem Medaillon der Bordüre der ersten Zierseite des berühmten *Rationale* des Guilelmus Durantis der österreichischen Herzöge zu sehen ist und vor dem Universitätsgebäude sitzt (Wien, ÖNB, Cod. 2765, f. 1r); zu diesem Codex grundlegend: Mitteleuropäische Schulen II (ca. 1350–1410) Österreich – Deutschland – Schweiz. (Die illuminierten Handschriften und Inkunabeln der Österreichischen Nationalbibliothek 11), Wien 2002, S. 149–178 und Abb. 139 (Andreas Fingernagel); das Bild auch über REALonline Bildserver des Imareal (vgl. Anm. 37) verfügbar mit der Nr. 006191B.

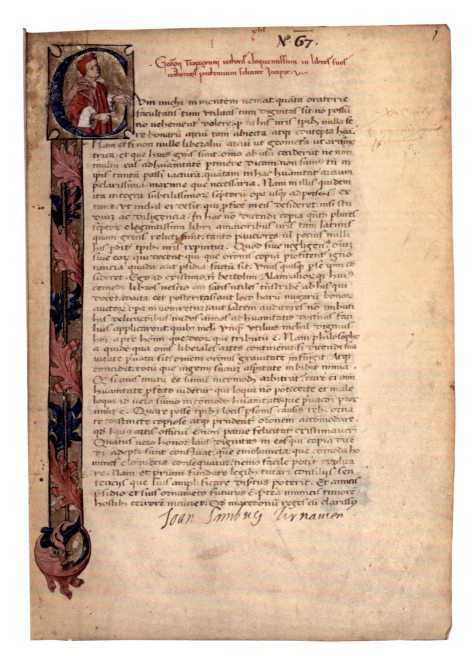

Abbildung 2
Wien, Österreichische Nationalbibliothek, Cod. 2329, Georgius Trapezuntius, Rhetoricorum libri quinque, f. 1r, Initiale mit Autorenbild. Basel, 1434.

Abbildung 3

Wien, Österreichische Nationalbibliothek, Cod. 3145, Publius Ovidius Naso, Metamorphosen, f. 1r, Initiale mit Dedikationsszene. Basel, um 1435/45.

Abbildung 4
Wien, Österreichische Nationalbibliothek, Cod. 2329, Georgius Trapezuntius, Rhetoricorum libri quinque, f. 1r, Initiale mit Autorenbild, Detail. Basel, 1434.

zeigen sie jene eingezogenen Ellipsen, die wir schon von der Initiale der Hauptseite kennen. Dieser Initialtypus (lettre champie) hat eindeutig westeuropäische Wurzeln. Zu nennen ist als beliebiges Beispiel ein flämisches Buchaltärchen in Wien, das zusätzlich ein identisches, weiß gemaltes Fleur-de-lis-Motiv enthält.[31] Alle unten genannten Beispiele (auch die in Basel entstandenen) übernehmen den Grundtypus der Lombarden mit gemaltem Initialfeld und Filigrandekor. Im ersten Band der Vullenhoe-Bibel (ein wichtiges Vergleichsbeispiel, auf das gleich einzugehen sein wird) ist auf die etwas reichere Initiale f. 6r und auf den Außengrund der historisierten Initiale f. 45r zu verweisen, bei denen identische Filigranformen vorkommen.

31 Wien, ÖNB, Cod. 1800; siehe dazu Otto Pächt/Ulrike Jenni/Dagmar Thoss: Flämische Schule, Band I/1, Wien 1983, S. 19–23; vgl. auch Band I/2, Abb. 25 mit Cod. 2329, f. 98v.

Abbildung 5

Wien, Österreichische Nationalbibliothek, Cod. 3145, Publius Ovidius Naso, Metamorphosen, f. 1r, Initiale mit Dedikationsszene, Detail. Basel, um 1435/45.

Das Fleuronnée (ff. 3r, 15v, 27v – Abb. 6) spielt quantitativ eine untergeordnete Rolle, ist jedoch für die exakte Einordnung von großer Wichtigkeit. Verwandte Motive wie z.B. rechteckige Initialfelder mit vergrößerten Eckperlen bzw. -knospen sowie allgemein vergleichbare Fortsätze und Blattmotive vor schraffiertem Grund (Cod. 2329, f. 3r) treten in einer flämischen Handschrift in Wien auf, die 1407 datiert ist.[32] Damit ist – so hochtrabend dies bei so bescheidenen Formen vielleicht klingen mag – die Stilheimat be-

---

32 Wien, ÖNB, Cod. 15.466; siehe Pächt/Jenni/Thoss: Flämische Schule I/1 (wie Anm. 31), S. 145, und I/2, Abb. 5. Vgl. auch das 1409 datierte Antiphonar aus Windesheim in Tilburg, Faculté de Théologie, Ms. Haaren 31; J(ohan) P(eter) Gumbert: Les manuscrits d'origine néerlandaise [XIVe–XVIe siècles] (Manuscrits datés conservés dans les Pays Bas, 2), Leiden [etc.] 1988, Tafel 520f. (freundlicher Hinweis von Frau Gisela Gerritsen-Geywitz, siehe Anm. 35).

Abbildung 6 (links)
Wien, Österreichische Nationalbibliothek, Cod. 2329, Georgius Trapezuntius, Rhetoricorum libri quinque, f. 27v, Fleuronnée-Lombarde. Basel, 1434.

Abbildung 7 (rechts)
Basel, Universitätsbibliothek, Ms. B I 3, erster Band der Vullenhoe-Bibel, f. 9r, Fleuronnée-Lombarde. Basel 1435.

stimmt. Vergleichbare (also niederländisch beeinflusste) Fleuronnée-Formen lassen sich in Mitteleuropa, abgesehen von unmittelbar angrenzenden Regionen (vgl. Anm. 51), vor allem in Basel nachweisen, und identisch aufgebautes Fleuronnée tritt – und zwar ebenso vereinzelt wie im Cod. 2329[33] – im ersten, 1435 datierten Band

---

33 Während Cod. 2329 drei Fleuronnée-Lombarden enthält (ff. 3r, 15v, 27v), ist diese Schmuckform in der gesamten Bibel nur im ersten Band und auch da nur an zwei Stellen zu beobachten. Die zweite mit Fleuronnée geschmückte Lombarde (f. 15v) stammt zudem von einem anderen Zeichner.

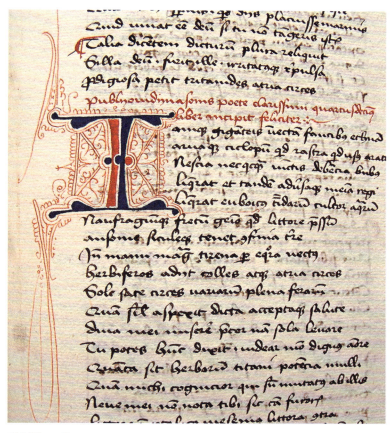

Abbildung 8

Wien, Österreichische Nationalbibliothek, Cod. 3145, Publius Ovidius Naso, Metamorphosen, f. 152r, Fleuronnée-Initiale. Basel, um 1435/45.

der Vullenhoe-Bibel auf.[34] Der Vergleich von f. 27v des Cod. 2329 (Abb. 6) und f. 9r der Bibel (Abb. 7) zeigt neben dem übereinstim-

---

34 UB Basel, Mscr B. I. 3; siehe dazu Konrad Escher: Die Miniaturen in den Basler Bibliotheken, Museen und Archiven, Basel 1917, S. 152f. (Nr. 205); ders.: Die «deutsche Prachtbibel» der Wiener Nationalbibliothek und ihre Stellung in der Basler Miniaturmalerei des XV. Jahrhunderts, in: Jahrbuch der kunsthistorischen Sammlungen in Wien 36 (1923–25) S. 47–96, bes. S. 79; Michael Schauder: Konrad Witz und die Utrechter Buchmalerei, in: Masters and Miniatures, ed. by Koert van der Horst and Johann-Christian Klamt, Doornspijk 1991, S. 137–147, bes. S. 143 und Abb. 3; Gustav Meyer/Max Burckhardt: Die mittelalterlichen Handschriften der Universitätsbibliothek Basel. Beschreibendes Verzeichnis, Abteilung B: Theologische Pergamenthandschriften 1, Basel 1960, S. 7–9.

menden Charakter des Besatzes mit Perlenleisten und vergrößerten Eckknospen auch identisch gebildete Köpfchen der Knospen und einen übereinstimmenden Duktus der Fadenfortsätze, der bis in die abschließenden Fibrillen nachzuverfolgen ist. Selbst ein Detail wie die Gruppe kleiner Perlen als Ansatz eines neuen Fadens nach dem Abzweigen eines Fadenfortsatzes kommt bei beiden Fleuronnée-Lombarden vor. Hatten wir oben (Anm. 32) Vorläufer genannt, die den geographischen Raum bestimmten, so kann man auch ganz konkrete und zeitnahe Beispiele aus dem Ijsselstreek nennen.[35] Die genannten Formen haben in Basel eine gewisse Verbreitung gefunden, wie eine nach 1443 entstandene, ganz einfach ausgestattete Handschrift belegt (Wien, ÖNB, Cod. 3281).[36]

Die Hauptseite von Cod. 3145 (f. 1r) ist ebenfalls durch eine historisierte Initiale hervorgehoben (Abb. 3 und 5). Zu Textbeginn befindet sich ein 5,5 × 5 cm großes Initialfeld. Die I-Initiale besteht aus einer vorne blauen und hinten gelben, um einen Stab gedrehten Akanthusranke. Dahinter sind zwei Halbfiguren angeordnet, links ein Mann mit einem pelzverbrämten hellrosa Gewand und Kappe (Birett) in derselben Farbe, rechts ein jüngerer Mann mit schwarzem Gewand, der dem Älteren ein Buch, in das er seinen Daumen gelegt hat, und ein beschriebenes Blatt übergibt.[37]

Das Interesse an naturalistischen Detailbeobachtungen ist ein Phänomen, das zwar in der Tafelmalerei allgemein bewundert wird und auch aus westeuropäischen Miniaturen durchaus bekannt ist, für die mitteleuropäische Buchmalerei der 1430er Jahre sind jedoch derartige Motive bemerkenswerte Ausnahmen. Die Wiedergabe genau beobachteter Details war ein Mittel des Malers, seine Kunstfertigkeit unter Beweis zu stellen, und zeigt sich auch in der Unterscheidung zwischen den engen Parallelfalten eines offenbar leichten Stoffes bei der rechten Figur und den wulstigen Falten des schweren Umhanges des Lehrenden.

---

35 Eine zweibändige, 1433 datierte Bibel aus Hulsbergen bei Hattem in Arnhem, Bibliotheek, Ms. 3, und Zutphen, Gemeentearchif, Ms. 4 und 5, Hattem, 1433/34, vgl. Gubert (wie Anm. 32), Tafel 536f. Frau Gisela Gerritsen-Geywitz sei sehr herzlich für ihr Interesse und diese wichtigen Hinweise gedankt.

36 Zu diesem Codex, der sowohl humanistische Texte als auch solche enthält, die direkt auf das Konzil Bezug nehmen, vgl. in Zukunft «Mitteleuropäische Schulen VI» (wie Anm. 1).

37 Ob es sich um eine Dedikationsszene handelt, um Lehrer und Schüler oder um Autor und Schreiber, ist nicht zweifelsfrei zu beantworten. Die linke Figur ist (so wie das Autorenportrait des Cod. 2329) als Gelehrter gekennzeichnet. Für vergleichbare Bildquellen siehe den Bildserver des Instituts für Realienkunde in Krems (http://kerberos.imareal.oeaw.ac.at/realonline), z.B. Nr. 002602, 005909, 005959, 005928, 006943.

Abbildung 9
Wien, Österreichische Nationalbibliothek, Cod. 3145, Publius Ovidius Naso, Metamorphosen, f. 30v, Federzeichnung: Garten mit Narcissus (Buch 3, Verse 402ff.). Basel, um 1435/45.

Die beiden Halbfiguren präsentieren sich hinter der Initiale und dem Rahmen des Initialfeldes, ein Arrangement, das ziemlich genau dem des Cod. 2329 entspricht. Nach hinten wird die Szene durch ein rotes Spalier, um das sich zwei grüne Blattranken winden, abgeschlossen. Der Goldgrund ist von einem schmalen Rahmen aus je zwei altrosa bzw. blauen gleichseitigen Winkeln umgeben.[38] Von den Eckpunkten gehen Rankenfortsätze aus (Abb. 3), deren Blattformen variantenreich und ungewöhnlich sind. Bemerkenswert sind unter anderem die rosa Blüten, die Goldscheiben mit den schwarz gezeichneten Strahlen sowie die blauen Blüten mit den windradartig geformten Blättern.

Neben dem Dekor der Hauptseite ist auf die Fleuronnée-Lombarden zu Beginn der 15 Bücher der Metamorphosen zu verweisen (Abb. 8), dessen durchaus sorgfältig gezeichnetes Ornament bisher mit keinem anderen Codex in Verbindung gebracht werden konnte.

---

38 Der typisch westeuropäische Farbdreiklang blau/altrosa/gold (unter Einbeziehung des mit Blattgold ausgelegten Initialfeldes) entspricht der Rankenleiste, die im Cod. 2329 an die Initiale anschließt, und den Kapitelinitialen dieses Codex.

Auf f. 30v befindet sich eine qualitativ bescheidene Federzeichnung, die die gesamte Breite des seitlichen Randstreifens einnimmt und einen Garten zeigt (Abb. 9): Unten wird er von einem Weidenzaun mit Tor begrenzt, oben stehen links drei Bäume. Im Garten befinden sich ein Hase (ohne Textbezug) und eine gefasste Quelle. Oben rechts sehen wir eine um 90 Grad gekippte Dreiviertelfigur eines jungen Mannes, die wohl Narcissus darstellt, der sein Spiegelbild in der Quelle erblickt.[39] Von derselben Hand stammt noch weiterer bescheidener Dekor, der jedoch so wie das Fleuronnée keine Einordnung des Codex ermöglicht und daher hier nicht weiter behandelt werden muss.[40]

Stilvergleiche 1

Die folgenden Vergleiche zu Figurenstil und zu gemeinsamen Elementen des Dekors beziehen sich auf beide Initialen, obwohl Unterschiede – man beachte vor allem die Ranken außerhalb des Initialfeldes in Cod. 3145 – eine Zuschreibung zumindest dieser Elemente an ein und denselben Maler unwahrscheinlich machen.

Zunächst sei auf ein in Mitteleuropa zwar nicht unikales, aber doch seltenes Motiv aus dem Bereich des Rankendekors aufmerksam gemacht, nämlich auf die um einen Stab gewundenen Akanthusranken (Cod. 2329, Fortsatz; Cod. 3145, Buchstabenkörper – Abb. 10b und 10d). Vorbilder dafür finden sich Ende des 14. Jahrhunderts bei Giovannino de' Grassi.[41] Eine zentrale Rolle spielt die-

---

39   Ovid, Metamorphosen 3,402ff.; vgl. Judson Boyce Allen: The Ethical Poetic of Later Middle Ages: A decorum of convenient distinction, Toronto 1982, S. 202. Diese vereinzelte Zeichnung ist wohl so wie die Glossen (vgl. Anm. 21) als frühe Benützungsspur (wohl des Auftraggebers) zu werten.
40   Eine Beschreibung dieser Merkmale bleibt daher dem schon erwähnten Katalogband vorbehalten (vgl. Anm. 1).
41   Offiziolo, Florenz, Bibliotheca Nazionale, Banco Rari 397, ff. 18r, 23r, 33r: vgl. Gerhard Schmidt: Egerton Ms. 1121 und die Salzburger Buchmalerei um 1430, in: Wiener Jahrbuch für Kunstgeschichte 39 (1986), S. 41–57, 245–252, bes. S. 44 (Neudruck: ders.: Malerei der Gotik. Fixpunkte und Ausblicke, Graz 2005, Bd. 1, S. 401–418, bes. S. 403). Diesen Vergleich macht Schmidt namhaft, um vergleichbare Bildungen innerhalb der Rahmenleiste einer um 1425/30 entstandenen Salzburger Handschrift herzuleiten (London, British Library, Ms. Egerton 1121, f. 114v: Schmidt, Egerton, Abb. 4 [Schmidt, Malerei, Bd. 1, S. 404, Abb. 3]). Innerhalb der Werkstatt, der dieser Codex zuzuordnen ist, tritt das Motiv auch noch im Rahmen des Dedikationsbildes der Grillinger-Bibel auf (München, Bayerische Staatsbibliothek, Clm 15.701, f. IIIr: vgl. «Gotik», hrsg. von Günter Brucher [= Geschichte der bildenden Kunst in Österreich, Bd. 2], München 2000, Tafel 158 und S. 528 [Martin Roland]). Im Salzburger Bereich ist dieses Motiv davor schon bei der Rahmung eines Reliefs einer 1408 entstandenen

ses Motiv (freilich ist der Stab zu einem Ast umgeformt) bei einem französischen Stundenbuch des ersten Jahrzehnts des 15. Jahrhunderts (London, British Library, Ms. Egerton 1070 – Abb. 10a).[42]

Sporadisch tritt das Motiv auch in England und Flandern auf, aber nur in Holland werden spiralig angeordnete Akanthusranken mit einer gewissen Regelmäßigkeit verwendet. Zu nennen sind zuerst der Rahmen der Verkündigungsminiatur in einem um 1415/20 ausgestatteten Stundenbuch in New York (Pierpont Morgan Library, M 866)[43] und dann vor allem die Werke einer in den 1420er und 1430er Jahren aktiven Gruppe von Buchmalern, die unter der Bezeichnung «Meister des Zweder van Culemborg» zusammengefasst wird.[44] Hinzuweisen ist etwa auf die dreibändige Lochorst-Bibel (Cambridge, Fitzwilliam Museum, Ms. 289, z.B. Bd. 1, f. 424v, am unteren Blattrand, und Bd. 3, f. 259r als Schaft einer P-Initiale).[45] Besonders ähnlich sind die Akanthusformen des um 1435 entstandenen Egmont-Breviers (New York, Pierpont Morgan Library, M 87, f. 431r – Abb. 11)[46] und bei der Basler Rezeption dieses Stils (Abb. 10c).[47]

Türe in Irrsdorf (Filialkirche St. Maria) feststellbar; vgl. «Spätgotik in Salzburg. Skulptur und Kunstgewerbe 1400–1430». Ausstellungskatalog Salzburg 1976, S. 63 (Kat.-Nr. 49) und Abb. 54.

42 Vgl. Millard Meiss: French Painting in the Time of Jean de Berry: The Boucicaut Master, London 1968, S. 95f., Abb. 205–207; British Library, Catalogue of Illuminated Manuscripts (http://prodigi.bl.uk/illcat/welcome.htm) mit kunsthistorischer Beschreibung und zahlreichen Illustrationen (den Eintrag findet man unter der Signatur «Egerton 1070»). Die beschriebenen Ranken kommen in dem von der sogenannten Egerton-Werkstatt ausgestatteten Grundstock als Lösung für schmale Rankenstreifen (vor allem zwischen den Schriftspalten) vor. Besonders ähnlich sind sie bei den Suffragien auf ff. 81r–109v. Das Motiv erscheint auch auf all jenen Seiten, auf denen René d'Anjou, ein späterer Besitzer des Stundenbuches, seine Devise anbringen ließ. Zu einer Standardlösung werden die um einen Stab oder Ast gewundenen Akanthusranken in der einflussreichen Pariser Werkstatt jedoch keineswegs, sie bleiben – soweit ich sehe – auf dieses Stundenbuch beschränkt.

43 Vgl. James H. Marrow: Dutch Manuscript Illumination before the Master of Catharine of Cleves: the Master of the Morgan Infancy Cycle, in: Nederlands Kunsthistorisch Jaarboek 19 (1968), S. 51–113, bes. Abb. 3; zur Handschrift vgl. «The Golden Age of Dutch Manuscript Painting», ed. James H. Marrow [et al.], New York 1990, S. 59f.

44 Zu dieser Gruppe vgl. «The Golden Age» (wie Anm. 43), S. 97–116.

45 Ulrich Finke: Utrecht – Zentrum nordniederländischer Buchmalerei. Seine Bedeutung in der ersten Hälfte des 15. Jahrhunderts, in: Oud Holland 78 (1963), S. 27–66, Abb. 21 bzw. 19; zur Handschrift Finke, S. 45f., 55f. und «The Golden Age» (wie Anm. 43), S. 98f.

46 Finke (wie Anm. 45), Abb. 24; zur Handschrift vgl. S. 59–61, und «The Golden Age» (wie Anm. 43), S. 112–115.

47 Dazu siehe unten: Stilvergleiche 2: Basel.

Abbildung 10
a) Ausschnitt aus London, British Library, Ms. Egerton 1070, Stundenbuch, f. 97r, Detail mit Spiralranke. Paris, Egerton-Werkstatt, ca. 1410 – b) Ausschnitt aus Abb. 2 (1434) – c) Ausschnitt aus Basel, Universitätsbibliothek, Ms. B I 3, erster Band der Vullenhoe-Bibel, f. 7r, Spiralranke der Genesis-Initiale. Basel, 1435 – d) Ausschnitt aus Abb. 5 (um 1435/45).

Auch zum Figurenstil der beiden Wiener Initialen finden sich in der holländischen Buchmalerei konkrete Vergleiche. Die Verbindungen konzentrieren sich auf die bereits genannte Gruppe, in der nicht nur die Akanthusranken und die kleinen Deckfarbeninitialen mit den ovalen Einbuchtungen vorkommen, sondern auch der Figurentyp mit einem als räumliches Objekt verstandenen Kopf. Fein modellieren Licht und Schatten den eiförmigen Schädel, während die Gesichtszüge offenbar bewusst weniger betont werden.

Die Gesichter – vor allem jene in Cod. 3145 (Abb. 13c und 13d) – sind etwa denen der beiden Hieronymus-Figuren in einer Bibel in Wien zu vergleichen (ÖNB, Cod. 1199, f. 1r, und vor al-

Basler Buchmalerei um 1430/40   99

Abbildung 11

New York, Pierpont Morgan Library, M 87, Egmont-Brevier, f. 431r, Initiale mit Verkündigung und Miniatur mit Christus. Utrecht, «Meister des Zweder van Culemborg», ca. 1435.

lem Cod. 1200, f. 1r – Abb. 13a)[48]. Unmittelbare Parallelen finden sich auch in der kontrovers gedeuteten Szene mit Kardinal Hugues de Lusignan (Paris, Bibliothèque national de France, Ms. lat. 432,

---

48   Otto Pächt/Ulrike Jenni: Holländische Schule, Wien 1975, Tafelband, Abb. 24, Tafel II; zur Handschrift Textband, S. 16–23, und «The Golden Age» (wie Anm. 43), S. 108f.

f. 2v – Abb. 12c),⁴⁹ in der Darstellung der Kommunionspendung im Hoya-Missale (Münster, Universitätsbibliothek, Ms. 41, f. 149v)⁵⁰ oder bei einer Christus-Figur im bereits oben erwähnten Egmont-Brevier (f. 431r – Abb. 11). Sparsame Charakterisierung und feine Modellierung sind Merkmale, die die genannten Beispiele vor allem mit Cod. 3145 gemeinsam haben, während bei der Figur in Cod. 2329 (Abb. 12a) das grundsätzlich ähnlich gebildete Gesicht stärker mit graphischen Mitteln gestaltet ist.

Diese Gruppe von Werken, deren Vorbildhaftigkeit durch ornamentale und figürliche Parallelen gut abgesichert ist, entstand in Utrecht in den Jahren 1425 bis 1435. Wären nicht die Ranken, die im Cod. 3145 die Initiale umgeben, könnte man – auch wegen der außergewöhnlichen Qualität – einen unmittelbaren Werkstattzusammenhang vermuten.⁵¹

Stilvergleiche 2: Basel

Der Titel des Beitrags verheißt jedoch keineswegs die Bereicherung der Utrechter Buchmalerei um zwei neue Beispiele, sondern wir haben uns vorgenommen, neue Werke der Buchmalerei in Basel vorzustellen. Und tatsächlich wurde die oben behandelte Utrechter Stilvariante prägend für die Buchmalerei der Konzilsstadt.

Der Prior der Basler Kartause war ab 1432 ein Niederländer, der davor lange Jahre der Utrechter Kartause vorgestanden hatte.⁵² In der Basler Kartause war der Schreiber Henricus de Vullenhoe tätig, vom dem sich datierte Handschriften von 1431 bis 1467 erhalten haben. Im Jahre 1435 datiert er den ersten Band der nach ihm benannten Bibel (Basel, Universitätsbibliothek, Ms. B I 3), der – wie

---

49 Pächt/Jenni (wie Anm. 48), Fig. 19. Über den Darstellungsinhalt und die Verbindung zum 1416 datierten Grundstock des Codex bestehen erhebliche Auffassungsunterschiede, die in unserem Zusammenhang jedoch unerheblich sind. Auch die Frage, ob die Miniatur nicht in Basel entstanden sein könnte, ist bis jetzt nicht endgültig geklärt (vgl. die in Anm. 54 genannte Literatur). Jedenfalls muss die Miniatur nach 1426 – damals wurde Hugues Kardinal – und vor 1442, seinem Todesjahr, entstanden sein.

50 Pächt/Jenni (wie Anm. 48), Fig. 15; zur Handschrift vgl. «The Golden Age» (wie Anm. 43), S. 106f.

51 Die Zweder van Culemborg-Gruppe hat stilbildend gewirkt. So haben Ausläufer dieses Stils stark nach Westfalen und an den deutschen Niederrhein gewirkt, wie Heinrich Jerchel: Die niederrheinische Buchmalerei der Spätgotik (1380–1470), in: Wallraf-Richartz Jahrbuch 10 (1938) S. 65–90, bereits vor über 70 Jahren nachgewiesen hat. Die von ihm vorgestellten Beispiele zeigen jedoch keine unmittelbare Beziehung zu den hier behandelten Initialen und liegen zudem zeitlich etwas später.

52 Schauder, Konrad Witz (wie Anm. 34), S. 137–147, bes. S. 142.

oben bereits erwähnt – eine mit Cod. 2329 identische Fleuronnée-Lombarde enthält (Abb. 6 und 7). Dieser Band beherbergt aber auch zwei historisierte Initialen, deren Stil sich unmittelbar von jenem des Meisters des Zweder van Culemborg ableiten lässt. Michael Schauder stellt den Hieronymus der Vullenhoe-Bibel (Abb. 12d) neben den Hieronymus der oben erwähnten Bibel in Wien (ÖNB, Cod. 1200, f. 1r – Abb. 13a).[53] Bei diesen beiden Figuren – ebenso wie bei jenen in den beiden hier vorgestellten Codices – lassen sich Kopftypus und portraithafte Charakterisierung gut vergleichen.

Auch die raumgreifenden Gesten des Georg von Trapezunt (Abb. 12a) sind ohne den Einfluss der niederländischen *Ars nova* kaum vorstellbar. Vergleichbare Arm- und Körperhaltungen zeichnen auch einige Figuren des Konrad Witz'schen Heilsspiegelzyklus aus (man vergleiche vor allem den König Salomo in der Berliner Gemäldegalerie – Abb. 12b), deren Beziehung zu niederländischen Vorbildern schon seit langem erkannt wurde.[54]

Zu der stilistisch nun schon mehrfach abgesicherten Verbindung der Zweder-Gruppe mit Basel gibt es eine weitere historische Hinterfütterung. 1423 kam es zum Utrechter Schisma; der Bischofsanwärter Zweder van Culemborg musste 1428 die Stadt verlassen, und ihm folgten die Konvente der Kartäuser und Augustiner-Chorherren. Zweder ist spätestens ab September 1432 in Basel und stirbt dort ein Jahr später.[55] Jedenfalls steht die erwähnte Miniatur der Zweder-Gruppe, die Kardinal Hugues de Lusignan zeigt, der ab 1435 mit dem Konzil verbunden ist, in unmittelbarer Beziehung zu Basel, so dass deren vorübergehendes Arbeiten in der Konzilsstadt auch wegen des andauernden Einflusses durchaus plausibel erscheint. Die Initiale des 1434 datierten Cod. 2329 der ÖNB (Abb. 2 und 4), die genannten Initialen der 1435 datierten Vullenhoe-Bibel (Abb. 12d)[56] und jene des um 1435/45 entstandenen Cod. 3145 der ÖNB (Abb. 3 und 5) sind jedenfalls als unmittelbare Weiterentwicklung dieses Stilimpulses zu deuten.

---

53 Ebd., S. 143 und Abb. 2f.
54 Charles Sterling: Observations on Petrus Christus, in: Art Bulletin 53 (1971), S. 1–26, bes. S. 24f.; Hans J. van Miegroet: De invloed van de vroege Nederlandse schilderkunst in de eerste helft van de 15de eeuw op Konrad Witz, Brüssel 1986, bes. S. 27–31, 34; Schauder (wie Anm. 34), passim.
55 Schauder, Konrad Witz (wie Anm. 34), S. 141.
56 Neben dieser Hieronymus-Initiale (UB Basel, Mscr B. I. 3, f. 1r) sind auch die Christusfigur der Genesisinitiale (f. 7r – Abb. 13b) und deren Rankenausläufer (Abb. 10b) hier einzuordnen, während die Schöpfungsmedaillons offenbar von einem anderen (schwächeren) Buchmaler ausgeführt wurden.

Abbildung 12
a) Ausschnitt aus Abb. 2 (1434) – b) Ausschnitt aus Berlin, Staatliche Museen Gemäldegalerie, Konrad Witz, König Salomo – c) Ausschnitt aus Paris, Bibliothèque nationale de France, Ms. lat. 432, f. 2v, Szene mit Kardinal Hugues de Lusignan, «Meister des Zweder van Culemborg» (Lokalisierung und Datierung umstritten) – d) Ausschnitt aus Basel, Universitätsbibliothek, Ms. B I 3, erster Band der Vullenhoe-Bibel, f. 1r, schreibender hl. Hieronymus. Basel 1435.

Bisher haben wir den außerhalb der Initiale befindlichen Schmuck auf der Hauptseite von Cod. 3145 ausgeklammert (Abb. 3). Dieser ist zwar nicht mit der bisher behandelten Stilgruppe in Einklang zu bringen, er bietet aber einen weiteren Beleg für die Entstehung des Werks in Basel und den dort vorherrschenden nordniederländischen Einfluss: die mit Federzeichnungsdekor ergänzten

Abbildung 13

a) Ausschnitt aus Wien, ÖNB, Cod. 1200, Bibel, f. 1r, schreibender hl. Hieronymus. Utrecht, «Meister des Zweder van Culemborg», ca. 1430 – b) Ausschnitt aus Basel, Universitätsbibliothek, Ms. B I 3, erster Band der Vullenhoe-Bibel, f. 7r, segnender Christus der Genesis-Initiale. Basel, 1435 – c und d) Ausschnitt aus Abb. 5 (um 1435/45).

Ranken mit ihren ungewöhnlichen Blattformen. Die Kombination von Deckfarbenranken mit schwarz gezeichnetem Ornament ist für die nördlichen Niederlande charakteristisch. Auch formal ähnliche, jedoch eindeutig pflanzlich gedeutete Goldpollen, die von schwarzen Stricheln umgeben sind, kommen oft vor. Hingegen sind autonome Goldscheiben mit schwarz gezeichneten Strahlen, wie sie im

Cod. 3145 auftreten, nur vereinzelt nachweisbar.[57] Beide Formen kommen im 1438 datierten Brevier des Bischofs Friedrich von der Pfalz (Basel, UB, Ms. AN VIII 28 und 29)[58] und im dritten Band der Vullenhoe-Bibel (Basel, UB, Ms. B I 1),[59] der 1445 datiert ist, vor. Die Ranken des Cod. 3145 verarbeiten also ebenfalls nordniederländische Motive, freilich in einer wohl chronologisch einige Jahre später liegenden Entwicklungsstufe und auf höchst individuelle Art und Weise.

Résumé

Fassen wir also zusammen: Wir haben zwei ungewöhnliche Codices vorgestellt, deren Texte nördlich der Alpen keineswegs zur ‹Allerweltsliteratur› der 1430er Jahre gehörten. Gerade in Basel, einer Stadt, in der bis 1437 ein allgemein anerkanntes Konzil tagte, kann man sich ihre Verbreitung sehr gut vorstellen. Der gemalte Buchschmuck verarbeitet Vorbilder aus den nördlichen Niederlanden (Meister des Zweder van Culemborg) und zwar in einer Art und Weise, wie sie für Basel charakteristisch ist.

Wer könnte als Auftraggeber dieser Handschriften in Frage kommen? Hugues de Lusignan (Abb. 12c), René d'Anjou (vgl. Anm. 42) und vor allem der aus Utrecht vertriebene Bischof Zweder van Culemborg wurden schon erwähnt. Ich möchte noch einen weiteren Bibliophilen anführen, der in der Konzilsstadt weilte und wie Zweder versuchte, sein Bistum zurückzuerlangen. Herzog Ludwig von Teck war Patriarch von Aquileia, wurde jedoch durch die venezianischen Eroberungen bereits 1418/20 de facto seiner fürstlichen Macht entledigt.[60] Mehrmals versuchte er, mit Hilfe Sigismunds von Luxemburg seine Herrschaft zurückzuerlangen, und auch am Konzil war er in dieser Sache tätig. Er starb 1439 in Basel und ist

---

57 Zu nennen sind etwa das um 1420/25 datierte Missale der Hofkapelle von Cleve (Düsseldorf, Hauptstaatsarchiv, Ms. G. III 3; «The Golden Age» [wie Anm. 43], S. 103f., Tafel 30, Fig. 44) und ein um 1430 datiertes Utrechter Stundenbuch (Utrecht, Universitätsbibliothek, Ms. 1037, f. 13r; vgl. Koert van der Horst: Illuminated and Decorated Medieval Manuscripts in the University Library, Utrecht. An illustrated catalogue, Cambridge [etc.] 1989, S. 11 und Abb. 155).
58 Escher, Miniaturen (wie Anm. 34), S. 144–152.
59 Ebd., S. 154f., z.B. Taf. XLIX (f. 217v).
60 Vgl. Martin Roland: Fleuronnée als Bindeglied. Das Brevier des Ludwig von Teck und die Fleuronnée-Gruppe St. Dorothea II, in: CODE[(x)]. Festgabe zum 65. Geburtstag von Alois Haidinger, hrsg. von Martin Haltrich und Maria Stieglecker (Codices manuscripti, Supplementum 2), Purkersdorf 2010, S. 104–131, zur Person des Patriarchen bes. S. 107f.

in der Kartause bestattet.⁶¹ Er war ein Bibliophiler von Rang und besaß – und das ist in unserem Zusammenhang bemerkenswert – das prächtige Missale des 1433 verstorbenen Zweder van Culemborg.⁶²

Es gibt in den beiden hier vorgestellten Codices keinerlei Hinweis auf Ludwig von Teck, die Erwähnung dieses Kirchenfürsten soll aber das Milieu bestimmen, in dem der Auftraggeber für Cod. 2329 und 3145 der Österreichischen Nationalbibliothek zu vermuten ist. In beiden Fällen hat dieser den Text ergänzt (siehe Anm. 12 bzw. Anm. 21), bei Cod. 3145 wohl auch die Hinzufügung einer offenbar individuell ausgewählten Textilllustration veranlasst (siehe Anm. 39). Es darf bei dieser weiterhin unerkannten, offenbar über die notwendigen Finanzmittel verfügenden kunstsinnigen Persönlichkeit also auch ein erhebliches Maß an philologischem Interesse vorausgesetzt werden. Die Person dieses Auftraggebers mit seiner Liebe zu den Büchern und seinem Interesse an der Sprache schließt den Bogen zu Martin Steinmann, dem dieser Beitrag gewidmet ist.

---

61 Sein prächtiger Totenschild abgebildet bei Roland (wie Anm. 60), Abb. 26.
62 Brixen, Hochschulbibliothek, Hs. 62: vgl. dazu Roland (wie Anm. 60), S. 110 und Anm. 29 (S. 107f.).

Weltverachtung an der Schwelle der Neuzeit. Zu den Glossen in der Bibliothek Heynlins von Stein (ca. 1430–1496)

von Beat von Scarpatetti

> *Munde immunde vale fraudem praeter nihil in te*
> *Invisos validos omnes fallis tibi fidos*
> *Sed non cernis stulte magis quod falleris ipse*
> *Vincunt quos odis fallunt quos fallere queris.*
>
> «Welt, du unreine, leb wohl! In dir ist nichts ausser Falschheit.
> All die dir trauen betrügst du, ob stark und hassenswert immer.
> Doch du merkst nicht, törichte, dass du die betrogne ja selbst bist.
> Die du getäuscht wähnst und hassest, besiegen und täuschen dich selbst.»
>
> Lapidanus, *Versus in mundum*

Einführung: eine kostbare, bisher unbekannte Privatbibliothek

Über die Figur des Scholastikers, Humanisten, Busspredigers und Kartäusermönchs Johannes Heynlin de Lapide hat sich bereits die Mediävistik des 19. und 20. Jahrhunderts gebeugt.[1] Gemäss den Akten der Pariser Sorbonne stammt er aus der Markgrafschaft Baden, gemäss einigen Indizien aus Stein bei Pforzheim. Er war vermutlich 1446 an der Universität Erfurt immatrikuliert, 1448 an derjenigen von Leipzig, dort Baccalaureus anno 1450.[2] Im gleichen Jahr predigte dort der Franziskaner Johannes von Kapistran, europaweit bekannt und schon zu seiner Zeit nicht unumstritten; ihn dürfte der junge Scholar gehört haben. Im Jahr darauf weilte Heynlin an der Universität Löwen, einer Hochburg des konservativen Aristotelismus. Im Herbst 1454 ist er im Einnahmenbuch der Pariser Sorbonne durch den Rezeptor Magister Johannes Kenedy aus der Diözese Glasgow verzeichnet. Wie an allen vorhergehenden Universitäten entrichtete er die vollen Gebühren. Vermutlich bereits 1455 ist er Magister Artium; ab 1456 bekleidete er eine Reihe von

---

1 Literaturverzeichnis und Überblick: Die deutsche Literatur des Mittelalters. Verfasserlexikon (VL), Bd. 3 (1981), Art. Heynlin von Stein, col. 1213–1219 (Beat von Scarpatetti).

2 Zum ersten datierten Zeugnis von seiner Hand vom Jahr 1452, geschrieben an der Universität Leipzig, siehe Katalog der datierten Handschriften in der Schweiz, bearb. von Beat von Scarpatetti [et al.], Bd. I, Zürich 1977, Schreiberverzeichnis [Bio-Bibliogr.] S. 264f., zu Heynlin 18 Hss., 5 Abb.; Kolophon in Nr. 567, F VII 11, f. 49v.

Ämtern, 1469 schliesslich war er Rektor.³ In der Zwischenzeit engagierte er sich 1464 an der jungen Universität Basel für die Vertretung des Realismus *(Via antiqua)* an der Seite des sonst dominierenden Nominalismus. Gleichzeitig hatte er Kontakte zum aufstrebenden Buchdruck am Oberrhein und, wie schon in Paris, zu etlichen Humanisten; 1470 errichtete er mit drei deutschen Typographen eine Offizin an der Sorbonne und wurde somit Editor des ersten gedruckten Buches in Frankreich; es galt italienischen Briefen als Mustern der humanistischen Rhetorik.⁴ Aber 1473 liess er, so Sebastian Brant in seiner Heynlin gewidmete Elegie, die «eitlen Thesen der Schule fahren» und wurde Volksprediger am Oberrhein, in Basel und in Bern.⁵ Nachdem er 1484 in Basel Prädikator am Münster geworden war, folgte mit dem Eintritt in die Basler Kartause 1487 die zweite, einschneidende Zäsur in seiner Laufbahn, welche angesichts seiner Berühmtheit Aufsehen erregte und auch in Brants «Narrenschiff» erwähnt ist. Er predigte auch in der Kartause gelegentlich und pflegte intensive Kontakte mit dem Buchdrucker Johannes Amerbach. Nach seinem Tod im Jahr 1496 erwies sich sein Klostereintritt für die Nachwelt insofern als einmaliger Gewinn, als seine ganze Bibliothek Besitz der Kartause wurde und nach deren Aufhebung ins Eigentum der «Bibliotheca Academiae Basiliensis», der Universitätsbibliothek, überging, in einem hervorragenden Erhaltungszustand.

Diese Bibliothek nun ist, seit noch nicht so langer Zeit, das neue Hauptzeugnis über Heynlin. Denn von ihm als Autor liegt, ausser kleineren Opuscula zur Grammatik und zur liturgischen Praxis, kein gewichtiges Opus vor, das seiner Bedeutung als Prediger gleichkäme. Immerhin aber spiegelt die uns hinterlassene 283-bändige Privatbibliothek, entstanden zwischen 1450 und 1496, Heynlins intensives Studium der Theologie, Homiletik, Spiritualität, Aszese und Rhetorik. Sie bildet in sich ein einmaliges Zeugnis seiner enor-

---

3   Astrik Gabriel: Auctarium Chartularii universitatis Parisiensis, Tomus VI: Liber receptorum nationis anglicanae (Alemannorum), Parisiis 1964. Vgl. die Introductio p. XIX, ferner coll. 262, 266, 282, 293, 297f., 328, 378.
4   Gasparinus Barzizius (Barzizza): Epistulae, Parisiis 1470. Dazu Jeanne Veyrin-Forrer: Hommage aux premiers imprimeurs de France 1470–1970, Paris 1970.
5   Die Brant-Elegie gedruckt in: Thomas Wilhelmi (Hg.): Sebastian Brant. Kleine Texte, Bd. I/1: Text, Bd. 2: Noten zur Edition, Stuttgart 1998, je sub Nr. 150; in der Edition S. 227 bei Vers 18: linquis statt linguis; in den Noten S. 149 ist die Metrik-Rüge zu Theologus kontestierbar. Literatur zu Brant allgemein siehe Thomas Wilhelmi: Sebastian Brant Bibliographie, Bern 1990. Die erste Prädikatur hatte er vermutlich im Augustiner-Chorherrenstift St. Leonhard, dazu Beat von Scarpatetti: Die Kirche und das Augustiner-Chorherrenstift St. Leonhard in Basel (11./12.–16. Jh.), Basel 1974, S. 250–252 und Reg. S. 391.

men Belesenheit, seiner Leitwerte und Bestrebungen. Allerdings war sie bis 1973 als Ganzes nicht erfasst, höchstens den Basler Bibliothekaren in Umrissen bekannt. Die Bände sind noch heute in den einzelnen Abteilungen unter den diversesten Signaturen verstreut, also unter den rund 2000 Handschriften und 3000 Inkunabeln der Universitätsbibliothek. So haben auch die bedeutenden Heynlin-Forscher des 19. und 20. Jahrhunderts, Max Hossfeld und Hans von Greyerz,[6] nur wenige ausgewählte Bände beigezogen. Im Jahr 1973 hat Max Burckhardt als Handschriften-Konservator alle einzelnen Bände identifiziert, die Bibliothek zusammengestellt und ein erstes Verzeichnis vorgelegt.[7] Sein Nachfolger Martin Steinmann hat in den beiden Registerbänden seiner Kataloge von 1982 und 1998 noch wertvolle Neufunde, Identifikationen und Ergänzungen im Bereich der Handschriften und der Miszellanbände beigesteuert.[8] Mit dieser Bibliotheks-Rekonstruktion war die Basis gelegt für deren Erforschung. Der Unterzeichnete, seit 1972 im Zuge der Erstellung des Katalogs der datierten Handschriften angeregt durch Heynlin als Schreiber, hat sich diese Bibliothek ab 1995 vorgenommen und einen ausführlichen Katalog erstellt.[9] Die wichtigste «Entdeckung» bestand darin, dass sich in den 283 Bänden ein ganzes Corpus von handschriftlichen Glossen Heynlins finden liess.

Das inhaltliche Bild der Bibliothek ist durchaus profiliert. Heynlins Anschaffungen folgten allem andern als irgendwelchen Sammler-Allüren; die Auswahl der Titel ist sehr gezielt und aussagereich. Bibliophil ist die Sammlung gleichwohl dank der märchenhaften, kostbaren Illuminierung vieler und aufmerksamster graphischer Ausstattung quasi aller Codices, sowie der Ausstattung der Einbände. Die Buchmalereien, entstanden in professionellen Ateliers, wohl zumeist in Paris, sind erstrangig. Zudem hat Heynlin enorm

---

6 Siehe das Literaturverzeichnis im VL (wie Anm. 1).
7 Max Burckhardt: Die Inkunabeln aus der Bibliothek des Johannes de Lapide, in: Für Christoph Vischer, Direktor der Basler Universitätsbibliothek 1959–1973, Basel 1973, S. 15–75; ders.: Basler Büchersammler vom Spätmittelalter bis zur Barockzeit. Johannes Heynlin de Lapide, die Gelehrtendynastie Amerbach, Remigius Faesch. Katalog der Ausstellung der Universitätsbibliothek, Basel 1975.
8 Martin Steinmann: Die Handschriften der Universitätsbibliothek Basel, Register zu den Abteilungen A I – A XI und O, Basel 1982, Index S. 457f.; ferner zu den Abteilungen C I – C VI, D–F sowie zu weiteren mittelalterlichen Handschriften und Fragmenten, Basel 1998, Index S. 407.
9 Siehe oben Anm. 1 und 2; ferner auch Beat von Scarpatetti: Bücherliebe und Weltverachtung. Katalog der Bibliothek des Johannes Heynlin de Lapide in der Universitätsbibliothek Basel (Druck in Vorbereitung, Einsicht in das fertige Manuskript für Interessierte möglich).

viel selbst geschrieben, sorgfältig bereits in den spätmittelalterlichen Gebrauchsschriften, erlesen schön in der Humanistica. Die Bibliothek stellt besonders mit ihrer Synthese von inhaltlicher Relevanz und stupender Schönheit eine grosse Seltenheit dar.

Welche Autoren hat Heynlin angeschafft, auf welche Themen hat er die Angebote der gesamten europäischen Offizinen durchgesehen? Was die Autoren angeht, so figurieren gewiss viele erstrangige, bekannte Häupter aus Antike und Mittelalter, aber auch eine sehr grosse Zahl kaum bekannter Verfasser und Kompilatoren. Deshalb habe ich für die Erstellung des Katalogs die erweiterte Formel eines «Catalogue raisonné» gewählt. Zu den Standard-Angaben in den heutigen Handschriften- und Inkunabelkatalogen betreffend Inhalt, Datierung, Herkunft und Literatur treten zwei zusätzliche Bereiche. Zum einen ist das Glossen-Corpus repertoriert und, wo besonders aussagereich, transkribiert, also zitiert. Zum andern ist jeder Autor mit einem eigenen Kurzartikel vorgestellt – an Zahl überwiegen die heute ausserhalb der engsten Fachwelt unbekannten Namen. Betrachten wir die Bibliothek also als eine Quelle, so besteht deren erste, sehr relevante Aussage im generellen Inhaltsspektrum der Bände als solchem. Die zweite Aussage besteht im Glossen-Corpus; die Gesamtzahl aller Einträge darf auf über 10 000 geschätzt werden. Heynlins Notate bestanden in einem Lesezeichen, angebracht an den ihm wichtigen Stellen, bestehend aus drei Punkten mit Unterschleife, sodann in elegant gezeichneten Zeigehändchen, schliesslich in Text-Marginalien. Rein quantitativ gesehen, ergibt sich folgender Befund: Heynlin muss in den 40 bis 50 Jahren seit seiner Ankunft in Paris Tag und Nacht über seinen Büchern gewesen sein – er hat seine Bibliothek weitgehend durchgearbeitet. Zudem sind die Seiten sorgfältig regliert und die Satzanfänge gelb gestrichelt. Dazu muss er Scholaren als Hilfen, bezahlte *Amanuenses,* gehabt haben. In vielen Inkunabeln fertigte Heynlin zudem mit eigener Hand Inhaltsverzeichnisse und Register sowie auf jeder Seite Kolumnentitel an. Die Menge aller Notate ist überwältigend. Die grosse Mehrheit steht, obgleich stark gekürzt und minutiös klein, in sehr sorgfältiger humanistischer Buchschrift, nur sehr wenige sind kursiv. Nicht umsonst berichten schon die Pariser Fakultätsakten von einem Augenleiden ihres führenden Scholastikers.

Das Corpus der Glossen darf als neu gehobene Quelle gelten. Wozu hat es Heynlin gedient? Der Inhalt der Bibliothek kann in drei Bereiche geteilt werden: I: Scholastik, II: Theologie, Aszese und Predigtliteratur, III: Humanismus. Die Bände des Bereiches III sind kaum annotiert, diejenigen des Bereiches I kursorisch, und die des Bereiches II am intensivsten. Das Glossenwerk hat in erster Linie dem Predigtwirken von 1473 bis 1487/1496 gedient. Und diese Glossen führen zum Thema unseres Beitrags: der Grossteil der Marginalien gilt der Abkehr von der Welt, dem Verweis auf das Endzeitliche und das Jenseits, dem Jüngsten Gericht, den Fragen der Moral, der Sünde und der Erlösung, alles geprägt vom Geist des *Contemptus mundi,* der Weltverachtung. Viele Einträge sind stupend und kompromisslos streng. Als Übergang zum folgenden Kapitel möge folgende, nicht weiter zu kommentierende Glosse dienen: *Cur Christus ad judicium veniens describitur armatus:* «Warum der zum Jüngsten Gericht kommende Christus als bewaffnet beschrieben wird».[10]

Der *Contemptus mundi* in den Glossen Heynlins

1) *Munde immunde* – «o unreine Welt». (Lapidanus, *Versus in mundum*, UB Basel, Ms. F VI 16, f. 191r, siehe oben das Eingangszitat) (Abb. 1).

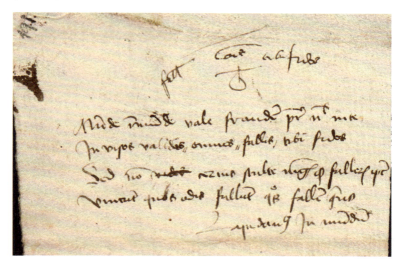

Das Wortspiel vom *Mundus immundus* gehört zur rhetorischen Topik christlicher Lehre, von den Wüsten- und Kirchenvätern durch die ganze mittelalterliche aszetische Literatur bis hin zur Barockzeit. Der Sprüche des Schimpfs, Hohns und der Vorwürfe an die arme

---

10 Aleph C IV 5: Robertus Holcot: Super librum sapientiae, Speyer (Peter Drach) 1483 (Hain 8757, GW 12885), Cap. V, Lectio 71.

Frau Welt sind Legion.[11] Vielleicht hat Heynlin die bekannte, noch heute erhaltene Statue am Hauptportal des Strassburger Münsters mit den Kröten und Schlangen im Rücken der schönen Frau gesehen. *Mundus fallax,* die gleisnerische Falschheit der Welt, erscheint noch im Epigramm von Sebastian Brant zum Tod seines Freundes Heynlin, welcher nun zu den Sternen hinaufgestiegen sei *post tempora fallacis saeculi*.[12]

2) Inc. 397, f. 9r: *Johannis Lapidi arma:* Das Wappen Heynlins, gewidmet der *Immaculata Conceptio Mariae* (Abb. 2).

Die Welt ist fundamental unrein! Dieser frühe Römer Druck der Hieronymus-Briefe von 1470 ist ausgezeichnet durch das (insgesamt in fünf Bänden figurierende) Wappen Heynlins. Die Ur-Unreinheit der Menschen und der Welt ist begründet durch den sündenbeladenen Akt der menschlichen Zeugung, von dem die «Immaculisten»

---

11 Vgl. etwa die Sammlung von Sentenzen zur «Welt» in der Versliteratur, sub lemmate «Mundus» bei Hans Walther: Initia carminum […].Verzeichnis der Versanfänge mittelalterlicher Dichtungen, Göttingen 1959 (2. Aufl. 1969), Nr. 11 414–11 473; ders.; Proverbia […]. Lateinische Sprichwörter und Sentenzen des Mittelalters, Göttingen 1964, Nr. 15 616–15 651.
12 Wilhelmi: Sebastian Brant. Kleine Texte (wie Anm. 5), Nr. 159.

einzig Maria befreit wissen wollten. Die *Immaculata Conceptio* Mariens, die die Theologie des 13.–16. Jahrhunderts umgetrieben hat, ist also von Heynlin auf sein Schild erhoben worden. (Heynlins Herkunft und Geburt selbst liegen in einem tiefen Dunkel!) Sowohl die unbefleckte Empfängnis, aber auch die Jungfräulichkeit, die *Inviolata Virginitas Mariae,* sind symbolisiert durch die beiden Schnäbel eines Haselhuhn-Paares. Gemäss den mittelalterlichen Bestiarien empfängt dieses in reiner Weise über den Mund und nicht durch Kopulation.[13] Heynlin hat also das Tier-Symbol für die reine Empfängnis und die jungfräuliche Geburt als sein Wappen gewählt.[14] Später hat Heynlin bei Johannes Amerbach 1489 ein Pamphlet gegen die «Maculisten» unter den Theologen drucken und es als Warnung dem Werk eines ihrer Vertreter voranstellen lassen, dem populären Predigtwerk eines Dominikaners, mit dem Titel «Meffret».[15]

3) Inc. 394, Lib. XIII, Cap. 10: Tempus Vite huius: non aliud est quam cursus ad mortem (Abb. 3).

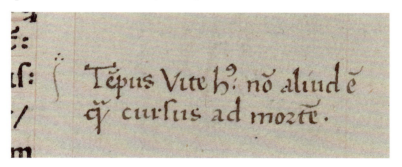

13 Gallus M. Häfele: Franz von Retz. Ein Beitrag zur Gelehrtengeschichte des Dominikanerordens und der Wiener Universität am Ausgange des Mittelalters, Innsbruck 1918, zur Mariologie S. 340–392, zum Bild der Vogelschnäbel S. 375, Symbol Nr. 30.
14 F I 12, f. 1r, sodann auch in den Drucken Inc. 27, 28, 80, 100, 397, F Q I 3.
15 In zwei Exemplaren erhalten: Aleph A IV 11, Nr. 2a und F N VI 14. Nr. 2. Im 1. Sermo des Hortulus reginae findet sich die These Meffrets, die B.M.V. sei nicht ausgenommen vom Peccatum originale; diesem Druck gilt die Praemonitio. Zum Maculisten-Immaculisten-Streit siehe Marien-Lexikon 6 (1994), S. 521–523 (G. Lechner); Dictionnaire de Spiritualité, d'Ascétique et de Mystique (DS) 10 (1977), col. 934f. (V. Honemann); Dictionnaire de théologie catholique (DThC) 7 (1922), Art. «Immaculée Conception», darin col. 1108–1115 (X.-M. Bachelet); ebenso ein Exkurs bei Max Hossfeld: Johannes Heynlin aus Stein. Ein Kapitel aus der Frühzeit des deutschen Humanismus, in: BZGA 6 (1907), S. 320–324; zu Gegnern der Immaculata Conceptio im 15. Jahrhundert siehe Horst Ulrich: Nova Opinio und Novelli Doctores. Johannes de Montenigro, Johannes Torquemada und Raphael de Pornassio als Gegner der Immaculata Conceptio, in: Studien zum 15. Jahrhundert. Festschrift für Erich Meuthen, hrsg. von Johannes Helmrath und Heribert Müller, München 1994, Bd. 1, S. 169–191; ebenso auch wertvoll Häfele (wie Anm. 13).

Nachdem bereits Zeugungsakt und Empfängnis Sünde sind, ist konsequenterweise das so entstandene Leben ein Todeslauf; fast erinnert das Bild des Laufes zum Tod an das Bild der Todesfuge von Paul Celan. Der harte Satz figuriert im reich glossierten Exemplar der *Civitas dei* von Augustinus. Er steht wiederum ganz allein, der einzige herausgezogene Satz im ganzen Kapitel XIII. Dem Gedanken des als Einziges erstrebenswerten Todes gilt auch der Anfang des Epigrammes von Sebastian Brant auf den Tod Heynlins: «Was, Vater Lapidanus, könnte dir Angenehmeres geschehen …, als dass du froh zu den Sternen gehst?»[16]

4) Inc. 1, f. xliiii recto: *Mulieres sacra non tangant* (Abb. 4).

Wenn der Mensch bereits unrein empfangen ist, gilt besonders die Frau als unrein. Die Glosse steht in der stolzen Inc. 1 unserer Universitätsbibliothek, dem Durandus-Druck von 1459 auf Pergament aus der Offizin Schöffer und Fust in Mainz.[17] Im ganzen Werk ist der zitierte Satz eine der wenigen Marginalien Heynlins. Dieser Stellenwert illustriert die Unerbittlichkeit der für die Frau gravierenden Aussage. Sie wirkt, etwa in der Frage der Nomination von Frauen zum Priesteramt – trotz mittlerweile vorgeschobener anderer Argumente – bis heute.

---

16 Epigramm von 1496, bei Wilhelmi: Sebastian Brant. Kleine Texte (wie Anm. 5), S. 254.
17 Rationale divinorum officiorum, das Liturgie-Manuale des französischen Kanonisten Guilelmus Durandus aus dem 13. Jahrhundert.

5) Aleph D III 15, f. 141r: *Mulier carnem, vir rationem significat* (Abb. 5).

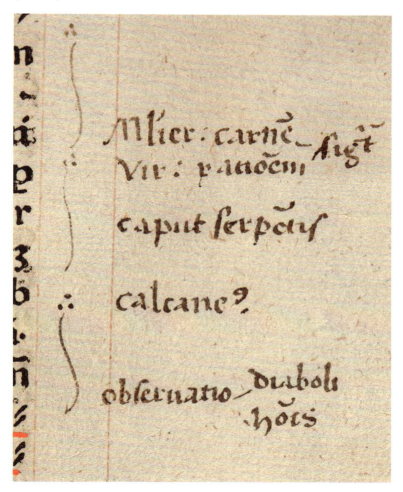

Die Frau ist ist also fleischlich. Sie ist auch die Schlange. Denn dieser gilt gleich die darunterstehende Glosse *Caput serpentis*. Und der Schlange soll ausgerechnet die Frau Maria den Kopf zertreten. Petrus Lombardus, in dessen Werk der Sentenzen die Glosse figuriert, hat im 12. Jahrhundert einen Grundstein zum Siegeszug der Rationalität in der Theologie gelegt. Insofern war sie auch Männersache. Bis ins 20. Jahrhundert hinein hat die Biologisierung und Hintansetzung der Frau auch deren soziales, kulturelles und wirtschaftliches Schicksal besiegelt.

6) Aleph E II 30, f. 88r: *Exemplum de Choreis* (Abb. 6).

Die Freuden des Lebens und des Eros sind verkörpert im Tanz. Die Weltflucht und die Verdammung der Welt sind verdichtet in der Ächtung des Tanzes, die in der christlichen Morallehre schon sehr früh einsetzt. Für diese Aussage gäbe es eine Vielzahl von Referenzen bei den *Auctoritates.* Aber hier ist interessant, dass Heynlin nicht den ganzen Kanon der Kirchenväter und -lehrer anführt, sondern in seiner Zeit geschehene warnende Exempla. Die sind ihm so wichtig, dass er sie in der *Scala Coeli* des Johannes Gobi unten am Rand ausführlich schildert. Unter anderem berichtet Heynlin, wie der Herzog von Mantua 1442 nach einem Tanz vom Schlag getroffen worden, und in Unterseen bei Thun 1420 eine Brücke eingestürzt sei, mit vielen Toten, und das, nachdem getanzt worden ist![18]

---

18 Das Ereignis ist nicht verzeichnet in der sehr ausführlichen Geschichte von Unterseen von Ernst Schläppi, 2 Bde., Interlaken 2008.

7) Aleph C IV 5, Lib. VII, cap. 93: *Sanitas corporis non est nimis diligenda* (Abb. 7).

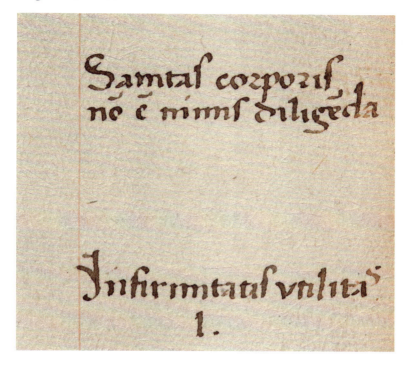

Heynlin hat den *Liber-Sapientiae*-Kommentar des englischen ockhamistischen Philosophen Robertus Holkot aufs intensivste annotiert. Wir finden in diesem Dictum die christliche Aszese im direkten Konflikt etwa mit der heutigen Ökologie, die sich auch um wohlfundierte Körperlichkeit als Prävention der Krankheit interessiert. Einem Nutzen der Krankheit würde, in einem andern Sinn, unter Umständen die Homöopathie zustimmen. Unterhalb vermerkt Heynlin noch: *Pulchritudinis malum*. Die Schönheit ist ein Übel.

8) Aleph C IV 14, Dominica prima post Pentecosten: *Exemplum contra eos quibus cuncta prospere cedunt* (Abb. 8).

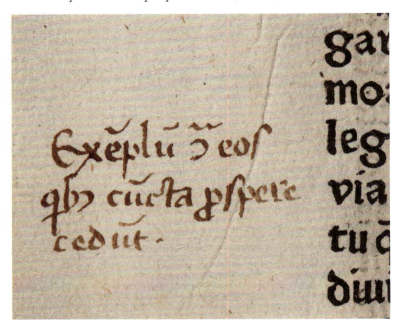

Eigentlich ist alles Weltliche suspekt. In diesem Exemplum gegen die, denen alles glücklich von der Hand geht, enthalten in den *Sermones dominicales* des norddeutschen Kartäusers Jacobus de Clusa († 1465),[19] ist vor allem der Erfolg in der Welt als solcher suspekt. Gemäss der Erzählung wurde der Kirchenvater Ambrosius von Mailand auf dem Weg nach Rom gastlich aufgenommen im Haus eines reichen Mannes. Dieser schildert ihm, wie es ihm gut gehe in Haus und Hof, mit der Familie, mit dem Gesinde, mit den Einkünften. Da stutzte Ambrosius, erhob sich und sagte zu seinen Gefährten: Schleunigst weg von hier! Hier waltet nicht der Herr, und die göttliche Rache wird folgen. Kaum waren sie weg, öffnete sich die Erde und verschlang den reichen Mann und all das Seine, sodass nicht eine Spur übrig blieb; der Abgrund sei heute noch zu sehen. Das Exempel schliesst mit der Moral: *Prosperitas huius saeculi contemnenda est.*

---

19 Jacobus de Clusa gehört verdienstlicherweise zu den zeitgenössischen Kritikern des Johannes Kapistran; er nannte diesen theatralischen Volksprediger, konservativen Populisten und Schaumschläger einen Scharlatan.

9) F K III 14, f. XIVr: *In presenti vita nulla petatur consolatio* (Abb. 9).

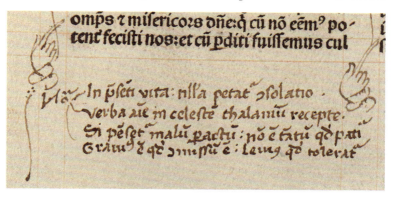

Augustinus, *Soliloquia*. Die gelebte Gegenwart kann gar keinen Trost geben. Der sehr augustinische, von Heynlin am Rand hervorgehobene Satz findet sich in einem der am reichsten annotierten der ganzen Bibliothek. Heynlin hat diesen Strassburger Druck von 1489 als berühmter Prediger, und gleichzeitig als freiwilliger Eremit in einem Häuschen der Basler Kartause wohnend, gekauft. Die augustinische Spiritualität hatte im Kontext der neuplatonischen Reform der Scholastik eine neue Blüte, die bis in die Reformation hinein wirkte. Der Drucker Johannes Amerbach hatte mit diesem Band seine grosse Augustinus-Ausgabe eröffnet, die zusammen mit Johannes Froben und Johannes Petri bis 1495 weitergeführt wurde.[20] Die Augustinus-Renaissance unmittelbar spiegelt sich auch bei Heynlins Zeitgenossen Thomas a Kempis († 1471), aus dessen weltberühmter *Imitatio Christi* Heynlin sich das Zitat notiert: *Quanto quis spiritualior: tanto presens vita ei amarior.* «Je mehr jemand spirituell abgelöst ist, umso bitterer wird ihm das gegenwärtige Leben.»[21] Thomas a Kempis war Windesheimer Chorherr, und Heynlin stand dieser aus der Devotio moderna hervorgegangenen Reformbewegung nahe, da er im damals windesheimischen Chorherrenstift St. Leonhard in Basel gepredigt hat.[22]

---

20 Siehe von Scarpatetti, St. Leonhard (wie Anm. 5), S. 323–331; zur Geschichte der Augustinus-Ausgaben in Basel: Officina. Mitteilungen des Hauses Schwabe AG, 2009, mit Beitr. von Cornelius P. Mayer [et al.].
21 De imitatione Christi, Druck F L X 8, die Glosse f. 26r.
22 Siehe von Scarpatetti, St. Leonhard (wie Anm. 5).

10) F J VI 5 f. 69r: *Libris contra dyabolum pugnatur* (Abb. 10).

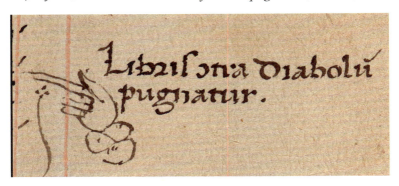

Mit Büchern gegen den Teufel kämpfen: Angesichts von Heynlins ausserordentlicher Bibliothek und deren intensiver Durcharbeit ist das Zitat eine Quintessenz seines Wirkens. Der Teufel zumal ist in seinen Marginalien dutzende Male evoziert.[23] Johannes Chrysostomus, dessen Wort zitiert wird, setzte aber wie Heynlin das Bücherwissen in der Predigt um. Der einstige Anachoret und spätere Patriarch von Konstantinopel hat sich in scharfzüngigen Busspredigten mit dem Kaiserhof angelegt, und besonders mit der Kaiserin Eudoxia in einer Predigt über die Putzsucht der Frauen, worauf er in die Wüste geschickt worden ist. Es scheint, dass es Heynlin in der Universitätsstadt Tübingen, von der er (auf städtisches oder markgräfliches Verdikt hin?) überstürzt weggezogen ist, ähnlich ergangen ist. Im ganzen Kap. 31 über die Bücher hebt Heynlin nur diesen Satz mit dem Bücherkampf gegen den Leibhaftigen hervor.

Der *Contemptus mundi* in der Lehrtradition

Die Weltverachtung gehört zur genuinen Substanz christlicher Lehre und Praxis.[24] Als solche ist sie bereits in den Evangelien grundgelegt: die Botschaft und die Nachfolge Christi bedeuten das Hinter-sich-Lassen alles Weltlichen; dazu treten noch viele analoge Aufforderun-

---

23 Beispiele: zum Teufel als Schlange, F M I 21; er vernichtet mit den Mitteln der Welt, Aleph D V 19; seine vielfältigen Listen, Inc. 1667; er täuscht auf mehrere Weisen, einzeln aufgezählt, Aleph D II 10; er ist gleich einem süssen Weib, A M V 3; er verführt mit Vorzug die Weiber, F J VIII 28.
24 Grundlegend die Artikel im Dictionnaire de Spiritualité, d'Ascétique et de Mystique (DS): «Abnégation», vol. 1, 1937, col. 67–110 (R. Daeschler [et al.]), «Fuite du monde» vol. 5, 1964, 1575–1605 (Zoltan Alszeghy) und «Monde», vol. 10, 1980, col. 1620–1646 (Pierre Grelot/Edouard Pousset).

gen in den Apostelbriefen.²⁵ Gewiss war bereits in der Antike der Rat zu kritischer Distanz zur Welt durchaus präsent, über den Gedanken der Gelassenheit und des Loslassens von allem Materiellen in der griechischen Philosophie, besonders ausgeprägt in der Stoa. Aber deren Weisheitslehre richtete sich an eine welt-immanent begriffene Existenz und Realität, und erlaubte eine bessere, «philosophischere» Existenz hienieden. Im Gegensatz dazu erstrebte das Christentum die Erlösung von derselben, von Erbsünde, Sünde und Schuld. Es schaute von der abgelehnten Welt weg, strebte aus der zeitlichen, «temporalen» Endlichkeit direkt auf eine jenseitige, nicht-hiesige «Ewigkeit». Diese blieb vollkommen abstrakt. Die *Visio beatifica,* die ewige Gottesschau, war einzig das Glanzbild einer Projektion für das Leben nach dem Tode und entbehrt überdies einer soliden biblischen Grundlage. In jedem Fall bildet der transzendentale Verweis das Fundament jeder christlichen Spiritualität und Aszese. Leiden, Kreuz und Tod, nicht etwa menschliches Wirken oder gar Denken, führen, über den reinen Glauben, in die Erlösung. Für die diesseitige Welt galten denn auch eine ganze Reihe starker Metaphern, so, wenn im Römerbrief gerufen wird: *Abiciamus opera tenebrarum* (13,13); und sie also als Finsternis bezeichnet wird, neben noch viel schlimmeren Bildern – «sündig» und «weltlich» gingen de facto in eins. Finsternis und Licht bilden nur eines der Symbole für die klassischen christlichen Polaritäten, als da weiter sind Alt und Neu, Zeitlichkeit und Ewigkeit, Körper und Geist, Wille und Hingabe, Werk und Gnade. Den alten Menschen gilt es zu kreuzigen,²⁶ zugunsten des neuen. Der marxistische Soziologe Henri Lefèbvre hat die Kreuzigung der Sonne als ein Summum jeglicher Ablehnung der Welt apostrophiert.²⁷ Im Verlauf der Ausbreitung des Christentums hat die Virulenz der Weltablehnung zugenommen. Der Märtyrer wurde zum Triumphator der Weltverachtung. In der Form der *Fuga mundi* ist das Martyrium auch spirituelles Ideal, und die *Mortificatio,* die «Abtötung», wurde zum Schlüsselbegriff der christlichen «Aszese», d.i. Enthaltung. Mit dem *Bonum mortis* bei Ambrosius sind wir mitten in einer quasi dialektischen Umkehrung aller Werte zuungunsten der Welt – die *Mors* ist ein *Bonum,* die *Vita* ein *Malum.* So notiert auch Heynlin aus einer Chrysostomus-Predigt: *Omne quod est in rebus habet corruptivum aut lesivum*: «Jedes Dinghafte

---

25 Im Wesentlichen Mt. 16,24–26; Mk. 8,34–36; Lk. 9,23–25.
26 Röm. 6,6.
27 Vgl. dazu Kurt Meyer: Henri Lefèbvre, ein romantischer Revolutionär, Wien 1973.

trägt die Korruptheit und Versehrtheit in sich.»[28] Augustinus hat den Gedanken stärker auf die Natur hin konkretisiert und die ganze Schöpfungswelt als gefallen und korrupt bezeichnet. *Negatio sui ipsius,* des eigenen Selbst, war die Konsequenz: *Noverim te [Christum] ut despiciam me.*[29] Gregor hat in seinen *Moralia* vom Sich-selbst-fremd-Sein gesprochen: *Alienus esse sibi.*

Die mittelalterlichen geistlichen Autoren[30] verfeinerten die gleiche Lehre noch stärker auf das menschliche Welt- und Moralverhalten hin, in Form einer Reihe von neuen Begriffen, die sich etwa bei Anselm von Canterbury finden, wie *Compunctio, Contritio,* alle eigentlich Termini eines Zerstörens und Zerreibens. Bei der Schule der Pariser Viktoriner entwickelt sich auf dieser Basis eine differenzierte Moralphilosophie. Hugo von St. Victor setzt der *Vanitas Mundi,* einem bereits bekannten Bild, das aber im Spätmittelalter und in der Frühneuzeit zum hundertfach wiederholten Topos werden sollte, eine subtilere Vision entgegen. Auf der moralischen Arche Noah der Erlösten und Auserwählten – Heynlin bezeichnet viele Male das hiesige Leben als ein Meer – wandelt sich auch die antike Weisheit in eine darüberstehende christliche *Contemplatio.* Alle Dinge der Welt werden vom christlichen Aszeten anders angeschaut und einlässlich meditiert. Dem Menschen wird eine spirituelle Grundhaltung der *Circumspectio* nahegelegt, also eine ständige Umsicht, als ein Schutz der allenthalben vom Fall ins Weltliche bedrohten Seele. Richard von St. Victor setzte in seinem *De eruditione hominis interioris* dem weltlichen, wirklichen Menschen einen fein kultivierten Inneren Menschen gegenüber: eine christliche Anthropologie als neue Gegenwelt. Immer mehr wird der eigene Wille des Menschen hintangesetzt, ja völlig geächtet, verbunden mit den Idealen der *Humilitas* und der *Oboedientia:* nach einem Bild von Bernhard von Clairvaux muss sich der Mensch deshalb für eine kompromisslose Gefolgschaft das Auge ausreissen, die Hände und Füsse abreissen. In seinem Werk *De diligendo deo* wird auch die *Caritas* als *abnegatio totalis* alles Weltlichen definiert. Beim franziskanischen Lehrer Bonaventura ist die Rede von der *nuditas cordis;* die Nacktheit besteht im Abwerfen alles Körperlichen und Materiellen. In seinem *Itinerarium mentis in deum*

---

28 Sermones Johannis Chrysostomi, A VII 42, f. 216v.
29 Civitas dei 1/14, 28.
30 Zu den im Folgenden kurz angeführten geistlichen Auctoritates des Mittelalters siehe als Einführung und bibliographische Basis die grundlegenden Manualia: Dictionnaire de Spiritualité, d'Ascétique et de Mystique (DS), Dictionnaire de théologie catholique (DThC), Lexikon für Theologie und Kirche (LThK), Lexikon des Mittelalters (LexMA), Die deutsche Literatur des Mittelalters. Verfasserlexikon (VL).

führt der Weg durch eine *Mors mystica* in eine grosse Absage und in ein Schweigen. David von Augsburg hat eine eigentliche Methodologie der *Abnegatio* entworfen: alle eigenen Fähigkeiten müssen umgedeutet werden in eine christliche *Industria,* zu einem Bemüht-Sein, das das ganze Leben nur noch auf Bekehrung und Abkehr hin leiten soll. Noch das oberrheinische Haupt aller Frommen und «Gottesfreunde» des 14. Jahrhunderts, der Dominikaner Johannes Tauler, forderte seine spirituellen Schwestern und Brüder auf, im eigenen Innern alle Liebe zum Kreatürlichen abzutöten. An diesem Gesamtbild sollte sich – wie es sich etwa beim «Humanisten»[31] Heynlin zeigt – auch an der Schwelle der Neuzeit im Kern nicht mehr viel ändern. Die grossen Verdienste eines Erasmus, welcher das Menschliche im Christentum bereits ganz anders gewichtet, oder sein Vorbild, der moralisch ganz einmalig in der Landschaft stehende Laurentius Valla mit seinem überraschend affirmativen Werk *De voluptate sive de vero bono* («Von der Lust oder vom wahren Guten»),[32] vermochten das Steuer nicht wirklich herumzuwerfen. Trotz solch kühnen Vorstössen hielt sich die aufs Jenseits gerichtete, weltflüchtige Spiritualität noch zwei Jahrhunderte bis in die Zeit neuer theologischer Reformbewegungen des 18. Jahrhunderts im Gefolge der Aufklärung. Unter diesen ragt, im engeren christlichen Bereich, vor allem der Pietismus hervor, dem ein neues Interesse an der Welt und am menschlichen Tun hoch anzurechnen ist. Im 19. Jahrhundert folgte bei den französischen und deutschen Denkern wie Ernest Renan, Adolf von Harnack und Ernst Troeltsch eine sukzessive Liberalisierung und Profanierung christlichen Gedankenguts, bis mit dem Donnerschlag Nietzsches eine letztendlich unwiderrufliche *Mortificatio* der christlichen Spiritualität geschah.

Die Folgen: Der *Contemptus mundi* als ein Problem der Moderne

Unsere Frage geht nach dem Fortwirken des *Contemptus mundi* als untergründiges Continuum der modernen Mentalität, als Bordun auch im Konzert der Neuzeit. Diese hatte zwar die alte Weltflucht abgelegt, kannte aber, wie ich zu sehen glaube, eine säkularisierte, modernisierte Weltverachtung. Zu den Metamorphosen der mittelalterlichen Weltverachtung gehören vom 16. Jahrhundert an

---

31 Zum Spannungsfeld Scholastik, Spiritualität, Humanismus vgl. Beat von Scarpatetti: Scholastiker versus Humanisten, in: Rolf Surbeck (Hg.): Humanismus. 56 Annäherungen an einen lebendigen Begriff, Basel 2000, S. 170–173.
32 Neu herausgegeben von Peter Michael Schenkel, München 2004.

auch neue Phänomene wie etwa das christlich-okzidentale Superioritätsgefühl gegenüber andern Kulturen: der Monotheismus als Fundament des Verachtens nicht-europäischer polytheistischer und animistischer Religionen, der Kolonialismus als aus entsprechender Dominanz abgeleiteter «*Contemptus*» fremder Völkerschaften, Länder und Kulturen, die sich durch Natur- und Weltnähe ausgezeichnet haben. Wir fragen: Warum geht die nicht mehr primär religiöse, die rational-aufgeklärte, technologische Gesellschaft der Moderne zum grösseren Teil immer noch rücksichtslos, gleichgültig, verächtlich, latent oder offen, mit der Welt, mit der «Umwelt», mit dem Tier, mit der Biosphäre um? Und ebenso mit anderen Kulturen und Religionen? Auch wenn die heutige Zivilisation keine religiöse Askese praktiziert wie das Mittelalter, das ja den *Contemptus* spirituell klar empfohlen hat? Diese Frage hat auch der Publizist Franz Alt mit seinem Buch «Der ökologische Jesus» (1999)[33] in sehr anklagender Weise aufgeworfen und für eine ökologische Vision des Jesus von Nazareth plädiert.

Es geht bei einem ersten vorsichtigen Forschen um die Sichtbarmachung von Stadien einer folgereichen Säkularisation des *Contemptus mundi*, der Genese einer modernen Weltverachtung. Diese wäre nur ein Aspekt des Weltverhältnisses der Moderne, aber ein nicht zu vernachlässigender. Eine erste Stufe des Fortlebens des *Contemptus mundi* findet sich schon in den Reformationsordnungen in Basel und vielen deutschen Städten. Mit deren strengen Vorschriften wäre Heynlin sehr zufrieden gewesen. Sodann beeindruckt auf katholischer Seite in Frankreich und in den Niederlanden die strenge Spiritualität des Jansenismus, bekannt etwa in Form der religiösen «Bekehrung» des Mathematik-Genies Blaise Pascal, in der Nacht des 23. November 1654. Bei ihm verbindet sich die weltflüchtige religiöse Verinnerlichung mit dem strengen Rationalismus. In der Weiterentwicklung desselben wurden Körper und Materie nur Ausformungen des rationalen Grundprinzips; daher die im 17. Jahrhundert aufkommenden Doktrinen über den Körper als Automaten, bis hin zu La Mettries spektakulärem und provozierendem Traktat «L'homme machine» von 1747/48;[34] der Baron d'Holbach hat in seinem «Système de la nature» von 1770 die materialistisch-

---

33 Der ökologische Jesus. Vertrauen in die Schöpfung, [s.l.] 1999; 2002 (Vorwort von Klaus Töpfer).
34 Julien Offray de La Mettrie: L'homme machine, hrsg. und übersetzt von Claudia Becker, Hamburg 1990.

deterministische Behändigung der Welt noch ausgebaut.[35] Der alte Reflex des *Contemptus,* die Geringachtung von Materie, Natur und Menschennatur, wirkt hier unterschwellig mit. Im 18. und 19. Jahrhundert verstärken die ökonomische Liberalisierung und die technische Revolution diesen Effekt, indem sie den schrankenlosen Profit aus den Ressourcen der Erde, inklusive auch der menschlichen Sklaven aus Afrika, ermöglichen. Der Neuzeit, mindestens dem triumphierenden Wissenschafts-Imperium des 18. und des 19. Jahrhunderts, gingen gewiss die alten Klagen über das Gleisnerische und Schlimme der Welt längstens ab, aber im Endeffekt erscheinen die beiden Weltverhältnisse ähnlich. Eine bedenkenswerte Ironie der Geschichte besteht darin, dass die vor der Natur und dem Kreatürlichen warnende mittelalterliche Praxis des Umgangs mit der Welt der Biosphäre de facto weniger geschadet, ja sie weitgehend geschont hat, im Vergleich mit der modernen, zugreifenden und technisch-aggressiven Praxis, deren Beginn am Ende des Mittelalters im Werk von Fernand Braudel über die fulminante Entwicklungen in der konkreten materiellen Welt reich geschildert ist.[36]

Die Konsequenzen hat am radikalsten Friedrich Nietzsche gezogen. Er führt uns zurück zur Problematik des Weltverhältnisses des Christentums. Er stellt kompromisslos die Diagnose: das Christentum ist weltuntauglich. Folglich musste das Mittelalter sie explizit verachten, zugunsten von Jenseits und Erlösung. Zu seiner Christentumskritik gehört auch dessen Weltablehnung und Askese. So ruft Zarathustra:

> «Ich beschwöre euch, meine Brüder, bleibt der Erde treu und glaubt denen nicht, die euch von den überirdischen Hoffnungen reden [...]. Einst war der Frevel an Gott der grösste Frevel, aber Gott starb und damit auch diese Frevelhaften. An der Erde zu freveln ist jetzt das Furchtbarste. [...] Einst blickte die Seele verächtlich auf den Leib, und damals war diese Verachtung das Höchste – sie wollte ihn mager, grässlich und verhungert, und Grausamkeit war die Wollust dieser Seele!»[37]

Am explizitesten hat Max Weber diese Problematik des Christentum thematisiert und erforscht, in seiner grossen Studie: «Richtungen und Stufen religiöser Weltablehnung».[38] Er und auch Karl Jaspers

---

35 Paul-Henri Thiry d'Holbach: Système de la nature, texte revue par Josiane Boulad-Ayoub, Paris 1990.
36 Civilisation matérielle, économie et capitalisme, XVe–XVIIIe siècle, Paris 1979, neueste Aufl. 1993.
37 Friedrich Nietzsche: Also sprach Zarathustra, Vorrede 3, 1883, Ed. Schlechta, 1955, S. 280.
38 Max Weber: Soziologie, universalgeschichtliche Analysen, Politik, hrsg. von Johannes Winckelmann, Stuttgart 1992, S. 441–483.

haben bereits Nietzsches Analyse als fundamental bezeichnet. Etliche der Weltreligionen kennen ein dauerndes Spannungsverhältnis zur Welt. Ein inneres Leiden ist ein durchgehendes Spezifikum der Erlösungsreligion, ja eine Liebe zum Leiden und zum Leidenden. Weber kreiert den seltsamen Terminus «Liebes-Akosmismus»: sich vom Kosmos absetzen, sich zugunsten des Nicht-Weltlichen opfern. Sein Befund und seine reichhaltige Analyse gehören zum Substantiellsten, was im Kontext von Religionsgeschichte und Anthropologie zur Weltablehnung formuliert worden ist. In der Folge hat auch der französische Soziologe Henri Lefèbvre (1901–1991) in seinem Werk «Le Soleil crucifié», ausgehend von den Sonnenkreuzen in den Pyrenäen, das Bild der gekreuzigten Sonne verwendet, um dem Christentum die Kreuzigung aller Lebensbejahung anzulasten. Die gekreuzigte Sonne – diese ist auch eine Göttin der «heidnischen» Antike – steht für das Malträtieren der Kreatur und aller Weltfreudigkeit.[39]

Aus diesem zu knappen Überblick möge lediglich ersichtlich werden, dass die beiden grossen Umwälzungen, Renaissance/Reformation und Aufklärung/Revolution, für die «Befreiung des Menschen» und für die «Moderne», für deren Wissenschaft und Technik, relevant waren, nicht aber für den Umgang mit der Tier- und Pflanzenwelt, mit der Erde und der Biosphäre. Bestimmend waren stets noch die der Entwicklung zugrunde liegenden Paradigmen einer Distanz zur Welt und gleichzeitig einer Dominanz über sie, von der das «abendländische Christentum», die «westliche» Zivilisation, die «Industriegesellschaft» im Tiefen geprägt sind. Dies klarzustellen kommt einer neuen, auf unser Hauptproblem ausgerichteten Aufklärung gleich. Die Kreation einer überzeugenden Weltformel, die die Welt nicht anthropozentrisch in eine «Umwelt» degradiert – daher der Versuch des Ausdrucks «Mitwelt» – bedeutet die Schaffung einer ökologischen Kosmologie. Diese kann nur in vollständig autonomem Prozess von den elementaren Anfängen und Geheimnissen aus respektvoll entwickelt werden. Das Christentum seinerseits hat sein Erbe, seine Schuld und seinen möglichen Beitrag zu einem neuen Weltverhältnis tief zu überdenken.

---

39 Kurt Meyer, Henri Lefèbvre (wie Anm. 27); ders.: Von der Stadt zur urbanen Gesellschaft. Jacob Burckhardt und Henri Lefèbvre, München 2007.

Sortimentspolitik der Basler Inkunabeldrucker. Amerbach als Drucker konservativer Standardwerke und als Promotor neuartiger humanistischer Literatur

von Pierre Louis Van der Haegen

Von Beginn der Buchdruckerkunst an verkörpern gedruckte Bücher im ökonomischen Sinn handelbare Waren, die im Gegensatz zu Handschriften nicht oder nur ausnahmsweise im Auftragsverhältnis produziert worden sind und die deshalb den Gesetzen des Marktes, also den Kräften von Angebot und Nachfrage, ausgesetzt waren. Das gedruckte Buch unterlag aber auch den Gesetzen des Kapitals. Der Drucker-Verleger war Unternehmer, also Risikoträger, der ein grösseres Finanzierungsproblem zu lösen hatte als der zünftige, städtische Handwerker. Nicht nur die Bereitstellung von Kapital resp. die Beschaffung von Geld – aus eigenen Mitteln oder aus Darlehen – für den Investitionsbedarf der Pressen und Schriften, sondern auch die Vorfinanzierung der Materialkosten (Papiereinkauf) und der Lohnkosten (Druckergesellen) war notwendig. Das investierte Kapital war wegen der langen Produktionszeiten und der langen Zeitspanne bis zum Verkauf über Monate oder noch länger gebunden. Die Durststrecke, bis sich ein Ertrag resp. ein eventueller Gewinn einstellte, war für die Drucker der Frühzeit ein unternehmerisches Risiko, an welchem manche Offizin gescheitert ist. Einzelne Frühdrucker haben deshalb versucht, dieses Risiko abzuwälzen, zu minimalisieren oder zu teilen. Für die Risikoverteilung standen im Wesentlichen drei verschiedene Möglichkeiten offen:

Erstens die Risikoabwälzung durch Beschränkung auf Lohndruckerei resp. auf Werkverträge mit andern Druckern/Verlegern oder mit privaten, finanzkräftigen Promotoren. Als Beispiel aus Basel seien Michael Furter und Jakob Wolff angeführt. Michael Furter hat als Lohndrucker für Andreas Helmut gearbeitet,[1] speziell aber als Hauptproduzent für den Domherrn, Verleger und Promotor Johann Bergmann von Olpe, der ihm sogar sein Typenmaterial für

---

1 Pierre Louis Van der Haegen: Basler Wiegendrucke. Verzeichnis der in Basel gedruckten Inkunabeln mit ausführlicher Beschreibung der in der Universitätsbibliothek Basel vorhandenen Exemplare, Basel 1998 (Schriften der Universitätsbibliothek Basel, Bd. 1), S. 191 (22.6).

gewisse Auftragswerke zur Verfügung stellte. Jakob Wolff hat für seine Druckerkollegen Adam von Speyer[2] und Jakob von Kilchen[3] zwei Breviere im Auftragsverhältnis gedruckt, ist aber auch für Johann Bergmann als Lohndrucker[4] tätig gewesen. Gegen Ende des 15. Jahrhunderts hat sogar die Offizin Amerbach den Druck einer siebenbändigen Bibel[5] im Werkvertrag für Anton Koberger in Angriff genommen.

Zum Zweiten erfolgte die Risikoverteilung durch Vergesellschaftung für ein bestimmtes Projekt oder gar durch eine auf Dauer angelegte Gesellschaft gleichberechtigter Partner. Schon in den Anfängen der Druckertätigkeit Amerbachs werden im *Liber benefactorum* der Kartause Johann Petri und Jakob Wolff als *socii* Amerbachs erwähnt. In Unkenntnis des Inhalts der entsprechenden Gesellschaftsverträge haben wir bereits an anderer Stelle[6] die Vermutung bekräftigt, dass diese Assoziierung keine echte Risikoteilung beinhaltete, sondern Amerbach das unternehmerische Risiko allein trug. Jedoch hat sich Amerbach mit Petri und Froben ab 1496 (bis 1512) zu einer dauerhaften Druck- und Verlagsgesellschaft zusammengeschlossen, in welcher in Form einer offenen Handelsgesellschaft die Druckwerke fast ausschliesslich von zwei Partnern, zum grössten Teil jedoch von allen Dreien finanziert und ausgeführt worden sind.

In der Frühzeit des Basler Buchdrucks waren Gesellschaften für ein einzelnes, bestimmtes Projekt die Regel. Bereits 1472/73 haben sich Ruppel & Richel für den Druck einer zweiteiligen Bibel[7] zusammengetan. Wenssler, der geschäftsfreudigste der Basler Frühdrucker, hat zusammen mit Ruppel,[8] mit Richel,[9] mit Friedrich Biel[10] und für liturgische Drucke auch mit Johann Kilchen zusammen gedruckt. Schliesslich haben sich für den fünfbändigen Decretalien-Kommentar des Nicolaus de Tudeschis (Panormitanus), dem kein geschäftlicher Erfolg beschieden war, alle drei Basler Erstdrucker vergesellschaftet.[11]

Drittens bestand die Möglichkeit einer Gesellschaft von Druckern mit kapitalkräftigen Nichtfachleuten, bei welcher Letztere

2 Van der Haegen, Basler Wiegendrucke (wie Anm. 1), S. 231 (24.1).
3 Ebd., S. 292 (XXIII.1).
4 Ebd., S. 297 (XXVIII.6).
5 Ebd., S. 153 (16.85).
6 Ebd., S. 121f.
7 Ebd., S. 8 (2.1).
8 Ebd., S. 9 (3.1 und 3.2).
9 Ebd., S. 51 (7.1–7.3).
10 Ebd., S. 50 (6.1).
11 Ebd., S. 10 (4.2).

mittels Darlehen einen Teil des Betriebskapitals beisteuerten, aber in keiner Weise auf die unternehmerische Verantwortung und die Entscheidungsfreiheit des Druckers Einfluss nehmen konnten. Als frühes Beispiel (1484) sei das *Breviarium Cisterciense* von Kölliker und Meister[12], bei dem nach Karl Stehlin[13] ein gewisser Jost Hug als stiller Teilhaber in einer gerichtlichen Auseinandersetzung in Erscheinung tritt. Über die zahlreichen Beteiligungen von Basler Financiers und Handelsgesellschaften an Profit versprechenden Buchprojekten späterer Basler Drucker, insbesondere Wensslers, hat Gerhard Piccard[14] ausführlich berichtet.

Stand der Drucker als Unternehmer allein, also ohne Werkvertrag oder Vergesellschaftung, finanziell also auf eigenen Füssen, so hatte er sich als Multi-Talent zu bewähren. Zuerst als Verleger für die Auswahl des Manuskripts und die Buchkonzeption, dann als Handwerker für die Schriftherstellung und den Druck, sowie schliesslich als Marketingfachmann für die Vertriebsorganisation und die adäquaten Verkaufsanstrengungen. Dabei erforderten die Erschliessung des Marktes und die bedarfsgerechte Deckung der latent vorhandenen Nachfrage zuerst eine genaue und vertiefte Analyse des Absatzpotentials.

In den Anfängen des Buchdrucks war der lokale und regionale Markt eine sichere Stütze des Absatzes, weil ja die traditionellen Vertriebswege und Kundenbeziehungen innerhalb der mittelalterlichen Institutionen wie Klöster usw. weiter bestanden. Wir wollen kurz am Beispiel Basels auf diesen Markt eingehen und die potentielle Käuferschicht hervorheben.

In und um Basel bestand eine grosse Dichte von Klöstern, Kirchen und Stiften, die als Absatzpotential für Drucke in lateinischer Sprache wichtig waren. In den Bestand der Universitätsbibliothek sind nach der Reformation die Inkunabeln der Bibliotheken der Prediger, von St. Leonhard, des Domstifts, vereinzelt auch der Barfüsser übergegangen. Die Kartause als reichhaltigste Klosterbibliothek Basels ist nur vor 1480 als Käuferin von Basler Drucken nachweisbar, während spätere Neuerscheinungen ihr häufig von den hiesigen Druckern geschenkt worden sind (z.B. Amerbach, Petri, Froben, Kessler und Ysenhut). Speziell hat sich Johann Amerbach

---

12 Ebd., S. 277 (XIII.3).
13 Karl Stehlin: Regesten zur Geschichte des Buchdrucks in Basel bis zum Jahre 1500. Aus den Büchern des Basler Gerichtsarchivs, in: Archiv für Geschichte des Deutschen Buchhandels, Bd. XI, Leipzig 1888, S. 5–182, hier Nr. 391 und 461.
14 Gerhard Piccard: Papiererzeugung und Buchdruck in Basel bis zum Beginn des 16. Jahrhunderts, in: Börsenblatt für den Deutschen Buchhandel, Frankfurter Ausgabe 76 (1966).

als Wohltäter und Donator der Kartause profiliert. Nach Elsanne Gilomen-Schenkel[15] hat er von seinen 85 in der Universitätsbibliothek Basel vorhandenen Wiegendrucken mindestens 55, vermutlich bedeutend mehr, der Kartause als Schenkung zukommen lassen. Diesen Absatzkanal hat er sich grosszügigerweise selbst verbaut.

Aber auch das regionale Absatzpotential war wichtig. Im Bistum Basel gab es rund 100 Stifte und Klöster mit reichen Bibliotheksbeständen wie Lützel, St. Ursanne, Moutier-Grandval und andere. Aus benachbarten Diözesen sind im nahe gelegenen Elsass die Klöster Murbach, Alsbach bei Kaysersberg, Thierenbach bei Sulz, Schlettstadt und Unterlinden in Colmar zu nennen, während im nahen Badischen die Klöster in Freiburg i. Br. sowie das Stift St. Blasien hervorzuheben sind.

Eine zweite wichtige Abnehmerkategorie bilden wohlhabende Bürger, Gelehrte und Prälaten mit privaten Ankäufen für ihre Bibliotheken oder zu Donationszwecken. Aus den Büchersammlungen von Patriziern und Kaufleuten ragt die Bibliothek des Hieronymus Zscheckenbürlin hervor, die nach seinem Klostereintritt 1487 an die Kartause überging. Ausser den von Wackernagel[16] erwähnten Prälaten mit eigenem Bücherbestand möchten wir noch Professoren mit zusätzlichen kirchlichen Ämtern und eigener Büchersammlung erwähnen wie Michael Wildeck, Doktor und Professor der Theologie sowie Domherr und Prediger am Münster,[17] aber auch Johannes Siber, Ordinarius der Theologie und Chorherr zu St. Peter.[18] Allen voran natürlich Arnold zum Lufft, Dr. legum und Lehrer an der Universität sowie Domherr und bischöflicher Offizial, der seine vom Onkel Peter zum Lufft ererbte Privatbibliothek auf über 100 Bände mehrte. Als bürgerlicher Donator hat sich der Zunftmeister Nicolaus Ruesch mit Schenkungen an die Kartause verewigt.

Drittens sind auch Erziehungsinstitute als Käufer von Wiegendrucken aufgetreten. Schulen erwarben Grammatica, die noch junge Universität hatte ihre eigene Bibliothek aufzubauen. In der Universitätsbibliothek finden sich Drucke mit Kaufvermerken von den Dekanen Johann Ulrich Surgant *(expensis facultatis artium)*[19] und mehrere von Johannes Herborn für die Theologen.

---

15 Elsanne Gilomen-Schenkel: Die Bücher von Jakob Louber und Johannes Amerbach für die Bibliothek der Basler Kartause, in: BZGA 108 (2008), S. 13–37.
16 Rudolf Wackernagel: Geschichte der Stadt Basel, 3 Bde., Basel 1907–1924, hier Bd. 2/2, S. 614ff.
17 Matrikel der Universität Basel, Bd. I: 1460–1529, Basel 1951, S. 52.
18 Ebd., S. 8.
19 Van der Haegen, Basler Wiegendrucke (wie Anm. 1), S. 3 (1.3).

Aber die eigene Stadt und der regionale Markt konnten nur einen kleinen Teil der an sich noch kleinen Auflagen von 150–200 Exemplaren aufnehmen. Nur ein Vertrieb als echter Export vermochte den wirtschaftlichen Erfolg zu sichern, sei es durch Reisetätigkeit des Druckers selbst, durch wandernde Vertriebsvermittler oder durch Teilnahme an Messen. Der Buchdruck war kein Handwerk im herkömmlichen Sinne, daher bestand für die Drucker in Basel auch kein Zunftzwang. Einem zunftmässig geführten Betrieb war der Export verschlossen, seine Produkte mussten im städtischen Kaufhaus angeboten werden. Dem Vertrieb von gedruckten Büchern aber waren von Beginn an keine städtischen, regionalen oder nationalen Grenzen gesetzt. Zuerst waren die Druckherren auch ihre eigenen Verkäufer. Von Wenssler ist uns eine Geschäftsreise nach England und Holland überliefert.[20] In den Anfängen des Buchdrucks ist der Direktverkauf wohl der Normalfall, aber mit dem Aufschwung des Gewerbes und mit höheren Auflagen nahm auch die Arbeitsteilung zu. Absatzmittler wurden eingesetzt, zuerst in Form von fahrenden Händlern, die quasi als Hausierer Bücher von einer oder mehreren Offizinen neben andern Artikeln feilboten, später in der Form von professionellen Buchhändlern resp. Buchführern (Vertreter) für den eigenen Verlag. Parallel zu diesen eigenen Vertriebskanälen entwickelte sich die Präsenz an internationalen Messen, speziell Frankfurt a. M. und Lyon, zu einem wichtigen Absatzinstrument. Regelmässige Reisen von Basler Druckern zur Frankfurter Messe sind dokumentiert. Die Geschichte des Buchhandels[21] nennt Wenssler und Amerbach (schon 1478) als die ersten urkundlich bezeugten Messebesucher überhaupt. Amerbach fuhr gewöhnlich zweimal pro Jahr nach Frankfurt, aber in unregelmässigen Abständen auch nach Strassburg und Lyon. Nicolaus Kessler ist bereits 1475 auf der Leipziger Messe;[22] Michael Furter wird 1496 von seinen Auftraggebern nach Frankfurt gesandt.[23] Die notwendigen Exportanstrengungen führten beim bedeutendsten Basler Druck- und Verlagshaus, demjenigen von Johann Amerbach, zur Errichtung einer eigenen Vertriebsorganisation resp. zur Nutzung von Vertriebsnetzen international tätiger Kooperationspartner oder selbständiger ausländischer Buch-

---

20 Vgl. J. J. Amiet in der Beilage 83 der Basler Nachrichten vom 9. April 1875 («Er nahm vier Fässer und ein Fässlein voll Bücher mit sich»).
21 Friedrich Kapp: Geschichte des deutschen Buchhandels, Bd. 1, Leipzig 1886, S. 114.
22 Stehlin (wie Anm. 13), S. 13f., Nr. 41.
23 Ebd., S. 159f., Nr. 1002.

händler. In der Amerbach-Korrespondenz[24] sind bereits für die frühen 80er Jahre Vertretungen in Strassburg und in Paris bezeugt. Der Drucker Adolf Rusch verkaufte Amerbach-Drucke in Strassburg;[25] Peter Meltinger war als Buchhändler für Amerbach in Paris tätig;[26] Johannes Schabler (Wattenschnee) hat in der Buchhandlung «A l'écu de Bâle» Amerbachs Werke in Lyon vertrieben;[27] Heinrich Müelich aus Köln bereiste als Buchhändler die Niederlande und England.[28] Mehrere Gelegenheitsvertreter wie z.B. Nicolaus Mul in Oberehnheim (Elsass) bestellten ebenfalls bei Amerbach. Das Kreditrisiko war jedoch bei diesen Gelegenheitsvertretern, aber auch bei gewissen Buchhändlern, nicht zu unterschätzen. In der Amerbachkorrespondenz finden sich genügend Beispiele für Vorfinanzierungen und Schuldenanmahnungen. Die Kooperation mit Anton Koberger in Nürnberg eröffnete Amerbach dessen europaweit verzweigtes Vertriebsnetz in Polen, Ungarn, Venedig und Deutschland, speziell in Bayern. Übrigens besorgte in Bayern Wolfgang Lachner, der spätere Schwiegervater von Johann Froben, den Verkauf Basler Bücher, während in Schwaben der Augsburger Drucker Peter Drach für Michael Wenssler tätig war.

Nach diesen allgemeinen Ausführungen über die Exportbemühungen der Basler Frühdrucker wollen wir durch den Nachweis von Exemplaren mit datiertem Kauf- oder Provenienzvermerk des 15. Jahrhunderts die Absatzgebiete der ersten Basler Bücher dokumentieren. In unserer Untersuchung zum frühen Basler Buchdruck haben wir die Provenienzen der vermuteten Erstkäufer der ersten in Basel gedruckten Inkunabeln aufgelistet.[29] Leider fehlen in den älteren Bibliographien wie derjenigen von Ernst Voulliéme über Köln[30] und anderen die Provenienzvermerke, während bei neueren Katalogen zwar die Herkunft genannt wird, meistens aber das Datum als schlüssiger Beweis über den Erwerb im 15. Jahrhundert fehlt. So weist z.B. Porrentruy einen ansehnlichen Bestand an Basler Wiegendrucken aus den Klöstern der fürstbischöflichen

---

24 Die Amerbachkorrespondenz, bearb. und hrsg. von Alfred Hartmann, Bd. 1: Die Briefe des Johann Amerbach 1481–1513, Basel 1942.
25 Ebd., S. 13.
26 Ebd., S. 125.
27 Ebd., S. 127.
28 Ebd., S. 16.
29 Pierre Louis Van der Haegen: Der frühe Basler Buchdruck. Ökonomische, sozio-politische und informationssystematische Standortfaktoren und Rahmenbedingungen, Basel 2001 (Schriften der Universitätsbibliothek Basel, Bd. 5), S. 81.
30 Ernst Voulliéme: Der Buchdruck Kölns bis zum Ende des fünfzehnten Jahrhunderts. Ein Beitrag zur Inkunabelbibliographie, Bonn 1903.

Diözese auf,[31] aber in der Regel mit Besitzereinträgen aus späteren Jahrhunderten. Nur der Duranti-Druck von Ruppel und Wenssler (nicht nach 1477) weist in Schrift des 15. Jahrhunderts als Erwerber einen gewissen Johann Haffner, «capellanus in Louffen», aus;[32] möglicherweise identisch mit jenem Jost Haffner, Plebanus in Baar, dessen 1489 erworbener Carcano sich in der Stiftsbibliothek Engelberg[33] befindet. Die neueren Bibliographien von Ilona Hubay[34] für Augsburg, Würzburg, Neuburg/Donau und Ottobeuren nennen für Basler Drucke Provenienzen aus den Klöstern dieser Städte, resp. aus Bayern, Franken und Schwaben. Nach Vera Sack[35] haben in Freiburg i. Br. die Kartause und das *Collegium sapientiae* Käufe von Basler Inkunabeln getätigt, während in Frankfurt am Main[36] der einzig gesicherte Nachweis des bereits im 15. Jahrhundert erfolgten Erwerbs eines Amerbach-Druckes durch den Provenienzvermerk von Johann Lenglin aus Würzburg 1489 belegt ist.

Bei der Durchsicht des Inkunabelkatalogs der Bayerischen Staatsbibliothek[37] stellen wir fest, dass die Provenienzen von Basler Wiegendrucken aus Klöstern des bayerischen und fränkischen Raums dominieren. Die Benediktinerabtei Tegernsee muss beispielsweise ein guter Kunde der Amerbachschen Offizin gewesen sein, ist doch bei der Bibliothekserweiterung unter Abt Quirin Regler (1459–1510) der Erwerb von einem Dutzend Amerbach-Ausgaben durch Kaufvermerke des letzten Jahrzehnts des 15. Jahrhunderts gesichert. Interessanterweise stammt die einzige Amerbach-Inkunabel im BMC[38] mit datiertem Provenienzvermerk auch aus der Abtei Tegernsee. Die von Barbara Halporn[39] ausgewählten Briefe aus der Amerbachkorrespondenz zeigen einen regen Schriftwechsel mit

---

31 Romain Jurot: Catalogue des incunables du Fonds ancien de la Bibliothèque cantonale jurassiennne à Porrentruy, Dietikon-Zürich 2004.
32 Ebd., Nr. 73.
33 Sigisbert Beck: Katalog der Inkunabeln in der Stiftsbibliothek Engelberg, St. Ottilien 1985.
34 Ilona Hubay: Inkunabeln der Staats- und Stadtbibliothek Augsburg, 1974; der Universitätsbibliothek Würzburg, 1966; der städtischen Bibliothek Neuburg/Donau und der Benediktinerabtei Ottobeuren, 1970.
35 Vera Sack: Die Inkunabeln der Universitätsbibliothek und anderer öffentlicher Sammlungen in Freiburg im Breisgau und Umgebung, Wiesbaden 1985.
36 Kurt Ohly/Vera Sack: Inkunabelkatalog der Stadt- und Universitätsbibliothek und anderer öffentlicher Sammlungen in Frankfurt am Main, Frankfurt a. M. 1967.
37 Inkunabelkatalog der Bayerischen Staatsbibliothek, Bd. 1–5, Wiesbaden 1988–2000.
38 Catalogue of Books printed in the XVth century now in the British Museum, vol. I–XII, London 1908–1985.
39 Barbara C. Halporn (ed.): The correspondence of Johann Amerbach. Early printing in its social context, Ann Arbor (Mich.) 2000.

Amerbachs Vertretern in Mitteleuropa auf, wobei das Kundenpotential vermutlich in den Absatzschwerpunkten in und um die Ballungszentren Lyon-Paris, Strassburg-Köln und Augsburg-Nürnberg lag.

Wir können also festhalten, dass die Exporte der Basler Frühdrucker zusätzlich zu den französischen Metropolen den traditionellen Handelsströmen folgten, einerseits rheinabwärts über Strassburg, Köln bis in die Niederlande und andererseits auf der West-Ost-Achse über Augsburg, Nürnberg bis in den fränkischen Raum. Das Buch als Handelsware benutzt die bestehenden Handelskanäle, wird über die grossen Messen vertrieben und muss über Vertreter oder Händler zu den Klöstern oder bis zum Dorfpfarrer herangetragen werden.

Die oben dargelegten «Marketing-Überlegungen», also die potentiellen Kunden und Vertriebswege, definieren die Buchsortimente der Basler Drucker in den ersten Dezennien ihrer Druck- und Verlagstätigkeit, insbesondere ihre auf hohe Absatzzahlen ausgerichtete Sortimentspolitik.

Ein garantierter Absatz aufgrund fester Aufträge war von Druckort zu Druckort sehr verschieden. Wir denken dabei an von Bischöfen veranlasste liturgische Drucke für die Diözese oder die Erlasse und Verordnungen von kirchlichen und politischen Autoritäten. Mancherorts garantierten sie eine Grundauslastung für gewisse Offizinen (z.B. in Rom mit päpstlichen Missiven oder in Paris mit königlichen Ordonnances), aber gerade in Basel waren die Gelegenheiten für solche risikoarmen Auflagen dünn gesät. Bischof Johann von Venningen (1458–1478) hat in Basel nur einmal den Druck eines *Breviarium Basiliense* veranlasst, wobei nicht einmal feststeht, dass er tatsächlich die Druckkosten übernahm.[40] Bischof Kaspar zu Rhein (1479–1512) hingegen hat bei Richel auch ein *Missale Basiliense*[41] bestellt sowie bischöfliche Weisungen bei Wenssler mit der *Forma Cartarum*[42] und bei einem namentlich unbenannten Drucker (evtl. Wenssler)? die «Form der Copyen» drucken lassen. Auch der Bischof von Konstanz, Herr der mit Kleinbasel direkt angrenzenden Diözese, hat als Auftraggeber für ein *Missale*[43] und ein *Informatorium sacerdotum*[44] Basler Drucker berücksichtigt. Bei den übrigen vom Bischof oder der bischöflichen Verwaltung in Auftrag gegebenen Amtsdrucksachen handelt es sich meistens um Einblattdrucke wie Verordnungen und Ablassbriefe, z.B. die Erlasse

40 Van der Haegen, Der frühe Basler Buchdruck (wie Anm. 29), S. 115.
41 Van der Haegen, Basler Wiegendrucke (wie Anm. 1), S. 62 (9.13).
42 Ebd., S. 43f. (5.60).
43 Ebd., S. 278 (XIII.4).
44 Ebd. S. 53 (8.2).

betreffend die Reformation des Klosters Klingental durch Sixtus IV.[45] Selbst Johann Amerbach hat es nicht verschmäht, einen Almanach auf das Jahr 1478[46] und 1481 und 1488 je einen Ablassbrief zu drucken.[47] Bischof Kaspar – für die Basler Drucker der grosszügigste Auftraggeber – hat schon 1488 Indulgenzen zu Gunsten des Münsterbaus veranlasst sowie seine Manifeste über die Gestaltung des Gottesdienstes dem Diözesanklerus in gedruckter Form zur Kenntnis gebracht.[48] Bei den zahlreichen übrigen Basler Liturgica der 1480er Jahre sind Auftrag und Unterstützung des Bischofs oder des Domkapitels fraglich. Sicher ist, dass Wenssler, der sich in Basel zum eigentlichen Spezialisten für Liturgica entwickelte und über 20 Breviere und Missalia für andere Bistümer in ganz Europa herausgab, selten mit festem Auftrag, sondern auf eigene Rechnung oder auf sein Risiko resp. dem seiner Kommanditisten druckte. Auch die städtische Ratskanzlei ist mit grösster Zurückhaltung auf das neue Informationsmittel der Drucksache umgeschwenkt. Erst in den 1480er Jahre griff der Basler Rat z.B. für den Spitalablass auf die Buchdruckerei zurück, der offizielle Mandatendruck begann vereinzelt im letzten Dezennium des 15. Jahrhunderts.[49] Eine risikoärmere Gattung der Gelegenheitsdrucke, wenn auch nicht durch feste Aufträge gesichert, waren die Kalender und Practica, zu deren Verständnis nicht unbedingt vertiefte Lateinkenntnisse nötig waren.

Wenn wir uns nun der Sortimentspolitik der Basler Inkunabeldrucker zuwenden, also dem Sortimentsteil, für welches der Drucker als Risikoträger die volle Wahl-, Gestaltungs- und Risikoverantwortung trug, müssen wir nochmals in Erinnerung rufen, dass selbst bei Gelegenheitsdrucken und Liturgica nicht alle Auflagen durch feste Bestellungen abgesichert waren. Sogar bei Ausgaben im Gesellschafts- oder Werkvertrag waren die Finanzierungsverhältnisse selten so klar, dass eine eindeutige Risikozuweisung möglich wäre. Wir haben deshalb in der nachstehenden Aufstellung des Sortiments der Basler Buchdrucker von 1469 bis 1500 nicht nach Risikoträgern, sondern nach neun von uns gewählten Sortimentskategorien unterschieden. Einige Bemerkungen zu dieser Aufstellung seien vorausgeschickt. Erstens haben wir die in Basel gedruckten Inkunabeln in eine Gesamtproduktion der Basler Wiegendrucke und (separat,

---

45 Carl Christoph Bernoulli: Die Incunabeln des Basler Staatsarchivs, in: BZGA 9 (1910), S. 1–35, hier S. 22–25, Nr. 26–31.
46 Gesamtkatalog der Wiegendrucke, 1326.
47 Bernoulli (wie Anm. 45), S. 30f., Nr. 44, und S. 33, Nr. 50.
48 Wackernagel (wie Anm. 16), Bd. 2/2, S. 866f.
49 Ebd., S. 608f.

aber darin enthalten) in die Produktion der Offizin von Johann Amerbach bis 1500 aufgeteilt. Zweitens haben wir zwischen zwei Perioden unterschieden: nämlich von den konservativen Anfängen bis 1486; sowie von 1486 bis zum Ende des Jahrhunderts, einer Zeit des aufstrebenden Frühhumanismus in Basel. Denn 1486 hat Johann Amerbach als erster hiesiger Drucker die Antiqua-Type benutzt und damit früh in Basel eine stärkere humanistische Ausrichtung des Sortiments bewirkt.

Wir haben noch anzumerken, dass die Zuweisung in die einzelnen Sortimentskategorien nicht immer eindeutig vorzunehmen war. Einige lateinische Erbauungsbücher hätten auch unter Theologica figurieren können; unter der theologischen Patristik zeugen die neueren Kirchenväterausgaben von Amerbach[50] von einer Abkehr vom scholastischen und einem Aufbruch ins humanistische Denken, vor allem durch die kritische Auseinandersetzung mit den Quellen und dem Einbezug von humanistischen Editoren. Mit der Antiqua von Amerbach hielt auch der Druck von humanistischem Schrifttum Einzug in Basel. Abschliessend ist aber festzuhalten, dass die errechneten Prozentzahlen trotz Zuweisungs-Grauzonen in ihrer Grössenordnung aussagekräftig sind.

Bevor wir zum Sortimentsvergleich von Basel mit anderen Druckorten und Amerbachs mit anderen zeitgenössischen Druckern übergehen, kurz einige Bemerkungen zu den Veränderungen einzelner Sortimentskategorien in beiden untersuchten Perioden. Die massiven Abweichungen in den Gattungen Liturgica und Grammatica sind durch die Tätigkeit eines einzigen Druckers erklärbar. Bei den liturgischen Drucken beträgt die Zunahme 28 Titel, für die Wenssler mit 23 Titel verantwortlich ist, der seine finanziell angespannte Lage mit dem Druck von Brevieren und Missalien für andere Diözesen zu verbessern suchte. Der Zuwachs bei den Grammatica beträgt 50 Titel, wovon allein 46 aus der Offizin von Furter stammen, der neben der Lohndruckerei selten gewichtige Auflagen auf eigenes Risiko herausbrachte, sondern sich auf die risikoärmeren Grammatica spezialisierte. Der zahlenmässige Rückgang bei den juristischen Werken wird durch die Zunahme in der Literatur mehr als kompensiert.

---

50 Van der Haegen, Basler Wiegendrucke (wie Anm. 1), S. 136f. (16.57), S. 144 (16.69) und S. 154f. (17.2–3).

Sortimentspolitik der Basler Inkunabeldrucker 137

Aufstellung über das Buchsortiment der Basler Inkunabeldrucker:

Buchgattung	Basler Buchproduktion				Total Basel		Produktion von Amerbach				Total J.A.	
	1469–1486		1487–1500				1478–1486		1487–1500			
	Stück	%	Stück	%	Stück	%	Stück	%	Stück	%	Stück	%
1 Gelegenheitsdrucke (Verordnungen, Kalender, Practica, Ablassbriefe usw.)	2	1	4	1	6	1	0	–	0	–	0	–
2 Liturgische Drucke (Breviere, Missalien, Gradualien, Directorien usw.)	25	11	53	15	78	13	0	–	1	1	1	1
3 Theologische Drucke (Bibeln und Kommentare, Patristik, Scholastik usw.)	105	47	116	32	221	38	20	67	31	47	51	53
4 Grammatica (Vocabularien, Donate, Eloquentien usw.)	30	13	80	22	110	18	6	20	9	13	15	15
5 Erbauungsbücher in Latein (Heiligenleben, Weissagungen, Beichtbücher usw.)	2	1	5	1	7	1	0	–	2	3	2	2
6 Humanistische Literatur (klass. und human. Autoren inkl. Kommentare)	8	3	35	10	43	8	1	3	8	12	9	9
7 Juristische Werke (Pandekten, ius canonicum et civile usw.)	35	15	28	8	63	11	0	–	2	3	2	2
8 Wissensliteratur (Hortuli, Cosmographien, Reisen und Geschichte usw.)	8	3	16	5	24	4	2	7	2	3	4	4
9 Werke in deutscher Sprache (meist Erbauungs- und Belehrungsbücher usw.)	15	6	22	6	37	6	1	3	12	18	13	13
Total	230	100	359	100	589	100	30	100	67	100	97	100

Bei den nach 1486 gedruckten Werken in Antiqua dominieren die klassischen und humanistischen Autoren, die fast ausschliesslich von zwei Verlegern editiert worden sind: Johann Amerbach und Johann Bergmann von Olpe. Schon in der ersten Periode wurden klassische Autoren gedruckt, z.B. Boethius[51] sowie Sallustius und Persius,[52] aber in Gothica-Typen. Johann Amerbach hat bis 1500 insgesamt 23 Antiqua-Drucke herausgebracht, die rund einen Drittel seiner Ausgaben dieser Periode verkörpern. Das mag relativ bescheiden erscheinen, aber man darf nicht vergessen, wie stark er zeitlich durch seine kritischen Ausgaben der Kirchenväter absorbiert war. Der Schwerpunkt der in Antiqua gedruckten Basler Ausgaben liegt im frühen 16. Jahrhundert. Beim Verleger und Promotor Bergmann von Olpe war die Antiqua die eigentliche Hauptype, öfters gemischt mit Gotica-Lettern, was seinem Editionsprogramm mit den Humanisten Sebastian Brant und Jakob Wimpheling als Hauptautoren entsprach. Die Zahl seiner reinen oder gemischten Antiqua-Drucke beträgt 24 Titel. Schliesslich hat noch Nicolaus Kessler nach 1496 sich eine Antiqua angeschafft und drei Werke in dieser Schrift produziert, als erstes (nicht vor 1496) die *Cosmographia* von Corvinius.

Bei einem Vergleich Basels mit den Druckerstädten Strassburg und Köln stechen einige Unterschiede in der Sortimentsgestaltung hervor. Die Analyse von Zehnackers Katalog[53] zeigt auf, dass von den 510 Strassburger Inkunabeln ca. 61% theologische Titel sind, verglichen mit den 52,5% Theologica in Basel. Dieser höhere Prozentsatz erklärt sich einerseits durch die Tatsache, dass in Strassburg viel früher (ab 1460/61) gedruckt worden ist; andererseits durch den Umstand, dass die Antiqua – trotz früher Experimente von Adolf Rusch 1466/1467 – erst nach 1495 richtig Verbreitung gefunden hat. Dass der Anteil der Liturgica mit 3% und der Grammatica mit 4% bedeutend tiefer ist als in Basel, muss auf die bereits erwähnten Aktivitäten von zwei Basler Druckern zurückgeführt werden. Die juristischen Werke sind in Basel mit 11% stärker vertreten als in Strassburg (6%), während bei der Wissensliteratur (8% gegen 4%) Strassburg obenauf schwingt, vor allem mit späteren Editionen von Reiseberichten und Chirurgica. Die deutschsprachigen Titel fallen mehrheitlich in die letzte Dekade des Jahrhunderts.

---

51 Van der Haegen, Basler Wiegendrucke (wie Anm. 1), S. 13 (5.4).
52 Ebd., S. 71 (10.10) und S. 74 (10.16).
53 Françoise Zehnacker: Catalogues régionaux des incunables des Bibliothèques publiques de France, vol. 13: Région Alsace (Bas-Rhin), Tours 1998.

Von der Kölner Inkunabelproduktion entfallen nach Vourlliéme[54] rund 51% auf die theologischen Disziplinen, davon 7% auf Liturgica und weitere 7% auf Erbauungs- und Gelegenheitsdrucke. Der Anteil der theologischen Werke ist damit nicht ganz gleich hoch wie in Basel. Von den 49% der übrigen Wissensgebiete entfällt ein etwa gleich hoher Prozentsatz (ca. 12%) auf Grammatica und Philosophie, wobei bei letzterer die Schriften von Aristoteles und dessen Kommentatoren mit 7% hervorstechen. Politik und Rechtswissenschaft sind mit 7% schwächer vertreten als in Basel. 96% aller Kölner Inkunabeln sind lateinisch, der Anteil von Werken in vulgari ist noch tiefer als in Basel.

Wenn wir nun die Editionen Amerbachs mit den Sortimenten von zwei Zeitgenossen vergleichen, nämlich den Druckern Johann Grüninger (tätig ab 1483) in Strassburg und Heinrich Quentell (ab 1479) in Köln, stellen wir bei den Absatzstützen Theologie gewisse Parallelen, bei andern Buchkategorien klare Abweichungen fest. Bei Grüninger liegen die theologischen Drucke bei 45% und bei Quentell bei 46%, im Vergleich zu den leicht höheren 52% bei Amerbach. Grüninger weist mit 3% einen schwächeren Sortimentsanteil in Grammatica aus, während Quentell mit 24% in dieser Gattung stark vertreten ist. Die Werke in Deutsch halten sich bei Grüninger und Amerbach etwa die Waage (12–13%), sind jedoch bei Quentell kaum vertreten. Trotz der frühen Einführung der Antiqua sind bei Amerbach die klassischen und humanistischen Autoren mit 9% der schwächste Sortimentsanteil; Grüninger kommt dank Editionen von Locher und Wimpheling auf 14%, während Quentell mit 22% dank traditioneller Ausgaben von Boethius und Aristoteles samt Kommentaren (schon früh in Gothica) diese Sortimentsgattung dominiert.

In den Anfängen der schwarzen Kunst sucht, wie ausgeführt, das Buch als Ware und der Drucker als Risikoträger einen möglichst sicheren Markt. Inkunabeln der Frühzeit sind also Werke, die ihr Absatzpotential schon bewiesen hatten, oder sprechen Abnehmerkreise an, deren Bedarf als gesichert gilt. Bibeln und deren Kommentare für Klöster und Prälaten, generell theologische Werke, aber auch Grammatica für nichtklerikale Kunden stehen im Vordergrund der Sortimentsauswahl. Die Produktion der Basler Frühdrucker bis 1486 unterscheidet sich deshalb kaum von derjenigen anderer Druckorte des nordeuropäischen Raums, es zeigen sich höchstens personenbezogen andere Akzente auf Liturgica und Grammatica.

---

54 Voulliéme (wie Anm. 30), S. LXXIX.

Der Markt resp. die erhofften sicheren Absatzmöglichkeiten bestimmen die immer noch konservative Sortimentspolitik. Es erstaunt deshalb nicht, dass der Anteil theologischer und liturgischer Werke mit 58% in Basel dominiert, die Gelegenheitsdrucke wie Ablassbriefe und kirchliche Verordnungen als Einblattdrucke nicht mitgezählt. Die juristischen Werke bildeten mit 15% einen weiteren Sortimentsschwerpunkt, da in einer Universitätsstadt mit juristischer Fakultät wie Basel sicher eine Nachfrage nach *opera iuris canonici et civilis* bestand. Erst wenn ein Drucker in Basel etabliert war und ein gesichertes finanzielles Fundament aufzuweisen hatte, wagte er den Schritt über die traditionellen Editionen hinaus ins Neuland der «modernen» Literatur.

Zwar markiert die Einführung der Antiqua 1486 den Aufbruch ins Sortiment der antiken klassischen Autoren und Neulateiner sowie der zeitgenössischen humanistischen Literatur, aber der Anteil der klassischen/humanistischen Literatur mit 10% und derjenige aller Antiqua-Drucke mit unter 10% bleibt bis 1500 im Verhältnis zur Basler Gesamtproduktion bescheiden. Eigentlich haben nur zwei Basler Drucker regelmässig in Antiqua gedruckt, nämlich Johann Amerbach und Johann Bergmann von Olpe, deren Vermögenslage und finanzielle Unabhängigkeit den Schritt in die humanistische Zukunft begünstigten, sicher gepaart mit der geistigen Aufgeschlossenheit beider Persönlichkeiten. Der Anteil der Theologica und Liturgica bleibt aber in Basel in der ganzen Wiegendruckperiode bis 1500 mit 51% immer noch hoch, durchaus vergleichbar mit anderen Druckerstädten am Rhein.

Wenn wir abschliessend noch die Sortimente der Amerbachschen Editionen in den zwei untersuchten Perioden analysieren, so drängt sich zuerst ein Wort zur Persönlichkeit Amerbachs auf. Bildung und Charakter des Druckers einerseits und Einfluss der Mitarbeiter und Berater andererseits bestimmen den Kurs einer Offizin, soweit sie nicht durch finanzielle Rahmenbedingungen in Sortimentsentscheide gezwungen wird. Amerbach wird als gebildet, gläubig, nüchtern und zielstrebig geschildert, aber auch kritisch bedacht auf Korrektheit und Qualität der publizierten Texte. Er überragte alle seine Berufskollegen an Bildung, schrieb und sprach mühelos Latein und knüpfte schon früh enge Bande, ja Freundschaften, mit einem Kreis gleichgesinnter Humanisten wie Heynlin, Reuchlin, Trithemius, Leontorius und Brant. Der süddeutsche Humanistenkreis setzte sich nicht nur für die Wiederentdeckung klassischer Autoren sowie die Pflege der Grundsprachen Latein, Griechisch und Hebräisch ein, sondern legte auch grössten Wert auf die Erarbeitung der ursprünglichen Texte der Heiligen Schrift und Kirchenväter. Diese intellektuellen Ziele haben Amerbachs Engagement für die grossen Patristik-Ausgaben mitbestimmt. Als erfolgreicher Unternehmer wird er als fast pedantisch in Geldangelegenheiten und vorsichtig im Geschäftsgebaren geschildert. Diese Vorsicht zeigte sich in einem Mix von Standard-Werken mit risikoreicheren Auflagen, aber auch im Umstand, dass er auch nach Einführung der Antiqua weiterhin Traditionelles in Gotica druckte.

In der ersten Periode bis 1486 hat Amerbach wie die andern Basler Drucker vorwiegend Theologica und Grammatica gepflegt, ja er war mit 87% noch konservativer als der baslerische Durchschnitt. Damit hat er sich in kapitalistischer Denkweise als Drucker etabliert und sein Vermögen vermehrt (von 400 Gulden Ende 1479 auf über 1000 Gulden in den 80er Jahren; 1482 hat er zudem ein Haus gekauft).

Die Einführung der Antiqua wird zu Recht als bahnbrechende Leistung Amerbachs gewürdigt, die eine neue Schrifttradition begründete und den Weg Basels zur Metropole humanistischer Drucke im 16. Jahrhundert ebnete. Bei näherer Betrachtung der Amerbachschen Produktion von 1487–1500 fällt jedoch auf, dass der Anteil an klassischer und humanistischer Literatur im 15. Jahrhundert noch bescheiden bleibt. Diese eher enttäuschende Feststellung wir durch drei Gründe vielleicht verständlicher. Erstens war die Offizin Amerbach durch die geplanten kritischen Kirchenväter-Ausgaben zeitlich und finanziell sehr beansprucht. Zweitens entsprach es Amerbachs vorsichtiger Geschäftspolitik, dass er einfache Repetitionsausgaben (vor allem in Gotica) als Risikoausgleich benutzte. Drittens hat er sogar angebotene Manuskripte von Humanisten-Freunden öfters refüsiert, weil er die kommerziellen Erfolgsaussichten zu gering einschätzte.[55] Johann Amerbach hat dennoch als erster «wissenschaftlicher» Drucker im deutschen Raum und als Initiator der humanistischen Richtung des Basler Buchdrucks sehr grosse Verdienste.

So sieht Wackernagel wortgewaltig und überschwänglich Amerbach, der *praestantissimus literatoriae artis chalcographus,* als den schönsten Typus der älteren Buchdruckergeneration.[56] Aber an der Richtigkeit seiner bekannten Eloge, dass Amerbach «in seiner Arbeit eine heilige Kunst sieht, die er nicht so sehr um des Gewinnes willen als zur Ehre Gottes übe»,[57] darf doch gezweifelt werden. Seine ab-

---

55 Halporn (wie Anm. 39), S 74.
56 Wackernagel (wie Anm. 16), Bd. 2/2, S. 613.
57 Ebd., S. 611f.

satzorientierte Sortimentspolitik, seine effiziente Verteilorganisation und sein finanzieller Erfolg lassen vermuten, dass auch bei Amerbach eine zeitgemässe kapitalistische Denkweise keine unbedeutende Rolle spielte.

***

Die Historiker mögen es dem Autor verzeihen, wenn in seinen Beitrag seine Ausbildung als Ökonom und seine Erfahrungen als Manager einfliessen. Wenn auch Kenntnisse der Buchgeschichte und der Inkunabelkunde durchschimmern, verdankt er deren Vertiefung nicht zuletzt Martin Steinmann, der ihn als freien Mitarbeiter der Universitätsbibliothek immer unterstützt und gefördert hat. Dieses Zeichen des Dankes gebührt ihm.

Eine tragische Freundschaft.
Julius, Erasmus, Hutten*

von Silvana Seidel Menchi,
aus dem Italienischen übersetzt von Monika Pelz

Vorbemerkung

Dieser Beitrag verfolgt drei Ziele. Erstens soll ein bisher im Dunkeln gebliebener Aspekt der Biographie von Erasmus ausgeleuchtet werden: der traumatische Hintergrund seines Konflikts mit Hutten. Ich möchte hier nachweisen, dass sich zwischen den beiden Humanisten parallel zum – den Erasmusforschern wohl bekannten[1] – expliziten ein unterirdischer Dialog entwickelte, der aus versteckten, nur von den beiden direkt Beteiligten dechiffrierbaren Anspielungen bestand. Den Erasmusspezialisten ist dieser unterirdische Dialog entgangen, da sie dessen Hauptvoraussetzung übersahen: die Schlüsselrolle, die

---

* Ich veröffentliche in diesem Beitrag einige Ergebnisse, die meiner kritischen, kurz vor dem Abschluss stehenden Edition des Dialogs *Iulius exclusus e coelis* von Erasmus von Rotterdam entstammen. Eine frühere, ausführlichere und teilweise abweichende Version des vorliegenden Beitrags ist im Druck in: Erasmus and the Renaissance Republic of Letters. Proceedings of a Conference to mark the Centenary of the Publication of the First Volume of *Erasmi Epistolae* by P. S. Allen, Corpus Christi College, Oxford, 5–7 September 2006, ed. by Stephen Ryle, Disputatio 24 (Turnhout: Brepols). In den Anmerkungen finden sich folgende Abkürzungen: EE = Opus epistolarum Des. Erasmi Roterodami denuo recognitum et auctum per P. S. Allen und M. H. Allen, 12 Bde., Oxford 1906–1958. *Iulius*, ed. Ferguson = Dialogus «Iulius exclusus e coelis», in: Erasmi Opuscula. A Supplement to the Opera Omnia, ed. by Wallace K. Ferguson, Den Haag 1933, S. 28–124. *Expostulatio*, ed. Böcking = Ulrichi ab Hutten cum Erasmo Roterodamo presbytero theologo Expostulatio, in: Ulrichi Hutteni equitis Germani opera quae reperiri potuerunt omnia, ed. Eduardus Böcking, vol. II, Lipsiae 1859, S. 180–248. *Spongia*, ed. Augustijn = Spongia adversus aspergines Huttenii, ed. Cornelis Augustijn, in: Opera Omnia Desiderii Erasmi Roterodami, recognita et adnotatione critica instructa notisque illustrata, IX/1, Amsterdam/Oxford 1982, S. 91–210. *Vadiscus sive Trias Romana*, ed. Böcking = Ulderichi Hutteni Vadiscus dialogus qui et Trias Romana inscribitur, in: Ulrichi Hutteni equitis Germani Opera quae reperiri potuerunt omnia, ed. Eduardus Böcking, vol. IV, Lipsiae1861, S. 149–264.

1 Eine klare und ausgewogene Rekonstruktion der Polemik zwischen Erasmus und Hutten lieferte Cornelis Augustijn in seiner Einführung zur *Spongia adversus aspergines Huttenii*, in: Opera omnia Desiderii Erasmi Roterodami, IX/1, Amsterdam/Oxford 1982, S. 93–114. Immer noch wertvoll: Werner Kaegi: Hutten und Erasmus. Ihre Freundschaft und ihr Streit, in: Historische Vierteljahrschrift 22 (1925), S. 200–278, 461–514.

Hutten bei der Veröffentlichung des heikelsten Werks von Erasmus, dem Pamphlet gegen Papst Julius II., spielte.[2]

Das Pamphlet gegen Julius II. fand seinen Weg in die Druckerwerkstatt über Hutten. Diese These zu beweisen, ist das zweite Ziel dieses Beitrags. Die Kontroverse zwischen den beiden Humanisten dreht sich um einen nie explizit angesprochenen zentralen Punkt, um einen verschwiegenen Kern: um die Vaterschaft des anti-päpstlichen Dialogs. Es geht in der Auseinandersetzung um die Ereignisse, die zur Veröffentlichung des Dialogs führten, um Erasmus' feierliche Dementis bezüglich seiner Verantwortung als Autor. In der öffentlichen, über Publikationen ausgetragenen Kontroverse zwischen den beiden schwingt bei Hutten eine schmerzhafte Enttäuschung, bei Erasmus ein ängstliches Bangen mit: Ersterer, der Schüler, fühlt sich vom Meister verlassen und verraten, der andere, der Meister, fürchtet, dass der zum Feind gewordene Freund das gemeinsame Geheimnis (d.h. die Vaterschaft des anti-päpstlichen Dialogs) verrät und ihn der Lüge vor einem mit gespitzten Ohren wartenden Europa überführt.

Als drittes habe ich mir das Ziel gesetzt zu beweisen, dass die anti-päpstliche Polemik Huttens vom Dialog gegen Julius, dessen Autorschaft Erasmus energisch verleugnete, herrührt. Obwohl Hutten Augenzeuge der militärischen Kampfeswut Julius II. war – er hielt sich 1512/13 in Rom auf – verdichtete sich seine Abscheu gegen das römische Papsttum als Institution erst um 1517/18 in der Person dieses Papstes. Warum dieser zeitliche Abstand? Warum als Ziel einer Polemik eine Figur wählen, die seit vier oder fünf Jahren von der politischen, militärischen und religiösen Bühne Europas verschwunden war? Die Verspätung, mit der Hutten die Person Julius II. als lebenden Beweis der Degeneration der römischen Kirche entdeckte und nutzte, erklärt sich aus dem zeitlichen Ablauf, mit dem der Dialog *Iulius exclusus e coelis* verfasst und in Umlauf gebracht wurde. Unter den engen Freunden von Erasmus zirkulierte der Dialog 1516, aber erst 1517 gelangte er Hutten in die Hände. Die intensive, vielleicht fieberhafte Lektüre, die Hutten diesem kleinen Werk widmete, bewirkte bei ihm eine Offenbarung. Der leidenschaftliche Schüler sog die Schrift des Meisters mit Begeisterung auf: So fand die antirömische Aversion Huttens ihren Konzentrationspunkt in der Person Julius II. Einige Züge des von Erasmus mit so viel polemischer Vehemenz gezeichneten Julius fanden über

---

2 *Iulius,* ed. Ferguson.

die Werke Huttens Aufnahme in das Bild der protestantischen Propaganda vom Papst als Antichrist.

Die drei oben angeführten, miteinander verwobenen Thesen veranschaulichen nicht nur eine Wende in der intellektuellen Biographie von Erasmus, sondern illustrieren auch, wie die Kommunikation in der Welt der Humanisten funktionierte. Die hier im Folgenden dargelegte Rekonstruktion zeigt die Existenz zweier unterschiedlicher Kommunikationskreise auf, von denen einer – der geschlossene Kreis – den Initiierten vorbehalten blieb, während der andere – der offene und öffentliche Kreis – über die Druckerzeugnisse funktionierte. Auf die Existenz dieser beiden Kommunikationskreise geht die Schlussbetrachtung dieses Beitrags kurz ein.

1. Erasmus und Hutten: der unterirdische Dialog

Im Jahr 1523 verfolgten die humanistischen, vom Ferment der Reformation durchdrungenen Kreise des Rheinlandes mit wachsamer Aufmerksamkeit den sich zwischen Erasmus und Ulrich von Hutten, seinem begeistertsten Anhänger auf deutschem Boden, abzeichnenden Konflikt. Der aus dem niederen Adel stammende, von Kaiser Maximilian zum Poeten gekrönte Hutten war seit 1514 mit Erasmus befreundet. Seit diesem Zeitpunkt zeigte Hutten sich ihm gegenüber bei jedem Treffen, in jedem seiner Briefe voller glühender Bewunderung und Liebe. Er verglich seine Beziehung zu Erasmus gerne mit derjenigen von Alkibiades zu Sokrates. Der Kampf für Johannes Reuchlin und der Erfolg der *Epistolae obscurorum virorum* hatten ihre Verbindung gestärkt, wenn Erasmus auch nicht immer die harte, von Hutten bevorzugte Polemik guthieß.[3] Wirklich getroffen hatten sie sich nur wenige Male, nicht mehr als drei (1514, 1515, 1520), aber der Schüler Hutten korrespondierte mit brennendem Eifer und leidenschaftlich mit seinem Meister Erasmus, der wohlwollend und ermutigend antwortete. 1520 hatte sich Hutten mit viel Getöse auf die Seite Luthers gestellt und einen persönlichen Pfaffenkrieg begonnen, den Luther unter großer, Erasmus unter größter Verlegenheit verfolgt hatte.[4] Die alte, 1520 erkaltete, aber noch nicht verleugnete Freundschaft ging endlich 1523

---

3 Erika Rummel: The Case against Johann Reuchlin. Religious and Social Controversy in Sixteenth-Century Germany, Toronto/Buffalo/London 2002.
4 Hajo Holborn: Ulrich von Hutten, Göttingen ²1968; Heinrich Grimm: Ulrich von Hutten. Wille und Schicksal, Göttingen [etc.] 1971 (Persönlichkeit und Geschichte, Bd. 60/61).

in einem heftigen Streit unter. Keine der unzähligen Kontroversen, die Erasmus in seiner zweiten Lebenshälfte verbitterten, betrübte ihn so tiefgehend. Der Zünder, der die Wut Huttens letztendlich zum Explodieren brachte und ihn zu einem *atrox libellus* gegen den einst geliebten Meister veranlasste, war eher zufällig: Während seines sechswöchigen Aufenthalts in Basel im Winter 1522/23 verweigerte ihm Erasmus ein Treffen.[5]

Im damaligen Europa, das die Rebellion Luthers und Zwinglis aufmerksamt verfolgte, hätte ein Treffen zwischen Erasmus und Hutten, dem Protagonisten des Pfaffenkriegs, einen hohen menschlichen und symbolischen Gehalt besessen, auch wenn der Pfaffenkrieg gescheitert war, oder besser gesagt, gerade wegen seines Scheiterns. Der Groll Huttens, den Erasmus' Weigerung tief beleidigte,[6] war daher keine Überreaktion. Der *atrox libellus,* in den Hutten seine ganze Verachtung und seine Enttäuschung einfließen ließ, wurde zu einem persönlichen Angriff von unerhörter Schärfe. Zentraler Kern ist das große Thema der Simulation und Dissimulation, von Wahrheit und Lüge. Hutten rief damit Erasmus zu einer Abrechnung Auge in Auge auf, deren Ton ständig zwischen «glühender Bitte» und «Anklage» schwankte:[7] Er warf Erasmus Doppelzüngigkeit und Feigheit vor, er klagte ihn an, jedem seiner Gesprächspartner genau das zu sagen, was dieser hören wolle. Erasmus besitze nicht die Stärke einer inneren Überzeugung, er passe sein Verhalten jeweils den Umständen an. Er habe dieselben Ideen wie Luther, habe diesen jedoch verleugnet und verleugne ihn noch immer. Hutten erklärte Erasmus' Doppelzüngigkeit und Wankelmütigkeit mit dessen schamlosem politischem und religiösem Opportunismus, mit dessen berechnendem Willen, sich jeweils auf die Seite des Stärkeren zu stellen, mit dessen Gier nach materiellen Gütern und Prestige, die ihm Prälaten und Mächtige zusicherten – und mit dessen angeborener Kleinmütigkeit.

Der Hutten des Jahres 1523 sprach noch «mit» Erasmus, nicht «gegen» ihn: Aber genau dieses direkte Angehen, diese auf der Ebene des Charakters und der persönlichen Moral – und nicht auf der Ebene der Doktrin – geführte Attacke traumatisierte Erasmus. Bisher musste er sich nie einer ähnlichen Erfahrung stellen. Seine

---

5 Kaegi (wie Anm. 1), S. 200–278.
6 Erasmus entzog sich der Bitte Huttens zu einem Treffen und führte zu seiner Rechtfertigung an, überhitzte Räume im Winter nicht erdulden zu können – ein offensichtlicher Vorwand (*Expostulatio*, ed. Augustijn, Einleitung, S. 97–99).
7 [Ulrich von Hutten:] Hulrici Hutteni Expostulatio cum Erasmo Roterodamo presbytero theologo, Straßburg 1523.

Replik zeigt ihn in einer defensiven Stellung verschanzt: Minuziös lässt er sich auf eine Beweisführung im persönlichen Bereich ein, verteidigt sich weitschweifig gegen jede einzelne Anschuldigung, versucht, die eigene Kohärenz zu beweisen und zu vertreten, stets zu den Positionen Luthers auf Distanz gegangen zu sein. Der Titel seiner Antwortschrift lautet bezeichnenderweise «Schwamm»: ein Schwamm, um sich von dem Schmutz zu reinigen, mit dem Hutten ihn beworfen hatte.[8]

Bis zu diesem Zeitpunkt habe ich die Hauptthemen des expliziten, von den beiden Gesprächspartnern geführten Dialogs kurz angeführt. Im Folgenden werde ich versuchen, die Existenz eines unterirdischen Dialogs – der jedoch mit dem expliziten Dialog eng verwebt ist – zu beweisen und dabei auf die Anspielungen näher einzugehen und wenigstens einige dieser Anspielungen auch aufzulösen.

Beginnen werde ich mit Erasmus, denn dieser enthüllt selbst, dass sein Dialog mit Hutten chiffrierte Passagen enthält: In seinem «Schwamm» gäbe es «einige Dinge, die nur Hutten verstehen konnte».[9] Um welche handelt es sich? Erasmus bringt uns wiederum selbst auf die richtige Spur. Er erklärt, dass Hutten für die nicht autorisierte Veröffentlichung einiger seiner, d.h. von Erasmus' Texten verantwortlich war: zum Beispiel habe er durch Drucklegung einen vertraulichen Brief zur Verteidigung Luthers, der an den Kurfürsten von Mainz, Erzbischof Albrecht von Brandenburg, gerichtet war[10] und den Erasmus im vollsten Vertrauen Hutten selbst übergeben hatte,[11] auf «verräterische» Weise verbreitet. Aber diese Art von «Verrat» – diese Veröffentlichungen und die sie begleitenden Anklagen – waren allgemein bekannt, Erasmus hatte sie öffentlich als Vertrauensmissbrauch denunziert: Darin lag nichts, was «nur Hutten hätte verstehen können».[12] Es gab jedoch schwerwiegendere Übergriffe. Zu

---

8 [Desiderius Erasmus:] Spongia Erasmi adversus aspergines Hutteni, Basileae, Io. Frobenius, mense Septembri 1523.

9 «*Nunc quaedam insunt quae solus Huttenus erat intellecturus*»: Der Satz findet sich im Vorwort zur zweiten Ausgabe der *Spongia* («*Erasmus Roterodamus candido lectori»*), das Erasmus nach dem Erhalt der Nachricht vom Tode Huttens schrieb *(Spongia*, ed. Augustijn, S. 118, Zeile 37f.).

10 EE IV, ep. 1033 (19. Oktober 1519). Hutten war damals *consiliarius* des Fürstbischofs von Mainz, Albert von Brandenburg (Holborn [wie Anm. 4], S. 80ff.).

11 *Spongia*, ed. Augustijn, S. 192f., Zeile 705–725. In dieser Passage klagt Erasmus: «*prodita est fides in mandatis amici*» (ebd., Zeile 721). An die Seite dieses «Verrats» stellte Erasmus weitere, etwa die Kompilation und die – wiederum nicht autorisierte – Veröffentlichung einer Sammlung von Textstellen des Erasmus auf Deutsch *(Spongia*, ed. Augustijn, S. 194, Zeile 729–732).

12 EE IV, ep. 1153, Zeile 162–167; ep. 1167, Zeile 111–118; ep. 1217, Zeile 20–25.

diesen äußert sich Erasmus ausweichender: Es gäbe «einige andere Dinge, die auf eine noch boshaftere Weise verbreitet worden seien» (oder «mit noch respektloserer Heftigkeit»).[13] Zusammenfassend können wir festhalten: Hutten war für die durch Druck erfolgte Verbreitung *(evulgatio)* von Erasmus' vertraulichen Texten verantwortlich und verletzte damit die grundlegenden Regeln des menschlichen Zusammenlebens *(civilitas)*. Die schwerwiegendsten Vergehen erwähnte Erasmus nicht explizit. Der Wahrer des gemeinsamen Geheimnisses, Hutten, würde die Anspielungen schon verstehen.

Der Bruch eines aus Freundschaft erwachsenen Vertrauens, das Publikmachen von Geheimnissen, die von Freund zu Freund anvertraut worden waren *(proditio)*, sind ständig wiederkehrende Themen in der *Spongia*. Es ist offensichtlich, dass Erasmus einen «noch schwerwiegenderen» Übergriff als die nicht autorisierten Veröffentlichungen fürchtete. Er sah die Gefahr sich manifestieren, dass einer seiner engsten Freunde [sprich: Hutten] die brieflich, im Geiste verschworener Freundschaft übermittelten Vertraulichkeiten[14] benutzte, um daraus eine Anklageschrift gegen ihn zu verfassen.[15] Dies war ein schmähliches Verhalten, von dem Erasmus behauptet, sich bewusst ferngehalten zu haben: «Ich habe ehemalige Freunde, die zu meinen Todfeinden wurden und zu jedweder Machenschaft bereit sind, um mich zu ruinieren. Aber ich habe es weder übers Herz gebracht, gegen sie die geheimen Unterredungen aus unserer innigen Freundschaftszeit zu verwenden, noch die damals ausgetauschten Briefe.» Wer ein derartiges Verbrechen beginge, würde sich aus «der Gesellschaft der Menschen» ausschließen, sich auf das Niveau der Bestien herab begeben.[16] Das ist eine klare Warnung: nicht Erasmus, sondern Hutten musste sich vor einer solchen Schmach hüten.

---

13 «*Alia quaedam inciuilius etiam euulgata*» (*Spongia*, ed. Augustijn, S. 183, Zeile 463f.).

14 «*Maioris etiam inciuilitatis est, criminationem struere ex his quae amici freti fide nostra libere nobiscum nugantur per literas.*» (*Spongia*, ed. Augustijn, S. 172, Zeile 152f.).

15 «*Quis autem non existimet ex omnium hominum consortio deturbandum, si ego nunc rebus exulceratis proferre velim quae amici liberis epistolis ad me perscripserunt aut mea fide freti apud me effutierunt, etiam si ex amicis facti essent inimici?*» (*Spongia*, ed. Augustijn, S. 138, Zeile 414–417). Erasmus spricht hier in der ersten Person, als ob ihn die Versuchung, ein ihm im Geist der Freundschaft von einem Freund – der später zum Feind wurde – anvertrautes Geheimnis zu enthüllen, persönlich beträfe: Es handelt sich hier um einen Notbehelf, eine Maskerade.

16 «*Habeo qui ex intimis amicis mihi facti sunt capitales hostes, nihil non molientes in exitium meum. Nunquam tamen sustinuit animus meus ut vel e secretis colloquiis dum constaret familiaritas habitis, vel ex epistolis quicquam illis obiicerem. Tum enim mihi dignus viderer, qui ex vniuerso hominum contubernio in ferarum consortium protruderer.*» (*Spongia*, ed. Augustijn, S. 172, Zeile 153–158).

Was war aber nun das Geheimnis, in dessen Besitz sich Hutten befand und dessen Veröffentlichung Erasmus so fürchtete, dass er einen so bangen, fast flehentlichen Ton anschlug, um diese Publikation zu verhindern? Welche Enthüllung konnte Hutten sogar – wie diese Zeugnisse suggerieren – durch Briefe von Erasmus dokumentieren?

Die Vaterschaft des Dialogs *Iulius:* Dieses Geheimnis, so bangte Erasmus, könnte der vom Freund zum Feind gewordene Hutten aufdecken. Die nicht autorisierte Veröffentlichung desselben – das ist die noch schwerwiegendere Gemeinheit *(maior incivilitas)*, die Erasmus ihm vorwirft. Hutten wusste nicht nur, wer der Autor des anonymen Dialogs war, er konnte auch beweisen, was er wusste. Daher appellierte Erasmus an seine Loyalität und an den humanistischen Kult der Freundschaft, die weiterhin heilig bliebe, selbst wenn sie in Feindschaft überginge. Diese Loyalität muss Hutten zuerkannt werden. Sogar bei seiner so vehementen Anschuldigung wegen Doppeldeutigkeit und Heuchelei respektierte er Erasmus' Geheimnis.

2. Hutten und Erasmus: Anklage und Verteidigung

«… Ist es wirklich möglich, dass du [Erasmus], der du vor kurzem den römischen Papst mit uns zusammen zur Ordnung gerufen, Rom als Kloake der Verbrechen und Perversitäten bezeichnet hast – und mit deiner Feder Rache genommen hast –, der du Bullen und Ablässe verflucht, die Zeremonien verurteilt, den höfischen Stil [des päpstlichen Hofes] missbilligt, das kanonische Recht und die päpstlichen Dekrete gehasst hast, und du, der du alles in allem unnachgiebig die ganze Hypokrisie dieser Institution zerschlagen hast, ist es denn möglich, dass du jetzt plötzlich umfällst und gemeinsame Sache mit der Gegenpartei machst?»[17]

Die Anklageschrift Huttens offenbart hier einen ihrer dramatischen Kernpunkte: Erasmus ist schuldig. Seine Kehrtwendung überraschte, verletzte und verwirrte die Freunde von gestern.[18] Die Anschuldigungen basieren auf einem vom Ankläger im Geiste

---

17 «*Defexit me ibi admiratio quaedam ad stuporem usque coepique fremens moerensque agitare mecum, quid tandem esse possit, cur tu, qui Romanum pontificem nuper in ordinem redigebas nobiscum, ipsam Romam scelerum et improbitatis sentinam vindice calamo increpabas, bullas et indulgentias detestabaris, caerimonias damnabas, curtisanicam exigebas, ius canonicum et pontificum scita execrabaris, in summa, universam illius status hypocrisim severissime profligabas, is nunc recto actus contraria sequaris et cum hostili parte societatem ineas.*» (*Expostulatio*, ed. Böcking, S. 186f.)
18 Siehe oben, Anm. 17.

angestellten Vergleich zwischen dem Dialog *Iulius* und einem Brief von Erasmus an Marcus Laurinus vom 1. Februar 1523. Der Brief – ein kleines Traktat in Briefform – war sofort in Druck gegeben worden, weil Erasmus das dringende Bedürfnis hatte, die von ihm im Konfessionskonflikt eingenommene Position öffentlich zu machen.[19] Dieses Zeugnis ist in Wirklichkeit weder das erste noch das einzige dieser Art, aber hier war der große Humanist besonders explizit: Er ging auf Distanz zu Luther, verurteilte seine «Wildheit» und seine «Beleidigungen», ließ die Möglichkeit anklingen, gegen ihn zu schreiben, bestätigte seine Loyalität gegenüber Rom, in besonderer Weise gegenüber dem Papst: «Wer wird nicht die Würde dessen verfechten, der für uns Christus mit seinen evangelischen Tugenden repräsentiert?»[20] Vergleicht man diesen Brief mit dem Text des *Iulius*, rechtfertigt er den Vorwurf eines radikalen Wechsels der Position. Die Loyalität gegenüber Erasmus und ein wahrscheinliches Versprechen auf Geheimhaltung verhinderten, dass Hutten explizit auf den *Iulius* Bezug nahm. Aber der implizite Bezug ist unzweideutig: Im Dialog gegen Julius hatte Erasmus' «rächende Feder» einen unnachgiebigen Krieg gegen das Papsttum als Institution erklärt. Die Bullen,[21] die Höflinge,[22] die vom kanonischen Recht erarbeitete Theorie der Schlüsselgewalt,[23] die päpstlichen Dekrete,[24] Rom als Kloake der Verbrechen:[25] Diese Ausdrücke verwendete der in Europa zirkulierende Dialog. Die Anklageschrift Huttens verdichtete in wenigen Zeilen eine ganze Reihe an Verweisen auf den *Iulius*, die jeder gut informierte zeitgenössische Leser erkennen konnte.

Meiner Überzeugung nach antwortete Erasmus auf die Anschuldigungen Huttens mit einer Selbstverteidigung, die als Schuldeingeständnis gesehen werden muss. Diese Selbstverteidigung muss m. E. in der überraschendsten, mit beschwörender Kraft geschriebenen Stelle der *Spongia* gesucht werden.

«Beim Abendessen oder während eines Gesprächs unter Freunden schwatze und tratsche ich alles, was mir gerade auf der Zunge liegt, oft zügelloser als es angebracht ist [...]. Das ist mein größter

---

19 EE V, ep. 1342.
20 «Alicubi scripsi pios omnes vbique fauere dignitati Pontificis. Quis autem non faueat eius dignitati qui virtutibus Euangelicis Christum nobis repraesentet?» (EE V, ep. 1342, S. 224, Zeile 891–893).
21 *Iulius*, ed. Ferguson, Zeile 108–112.
22 Ebd., Zeile 60 (*adulatores*), 1101 (*adulatores*), 996 (*satellitium*), 1011 (*satellitium*).
23 Ebd., Zeile 3–6, 27, 436–437.
24 Ebd., Zeile 679, 684.
25 Ebd., Zeile 992–1003.

Fehler.» Aus dieser Freiheit, durch diese nicht immer harmlosen Scherze – wie Erasmus selbst erklärt – speiste sich auch die komplizenhafte Gemeinschaft mit Hutten. Er erinnert an ihre Dialoge in früheren Zeiten: Während des literarischen Krieges, den Hutten gegen den Inquisitor Jakob van Hoogstraten (zur Verteidigung Reuchlins) führte, pflegte ihn zum Beispiel Erasmus zu fragen, «wann er Hoogstraten an einem Galgen baumeln ließe», und er, Hutten, antwortete lachend, dass «er bald dafür sorgen würde». Dies waren vielleicht ein wenig zu freizügige Scherze, aber dass hier nur gescherzt wurde, konnte niemandem entgehen.[26]

Was haben nun aber diese Erinnerungen mit dem Thema des zweiten Teils der *Spongia* – Erasmus' Aufrichtigkeit oder Doppelzüngigkeit in der lutherischen Kontroverse – zu tun? Doch Erasmus ruft sie beharrlich zurück ins Gedächtnis, lässt sich lang und breit über die respektlosen Fantastereien aus, denen sich er und seine Freunde, gemeinsam bei Tische sitzend, hingaben: «Mir gefällt diese Freiheit beim gemeinsamen Mahl und beim Gespräch mit Freunden, und ich gebe zu, dass ich manchmal exzessiv davon Gebrauch mache [...]. Wie oft haben wir beim gemeinsamen Essen die Kaiserkrone Papst Julius aufgesetzt und die päpstliche Tiara Kaiser Maximilian! Und auch ganze Männerklöster mit ganzen Frauenkonventen in der Ehe vereint! Und aus diesen [oder ihren Kindern] haben wir dann ein Heer für den Kampf gegen die Türken sowie Kolonisten für Siedlungen auf den Inseln der Neuen Welt rekrutiert. Und dann haben wir die ganze Welt auf den Kopf gestellt!» Aber dies alles war – so warnt Erasmus – Geschwätz *inter pocula*: vertrauliches Scherzen unter vom Wein angeheiterten Freunden, witzige, kurzlebige Bemerkungen, die weder auf Papier noch im Gedächtnis Spuren hinterließen.[27]

Ich lese diese außergewöhnliche Stelle wie ein Schuldeingeständnis: Erasmus gibt zu, der Erfinder, also der Autor des *Iulius exclusus e coelis* zu sein. Er gibt dies zwar nur indirekt,[28] aber mit unzwei-

---

26 *Spongia*, ed. Augustijn, S. 138, Zeile 417–422.
27 «*Mihi placet haec libertas in conuiuiis et familiaribus colloquiis, qua saepe vtor immodice... Quoties in conuiuiis imperium transtulimus in Iulium pontificem et summum pontificium in Maximilianum Caesarem! Deinde collegia monachorum matrimonio copulauimus collegiis monacharum. Mox descripsimus ex illis exercitum adversus Turcas, deinde colonias ex iisdem in nouas insulas. Deinde vniuersum orbis statum vertebamus. Sed haec senatusconsulta non inscribebantur aureis tabulis sed vino, sic vt sublatis poculis nemo meminisset quid a quo dictum esset.*» (*Spongia*, ed. Augustijn, S. 172, Zeile 139–151).
28 Auf die Klagen und Forderungen *(expostulationes)* Huttens in Bezug auf die Institution Papsttum musste Erasmus auch direkt eingehen; allerdings gab er eine schwache und ausweichende Antwort: «*Ubi vero execratus sum ius canonicum et pontificum scita? Quid*

deutigen Worten zu: Der Papst, dem Petrus im *Iulius* den Eintritt ins Paradies durch die Himmelspforte verweigert, entstammt derselben spöttischen Fantasie, die Maximilian von Habsburg die Tiara und Papst Julius die Kaiserkrone aufsetzt, die gegen die Ottomanen ein Heer aus Kindern von Nonnen und Mönchen schickt.[29] Gleichzeitig ist diese Beichte auch eine Selbstverteidigung: Obwohl er seine Verantwortung anerkennt, bittet Erasmus um mildernde Umstände. Der erste Grund für diese Bitte liegt in der Kollegialität des Verbrechens: Er hatte diesen Scherz gegen den Papst nicht alleine erdacht, er war das Ergebnis einer dieser geistreichen Gastmähler, die die Humanisten so entzückten (und wir können uns unter den Teilnehmern auch ohne weiteres Thomas Morus vorstellen).[30] Der zweite Grund für mildernde Umstände ist der Wein, der die Gastmahl-Teilnehmer erhitzte, ihrer Fantasie Flügel verlieh und ihre Zungen löste. Als dritten Grund führt Erasmus die Verpflichtung zur Loyalität und die gegenseitige Komplizenschaft an, die die Teilnehmer am Mahl untereinander verband und garantierte, dass ein respektloser Scherz ein internes Geheimnis blieb und nicht aus der Gruppe nach außen durchsickerte. Hutten wusste, dass dies der Wahrheit entsprach. Bis zu dem Zeitpunkt, an dem er nicht selbst die Wahrung des Geheimnisses gebrochen hatte, war der Dialog nur unter wenigen Freunden des Autors zirkuliert.[31]

Das Vokabular der Beichte und Reue, das Erasmus hier einsetzt, bestätigt die Aufrichtigkeit seines *mea culpa*. Ein *mea culpa* auszusprechen war für dieses Genie, das sich der eigenen Genialität voll bewusst war, nicht einfach. Aber auf diesen Seiten gab er zu: «Das [diese Lust an bissigen Scherzen] ist mein größtes Laster, angeboren, so dass mich seine Überwindung Mühe kostet»; er erkannte sich einer «maßlosen Freiheit» in der Rede für schuldig.[32] Ihm war bewusst, dass die These, die den *Iulius* auf den Scherz einer Tafelrunde reduzierte, eine Schwachstelle besaß: Er hatte diesen Scherz nicht nur

---

    autem sit ‹pontificem in ordinem redigere›, non satis intelligo.» (*Spongia*, ed. Augustijn, S. 173, Zeile 183–185).

29 Die Verbindung dieser Stelle aus der *Spongia* mit dem Dialog *Iulius* findet sich bei Jozef IJsewijn: I rapporti tra Erasmo, l'umanesimo italiano, Roma e Giulio II, in: Achille Olivieri (Hg.): Erasmo, Venezia e la cultura padana nel '500, Rovigo 1995, S. 117–129, hier S. 123. Die These IJsewijns in diesem Beitrag, dass «il *Iulius exclusus* nella sua ostilità feroce contro il papa non corrisponde affatto allo spirito erasmiano», ist diskutierbar.

30 EE II, ep. 502, Thomas Morus an Erasmus, 15. Dezember 1516.

31 Zu diesen intimen Freunden gehörten sicher die Brüder Bruno und Bonifacius Amerbach und der Philologe Beatus Rhenanus.

32 «*Hoc mihi vitium est praecipuum, sic insitum vt aegre possim vincere*». (*Spongia*, ed. Augustijn, S. 172, Zeile 141f.)

erfunden, sondern auch aufgeschrieben. Es existierte ein eigenhändig von ihm geschriebener Codex des *Iulius*, ein Autograph. Dieses Autograph war in England in den Händen seines Sekretärs Thomas Lupset geblieben.[33] Ein zweites Erasmus'sches Autograph des *Iulius* befand sich 1516 in Basel im Umfeld des Druckers Froben und der Amerbach. Dieses zweite Autograph bildete den Archetyp, von dem die unter den engsten Freunden des Erasmus zirkulierenden Kopien des Dialogs *Iulius* abstammten.[34]

Die diesen Passagen anvertraute Selbstverteidigung/Beichte schlägt am Ende einen fast flehenden Ton an: Wenn der Dialog gegen Julius der Scherz einer Tafelrunde war, der nur der privaten Heiterkeit einer kleinen Freundesgruppe dienen sollte, wie kann Hutten dann so ehrlos sein, dessen interne, vertrauliche Informationen zu nutzen, um einen (ehemaligen) Freund, den großen Meister Europas im Angesicht Europas bloßzustellen?[35]

Auf diese Weise verknüpfen sich auf derselben Seite der *Spongia* Beichte und Selbstverteidigung in einer Sprache, die gleichzeitig klar (für den Empfänger Hutten) und undurchdringbar (für alle anderen) war: Einer der größten Meister des Wortes aller Zeiten produzierte hier ein kleines Meisterwerk in einer mit Leidenschaft geschriebenen, trotzdem kodifizierten Prosa.

Der frühe Tod Huttens befreite Erasmus von dem Alptraum, seine Rolle bei der Entstehung des Dialogs *Iulius exclusus e coelis* vor ganz Europa enthüllt zu sehen.

3. Hutten, Peter Schöffer d.J. und die erste Edition des *Iulius*

Der Dialog *Iulius* fand seinen Weg in die Druckerei über eine Initiative Ulrich von Huttens. Diese These wurde von Nicolaas van der Bloom (1975),[36] Josef Benzing (1975)[37] und Frank Hieronymus

---

33 EE II, ep. 502, Thomas Morus an Erasmus, London, 15. Dezember 1516, Zeile 9–14. Zum Zitat der Passage siehe unten, Anm. 58.

34 Die diese These stützenden Argumente werden in der Einleitung meiner in Kürze erscheinenden Edition des *Iulius exclusus* ausführlich dargelegt. Es muss dabei berücksichtigt werden, dass Erasmus, als er dieses indirekte Schuldbekenntnis schrieb, eine Gegen-Replik Huttens fürchtete und eventuellen Enthüllungen seines Freundes zuvorkommen wollte.

35 «Maioris etiam inciuilitatis est, criminationem struere ex his quae amici freti fide nostra libere nobiscum nugantur per literas.» (Spongia, ed. Augustijn, S. 172, Zeile 152f.). Es folgt der oben in Anm. 16 zitierte Passus über die Freunde, die zu Feinden wurden.

36 Nicolaas van der Bloom: Qui était l'imprimeur de *Iulius exclusus*, éd. F.A.F.?, in: Moreana 46 (1975), S. 61–69, hier S. 65f.

37 Nicolaas van der Bloom/Josef Benzing: Wer war der Drucker der dem F.A.F. zugeschrie-

(1979)[38] auf überzeugende Weise vorgebracht und vertreten. Benzing kommt das Verdienst zu, mittels einer Analyse der typographischen Lettern den Druck Nr. 1 mit dem zweiten Band des Huttenschen Werkes *Epistolae obscurorum virorum* in Verbindung gebracht zu haben. Als Folge dieser Verbindung schrieb Benzing den Druck Nr. 1 dem Drucker Jakob Schmidt aus Speyer zu und erkannte in Übereinstimmung mit Nicolaas van der Bloom in Hutten den Initiator der Veröffentlichung des Dialogs *Iulius exclusus;*[39] Frank Hieronymus übernahm in der Folge diese Zuweisung.[40] 2001 unterzog jedoch Helmut Claus die Produktion der Speyrer Druckereien im Zeitraum von 1514 bis 1540 einer minutiösen Prüfung. Er korrigierte und integrierte die Zuweisungen Benzings und zeigte, dass der Drucker, der den zweiten Band der *Epistolae obscurorum virorum* sowie die *editio princeps* des Dialogs *Iulius exclusus* produzierte, der 1517 in Mainz druckende Peter Schöffer d.J. war.[41]

Hutten lieferte dem Drucker seines Vertrauens den Text des Dialogs wahrscheinlich im Frühsommer 1517 zur Veröffentlichung. Nach van der Bloom und Benzing hätte Hutten dem Buchdrucker einen Trick vorgeschlagen, um die nach der Publikation unvermeidliche Suche nach dem Autor zu erschweren und eventuelle Spuren zu verwischen. Als großer und nach der Lektüre des Dialogs gegen Julius noch enthusiastischerer Bewunderer des Erasmus wollte Hutten den wahren Autor vor kirchlichen Anathemen bewahren.

benen Edition des *Julius exclusus?*, in: Aus dem Antiquariat (Beilage zum Börsenblatt), 1975, Nr. 7, S. 221–225.
38 Frank Hieronymus: Huttenica. Die *Epistola ecclesiae ad Christum,* Lorenzo Vallas *De donatione Constantini,* die *Oratio ad Christum Optimum Maximum pro Iulio Secundo,* in: Zeitschrift für die Geschichte des Oberrheins 17 (1979), S. 159–242.
39 Josef Benzing: Wer ist der Drucker der *Epistolae obscurorum virorum* (Bömer 3 und 5)?, in: Das Antiquariat 11 (1955), S. 57–59; ders.: Jakob Schmidt zu Speyer (1514–1536?) und seine Drucke, in: Gutenberg-Jahrbuch 1955, S. 114–125; van der Bloom/Benzing, Wer war der Drucker (wie Anm. 37), S. A223–A225.
40 Frank Hieronymus: Notizen zur Autorfrage und Druckgeschichte des *Iulius exclusus*-Dialogs, in: Gutenberg-Jahrbuch 1984, S. 157–162, hier S. 160; Peter Fabisch: *Iulius exclusus e coelis.* Motive und Tendenzen gallikanischer und bibelhumanistischer Papstkritik im Umfeld des Erasmus, Münster 2008 (Reformationsgeschichtliche Studien und Texte, Bd. 152), S. 439–443. Ich selbst folgte auf dem Kongress *Erasmus Man of Letters* (Oxford 2006) in meinem Beitrag «*Julius, Erasmus, Hutten*» der These Benzings (Kongressakten im Druck).
41 Helmut Claus: Astrologische Flugschriften von Johannes Virdung und Balthasar Eißlingen d.Ä. als «Leitfossilien» des Speyerer Buchdruckes der Jahre 1514 bis 1540, in: Archiv für Geschichte des Buchwesens 54 (2001), S. 111–154, besonders S. 114–118. Die These von Claus übernahmen Alejandro Zorzin: Peter Schöffer d. J. und die Täufer, in: Buchwesen in Spätmittelalter und Früher Neuzeit. Festschrift für Helmut Claus zum 75. Geburtstag, hrsg. von Ulman Weiß, Epfendorf 2008, S. 179–213.

Er musste ihm ein Alibi geben. In der Edition Peter Schöffers d.J. fungiert folglich ein *F.A.F. poeta regius* auf dem Titelblatt als Autor des Dialogs *De obitu Julij Pontificis*.[42] Hinter dieser Abkürzung konnte ein informierter Leser Fausto Andrelini aus Forlì *(Faustus Andrelinus Foroliviensis)* wiedererkennen, der in Paris als Hofpoet lebte und während des Krieges zwischen Julius II. und dem französischen König Ludwig XII. dichterische Werke zur Unterstützung seines Herrschers komponiert hatte.[43] Das von Hutten dem wahren Autor auf diese Weise gelieferte Alibi war mehr als plausibel. Der Fälscher und Erfinder der *Epistolae obscurorum virorum* fand seinen Einfall wohl sehr scharfsinnig.[44]

Bibliothekswissenschaft und Geschichte des Buchdrucks haben die hier von mir dargelegten Argumente zur Identifikation Huttens als Herausgeber des Büchleins gegen Julius geliefert. Aber auch die Philologie trug Wertvolles zugunsten derselben Schlussfolgerungen bei. Die Kollation der Editionen und die Texttradition des *Iulius* liefern Indizien, die in die gleiche Richtung weisen. Ich möchte an dieser Stelle einige Ergebnisse meiner Forschungen für die in Vorbereitung befindliche kritische Ausgabe des *Iulius exclusus e coelis* vorwegnehmen.[45]

Ungefähr zwischen 1517 und 1520 wurden in Druckereien des Rheinlandes, Flanderns sowie in Paris und Wien zahlreiche Editionen des witzigen *(festiuus)* und respektlosen Dialogs veröffentlicht. Ich habe bisher elf kollationiert. Es handelt sich hierbei jeweils (bis auf eine einzige Ausnahme) um Ausgaben ohne Orts- und Jahresangaben sowie ohne Namensnennung des Druckers.[46] Auf den ersten Blick scheint diese Fülle an Ausgaben ein konfuses, nur schwer systematisierbares Bild zu liefern. Aber durch die Kollation der Editionen wurde die Orientierung erheblich erleichtert. Alle Ausgaben gehören zu zwei Codex-Familien, einer älteren (Terminus

---

42 F.A.F. Poete Regii libellus. // de obitu Julij Pontificis Maximi. Anno do=//mini. M.D.XIII, s.l.a. et s.n.t. [Speyer, Jakob Schmidt], 16 nicht num. c., gekennz. a–d⁴, in gotischer Schrift.
43 Seine Biographie im *Dizionario Biografico degli Italiani*, Bd. 3, Rom 1961, S. 138–141.
44 Die Formel *F.A.F. Poete Regii* taucht nur in zwei Editionen des *Libellus* auf, in der von Mainz und in einer wenig späteren.
45 Meine Edition des *Iulius exclusus e coelis* wird in der von der Holländischen Akademie der Wissenschaften unterstützten Gesamtausgabe der Erasmus-Werke erscheinen.
46 Die einzige Ausnahme bildet die vom Buchdrucker Thierry Martens im September 1518 mit seinem Namen versehene Edition. Sie existiert in zwei Versionen, eine davon ohne typographische Annotationen.

post quem: Sommer 1517)[47] und einer jüngeren (Terminus post quem: Herbst 1518).[48]

Alle der älteren Familie zugehörigen Ausgaben stammen von der Edition Peter Schöffers d.J. ab (auch die beiden um 1517 und 1518 von Gourmont publizierten Pariser Drucke). Ich werde diese Ausgaben als «Huttensche» Familie bezeichnen. Auch die einzige datierte der elf kollationierten Editionen, der Druck Thierry Martens' vom September 1518, stammt von diesem Archetyp ab. Die «Huttenschen» Ausgaben geben alle den Text Peter Schöffers d.J. wieder, manchmal in verbesserter, meistens jedoch in schlechterer Form. Der Trick, Fausto Andrelini die Autorschaft des Libellus zuzuweisen, schlug allerdings fehl und wurde aufgegeben. Die Initialen F.A.F. verschwanden sofort vom Titelblatt des Büchleins, da alle zeitgenössischen Leser unmittelbar Erasmus' Stil wiedererkannten und die engen konzeptionellen Übereinstimmungen zwischen dem *Iulius* und den von Erasmus publizierten Werken (besonders dem berühmten Adagium *Sileni Alcibiadis*) registrierten.[49]

In den «Huttenschen» Ausgaben finden sich eine Reihe von Textvarianten, die sie auf bemerkenswerte Weise von den Editionen der zweiten Druckfamilie unterscheiden. Da der Archetyp dieser Familie in Basel publiziert wurde, werde ich sie nach dieser Stadt als «Basler» Familie bezeichnen. In dem vorliegenden Beitrag werde ich mich allerdings nicht mit dieser «Basler» Editionsgruppe beschäftigen, da diese nichts zu der These, die ich hier beweisen möchte, d.h. der Rolle Huttens bei der Veröffentlichung des *Iulius*, beitragen. Ich werde die «Basler» Familie nur als Textbasis für Vergleiche mit den Drucken der «Huttenschen» Gruppe heranziehen.

Der Textvergleich zwischen den beiden Familien lässt einige signifikante Varianten erkennen. Die zur Stärkung meiner These wichtigsten beziehen sich auf zwei historische, Hutten verbundene Persönlichkeiten, Kaiser Maximilian und den Erzbischof von Mainz, Kurfürst Albrecht von Brandenburg.

---

47   Ein Brief Wilhelm Nesens an Bruno Amerbach vom Juni 1517 kündigte die Veröffentlichung des *Iulius* in Köln an.
48   Zu den Basler Ausgaben des *Iulius* siehe Hieronymus, Notizen zur Autorfrage (wie Anm. 40), S. 159.
49   Ein bezeichnendes Zeugnis unter vielen ist der Brief aus Brüssel von Guy Morillon an Erasmus vom 18. Februar 1517, Zeile 21–27 in: EE, II, ep. 532 (es ist nicht gesichert, dass dieses Zeugnis sich auf einen Druck bezieht); sicher bezieht sich aber Erasmus in seinem Brief an Johann Caesarius aus Antwerpen vom 16. August 1517 auf einen Druck, EE III, ep. 622, Zeile 1–30.

Kaiser Maximilian erscheint in den Drucken der «Huttenschen» Gruppe in einem vorteilhaften Licht als in der «Basler» Familie. Derjenige, der Peter Schöffer d.J. den archetypischen Text aus der «Huttenschen» Familie lieferte – m. E. Hutten –, hatte das Manuskript an einigen Stellen gekürzt. Er hatte eine respektlose Äußerung bezüglich des chronischen Geldmangels seitens des Kaisers (und der Tatsache, dass dieser Geldmangel seine politischen Entscheidungen beeinflusste)[50] ebenso entfernt wie einen Hinweis auf den verbissenen, langjährigen antifranzösischen Hass Maximilians und dessen Unvermögen, sich an Frankreich zu rächen;[51] er hatte eine Anspielung auf das wechselnde Kriegsglück des Reiches in Norditalien, besonders rund um die Stadt Padua, die von Maximilian 1509 besetzt und dann von den Venezianern zurückerobert worden war,[52] sowie weitere Vorfälle dieser Art weggelassen. Im Gegensatz zu anderen, offensichtlich rein mechanischen Irrtümern, die dem Setzer zur Last gelegt werden müssen, lassen diese absichtlichen Auslassungen eine besondere Rücksichtnahme auf die Person Maximilians erkennen. Hutten verehrte Maximilian und dessen Politik glühend und war ihm aufgrund einer tiefen persönlichen Loyalität verbunden.

Ein weiterer Schutzherr Huttens, der Mainzer Erzbischof und Kurfürst Albrecht von Brandenburg, der 1516 versprochen hatte, Hutten in seinen Dienst zu nehmen und dieses Versprechen 1517 auch einhielt, kam in die Gunst einer den Text betreffenden Intervention. Ein polemischer Hinweis im *Iulius* auf die Habsucht, mit der Kardinäle Abteien und Benefizien anhäuften und ein einzelner Prälat diverse Bistümer sammelte, wurde in der Edition Peter Schöffers d.J. ausgelassen und fehlt daher folglich in allen Ausgaben der «Huttenschen» Familie.[53] Einen Extremfall von Bistumsanhäufungen verkörperte 1517 gerade Erzbischof Albrecht von Mainz: Die Übertragung eines zweiten Erzbistums, eben das von Mainz, an diesen Spross der Brandenburger war für die Christenheit skandalös und hatte indirekt den Angriff Luthers auf die Ablasspraxis ausgelöst. Die Streichung des diesbezüglichen Passus aus der Mainzer Edition muss als rücksichtsvoller Akt gegenüber dem Mäzen Huttens gesehen werden.

Die Identifikation Huttens mit der Person, die als Mittelsmann fungierte zwischen dem handschriftlichen Text des Dialogs *Iulius*

---

50 *Iulius*, ed. Ferguson, Zeile 886f.
51 Ebd., Zeile 888f.
52 Ebd., Zeile 919f.
53 Ebd., Zeile 644–646.

und dem Drucker, der diese Handschrift zum ersten Mal veröffentlichte, findet ihre Bestätigung also in den Veränderungen des Textes, die diese Editionsfamilie charakterisieren. Die Auslassungen, die die Kollation der Drucke ans Licht gebracht hat, erklären sich am plausibelsten aus der Verehrung des deutschen Ritters Hutten für seinen Kaiser und aus seiner Dankbarkeit gegenüber einem großzügigen Patron.

Zusammenfassend lässt sich festhalten, dass die vielfältigen, mittels Buchwissenschaft und Philologie gewonnen Indizien zum *Iulius* alle in die gleiche Richtung weisen und die von mir zu Beginn dieses Kapitels aufgestellte These bestätigen.

4. Julius II. und Hutten

Hutten entdeckte Julius 1517, zu einem sehr späten Zeitpunkt. Julius II. war damals bereits seit vier Jahren verstorben (1513). Zusammen mit Julius und durch Julius entdeckte Hutten auch seine antirömische Gesinnung. Die Hypothese, die ich in diesem Kapitel beweisen möchte, lautet: Der Dialog *Iulius* löste beide Entdeckungen aus, fungierte sozusagen als Katalysator. Die Enthüllung des wahren Gesichts des Papsttums erreichte Hutten über die Vermittlung von Erasmus und reifte genau in jener Zeit heran, als Erasmus seinerseits beschlossen hatte, sich dem Papsttum ergeben zu verhalten.

Ab 1518 tauchte Julius II. in den Schriften Huttens auf und gewann an Bedeutung. Zeugnisse einer älteren Feindschaft des deutschen Ritters gegenüber der Kurie und der Stadt Rom im Allgemeinen existieren, aber ihr Ton ist moderater. In diesen frühen Belegen zeigt sich Hutten als Verfechter der Theorie, die das Papsttum dem Reich unterordnet, bekennt sich zu einem glühenden germanischen Nationalismus, kämpft aber nicht gegen die Kirche Roms, sondern proklamiert die mittelalterliche Auffassung von der Einheit zwischen weltlicher und geistlicher Sphäre: Reich und Kirche sind die beiden unerschütterlichen, untrennbaren Komponenten der *respublica christiana*.[54] Die acht Epigramme zum Zustand Roms *(de statu Romae)*, die Hutten 1516 verfasste und aus der ewigen Stadt einem Freund sandte, damit sie in Deutschland publiziert wurden, beklagen das Verschwinden der alten Tapferkeit und der antiken Tugend Roms, die Verderbtheit des Charakters seiner Bewohner, die weitverbreitete Simonie in der Verwaltung der Kirche. Nichts lässt

---

54 Holborn (wie Anm. 4), S. 64–77.

jedoch in der Originalversion dieser Epigramme die leidenschaftlich geführte Kampagne gegen Rom der folgenden Jahre erahnen.[55]

Die theoretische Argumentation, die dem Papsttum als Institution die Legitimation entzieht, ist im Wesentlichen zwei Werken Huttens (oder ihm zugewiesenen Werken) anvertraut: dem Dialog *Vadiscus sive Trias Romana* (1518/1520) und der *Oratio ad Christum pro Iulio II* (1520). In beiden Werken verkörpert Julius II. – der Julius des Erasmus – das Papsttum, gegen das der deutsche Ritter zu Felde zieht.

Die Abfassungszeit des Hauptzeugnisses dieser unversöhnlichen feindseligen Haltung, des Dialogs *Vadiscus sive Trias Romana*, fällt in das Jahr 1518. Als der Dialog dann 1520 im Druck erscheint, konfrontiert er seine Leser mit einer bis dahin nie gehörten Härte der Sprache,[56] welche durch eine Reihe von Informationen genährt wird, die ganz offensichtlich aus dem *Iulius exclusus e coelis* stammen. Hutten lag zwar während der Niederschrift keine Kopie des kontroversen Büchleins vor, aber er hatte so viele Einzelheiten im Gedächtnis, dass man davon ausgehen kann, dass er es auswendig kannte. Die militärische Chronik des Pontifikats Julius' II. lieferte Hutten die wirkungsvollsten Argumente für seine Diatribe. Die von Rom vom Zaun gebrochenen Kriege, die Beteiligung der wichtigsten europäischen Staaten an diesen Kriegen, das geflossene Blut, die Tausende von Toten, die verwüsteten Städte[57] besitzen im Dialog Huttens ein ähnliches Gewicht wie bei Erasmus. Die moralische Autorität und die religiöse Glaubwürdigkeit des Pontifex Julius hebt Hutten aber vor allem mittels einiger präziser Dokumente der päpstlichen Kirchenpolitik, von denen er durch den Dialog *Iulius* Kenntnis hatte, aus den Angeln. Es handelt sich hierbei um die Bulle, mit der Julius allen Soldaten, die mit ihm in seinem Krieg gegen den König von Frankreich gekämpft hatten, eine Generalabsolution erteilt und den Eintritt ins Paradies garantiert hatte,[58] des weiteren um die politische Nutzung der – dem Papst vom kanonischen Recht zuerkannten – Fähigkeit, wen auch immer von einem geschworenen Eid zu lösen,[59] sowie um die Androhung der Exkommunikation gegen jeden, der die Einberufung eines Konzils fördern oder unterstützen

---

55 Grimm (wie Anm. 4), S. 65.
56 *Vadiscus,* ed. Böcking, S. 149–268. Zum Abfassungsdatum vgl. Holborn (wie Anm. 4), S. 103.
57 *Vadiscus,* ed. Böcking, S. 172f., 183.
58 Ebd., S. 237f.; vgl. *Iulius,* ed. Ferguson, Zeile 252–261.
59 *Vadiscus,* ed. Böcking, S. 223f.; vgl. *Iulius,* ed. Ferguson, Zeile 421f.

sollte (eine Nachwirkung des *conciliabolum* von Pisa, das bei Julius blankes Entsetzen ausgelöst hatte).[60]

Und der Prunk, den die Prälaten der Kurie zur Schau stellen? Und der Hochmut, den das päpstliche Zeremoniell verkündet? Auch bei diesen Punkten entlehnt Hutten die von Erasmus angeführten Beispiele und präsentiert sie in derselben Sprache. Wir finden im *Vadiscus* die Maultiere der Prälaten mit den goldbeschlagenen Hufen und purpurnen Schabracken,[61] die päpstliche Tiara, die Diokletians Kaiserkrone vor Neid erblassen lässt,[62] den rituellen Fußkuss, mit dem der Pontifex die weltlichen Fürsten erniedrigt,[63] die goldene Rose, mit der er ihnen schmeichelt.[64]

Die wirksamste rhetorische Lektion, die Hutten aus dem *Iulius* übernommen hatte, war jedoch die Gegenüberstellung von Christus und Julius, der Vergleich zwischen dem evangelischen Hirten und dem ehrgeizigen Despoten. Hutten hatte diese rhetorische Argumentation im *Vadiscus* durchgespielt.[65] In seiner ganzen Bandbreite wurde das Thema dann in der *Oratio ad Christum pro Iulio II* entwickelt. Bei dieser *Oratio* handelt es sich um eine anonyme, von Andreas Cratander im Herbst 1520 in Basel gedruckte Flugschrift.[66] Frank Hieronymus hat sie Hutten zugewiesen. Ich halte diese Zuweisung für voll und ganz überzeugend, sowohl aufgrund der von Hieronymus exakt registrierten textuellen Analogien zu den sicher von Hutten ge- und unterschriebenen Werken, als auch aufgrund der thematischen und argumentativen Kontinuität, die diese flehentliche Bitte mit dem Dialog *Vadiscus sive Trias romana* verbindet.[67]

Die *Oratio ad Christum pro Iulio II* führt das Thema der Gegenüberstellung der beiden Modelle – auf der einen Seite der evangelische Hirte, auf der anderen der ehrgeizige Despot – auf einer Länge von zehn Seiten aus. Es war Erasmus, der Europa diese rhetorische Lektion im Adagium *Sileni Alcibiadis* erteilt hatte. Im *Iulius* hatte er dann diese Lektion weiterentwickelt, dabei aber das Register geändert. Das rhetorische Register des Adagiums ermahnt, fleht, ist voller Leidenschaft, das des *Iulius* ist ironisch, satirisch, sarkastisch, in ers-

---

60 *Vadiscus,* ed. Böcking, S. 179, 216.
61 Ebd., S. 182.
62 Ebd., S. 183.
63 Ebd., S. 225.
64 Ebd., S. 245.
65 Ebd., besonders S. 172f.
66 Oratio ad Christum opt. Max. pro Ivlio secvndo Ligvre Pont. Max. a qvodam bene docto et Christiano perscripta, s.l.a. et s.n.t.
67 Hieronymus, Huttenica (wie Anm. 38).

ter Linie «witzig» – es soll beim Hörer/Leser Heiterkeit erzeugen. In der *Oratio ad Christum pro Iulio II* vereint der Autor – m. E. Hutten – beide Werke des Erasmus zu einem inbrünstigen, leidenschaftlichen Plädoyer voller Pathos. Das «witzige», «scherzhafte» Register des *Iulius* geht hierbei gänzlich verloren, ist Hutten vollkommen fremd. Bei ihm ist nichts mehr witzig, nichts mehr scherzhaft, in dieser Anrufung Christi, der schon geschehene Ereignisse rückgängig machen und die bereits in den Annalen niedergeschriebene Geschichte ändern soll:

> «Herr Jesus Christus, du wahrer höchster Pontifex … deine Barmherzigkeit lasse nicht zu, dass dein Vikar die Welt durch Kriege, Blutvergießen und Morde erschüttert; dass derjenige, der nach deinem Vorbild das Volk mit dem Friedenswunsch grüßt, selbst zur Kriegsfackel wird; und dass derjenige, der die Aufgabe gehabt hätte, mit seiner Autorität die nach Krieg strebenden christlichen Fürsten zu besänftigen, nicht nur auf jede [erdenkliche] Weise alle sich christlich nennenden Fürsten anheizt, sondern sie sogar zum gefährlichsten aller Kriege zwingt.»[68]

Gemeinsames Merkmal der zwei oben kurz abgehandelten Werke, des Dialogs *Vadiscus* und der *Oratio ad Christum pro Iulio II*, ist ihr zurückschauender Charakter. Im politisch-religiösen Konflikt, der Europa erschütterte, wählt der Kämpfer an vorderster Front, Hutten, Julius II. als Ziel seiner Attacken, also ein absolut nicht mehr aktuelles Ziel. Die Lektüre und die Absorption des Gedankengutes des Dialogs *Iulius exclusus e coelis* sowie die lange Vertrautheit, die Hutten – wohl als Kopist und Herausgeber – mit dem Werk gepflegt hatte, lösten bei ihm Emotionen aus, die sein Bild des Papsttums, seine antirömische Ideologie, ja sein ganzes Handeln definierten und Form annehmen ließen.

Schlussbetrachtung

Erasmus und Papst Julius II. hatten einen virtuelles Gespräch geführt, in dem es um die Identität der christlichen Kirche ging. Diese Debatte überliefert uns der Dialog *Iulius*. Die Geschichte des Textes und seiner öffentlichen Verbreitung, die z.T. in diesem Beitrag rekonstruiert wurde, enthüllte uns, dass es bei diesem Gespräch

---

68 *Oratio* (wie Anm. 66), f. a4v: «*Domine Iesu Christe, qui vere summus et pontifex […] procul avertat tua misericordia […] ut tuus vicarius omnia bello, sanguine, caede permisceat; ut qui tuo exemplo pacis omine salutata populum, ipse fax sit belli; et cuius erat Christianos principes bella forte molientes auctoritate sua compescere, is modis omnibus conetur, universos Christiani nominis principes, ad periculosissimum bellum, non excitare modo, verum etiam cogere.*»

noch einen dritten Partner gab: Der Dialog zwischen Julius II. und Erasmus war in Wirklichkeit ein Dreiergespräch. Der dritte Gesprächspartner, Ulrich von Hutten, spielte dabei eine fundamentale Rolle: Durch ihn wurde der Dialog zwischen Erasmus und Julius II. öffentlich. Nachdem der Dialog von den reservierten Kreisen der humanistischen Kommunikation in die Sphäre der öffentlichen Kommunikation gelangte, änderten sich sein Ton und sein Gewicht. Er wurde zur Basis für die Gegenüberstellung von Christus und seinem exakten Gegenteil – dem Pontifex. Papst Julius II. wurde zum Modell des Antichristen.

Einige enge Freunde von Erasmus wussten von der Autorschaft des provozierenden Dialogs. Erasmus, der den Text unter ihnen herumgehen ließ, beichtete einem weiteren seiner Freunde, nämlich Hutten – falls die von mir in diesem Beitrag vorgelegte Interpretation überzeugend ist –, die Umstände der Entstehung des Dialogs. Aber den Dialog selbst veröffentlichte er nicht. Ich bin der Meinung, dass er ihn aus eigener Initiative nie publiziert hätte. *Exulceratis rebus*,[69] d.h. als das Klima in Mitteleuropa brennend heiß wurde (der Ablassskandal, die Affäre Luther), versuchte Erasmus den Dialog verschwinden zu lassen.[70] Wenn es nach ihm gegangen wäre, wäre der Text verschwunden. Er hatte ihn als witziges Stück für ein gemeinsames Beisammensein konzipiert, er hatte ihn im heiteren Klima humanistischer Komplizenschaft geschrieben und ihm eine überaus wichtige Botschaft anvertraut: seine Auffassung von der christlichen Kirche. Dabei war er sich aber stets bewusst, dass der Dialog heitere, witzige Züge besaß. Durch die Drucklegung war diese heitere Leichtigkeit, dieser geistreicher Witz verloren gegangen, der Dialog zu einer Kriegserklärung gegen Rom geworden, in der sich Erasmus nicht mehr wiedererkannte.

Die Existenz zweier humanistischer Kommunikationskreise – eines offenen, der die respektvollen Botschaften gegenüber den konstituierten Mächten transportierte, und eines geschlossenen, in dem die respektlosen ironischen Aussagen und die beißenden Attacken gegenüber den Potentaten und der Kirche umgingen – überrascht nicht. Die Botschaften des geschlossenen Kreises sind aber für uns nicht unwiederbringlich verloren. Zu den Quellen, die uns eine Rekonstruktion der Inhalte des geschlossenen Kreises erlauben, zählt Erasmus' Briefwechsel, den gut erkennbare, unter-

---

69 Ich zitiere hier den von Erasmus benutzten Ausdruck in *Spongia*, ed. Augustijn, S. 138, Zeile 415. Den ganzen Satz im Zusammenhang siehe Anm. 15.
70 EE III, ep. 622, Erasmus an Johannes Caesarius, Antwerpen, 16. August 1517.

schiedliche, auf die Position des Empfängers abgestimmte Register charakterisieren. An anderer Stelle habe ich bereits den Vorschlag gemacht, neben Erasmus' Briefwechsel die Illustrationen, mit denen seine in den Basler Druckereien veröffentlichten Werke ausgestattet waren, als Quelle heranzuziehen, um auf diese Weise wenigstens einige, dem geschlossenen Kommunikationskreis vorbehaltene Botschaften zu fassen.[71] Die Ergebnisse dieser früheren Forschungen decken sich mit den hier dargelegten. Die Editionsgeschichte des Dialogs *Iulius exclusus e coelis* bleibt jedoch der klarste Beweis für die Existenz zweier unterschiedlicher Kommunikationskreise.

---

71 Die Illustrationen als Quellen behandle ich eingehend in dem Beitrag «Erasmus as Arminius – Basle as an Anti-Rom?», in: Archiv für Reformationsgeschichte 99 (2008), S. 66–96.

Wie Vadian seine Deutung der St. Galler Geschichte verbreitete[*]

von Rudolf Gamper

Vadians Geschichtswerke

Der St. Galler Humanist und Reformator Joachim Vadian (1484–1551) zählt zweifellos zu den grossen Historikern des 16. Jahrhunderts im deutschen Sprachraum. Eduard Fueter lobte in der grossen «Geschichte der neueren Historiographie» von 1911 Vadians Fähigkeit, die politische Gemeinschaft als Ganzes zu erfassen, ihre Entwicklung zu periodisieren und allgemeine Veränderungen zu zeigen, ohne diese auf einzelne Ereignisse zurückzuführen; Vadian erfasste demnach besser als seine Zeitgenossen, dass «es auch im Leben menschlicher Gemeinwesen eine Entwicklung gibt».[1] Hans Conrad Peyer meinte 1985, «dieses scheinbar so lokale und regionale Geschichtswerk, das niemand mehr liest», stelle «wohl die bedeutendste geschichtsschreiberische Leistung der Schweiz im 16. Jahrhundert und eine der bedeutendsten des damaligen Europa dar».[2]

Das 20. Jahrhundert verstand Vadian als fortschrittlichen Wissenschaftler, der das Ziel einer umfassenden St. Galler Geschichte vor Augen hatte und die historischen Quellen über lange Zeit hinweg studierte, sichtete und auswertete. «Das Werk gedieh in der Stille der Studierstube», schrieb Werner Näf in der 1957 erschienenen Vadian-Biographie. Näf stellte sich eine langjährige, etwa 1525 einsetzende «stille Gelehrtentätigkeit» vor; die Formulierung der «Grösseren Chronik» sei dann von den «Ereignissen der Kampf- und Krisenjahre 1529 bis 1532»[3] beeinflusst worden.

---

[*] Für Anregungen und Hilfe danke ich Gertraud Gamper, Rainer Henrich, Dominik Hunger, Katharina Suter und Bernhard Stettler.
[1] Eduard Fueter: Geschichte der neueren Historiographie, 1. Aufl., München/Berlin 1911, S. 218. Zu Fueters Auffassung von der Geschichtsschreibung als Synthese gesamtgesellschaftlicher Vorgänge siehe Hans Conrad Peyer: Der Historiker Eduard Fueter 1876–1928. Leben und Werk, Zürich 1982 (145. Neujahrsblatt zum Besten des Waisenhauses), S. 27–29.
[2] Hans Conrad Peyer: Der St. Galler Reformator Vadian als Geschichtsschreiber. Pragmatische und mythische Geschichtsauffassung in der Schweiz des 16. Jahrhunderts, in: Schweizer Monatshefte 65 (1985), S. 315–328, hier S. 315.
[3] Werner Näf: Vadian und seine Stadt St. Gallen, Bd. 2, St. Gallen 1957, S. 381.

Die Forschung der letzten Jahre hat dieses Bild gründlich korrigiert.[4] Es zeigte sich, dass Vadians Geschichtsforschung von Anfang an eng mit seinem politischen Engagement als Bürgermeister der reformierten Stadt St. Gallen verbunden war. In seiner Regierungszeit setzten sich unter dem Einfluss der Reformation die heftigen Auseinandersetzungen um Herrschaftsrechte zwischen der Stadt und dem Kloster fort, die in die Mitte des 15. Jahrhunderts zurückgingen und sich in der Regierungszeit des Abtes Ulrich Rösch (1457/63–1491) zugespitzt hatten. Dieser Abt hatte zur Legitimation seiner Ansprüche die Klostergeschichte seit den Anfängen aktualisiert und für seine Interessen instrumentalisiert. Vadian nahm explizit Bezug auf die Geschichtsdeutung von Abt Ulrich Rösch und erarbeitete eine inhaltlich überlegene, quellenmässig fundierte Gegendarstellung mit prägnanten Formulierungen.[5] Dieses erste Geschichtswerk Vadians, die «Grössere Chronik der Äbte des Klosters St. Gallen», entstand ohne Vorbereitungen in grosser Eile von 1529 bis 1532. Vadian erforschte zuerst die für die politische Auseinandersetzung zentrale Regierungszeit von Ulrich Rösch und setzte ihr die ältere Geschichte in mehreren Etappen voran.[6] In der neuen Edition von Bernhard Stettler sind die Spuren der Eile und der Hast, die in der Erstedition von 1875/77 stillschweigend ausgemerzt worden waren, deutlich sichtbar.[7]

In der «Grösseren Chronik» wird der Leser direkt angesprochen. Der Inhalt ist vielseitig, lehrreich, oft auch unterhaltsam, die Formulierungen verraten den humanistisch geschulten Rhetor. Die Chronik blieb aber ein Torso, weil nach der Niederlage der Reformierten im Zweiten Kappelerkrieg (1531) die politische Entwicklung eine andere Richtung nahm, als die Vadianische Geschichtsdeutung sie vorausgesehen hatte.[8] Vadian legte das Werk beiseite und begann jetzt mit der «stillen Gelehrtentätigkeit», indem er die frühmittelalterlichen Quellen des Klosters, besonders die Privaturkunden, die ihm in die Hände gefallen waren, über Jahre hinweg studierte und

---

4   Rudolf Gamper (Hg.): Vadian als Geschichtsschreiber, St. Gallen 2006 (Vadian-Studien 17); Joachim von Watt (Vadian): Die Grössere Chronik der Äbte. Abtei und Stadt St. Gallen im Hoch- und Spätmittelalter (1199–1491) aus reformatorischer Sicht, bearbeitet von Bernhard Stettler, 2 Bde., Zürich 2010 (St. Galler Kultur und Geschichte, 36).
5   Rudolf Gamper: Da ist dem gotzhus der todstich geben, in: Peter Erhart (Hg.): Schatzkammer Stiftsarchiv St. Gallen. Miscellanea Lorenz Hollenstein, Dietikon-Zürich 2009, S. 53–56.
6   Grössere Chronik (wie Anm. 4), S. 16–19.
7   Joachim von Watt (Vadian): Deutsche historische Schriften, hrsg. von Ernst Götzinger, Bd. 1–2, St. Gallen 1875–1877; Neuedition: Grössere Chronik (wie Anm. 4).
8   Grössere Chronik (wie Anm. 4), S. 9–16.

auswertete. Die Ergebnisse stellte er in der *Farrago de collegiis et monasteriis Germaniae veteribus* zusammen; auf diesen Studien und der «Grösseren Chronik» basierte die «Kleinere Chronik der Äbte des Klosters St. Gallen», die er 1545/46 auf die Bitte Heinrich Bullingers für das grosse eidgenössische Geschichtswerk von Johannes Stumpf verfasste.

Die Forschung hat die Entstehung und den Gehalt der Geschichtswerke Vadians mehrfach behandelt;[9] die Verbreitung seiner Erkenntnisse zur Geschichte des Klosters und der Stadt wurde bisher nicht untersucht. Dieser Aufsatz behandelt die Wirkungsgeschichte dieser Werke zu Vadians Lebzeiten;[10] den Basler Verbindungen soll spezielle Aufmerksamkeit gewidmet werden.

Vadians St. Galler Geschichte im Gespräch

Immer wieder hatte Vadian Gelegenheit, die Grundzüge seiner Deutung der St. Galler Geschichte im kleinen Kreis einem interessierten Publikum vorzutragen. Die bekannteste Episode dieser Art ist die Beobachtung des Halleyschen Kometen am nächtlichen Sternenhimmel im August 1531. Vadian stieg mit einer kleinen Gruppe, zu der Johannes Kessler und Johannes Rütiner gehörten, auf die Bernegg, eine Anhöhe südlich von St. Gallen mit Sicht auf den Thurgau und den Bodensee. Hier erklärte Vadian – wie Kessler berichtet – die Himmelserscheinungen und kam dann auf die vor ihnen liegende Landschaft und die Geschichte zu sprechen. Er erzählte von der römischen Herrschaft in der Spätantike, an die Ortsnamen mit lateinischer Wurzel erinnerten. Am nächsten Morgen, nach einer im «Bürgli» Ulrich Hochrütiners verbrachten Nacht, setzte er die Erzählung fort und berichtete von einzelnen Gassen, Toren und Häusern, von den Stadtbränden, von vielem, was die St. Galler von den Äbten zu erdulden hatten sowie vom Alter und der Entwicklung des Leinwandgewerbes.[11]

---

9 Vgl. Christian Sieber: Der Geschichtsschreiber Vadian in seiner Zeit und im Vergleich mit Tschudi und Bullinger, in: Vadian als Geschichtsschreiber (wie Anm. 4), S. 155–183, hier S. 155, Anm. 1.

10 Die mehrheitlich unedierten kirchen-, dogmen- und liturgiegeschichtlichen Werke, die Vadian seit der Mitte der 1530er-Jahre beschäftigten, werden hier nicht behandelt. Dazu siehe Joachim Vadian: Über Gesang und Musik im Gottesdienst. Über Wallfahrten. Drei Abhandlungen aus den Manuskripten 51 und 53 der Vadianischen Sammlung, hrsg. von Ernst Gerhard Rüsch, St. Gallen 1998 (Vadian-Studien 16), S. 9–17.

11 Johannes Kessler: Sabbata mit kleineren Schriften und Briefen, hrsg. von Emil Egli [et al.], St. Gallen 1902, S. 359–362.

Die Geschichte der Stadt St. Gallen war auch gelegentlich Gesprächsthema bei gemeinsamen Essen. Für den vielseitig interessierten Johannes Rütiner, der nach fünf Studienjahren in Basel ab 1524 in St. Gallen als Weber und Leinwandkaufmann arbeitete,[12] bildeten diese Gespräche Höhepunkte im einförmigen Leben der kleinen Stadt. Er notierte von 1529 an zehn Jahre lang allerlei Erinnernswertes, das er im Gespräch erfahren hatte. Nach einem Abschiedsessen Anfang 1537, an dem Vadian teilnahm, notierte er überschwänglich: «*O quam grates et dulces colloquii epulas habuimus...* – Jeder öffnete sein Herz; was sie erzählen konnten, teilten sie mit uns. Seit jener Nacht, in der wir in Hochrütiners Bürgli den Kometen beobachteten, ist uns inzwischen nichts Angenehmeres begegnet. O wie wahr sagte doch der Vater des Aeneas Silvius: das höchste Gut sei es, mit Gelehrten zu verkehren und Gespräche zu führen!»[13]

Die Grundlinien der Geschichtsdeutung Vadians, die aus Rütiners Aufzeichnungen erkennbar sind, verändern sich im Laufe dieser zehn Jahre nicht. Vadian ging für die Römerzeit von einer starken Besiedlung der Ostschweiz aus. Er wusste zwar, dass höher gelegene Flächen erst im Hochmittelalter gerodet worden waren, schloss aber aufgrund seiner Ortsnamendeutungen auf eine frühe Besiedlung bis weit ins Appenzeller Land hinein.[14] Er sah sich bestätigt durch den Fund einer 1300-jährigen römischen Münze im April 1537 in St. Gallen, da sie ihm bewies, dass dieser Teil des Landes lange vor Gallus bewohnt gewesen war (*«Maxime charum Vadiano, quia maximum argumentum est longe ante Gallum nostrum hanc partem incolatam fuisse»*).[15] Die Geschichte des Klosters, die in den Chroniken im Zentrum steht, wurde wenig diskutiert; nur von Streitigkeiten der Stadt mit dem Kloster war in den Gesprächen häufiger die Rede. Auf die Geschichte der Leinwandproduktion und ihre Bedeutung für die Stadt kam Vadian mehrfach zu sprechen. Er gab auch zur Geschichte einzelner Gebäude immer wieder präzise Auskünfte. Vadian verbreitete damit in seinem Umfeld eine Geschichte der Stadt

---

12 Johannes Rütiner: Diarium 1529–1539, hrsg. von Ernst Gerhard Rüsch, 5 Bde., St. Gallen 1996, hier Kommentarband, S. 19–27, 34–51.
13 Rütiner (wie Anm. 12), Bd. 1/2, Nr. 788; Übersetzung von Ernst Gerhard Rüsch.
14 Renate Frohne: Denkstrukturen und Arbeitstechniken des St. Galler Humanisten Joachim von Watt [...], Wald (AR) 2004, S. 137; Renate Frohne: Etymologien und Namenserklärungen in Vadians Scholien zu Pomponius Mela «De chorographia» [...], in: Vadian als Geschichtsschreiber (wie Anm. 4), S. 119–128, hier S. 127f.
15 Rütiner (wie Anm. 12), Bd. 2/2, Nr. 326; vgl. Bd. 2/1, Nr. 240, und Bd. 2/2, Nr. 358. Zum Münzfund: Benedikt Zäch: Vadian und die Numismatik. Eine Spurensuche, in: Vadian als Geschichtsschreiber (wie Anm. 4), S. 129–142, hier S. 136–138.

St. Gallen, in der das Kloster nur eine untergeordnete Rolle spielte; die Bemerkung zum Münzfund zeigt, dass er eine Geschichtsdeutung suchte, die den Vorrang des Kloster in Frage stellte.

Vadian gab auch auswärtigen Geographen und Historiographen, die ihn aufsuchten, seine Deutung der Geschichte mit. Sebastian Münster kam 1531, ein Jahr nach dem Erscheinen seiner *Germaniae descriptio,* die Vadian für seine Bibliothek erworben hatte, nach St. Gallen.[16] Vadian erläuterte ihm von der Bernegg aus die Bedeutung des Leinwandgewerbes. Johannes Stumpf stattete Vadian einen Besuch ab, bevor er ihn zum wichtigsten Mitarbeiter für die Geschichte der Ostschweiz machte,[17] und auch Kaspar Brusch traf sich in St. Gallen mit Vadian.[18] Man darf annehmen, dass auch andere Fremde Vadians Deutung der St. Galler Geschichte auf den Heimweg mitnahmen.

Vadians handschriftliche Chroniken

Von Büchern war in den Gesprächsrunden Rütiners oft die Rede: von Klassikern, von Neuerscheinungen, von pointierten Meinungen über einzelne Werke, von Druckern und Buchbindern, von Buchkäufen usw. Die privaten Bibliotheken der gebildeten St. Galler standen den Freunden offen, wie Abschriften von Bibliothekskatalogen zum Privatgebrauch und Marginalien von verschiedenen Händen in erhaltenen Bänden zeigen.[19] Man sprach auch über die Chronikhandschriften Vadians. Kessler notierte 1533: «Es hat och unser her doctor Joachim Vadianus ain kostlich cronikwerk underhand ze schreiben»,[20] Rütiner erwähnte 1537 die Chronik Vadians, *quae incepit ab Conrado ab Bußnang et pertendit usque ad Hulricum Abbatem.*[21] Beide meinten die «Grössere Chronik der Äbte»; Rüti-

---

16 Karl Heinz Burmeister: Sebastian Münster. Versuch eines biographischen Gesamtbildes, Basel/Stuttgart 1963 (Basler Beiträge zur Geschichtswissenschaft 91), S. 113f. und S. 124; Verena Schenker-Frei (Hg.): Bibliotheca Vadiani. Die Bibliothek des Humanisten Joachim von Watt […], St. Gallen 1973 (Vadian-Studien 9), S. 128, Nr. 413.
17 Näf (wie Anm. 3), S. 397f.
18 Beat R. Jenny: Der Historiker-Poet Gaspar Brusch (1518–1557) und seine Beziehungen zur Schweiz, in: Ueli Dill/Beat R. Jenny (Hgg.): Aus der Werkstatt der Amerbach-Edition. Christoph Vischer zum 90. Geburtstag, Basel 2000 (Schriften der Universitätsbibliothek Basel, 2), S. 93 – 214, hier S. 125–131.
19 Rütiner (wie Anm. 12), Kommentarband, S. 30–33; Gertraud Gamper/Rudolf Gamper: Katalog der Inkunabeln in der Kantonsbibliothek St. Gallen, Dietikon-Zürich 2010, S. 14.
20 Kessler (wie Anm. 11), S. 16; zur Datierung S. 533, Anm. zu S. 12.
21 Rütiner (wie Anm. 12), Bd. 1/2, Nr. 789.

ners präzise Angabe, die Chronik beginne mit Konrad von Bussnang und reiche bis zu Ulrich Rösch, trifft auf das Autograph der Chronik genau zu, wenn man die nachträglich vorangestellten, mit griechischen Buchstaben bezeichneten Lagen nicht mitzählt.[22] Die «Grössere Chronik der Äbte» war Vadians erstes Werk in deutscher Sprache,[23] was – wie Bernhard Stettler betont – darauf hindeutet, «dass er sich nicht an Gelehrte, sondern an ein breiteres Publikum zu wenden gedachte. Es dürfte dies die neugläubige Führungsschicht der Stadt St. Gallen gewesen sein.»[24] Vadian sprach seine «leser» im Text direkt an und stellte die «Grössere Chronik der Äbte» für eine (heute verlorene) Abschrift zur Verfügung, aus der Johannes Rütiner 1543/44 wiederum grössere Teile kopierte.[25] Von einem weiteren Werk, in dem Vadian die vier Zeitalter des Christentums behandeln wollte, kannte man die Disposition,[26] von den Studien über die Stifte und Klöster in Deutschland (später bekannt unter dem Titel *Farrago de collegiis et monasteriis Germaniae veteribus*) wusste man, dass Vadian sie Ende 1538 Johannes Kessler gezeigt hatte, dieser erzählte einiges über den Inhalt.[27] Die kleinere Chronik, in der Vadian seine früheren Studien in gestraffter Form für die grosse Chronik Johannes Stumpfs neu formulierte, erschien in redaktionell stark bearbeiteter Form im Druck (siehe unten); Vadian liess nach seinem Manuskript und auf seine Kosten eine Reinschrift herstellen, die später mehrfach kopiert wurde und in der Stadt St. Gallen bis ins 19. Jahrhundert als massgebliche Darstellung der mittelalterlichen Geschichte der Ostschweiz galt.[28]

---

22 Kantonsbibliothek St. Gallen, VadSlg Ms. 43, Beschreibung der Handschrift siehe Rudolf Gamper: Vadians Auswertung der spätmittelalterlichen Chroniken zur Landesgeschichte, in: Vadian als Geschichtsschreiber (wie Anm. 4), S. 21–41, hier S. 39–41, zu den vorangestellten Lagen S. 23.
23 Das 1519 in Basel gedruckte Pestbüchlein verfasste Vadian in Latein; es wurde für die Publikation ins Deutsche übersetzt; Näf (wie Anm. 3), S. 76, Anm. 87. Die deutsche Schrift gegen «Doctor Wendelin» von 1526 war ein Gemeinschaftswerk Vadians und der Prädikanten; ebd., S. 270f.
24 Grössere Chronik (wie Anm. 4), S. 35f.
25 Stiftsbibliothek St. Gallen, Cod. 653, dazu: Beat Matthias von Scarpatetti: Die Handschriften der Stiftsbibliothek St. Gallen. Beschreibendes Verzeichnis, Bd. 1 (Abt. IV: Codices 547–669), Wiesbaden 2003, S. 288–290.
26 Rütiner (wie Anm. 12), Bd. 1/1, Nr. 505 (1534). Über das gleiche Werk schrieb Vadian 1543 einen ausführlichen Brief an Heinrich Bullinger, siehe Joachim Vadian: Ausgewählte Briefe, hrsg. von Ernst Gerhard Rüsch, St. Gallen 1983, Nr. XVII.
27 Rütiner (wie Anm. 12), Bd. 2/2, Nr. 386.
28 Rudolf Gamper: Repräsentative Chronikreinschriften in der Reformationszeit, in: Katharina Koller-Weiss/Christian Sieber (Hgg.): Aegidius Tschudi und seine Zeit, Basel 2002, S. 269–286, hier S. 281–283.

Die Handschriften zirkulierten zu Vadians Lebzeiten in dessen engerem Umkreis; Vadian forderte die Handschrift, die er Johannes Stumpf zur Verfügung stellte, nach der Bearbeitung durch Stumpf wieder zurück.[29] Eine Verbreitung der Handschriften über die Stadt St. Gallen hinaus lässt sich für das 16. Jahrhundert bisher nicht feststellen; die Chroniken blieben in Privatbesitz. Erst im 17. Jahrhundert wurden sie in der städtischen Bibliothek gesammelt.[30]

Vadians Geschichtsvorstellung in den geographischen Werken

Vadian hat sich erst spät – im Alter von etwa 45 Jahren – dem Studium der Geschichte zugewandt. Er hatte sich in Wien als lateinischer Dichter, der den Ehrentitel des *Poeta laureatus* trug,[31] und als Geograph mit dem Kommentar zur Geographie des Pomponius Mela (1518) einen Namen gemacht.[32] In St. Gallen beschäftigte er sich weiterhin mit der Geographie und gab seinen Mela-Kommentar 1522 in stark erweiterter Auflage in Basel bei Cratander neu heraus.[33] Das letzte geographische Werk, die *Epitome trium terrae partium,* liess er 1534 bei Froschauer in Zürich erscheinen.[34] In allen drei Werken kam er auf seine Vaterstadt St. Gallen zu sprechen; aus der unterschiedlichen Darstellung lassen sich die Veränderungen von Vadians Sicht der St. Galler Geschichte ablesen.

Im ersten, 1518 in Wien geschriebenen Kommentar stellte Vadian St. Gallen als seine Vaterstadt vor: *«Haec dulcis patria nostra est, haec familiae Vadianorum non uno seculo benevola et munifica nutrix est.»* Er erwähnt den aus Schottland zugewanderten Gallus und seine Einsiedlerzelle, die den glücksverheissenden Anfang der Stadt gebildet habe; er lobt die Lage und die Bürgerschaft und widmet seiner Familie, vor allem und seinem verheissungsvollen Bruder Melchior,

---

29 Rudolf Gamper: Vadians Arbeit an der Beschreibung des «Oberbodensees», in: Schriften des Vereins für Geschichte des Bodensees und seiner Umgebung 117 (1999), S. 157–165, hier S. 163.
30 Kantonsbibliothek St. Gallen, VadSlg Ms. 8a, 15v.
31 Albert Schirrmeister: Triumph des Dichters. Gekrönte Intellektuelle im 16. Jahrhundert, Köln 2003, S. 195–198.
32 Pomponius Mela: Libri de situ orbis tres adiectis Ioachimi Vadiani Helvetii in eosdem scholiis, Wien 1518.
33 Pomponius Mela: De orbis situ libri tres accuratissime emendati una cum commentariis Ioachimi Vadiani, Basel 1522.
34 Ioachimus Vadinaus: Epitome trium terrae partium, Zürich 1534; verwendetes Exemplar: Kantonsbibliothek St. Gallen, VadSgl Ms. S. 120, mit den handschriftlichen Korrekturen Vadians.

viel Raum.³⁵ In der Neufassung sind die Gewichte anders verteilt. Gestützt auf die Vita von Walahfrid Strabo schilderte Vadian das Mönchtum von Gallus breiter, betonte die gelebte christliche Armut und die Hingabe in der Verkündung des Evangeliums. Gallus habe sich in der Einsamkeit niedergelassen und so – *nescius ac nolens* – die Grundlage zur späteren Stadt gelegt. Das darin gelegene Kloster dagegen erstrahle heute so sehr im Reichtum, dass man in Deutschland kaum ein prächtigeres finde. Die Bibliothek erinnere noch an die früheren Studien, heute aber verfüge es über Gefolgsleute, Zehnten und Steuern, bedeutende Herrschaften, Burgen und befestigte Orte; die Aufzählung der Reichtümer beinhaltet gleichzeitig Kritik.³⁶ Die Rezeption der Schriften Luthers hatte Vadians frühere Wertschätzung des Klosters radikal ins Gegenteil verwandelt, die Reformation bestimmte von nun an sein historisches Denken, das sich in den Chroniken und in den Gesprächen zeigt.

In der kürzeren Geographie von 1534 beschrieb er die Stadt St. Gallen auf wenigen Zeilen, ohne Gallus oder das Galluskloster auch nur zu erwähnen. St. Gallen sei eine Leinwandstadt; vor ungefähr sechshundert Jahren habe sie ihren Mauerring bekommen und sei zur Stadt geworden, wie die meisten von ihm beschriebenen Städte während langer Zeit unselbständig, dann aber frei und mit anderen Städten verbündet, das eine und andere Mal vom Unglück heimgesucht, habe sich aber wieder erholt, und sei zur Reichsstadt geworden und damit in den Genuss der Freiheit gekommen.³⁷ Das Wirken von Gallus und die Gründung der Galluszelle im Jahr 614 finden sich am Ende des Werks im Kapitel *Insulae Oceani,* in dem die britischen Inseln beschrieben werden.³⁸ Vadian weist auf die spätere Stadt St. Gallen hin, nicht aber auf das Kloster, das er mit Stillschweigen übergeht.

Nach den drei geographischen Werken liess Vadian keine weiteren Beschreibungen der Stadt unter seinem eigenen Namen im Druck erscheinen; seine historischen Werke wurden – wie oben ausgeführt – erst lange nach seinem Tod gedruckt. Vadian wird aber als Gewährsmann in den kurzen Abschnitten über St. Gallen in Sebastian Münsters Kosmographie genannt, während Vadians

---

35 Mela 1518 (wie Anm. 32), 93v–94r und 104r, Zitat Bl. 93v.
36 Mela 1522 (wie Anm. 33), S. 168f. und 191f.; Renate Frohne: Das Welt- und Menschenbild des St. Galler Humanisten Joachim von Watt / Vadianus (1484–1551), [im Druck].
37 Vadianus, Epitome (wie Anm. 34), S. 15.
38 Ebd., S. 271. Die Datierung auf 614 ist eine handschriftliche Ergänzung Vadians. In der Oktavausgabe der Epitome von 1548, S. 519, datierte Vadian die Gründung der Galluszelle auf 630.

umfangreiche Geschichte der Ostschweiz in Stumpfs grosser eidgenössischer Chronik ohne Nennung des Autors erschien. Die Entstehung der «Kleineren Chronik der Äbte des Klosters St. Gallen» in den Jahren 1545–1546 und ihre Bearbeitung für die eidgenössische Chronik durch Stumpf ist gut bekannt, die Auswertung von Vadians historischen Erkenntnissen durch Münster verdient eine genauere Untersuchung.[39]

Vadian als Gewährsmann in Sebastian Münsters Kosmographie

Vadian gilt als Mitarbeiter an Münsters Kosmographie.[40] Er wird im Abschnitt über St. Gallen seit der ersten Auflage mit den Worten zitiert: «wie der hochgelehrt Joachimus Vadianus von dissem seinem Vatterlandt schreibt»; in der Korrespondenz von Vadian ist mehrfach von Münsters Werk die Rede. Der Anteil Vadians ist aber kleiner, als man es nach dem Zitat aus Münster vermuten könnte.

Die erste Auflage von Sebastian Münsters Kosmographie enthält einen kurzen Abschnitt über St. Gallen, zuerst über das Kloster, dann über die Stadt.[41] «Sant Gall / wie man schreibt», heisst es zu Beginn, «ist kommen aus Schotten land heruff in Alemannien / hat dis closter angehept zů bawen anno domini 630 bey zeyten Dagoberti / des grossen». Die Datierung *anno domini 630* fand Münster in den Chroniken Hermanns von Reichenau und Burchhards von Ursberg, die ihm in gedruckten Editionen zugänglich waren.[42] Die Aussage, Gallus habe «dis closter angehept zů bawen», hätte Vadian differenziert; bereits 1522 unterschied er zwischen den *prima fundamenta,* die Gallus gelegt habe, und Otmar, mit dem die machtvolle Entfaltung begonnen habe; in der «Kleineren Chronik» trennte er die Anteile von Gallus und Otmar an der Gründung des Klosters mit ausführlicher Begründung.[43] Vier Äbte des 8. Jahrhunderts seien gleichzeitig Bischöfe von Konstanz gewesen, heisst es bei Münster;

---

39 Vgl. Matthew McLean: The Cosmographia of Sebastian Münster. Describing the world in the Reformation, Aldershot 2007 (St. Andrews studies in Reformation history), S. 110–112.
40 Burmeister (wie Anm. 16) nennt ihn S. 137 «Mitarbeiter der Kosmographie», erklärt aber S. 125, andere Aufgaben hätten Vadian an einer aktiven Mitarbeit verhindert; vgl. die Liste der Mitarbeiter in der lateinischen Ausgabe 1550, unten Anm. 46.
41 Sebastian Münster: Cosmographia. Beschreibung aller Lender […], Basel 1544, S. 251f. Zur Kosmographie siehe Frank Hieronymus: 1488 Petri – Schwabe 1988. Eine traditionsreiche Basler Offizin im Spiegel ihrer frühen Drucke, Bd. 1, Basel 1997, S. 556–670.
42 Burmeister (wie Anm. 16), S. 155.
43 Joachim von Watt (wie Anm. 7), S. 106.

sie finden sich nicht in der St. Galler Tradition, auf die Vadian sich stützte, wohl aber in Konstanzer Bischofslisten, die breit überliefert sind.[44] Münster zitierte im anschliessenden Satz aus einer Strassburger Chronik – es handelt sich um Jakob Twinger von Königshofen –, wie der Abt von St. Gallen 1361 mit tausend Pferden zur Bischofsweihe von Walther von Geroldseck geritten sei, der Abt von Murbach mit fünfhundert Pferden. Vadian zitiert dieselbe Chronik, aber richtig zum Jahr 1260.[45] Münsters ausdrückliche Berufung auf Vadian bezieht sich auf die Ummauerung der Stadt: «Die statt von sant Gallen ist vor fünffhundert jaren mit gräben und rinckmauren umbbauwen worden / wie der hochgelert Joachimus Vadianus von dissem seinem vatterland schreibt.» Münster kannte diese Stelle wohl aus der *Epitome trium terrae partium* von 1534, bezifferte aber das Alter der Stadtbefestigung mit 500 statt mit 600 Jahren. Münsters Auswertung von Materialien Vadians beschränkte sich in der ersten Auflage auf einen einzigen Sachverhalt.

In der stark überarbeiteten Ausgabe von 1550 wuchs der Abschnitt über St. Gallen auf den fünffachen Umfang an; in der lateinischen Ausgabe ist Vadian ausdrücklich im *Catalogus doctorum virorum, quorum scriptis et ope sumus usi et adiuti in hoc opere* verzeichnet.[46] Inzwischen war 1548 Stumpfs «Eidgenössische Chronik» mit dem detailreichen Abschnitt Vadians über St. Gallen erschienen.[47] Wer diesen Abschnitt verfasst hatte, verriet Stumpf nicht; Vadian wollte sich in der religionspolitisch heiklen Zeit, in der Kaiser Karl V. die Rekatholisierung mit Gewalt vorantrieb, nicht exponieren und gab Stumpf Ratschläge, wie er seine (Vadians) Autorschaft verleugnen könne.[48] Zusätzlich zu Stumpfs Chronik hatte Münster Zugang zu den Ergebnissen von Vadians historischen Forschungen. Die Fehler der ersten Auflage der Kosmographie blieben unkorrigiert stehen, die neu dazugekommenen Teile sind aber zuverlässig und präzis; sie stimmen mit Vadians Deutung der St. Galler Geschichte

---

44 Franz Joseph Mone: Quellensammlung der badischen Geschichte, Bd. 1, Karlsruhe 1848, S. 303, 304 und 311; Die sog. Klingenberger Chronik des Eberhard Wüst, Stadtschreiber von Rapperswil, hrsg. von Bernhard Stettler, St. Gallen 2007 (Mitteilungen zur vaterländischen Geschichte, 53), S. 97f. mit Anm. 56.

45 Jacob Twinger von Königshofen: Chronik, hrsg. von Carl Hegel, Leipzig 1870/71 (Die Chroniken der deutschen Städte vom 14. bis ins 16. Jahrhundert, Bd. 8–9), S. 652. Vadian zitierte dieselbe Stelle in der «Grösseren Chronik» (wie Anm. 4), S. 125.

46 Sebastian Münster: Cosmographiae universalis lib. VI, Basel 1550, Praefatio, Bl. 6v.

47 Johannes Stumpf: Gemeiner loblicher Eydgnoschafft Stetten, Landen und Völckeren Chronick wirdiger thaaten beschreybung, Zürich 1547/48, Bd. 2, Bl. 42v–49r.

48 Christian Sieber: Begegnung auf Distanz. Tschudi und Vadian, in: Tschudi (wie Anm. 28), S. 107–138, hier S. 130–133.

überein und lehnen sich in der Formulierung an Vadians Chroniken an. Gleichwohl ist – angesichts der unkorrigierten Fehler – nicht damit zu rechnen, dass Münster für die Auflage von 1550 einen von Vadian selbst verfassten Text zur Verfügung hatte.

Aufschlussreich für die Vermittlung von Vadians Geschichtsdeutung sind Münsters Angaben über die St. Galler Reichsfreiheit: «Es ist die statt anfenglich dem closter gehörig gewesen / bis auff keyser Friderichen den ersten / zů welches zeiten sie mit eigner vogtei des reichs versehen worden ist. Die selben sein suns sun keyser Friderich der ander gewidmet und bestätet / anno domini 1220.»[49] Privilegien aus dieser Zeit waren nicht vorhanden; Vadian erklärte dies in der «Grösseren Chronik» damit, dass die Urkunde in einem Stadtbrand vernichtet worden sei. Er kam aufgrund verschiedener Indizien zum Schluss, St. Gallen müsse bereits zur Zeit der Staufer Reichsprivilegien erhalten haben; in der «Grösseren Chronik» von 1529/32 und in der «Kleineren Chronik» von 1545/46 kam er zu unterschiedlichen Ergebnissen. In der «Grösseren Chronik» schrieb er die Verleihung Friedrich I. Barbarossa zu, in der «Kleineren Chronik» mit ausführlicher Begründung Friedrich II. In seinen eigenen Werken werden aber nie beide Stauferkaiser zusammen als Verleiher der Reichsfreiheit genannt. Inhaltlich sind Vadians Schlüsse nicht haltbar, sie haben aber lange als zuverlässig gegolten.

Die Urheber der Verbindung von «Grösserer» und «Kleinerer Chronik» mit der doppelten Verleihung der Reichsfreiheit unter Friedrich I. und Friedrich II. müssen im Umfeld von Vadian, das Zugang zu den Handschriften hatte, gesucht werden. Vadian hatte die Handschrift der «Grösseren Chronik» 1546 dem Schulmeister Johannes Kessler, seinem Freund, geschenkt; Kessler kannte als wichtigster Mitarbeiter Vadians die «Kleinere Chronik» und die von Stumpf redigierte und als Teil der eidgenössischen Chronik gedruckte Fassung von Vadians Geschichtswerk. Kesslers Sohn Josua begann zusammen mit drei weiteren ehemaligen St. Galler Schülern 1548 das Studium an der Universität Basel;[50] der einzige im Original erhaltene Brief von Münster an Vadian wurde von einem ungenannten Basler Studenten 1550 nach St. Gallen gebracht. In diesem Brief berichtet Münster von günstigen Urteilen über die Kosmographie, ohne ein Dankeswort an Vadian oder einen anderen Hinweis auf

---

49 Sebastian Münster: Cosmographei, Basel 1550, S. 473.
50 Grössere Chronik (wie Anm. 4), S. 749; Kessler (wie Anm. 11), S. 638–642; Hans Georg Wackernagel/Marc Sieber/Hans Sutter: Die Matrikel der Universität Basel, Bd. 2, Basel 1956, S. 55–57, Nr. 3, 14, 15 und 25.

dessen Mitarbeit anzufügen.[51] Man darf vermuten, dass Münster die Ergänzungen zur St. Galler Geschichte von einem der St. Galler Studenten erhalten hatte. Eine Antwort Vadians an Münster ist nicht bekannt; sein Interesse an der Kosmographie war klein. Weder in seiner eigenen noch in den Bibliotheken der befreundeten Pfarrer, die zum Grundstock der städtischen Bibliothek wurden, war ein Exemplar vorhanden.[52]

Damit war bei Vadians Tod 1551 die Lage für die Verbreitung seiner Deutung der St. Galler Geschichte unübersichtlich: Die eigenen Werke waren handschriftlich nur in St. Gallen greifbar, das historische Hauptwerk war in Stumpfs Chronik so gedruckt, dass Vadians Autorschaft nicht erkennbar war, und die Kurzfassung in Münsters Kosmographie, die man als Vadians Werk auffassen konnte, stammte nicht von ihm. Stumpfs Chronik, die 1586 und 1606 nachgedruckt wurde, verbreitete Vadians Geschichtsdeutung wirksam, aber anonym, seine historiographische Leistung konnte nur in der Stadt St. Gallen gewürdigt werden, wo man die Handschriften aufbewahrte und während langer Zeit als Grundlage der mittelalterlichen Geschichte benutzte und schätzte. Noch im frühen 18. Jahrhundert beschloss das Bibliothekskollegium, es solle «hinfüro dann und wann eine kurtze Oration von einem Hr. Collega, der es gerne thut, gehalten oder Vadiani historia Patriae gelesen, darüber hernach discuriret, und allemahl die Zeit der nächsten Zusammenkunfft bestimmet werden».[53]

---

51 Sebastian Münster: Briefe, lateinisch und deutsch, hrsg. von Karl Heinz Burmeister, Ingelheim am Rhein 1964, S. 188–191, Nr. 50.
52 Kantonsbibliothek St. Gallen, VadSlg Ms. 1, Bl. 93r.
53 Protocollum Bibliothecae Vadianae zum Jahr 1714, VadSlg Ms. S 78a, S. 59; Georg Caspar Scherer: Die Stadtbibliothek St. Gallen (Vadiana), hrsg. von Hans Fehrlin, St. Gallen 1951 (91. Neujahrsblatt, hrsg. vom Historischen Verein des Kantons St. Gallen), S. 58, Anm. 186. Gemeint ist wohl nicht die schwer lesbare «Grössere Chronik», sondern die «Kleinere Chronik» in der Kopie Wolfgang Fechters (VadSlg Ms. 120).

«Nautile, symbolum atque larva nostra».
Theodor Zwinger unterwegs im Meer des Lebens*

von Ueli Dill

Zwar stand Theodor Zwinger (1533–1588), wie Carlos Gilly sagt, in einer Zeit, da Buchdruck und Universität europäische Dimensionen hatten, unbestritten im Zentrum des Basler Kulturlebens.[1] Das Rampenlicht zu suchen und im Mittelpunkt zu stehen war jedoch, wie er selber einmal schrieb, nicht seine Art:[2]

> «Ich bin mir meiner bescheidenen Talente bewusst und gerate doch, obwohl ich am liebsten im Verborgenen lebe, aus einem gewissen Bestreben, der Gemeinschaft nützlich zu sein, zuweilen gegen meine Absicht in den Mittelpunkt des Interesses, und dies gar maskiert.»

Tatsächlich trug Zwinger seine Überzeugungen nicht zu Markte, veröffentlichte kontroverse Werke anonym, verfasste zahlreiche Vorreden, die unter fremdem Namen erschienen, und verzichtete auf die Veröffentlichung seiner chemischen und theologischen Schriften.[3] Ein Beispiel, wie er *larvatus*, unter Verwendung eines

---

* Überarbeitete Fassung eines am 19. März 2007 vor der Historischen und Antiquarischen Gesellschaft zu Basel gehaltenen Vortrags. Den ersten Kontakt zu Zwinger hat mir Martin Steinmann in einer Leseübung im Wintersemester 1996/7 vermittelt, vgl. Martin Steinmann: Sieben Briefe aus der Korrespondenz von Theodor Zwinger, in: Im Spannungsfeld von Gott und Welt. Beiträge zu Geschichte und Gegenwart des Frey-Grynaeischen Instituts in Basel 1747–1997, hrsg. von Andreas Urs Sommer, Basel 1997, S. 181–209. Das Erscheinen der letzten beiden Halbbände der *Amerbachkorrespondenz*, die Steinmann immer unterstützt hat, erlaubt es, auf die dort erstmals publizierten Briefe aus Zwingers Studienzeit aufmerksam zu machen, die bisher unbekannte Facetten von Zwingers Persönlichkeit zeigen. Für kritische Lektüre und zahlreiche Änderungsvorschläge danke ich Barbara Gygli Dill und Lorenz Heiligensetzer. Wenn nicht anders angegeben, sind die zitierten lateinischen Stellen vom Verfasser übersetzt.
1 Carlos Gilly: Zwischen Erfahrung und Spekulation. Theodor Zwinger und die religiöse und kulturelle Krise seiner Zeit, in: BZGA 77 (1977), S. 57–137; 79 (1979), S. 125–223, hier 1977, S. 58.
2 Laurentius Scholzius: Epistolarum philosophicarum, medicinalium ac chymicarum [...] volumen, Frankfurt 1598, S. 470 (Brief an Petrus Monavius, 1578): «... *qui tenuitatem meam agnoscam et, cum latere maxime cupiam, nescio tamen quo reipublicae iuvandae studio in mediam hominum lucem vel larvatus interdum praeter institutum efferar.*» Vgl. auch die von Gilly (wie Anm. 1), 1977, S. 57 zitierte Beurteilung von Jacques-Auguste de Thou (in seinen *Historiae sui temporis* zum Abschluss des Jahres 1588, publiziert z.B. in: Monumenta litteraria sive obitus et elogia doctorum virorum ex Historiis illustris viri Iac. Aug. Thuani, London 1640, S. 261f.).
3 Gilly (wie Anm. 1), 1977, S. 58; 1979, S. 186f., 206.

Pseudonyms, schrieb und publizierte, soll im Folgenden dargestellt werden. Mit dem Pseudonym scheint das Konzept einer Imprese, eines mit einem Wahlspruch kombinierten Sinnbilds, verbunden gewesen zu sein, die aber entweder nie konkret ausgeführt worden oder im Laufe der Zeit verloren gegangen ist.

Prologus

In den Jahren um 1540 besuchten vier Söhne aus den besten Basler Familien ungefähr zur gleichen Zeit die Lateinschule am Münster: Theodor Zwinger (geb. 1533), dessen Stiefvater der Diakon zu St. Leonhard, Conrad Lycosthenes, und dessen Onkel der Drucker und Griechisch-Professor Johannes Oporin war; Basilius Amerbach (geb. 1533), dessen Vater Bonifacius Stadtsyndikus und Rechtsprofessor war; Felix Platter (geb. 1536), dessen Vater Thomas Leiter der genannten Schule war; Johann Martin Huber (geb. 1536), dessen Vater Johann Stadtarzt war.[4] Zwei von ihnen sollten später Mediziner werden (Zwinger, Platter), zwei Juristen (Amerbach, Huber). Bis es soweit war, studierten sie an verschiedenen Orten im Ausland, wobei sich ihre Spuren immer wieder kreuzten, bis sie alle sich wieder in Basel trafen und wie ihre Väter einflussreiche Ämter antraten. Von allen erwarteten ihre Familien und ihr Lehrer, dass sie möglichst rasch und brillant doktorierten und sich möglichst vorteilhaft verheirateten.

Der junge Theodor war ein hochbegabtes Kind, ein ‹Überflieger›:[5]

> «Als ersten Lehrer hatte er Thomas Platter […]. In dieser Schule machte er in kurzer Zeit solche Fortschritte, dass er die übrigen Kommilitonen in Latein wie auch in Griechisch an Gelehrsamkeit und Geist leicht überflügelte. Er widmete sich der Lektüre mit solchem Seeleneifer und solcher Aufmerksamkeit, dass er manchmal wie von einer Ekstase er-

---

4 Zu Huber vgl. «Die Amerbachkorrespondenz», hrsg. von Alfred Hartmann und Beat R. Jenny, Basel 1942–2010 (im Folgenden als AK zitiert), Bd. XI/2, Nr. 4598, Vorbemerkung.
5 Felix Platter: Vita Theodori Zvingeri, in: Theatrum humanae vitae Theodori Zuingeri, Basel (Sebastian Henricpetri) 1604, Bd. 1, Praefatio, Bl. }:{ 3v–4v, hier 3v (übersetzt von Marie-Louise Portmann: Biographie des Basler Humanistenarztes Theodor Zwinger [1533–1588], verfasst von seinem Kollegen und Freund Felix Platter, in: Zusammenhang. Festschrift für Marielene Putscher, Köln 1984, S. 231–244, hier S. 233). Dies ist die klassische Biographie, welche die Grundlage für spätere Beschreibungen bildete und Zwingers Bild für die Nachwelt prägte. Zwingers lebenslanger Freund Felix Platter erinnerte am 29. Okt. 1594 anlässlich der Doktorpromotion von Zwingers Sohn Jakob an dessen Vater (erstmals in der ersten nach Zwingers Tod erschienenen Ausgabe des *Theatrum vitae humanae,* 1604, publiziert; eine handschriftliche deutsche Übersetzung

griffen wurde und von Staunen unter dem Bild der Starrheit, die man Aphonie nennt, befallen wurde, welche nur bei jenen vorkommt, die sich intensiv mit einer Sache beschäftigen, so dass er nicht ein Wort hervorbringen oder auf Gefragtes antworten konnte. [...] Als er von der Schule an die Universität übergegangen war, fand er durch die Proben seines Fortschritts und Geistes so sehr den Beifall der Professoren jener Zeit [...], dass er bald in die höheren Klassen befördert wurde.»

Theodor war aber nicht mit sich zufrieden. Er wollte auf eigenen Beinen stehen und mehr als nur Basel kennen lernen. Man mag dies als normalen Entwicklungsschritt eines Pubertierenden ansehen; sicherlich hatte ihn aber sein Lehrer Thomas Platter darin bestärkt, in dessen Selbstbild das «Wandeln», die Zeit, die er als fahrender Schüler verbracht hatte, eine wichtige Rolle spielte.[6]

des Textes in: UB Basel, KiAr G X 72:1b). – Abgesehen von Platters persönlichen Erinnerungen scheinen die Fakten aus einer früheren, allerdings nie gedruckten Biographie zu stammen, der vom Antistes Johann Jakob Grynäus verfassten *Comparatio Theodori Zvingeri cum Aristotele Stagirita*. Grynäus, nach Platters eigenen Angaben einer von Zwingers älteren Freunden (vgl. Platter, Vita, Bl. }:{ 4v), hielt 1588 nicht nur die Leichenpredigt auf Zwinger («Ein Christliche Leichpredig ... bey der Begrebnus ... Theodori Zvinggeri medici», Basel [Seb. Henricpetri] 1588), sondern zum ersten Jahrestag von Zwingers Tod 1589 die erwähnte *Comparatio* als Vorlesung in *schola historica*. Erhalten ist der Text in einer Abschrift Emanuel Ryhiners (*1592), eines Sohns von Zwingers Tochter Valeria (UB Basel, KiAr Mscr 142). Auf die eigentliche *Comparatio* (Bl. 2r–7v) folgt, etwas abgesetzt, in chronologischer Reihenfolge eine knappe Aufzählung der wichtigsten Lebensstationen Zwingers bis zur Hochzeit 1561 (Bl. 7v–8v). Vermutlich handelt es sich um eine Kompilation von Grynäus selber oder evtl. auch aus dem Kreis der Familie, die die Grundlage für die *Comparatio* bildete. Die anschliessenden Listen der geistigen Kinder Zwingers, d. h. seiner Publikationen (Bl. 8v–9r), und seiner körperlichen Kinder (Bl. 9r–v) dürften ebenfalls aus der ursprünglichen Kompilation stammen, wurden aber von Ryhiner an einigen Stellen à jour gebracht. Die *Comparatio* und die Listen enthalten einige Daten und Einzelheiten zu Zwingers Leben, die in der folgenden biographischen Literatur zu Zwinger nicht aufgenommen worden sind.

6 Zwinger an seine Eltern, Sept. 1548 (UB Basel, G II 13a, 100, ediert in: Steinmann, Sieben Briefe [wie Anm. *], S. 186): «Min schůlmeister Thomas Platter und andere mehr sagend zů mir: wann witt wandlen? Dann sy erkennends wol, das es ietz fast zitt [höchste Zeit] ist.» Zu Platters Wanderjahren vgl. seine «Lebensbeschreibung», hrsg. von Alfred Hartmann, 3. Aufl., Basel 2006. Im Rückblick beurteilte Zwinger seinen frühen Auslandsaufenthalt negativ. In der *Methodus apodemica*, einer Unterweisung für erfolgreiche Auslandsaufenthalte, schreibt er (Methodus apodemica in eorum gratiam, qui cum fructu in quocumque tandem vitae genere peregrinari cupiunt, Basel, Eus. Episcopius / off. Hervagiana, 1577, Bl. γ1r–v): «Wie sehr mein im Alter von 15 Jahren unüberlegt begonnener Auslandsaufenthalt meiner Ausbildung geschadet hat, der ich drei Jahre lang, in Lyon an eine Druckerei gebunden, diesen ausserordentlich wichtigen Lebensabschnitt nicht nur ohne Ertrag, sondern sogar mit einem beträchtlichen Verlust desjenigen, das ich zuhause an Grundausbildung empfangen hatte, vergeudete, daran denke ich nicht ohne Schmerz zurück.» Eine identische Aussage in: Zwinger, Theatrum vitae humanae, Basel 1605, S. 3712, s.v. *Libri typis excusi. Typographi*.

Felix Platter berichtet über den 15-Jährigen:[7]

«Da er grosse Lust zum Reisen hatte, ihm dies aber von den Eltern nicht so sehr wegen der Kosten, als vielmehr um die Gefahr vom einzigen Sohn abzuwenden, verweigert wurde, verliess er ohne deren Wissen im Jahr 1548 seine Heimatstadt mit einem Reisegefährten, dem Glarner Heinrich Elmer, nachdem er den Grund seines Weggangs in einem Brief niedergeschrieben und darin gleichzeitig um Verzeihung gebeten hatte und diesen nachher in die Serviette einwickelte, damit er zur Zeit des Abendessens gefunden würde.»

In dem erwähnten Abschiedsbrief begründet Zwinger seinen Entschluss folgendermassen:[8]

«Das ich awegs zogen bin, liber vatter und můter, acht ich, ir nemmends für übel und (wi auch billich) gantz schwerlich uff, das ich so unghorsamm sye. Wenn ir aber die sach recht betrachten wend, werdend ir mir lichtlich moegen verzihen. Dann vil ursach hand mich darzů betrachtend verursacht. Dann wir sehend, das mann hütt zů tag uff keinem nütt hatt, keinen nütt schetzt, inn verachtet und vexiert, welcher nitt gewandlet ist, dann er ist grad, wie ein unnbachens brott.

So derhalben imm also ist, ist es doch nitt als daran gelegen, dz einer seltzamme land, seltzamme sitten, und geberden, brüch, und mißbrüch aller voelcker erfare, wiewol das auch wißhayt und verstand bringt, das aber ist die aller groeste erfarnuß, das einer armůt liden, und ummentumlet můß werden, dardurch er dann mhe lernet inn einem iar, dann wann er schon sunst dry da ußen were, mitt großem kosten siner eltern.

Also hab ich auch docht, und mir fürgenomen auch zů wandlen, und das mitt keinem uwerem kosten, sunder wo ander erneret werden, da will ich (mitt gottes hilf) auch under kon. Dann was moecht mich das helfen, wz moecht ich darzů erfaren, wann ir mich schon gan Straßburg mitt üwerem großen kosten gschickt hetten? Nütt überall [überhaupt nichts], dann so ich denn disch [Kost und Logis] schon hett ghan, lernet ich als vil, als wann ich grad daheymen bliben wer. *Exempla existunt domestica.*»

Zwinger war also – um es in der Sprache unserer Zeit zu sagen – davon überzeugt, dass er ohne Auslandserfahrung keine Karrierechancen habe. Wichtig war ihm dabei nicht, was er dort lernte, sondern wie er es lernte. Er wollte sich unbedingt ohne Unterstützung der Eltern durchbeissen. Offenbar gab es in Basel abschreckende Bei-

---

7   Platter, Vita (wie Anm. 5), Bl. }:{ 3v–4r = Portmann, S. 234.
8   Steinmann, Sieben Briefe (wie Anm. *), S. 183f.

spiele von jungen Auslandsreisenden, für die von den Eltern so gut vorgesorgt wurde, dass sie seiner Meinung nach gerade so gut hätten zuhause bleiben können.

Erstes Ziel war Lyon, wo Zwinger drei Jahre lang, trotz allem auch ein wenig von seinen Eltern unterstützt, in einer Druckerei arbeitete. 1551 bezog er in Paris die Universität. Dort lernte er, wie er im Rückblick sagte, zwar eine Menge und war auch sehr stolz auf dieses Wissen. Doch Durchdringung und Methode fehlten noch, weshalb er 1553 nach einem kurzen Aufenthalt in Basel laut eigenem Bekunden in Padua noch einmal bei Null anfangen musste.[9] Sein Studienkollege bis 1555 war dort ein ehemaliger Klassenkollege aus Basel, Basilius Amerbach. 1555 bewarb Zwinger sich bei Bonifacius Amerbach, Basilius' Vater, um ein Stipendium aus der Erasmus-Stiftung, das ihm 1558 dank Basilius' Fürbitte schliesslich auch zugesprochen wurde.[10]

Larva

Am 21. April 1558 traf Gilbertus Cognatus, der ehemalige Sekretär des Erasmus von Rotterdam, der nach Erasmus' Tod in Nozeroy eine Privatschule aufgebaut hatte und beste Beziehungen zu Basel pflegte,[11] zusammen mit dem jungen Erzbischof von Besançon, Claude de la Baume, und anderen Schülern für eine knapp ein Jahr dauernde Reise durch Oberitalien in Padua ein. Bald muss er mit Zwinger in Kontakt gekommen sein und ihn auch immer wieder getroffen haben.[12] Selbst ein begeisterter Poet, animierte Cognatus auch seine Schützlinge und ebenso Zwinger zu diesem Zeitvertreib. Die Ergebnisse sind uns in zwei Publikationen überliefert, einem Druck mit zwei Reden von Cognatus, denen in einem Anhang einige Briefe und Gedichte seiner Schüler und Zwingers beigegeben sind,[13] und eine Publikation mit Gedichten zum Tode der Mutter

---

9   Methodus apodemica (wie Anm. 6), Bl. γ1r–v.
10 AK IX/2 (wie Anm. 4), Nr. 3931, Z. 36–41 mit Anm. 11.
11 Zu Cognatus (Cousin) vgl. «Contemporaries of Erasmus. A Biographical Register of the Renaissance and Reformation», Toronto [etc.] 1985, Bd. 1, S. 350–352.
12 AK X/2 (wie Anm. 4), Nr. 4270 Anm. 1; Topographia Italicarum aliquot civitatum, in: Gilberti Cognati Nozereni opera multifarii argumenti, Basel (Heinrich Petri) 1562, Bd. I, S. 380–393; auf S. 393 wird Zwinger erwähnt. – Lucien Febvre: Un secrétaire d'Érasme. Gilbert Cousin et la réforme en Franche-Comté, in: Bulletin de la Société de l'histoire du protestantisme français 56 (1907), S. 97–158, hier S. 115f.
13 Gilberti Cognati Nozereni orationes duae de Christi nativitate et morte. Eiusdem carminum liber unus, Venedig 1559, mit einem Anhang unter eigenem Titelblatt: Clarorum quorundam virorum epistolae ad Gilbertum Cognatum Nozerenum, Venedig (Camillus Iunius) 1559. Da der zeitlich letzte im Druck enthaltene Brief ein Schreiben Zwingers

dreier Schüler des Cognatus, deren Mittelpunkt ein langes Gedicht Zwingers bildet, wohl sein längstes, ein nach Vergils dritter Ekloge geformtes Hirtengedicht.[14]

In den Gedichten selbst, aber auch in den begleitenden Briefen wird immer wieder der Gegensatz zwischen der realen Welt mit den Anforderungen des Studiums, aber auch den rigiden Normen einerseits und den als Nichtigkeiten, Spielereien, Tändeleien charakterisierten Gedichten andererseits betont. Poesie wird als eine eigentlich unstatthafte Flucht aus der Realität dargestellt.[15] Natürlich ist das auch topisch, doch erwarteten durchaus nicht nur Zwingers Lehrer in Padua, sondern auch seine Angehörigen und der Stipendiengeber in Basel, dass er seine Zeit nicht mit Allotria vertrieb, sondern der medizinischen Ausbildung widmete. Vielleicht deshalb trat er in dieser ersten Publikation unter einem Pseudonym an die Öffentlichkeit. Einmal nennt er sich *Diodorus Polypus Rauracensis*, in den meisten Fällen aber *Theodorus Nautilus Regiensis*, was mehr oder weniger dasselbe heisst: «Theodor Nautilus aus Basel».[16]

---

vom 23. Febr. 1559 an den bereits abgereisten Cognatus ist, dürfte Zwinger zumindest in der Schlussphase den Druck betreut haben. Die meisten Teile wurden in Cognatus' «Gesammelte Werke» (Opera, wie Anm. 12) übernommen.

14 Epicedia in obitum nobilissimae matronae Franciscae à Damas, uxoris illustrissimi baronis Philiberti à Balma Domini de Corgenon, Perex, etc. Adiecimus quaedam in obitum Caroli V. Caesaris Aug. Imperatoris maximi et aliorum quorundam, Venedig (Camillus Iunius) 1559. – Cognatus hatte einige Jahre zuvor bei Zwingers Onkel Oporin eine ähnliche Sammlung zum Tode des Onkels von Claude de la Baume, Philibert de Rye, erscheinen lassen, in der ebenfalls eine Ekloge im Mittelpunkt steht: Epitaphia, epigrammata et elegiae … in funere … Philiberti a Rye episcopi Genevensis, Basel (Oporin) 1556. – Zu den drei Brüdern Jean, Aimé und Antoine de la Baume-Perrex vgl. Émile Monot: Gilbert Cousin et son école de Nozeroy. Deux jolies figures d'écoliers comtois: Guillaume et Jean de la Baume-Perrex (Perain), Mémoires de la Société d·émulation du Jura, sér. 12, vol. 1 (1928–1929).

15 Einander gegenübergestellt werden einerseits Dichtung und Studium (der Medizin und Philosophie), vgl. Orationes duae (wie Anm. 13), Bl. B8r = Epicedia (wie Anm. 14), Bl. B8r = Opera (wie Anm. 12), I, S. 431 = II, S. 147: *«Sic me carmina sacra docta nostri / Cognati ingenuo et pio furore / Replerunt, nequeam ut uolens reuerti / Artes ad medicas: Philosophia / Sordet tota, animus beatiores / Quaerit diuitias opesque certas; / Sed nobis miserae tamen tenenda / Est uitae ratio.»* Anderseits wird die Strenge des Studiums auf die Italiener und Italien übertragen und die heimatliche Gegend am Oberrhein als positives Gegenbild aufgebaut, vgl. Epicedia (wie Anm. 14), Bl. 6v–7r = Opera (wie Anm. 12), I, S. 431: *«Sic tu, qui patria procul remotus / Extremos Veneti maris recessus / Atque Antenoreos adisti muros* [das der Sage nach von Antenor gegründete Padua], */ Laruatos Senecasque Mutiosque / Censura rigidos Catoniana / Exosus cane peius, angue peius, / Tandem cum Zephyris hirundineque / Prima propitiis diis relinquas / Et te mox patriae tuisque redde / [...] / At nos, qui Italiae iugum seuerae / Multos pertulimus libenter annos, / Libertatis amore patriaeque / Maturum reditum, Deo fauente, / Optato cuperemus hic adesse.»*

16 Epicedia (wie Anm. 14), Bl. A2r, A2v, A3r; Orationes duae (wie Anm. 13), Bl. B7v, Bb2v, Bb5v. *Serpens Nautilus* (Epicedia, Bl. B6v) über einem Neujahrsgedicht für Cognatus

Zu Beginn des Jahres 1559 schrieb Zwinger Cognatus, wie er ihn beneide, dass er nun bald wieder nach Hause zurückkehren könne.[17] Er selber möchte auch möglichst bald heim, doch:

Vnum obstat, καλὸν *est domum* νέεσθαι,
ἂν αἰσχρὸν κενεὸν *manuque inani.*

Wie Odysseus den Griechen, die nach neun Jahren vergeblicher Belagerung von Troja abziehen wollen, ans Herz legt, noch auszuharren, da es eine Schande wäre, nach so langer Zeit unverrichteter Dinge zurückzukehren (*Ilias* 2,298), schreibt Zwinger, der nun schon elf Jahre in der Fremde weilt, über sich selber:

«Eines steht [der Heimkehr] entgegen. Es ist schön, nach Hause zurückzukehren, doch wäre es eine Schande, erfolglos und mit leeren Händen.»

Was Zwinger noch fehlte, war der Abschluss mit dem Doktorat. Wohl dank des Stipendiums der Erasmus-Stiftung konnte er die kostspielige Prüfung am 27. Januar 1559 absolvieren.[18] Danach versuchte er zuerst, sich in Padua eine Dozentenstelle zu sichern, indem er in der Natio germanica den Antrag stellte, die *Lectura scholastica primaria vel Theoricae extraordinariae* zu seinen Gunsten einer

---

zum 1.1.1559 dürfte sich auf das damit überreichte Geschenk, wohl das Bild einer sich häutenden Schlange, beziehen. Zwinger wird damit auf Cognatus' *symbolum* anspielen: ein Quader, auf dem ein Buch liegt, auf welchem sich eine Schlange in die Form eines G (wie Gilbertus) mit einer darin sitzenden Taube krümmt, vgl. Effigies Des. Erasmi Roterodami ... & Gilberti Cognati ... una cum eorum symbolis, Basel (Oporin) 1553, Bl. B3r und 4v.

17 Epicedia (wie Anm. 14), Bl. 7r = Opera (wie Anm. 12), I, S. 431, im Anschluss an die in Anm. 15 zitierte Passage. Über die Verwendung dieses homerischen Verses in solchen Zusammenhängen äussert sich Zwinger in der Morum philosophia poetica, Basel (Episcopii) 1575, S. 40: «*Nec minus altera illa, ab eodem Homero petita,* αἰσχρὸν δὴ δηρὸν μενέειν, κενεὸν δὲ νέεσθαι, *a Graecorum militia ad quamuis translata peregrinationem.*» Erasmus führt in Adag. 1787 den Fall eines Studenten als erstes Beispiel an: «*Foedum est et mansisse diu vacuumque redisse: ... Conuenit, ubi quis longam de se concitauit expectationem, cui postea non respondeat, veluti si quis studii causa diu peregrinatus domum redeat nihilo doctior ...*»

18 Zum Datum der Promotion nach Zwingers Diplom (UB Basel, AN VI 65b) siehe Antonio Favaro: Atti della nazione Germanica artista nello studio di Padova, Monumenti storici pubblicati dalla R. deputazione Veneta di storia patria 19, Ser. I, 14, Venedig 1911, S. 28 (*«Lauream hoc anno acceperunt Patavii: ... Theodorus Zuinger Basiliensis, mense Ianuario 1559»*) und: Acta graduum academicorum Gymnasii Patavini ab anno 1551 ad annum 1565, a cura di Elisabetta Dalla Francesca e Emilia Veronese, Rom 2001 (Fonti per la storia dell'Università di Padova 16; Acta graduum academicorum Gymnasii Patavini 1406–1806, 4/1), S. 344, Nr. 859.

anderen Landsmannschaft zu entreissen. Doch der Plan misslang,[19] und Ende August reiste Zwinger dann nach Basel zurück, wo er am 15. September zur Mittagsstunde eintraf.[20]

Nun waren die vier ehemaligen Schulkollegen, Amerbach, Platter, Zwinger und wohl auch Huber, für kurze Zeit wieder in Basel beisammen. Das Doktorat hatte Zwinger nach Platter als zweiter erreicht. Jetzt war die Ehe das nächste Ziel. Felix Platter hatte auch in dieser Hinsicht die Nase vorn und war seit 1557 vorteilhaft verheiratet.[21] Für Basilius Amerbach war ebenfalls eine sehr gute Partie eingefädelt. Er sollte Esther, eine Tochter des Oberstzunftmeisters Jakob Ruedin, heiraten. Doch ging er, noch ohne Doktortitel, zuerst noch einmal ins Ausland: Von Dezember 1559 bis September 1560 absolvierte er ein Praktikum am Reichskammergericht in Speyer.

Während dieser Zeit entspann sich zwischen Zwinger und Amerbach ein ausgesprochen reizvoller Briefwechsel. Offenbar hatte Zwinger Amerbach in der kurzen Zeit, als sie beide zusammen in Basel waren, über sein Pseudonym aufgeklärt, denn er unterzeichnete nun seine Briefe als Ναυτίλος, einen als Ναυτίλος ναυτιλότατος, also etwa «nautilusartigster Nautilus». In einem weiteren Brief unterschreibt er – sicherheitshalber? – gar nur mit «Nosti amicum» / «Du kennst Deinen Freund».[22]

Bereits bei den in Venedig publizierten Gedichten war es darum gegangen, in spielerischer Weise die Verantwortung für vielleicht nicht ganz geglückte oder nicht ganz seriöse Gedichte vor einer grossen Öffentlichkeit zu kaschieren. Bei den Briefen, die nur für Basilius bestimmt waren, der den Absender selbstverständlich kannte, hat das Pseudonym nicht mehr die Funktion, den Verfasser zu verbergen, sondern soll wohl nur noch auf die Fragwürdigkeit des Inhalts hinweisen. Die Briefe enthielten ebenfalls viele poetische Passagen, aber auch viel Schimpf und Scherz. Das Hauptthema war

---

19 Der Bericht des Consiliarius Johannes Benz über diese ganze Affäre (Favaro [wie Anm. 18], S. 24–26) erweist Zwinger zwar durchaus Respekt (*«Theodorus Zuinger Basiliensis, iuvenis si quis alius eruditus»*), lässt aber spüren, dass Zwinger es sich mit einem Grossteil der Natio vermutlich verscherzt hatte und auch im nächsten Jahr kaum noch Chancen gehabt hätte, den Lehrstuhl zu erhalten.

20 Grynäus, Comparatio (wie Anm. 5), Bl. 8r.

21 Platter hatte sich 1557 in Basel mit der glänzenden Promotion zum Dr. med. und der ausgiebig gefeierten Heirat mit Magdalena, Tochter des Scherers und Ratsherrn Franz Jeckelmann, etabliert, vgl. Felix Platter: Tagebuch (Lebensbeschreibung) 1536–1567, hrsg. von Valentin Lötscher, Basel 1976, S. 304–328.

22 AK XI/1; Nr. 4463, 4469 (Ναυτίλος ναυτιλότατος), 4501, 4510, 4528, 4547 (*«Nosti amicum»*), 4556, 4566.

Amerbachs Verlobte Esther (Asteria) Rudin,[23] die sich laut Zwinger in Basel nach dem abwesenden Basilius verzehrte. Zwinger schildert sie in den verlockendsten Farben. Zuerst, Ende 1559, gleich nach Basilius' Abreise, noch relativ züchtig in klassischen Hendekasyllaben und mythologischem Dekor:[24]

> *Tu Nemetes videre pergis,*
> *Crudelis, rosea ista labra spernis,*
> *Spernis basia melle dulciora,*
> *Collum tam niueum, teres, rotundum,*
> *Pastorem vt Phrygium mouere possit?*
> *Vides? Prominulae tument papillae*
> *Atque à te debitum petunt liquorem.*
> *Vides turgidulos rubere ocellos?*
> *Vides languidulas iacere malas*
> *Et totam lacrymis madere largis?*

«Du willst unbeirrt die Nemeten[25] sehen,
Grausamer, verachtest diese rosigen Lippen,
Verachtest Küsse süsser als Honig,
den Hals, so weiss, glatt und rund,
dass er den phrygischen Hirten[26] berücken könnte?
Siehst Du es? Vorspringend schwellen die Brustwarzen
und verlangen von Dir den geschuldeten Saft.
Siehst Du ihre geschwollenen Äuglein sich röten?
Siehst Du, wie ihre ausgezehrten Wangen hängen
und sie von reichlichen Tränen ganz benetzt ist?»

Im März 1560 wird Zwinger konkreter und anzüglicher:[27]

> *Noua. Tu cessas; adornat familia Rudiana abitum ad Thermas. Tu cessas?*
> *Corpo de mi, nudam illic videbis! L'altro giorno la vidi mitt dess iungen*
> *Rüdis frauwen,*
>
> > *sed quantum stellas nocturno lumine Phoebe,*
>
> *tantum illa illas. Narrauit mihi d. Ioannes,* φιλικὸν δῶρον *nuper ad te transmissum esse ab illa. Ô te beatum! Verùm, audi: redi, propera! Ad*

---

23 AK XI/2 (wie Anm. 4), Nr. 4608, Anm. 1.
24 AK XI/1 (wie Anm. 4), Nr. 4463, Z. 40–49; vgl. auch die unter Nr. 4469 versammelten Gedichtentwürfe.
25 Germanischer Stamm, dessen Hauptort Noviomagus Nemetum, Speyer, war.
26 Der trojanische Königssohn Paris.
27 AK XI/1 (wie Anm. 4), Nr. 4510, Z. 92–105: «Neuigkeiten. Du machst nicht voran; die Familie Rudin bereitet sich vor, in die Badekur zu gehen. Du zögerst? Bei Leib und Leben,

pascha te expecto, dass ir die eyer in die pfannen schlahend. Redibit pariter d. Ioannis filius iurec(onsultus)[28]*; hîc vnà promouebimini. Perche non?* Wolt ir die fröud vnd die ehr den euweren nit bass gönnen *quam Italis aut Gallis? Huc addo, quod vna eademque opera etiam Asterie doctoratus gradum assumet; neque enim dubito te ingenio et docendi methodo ita pollere, vt etiam vnica nocte doctorissam illam facere possis. Quàm dulce, quam iucundum erit audire* «Frauw Doctorin» *etc.*

Daneben erzählen sich Zwinger wie Basilius amouröse Heldengeschichten, die ihren Sitz vermutlich weniger im Leben als – auch in sprachlicher Hinsicht – in zeitgenössischen italienischen Novellen haben, die sie wohl während ihrer Italienaufenthalte schätzen gelernt hatten.[29] Basilius berichtet über die Prostituierten in Speyer. Zwinger kontert mit Erlebnissen, die er bei Krankenbesuchen mache:[30]

Accessi vetulam stomachicam. Illa senectutem accusabat nec ad pristinam san<ita>tem restitui se posse rebatur. Ego parabolarum magister dico: «Es nackt wirst Du sie dort sehen! Letzthin sah ich sie mit des jungen Rudin Frau, ‹aber wie der Mond die Sterne mit seinem nächtlichen Licht (verdunkelt)›, so sie die anderen. Es erzählte mir Herr Johann, kürzlich sei eine Liebesgabe von ihr an Dich abgegangen. Oh Du Glücklicher! Aber hör auf mich: Komm zurück, beeil dich! Auf Ostern erwarte ich dich, damit Ihr die Eier in die Pfannen schlagt. Gleichzeitig wird auch Herrn Johanns Sohn, der Rechtsgelehrte, zurückkehren; hier werdet Ihr zusammen promoviert. Warum nicht? Wollt Ihr die Freude und die Ehre nicht eher den Euren gönnen als den Italienern und den Franzosen? Ausserdem, füge ich hinzu, könnte auch Esther in ein und demselben Aufwasch den Doktorgrad erwerben, denn ich bin sicher, dass Du bei Deinen Talenten und Deiner Lehrmethode fähig bist, sie in einer einzigen Nacht zur Doktorin zu machen. Wie süss, wie angenehm wird es sein, ‹Frau Doktorin› genannt zu werden.» Etc.

28 Johann Martin Huber, der damals in Tübingen studierte, vgl. AK XI/2 (wie Anm. 4), Nr. 4598 Vorbemerkung.

29 In der erhaltenen Bibliothek der Familie Amerbach ist die italienische Literatur des 16. Jahrhunderts gut vertreten, darunter z.B. auch Aretinos *Ragionamenti* (UB Basel, AP VI 37).

30 AK XI/1 (wie Anm. 4), Nr. 4501, Z. 22–36: «Ich machte einen Besuch bei einer Alten, die es auf dem Magen hatte. Sie schrieb es dem Alter zu und meinte, sie könne nicht mehr in den ursprünglichen Gesundheitszustand gebracht werden. Ich als Meister der Vergleiche sage: ‹Es ist kein Schuh so alt, als dass man ihn nicht ausbessern könnte.› Die blutjunge Magd, die in der Ecke stand, lächelt dazu im Verborgenen. Als ich das Haus der Herrin verlassen hatte, fragte ich nach dem Grund für das Lachen. Sie sagte: ‹Wie als ob man nur die alten Schuhe ausbesserte! Ist Eure Ahle denn so stumpf, dass sie nur durch das alte Leder eindringen kann?› Was hätte ich da antworten sollen? Statt zu reden, handelte ich. Ich (zog) sie in einen Winkel, den Hosenlatz geöffnet, zeigte ich ihr den Degen, der von selbst sichtbar wurde; den fand sie gut, schmackhaft, süss. Und was machst Du? Folgst den Herrschaften, Exzellenzen, Vorzüglichkeiten etc. Sicherer ist es, kranke Mädchen zu besuchen, ihnen warme Klistiere in den untersten Teil des Bauchs zu verabreichen und zugleich mit dem Röhrchen die Blasensteine abzutasten. Abwechslung macht Freude. Es ist aber nichts.»

ist kein schůch so alt, denn mann nitt könne bletzen.» *Subrisit ancilla iuuencula stans in angulo. Egressus domo dominae causam risus quaero. Illa dixit:* «Glich als ob mann die alte<n> schůch bloss bletzte. Ist denn euwer alen so stumpf, dass sie bloss durch dass alt leder kan herinn kommen?» *Quid responderem? Factum pro verbis: illam ego in angulum et deflacciata la braguetta mostrai il braquemardo da se uisto, che la trouua bono, sauorito, dolce. Tu quid? Dominationes sequeris, excellentias, praestantias etc.*

> *Tutius est aegras accedere posse puellas*
> *Clysteresque imo calidos infundere ventri*
> *Vesicaeque simul lapides tentare syringa.*

Varietas delectat. Es ist aber nichts.

Der letzte Satz zeigt, dass die Geschichten erfunden sind. Zwinger hat einfach Freude: seinem Alter entsprechend am derb-obszönen Inhalt, seiner hohen sprachlichen Begabung entsprechend an der gewandten Formulierung. Er wechselt von Satz zu Satz oder von Wort zu Wort die Sprache: vom Lateinischen ins Italienische, Französische oder Deutsche. Prosapartien wechseln mit Versen bzw. Versteilen. Will man die Briefe in eine Tradition einreihen, bietet sich die in der Renaissance produktiv weiterwirkende menippeische Satire mit ihrem Wechsel von Prosa und Metrum an. Viel dominanter ist der Einfluss der zeitgenössischen italienischen Literatur, aus der Zwinger und Amerbach beide oft und gern zitieren: an erster Stelle die erotischen Novellen wie Aretinos *Ragionamenti*, dann aber auch die Makkaronipoesie nach der Art von Teofilo Folengos *Baldus*. Daneben spielt der Studentenhintergrund eine wesentliche Rolle: Oft entsteht die Pointe durch die Diskrepanz zwischen dem Inhalt und der sozusagen akademischen Behandlung in der Art und der Sprache der Jurisprudenz oder der Logik.

Trotz der fast alles durchdringenden sexuellen Konnotierung und den Obszönitäten wäre ein Pseudonym nicht nötig gewesen, wie folgender Bericht Zwingers zeigt:[31]

Verum nuper etiam cum Teutenhofero disputabam, praestantioresne essent cazzi coglionibus: ille cazzum vrgebat, ego magna omnium approbatione,

---

[31] AK XI/1 (wie Anm. 4), Nr. 4528, Z. 57–63: «Aber kürzlich habe ich auch mit Teutenhofer darüber disputiert, ob die Schwänze den Vorzug vor den Hoden verdienten. Er plädierte für den Schwanz, ich überzeugte aber unter grosser Zustimmung aller, vor allem auch Deines Vaters, dass den Hoden der erste Platz gebühre, und verfasste in der Folge diesen Vers aus dem Stegreif: ‹Der erste Platz sei den Hoden, der zweite den Schwänzen. Der Schwanz pflügt, die Hodenbörse verteilt den Samen.›»

inprimis verò parentis tui, conuici coglionibus primum deberi locum et inde hunc versum scripsi ex tempore:

Primus coglionis, cazzis locus esto secundus.
Cazzus arat, semen spargit coglionia bursa.

Nicht einmal der alte Bonifacius Amerbach, der bei der fröhlichen Runde offensichtlich anwesend war, scheint Anstoss genommen zu haben. Der Name Nautilus diente also nicht als Deckmantel für die zwischen erotisch-lasziv und derb-vulgär mäandrierenden Texte, sondern hatte dieselbe Funktion wie in den beiden venezianischen Publikationen: Zwinger signalisierte damit dem Eingeweihten, dass er sich der poetischen Qualität und des prekären Inhalts der Texte bewusst war.

Ein letztes Mal, soweit ich sehe, verwendete Zwinger das Pseudonym ganz in diesem Sinn in einer kleinen Publikation, welche er seinem Freund Basilius Amerbach unter dem Titel *Nautileum Somnium*, «Traum des Nautilus», zur Hochzeit widmete. Datiert ist das Gedicht auf 1560; die Hochzeit selbst fand erst im Februar 1561 statt.[32] Als Prätexte scheinen Zwinger hauptsächlich Ciceros *Somnium Scipionis* und vermutlich Martianus Capellas *De nuptiis Philologiae et Mercurii* gedient zu haben. Er fingiert, er habe im Traum seinen Körper verlassen und, durch die Planetensphäre aufgestiegen, im Olymp die Hochzeit von Basilius und Esther beobachtet, welche im Kreis der Götter und unzähliger Personifikationen stattfand. Das aus Prosa und Versen bestehende Opusculum erschien nicht wirklich unter einem Pseudonym: Der einleitende Brief trägt zwar keinen Verfassernamen, nur die Aufforderung *Vale, et Nautilum tuum ama!*, doch Zwingers Name folgt auf der letzten Seite, wo dieser das Werk, bezeichnet als προτέλεια καὶ προγάμεια, dem Brautpaar zueignet, und zwar *Minerva imperante, Musis fingentibus, Mercurio referente, Nautilo dictante*, also: «Minerva gab den Befehl, das Büchlein zu schreiben, die Musen erfanden es, Merkur brachte es (im Schlaf) [Merkur führte Zwinger zum Olymp], und Nautilus diktierte es.»

---

32 Vgl. AK XI/2 (wie Anm. 4), Nr. 4608, Anm. 1. Zwinger selbst wird am 17. Sept. 1561 Valeria Rudin, die Witwe von Lukas Iselin und Schwester von Esther Rudin, heiraten. Einen Ruf nach Marburg im Okt. 1561 lehnte er ab (vgl. AK XI/2, Nr. 4634, Anm. 9 und Gerhard Krause [Hg.]: Andreas Gerhard Hyperius. Briefe 1530–1563, Tübingen 1981 [Beiträge zur hist. Theologie 64], Nr. 53). Dem vierten im Bunde, Johann Martin Huber, war es nicht vergönnt, alle in ihn gesetzten Erwartungen zu erfüllen. 1563 wurde er in Padua zum Dr. iur. promoviert, im Januar 1564 in Basel zum Professor des Codex ernannt. Doch bereits im März 1564 starb er unverheiratet. Vgl. AK XI/2 (wie Anm. 4), Nr. 4598 Vorbemerkung.

Nautilus hat also eine doppelte Funktion: einerseits enthebt er Zwinger der Verantwortung für das Dichtwerk, anderseits passt er als Schlüsselwort der Korrespondenz der vergangenen Monate bestens zu diesem Gratulationsgedicht, das Amerbach in den Hafen der Ehe mit Esther geleiten soll, von der in den Briefen so viel die Rede war.

Aufs Ganze gesehen hat Zwinger das Pseudonym Nautilus also nicht sehr oft und vor allem mehr spielerisch benutzt. Es diente ihm nicht wirklich dazu, sich vor irgendwelchen Anfeindungen für gewagte Aussagen zu schützen.

Wie kam er aber dazu, Nautilus als Tarnnamen zu verwenden? Aufschluss gibt ein Gedicht in Hendekasyllaben, ganz im Stile Catulls, das Zwinger noch in Italien veröffentlichte.[33]

> *Laruati iuuenes senesque passim*
> *Incedunt solitoque ineptiores.*
> *Omnes sunt homines. Procul seueri*
> *Mores hinc fugiant, uenustiores*
> *Succedant. Puer, huc mora sine ulla*
> *Laruam effer solitam et meam marina*[34]
> *Obueles faciem manusque concha,*
> *Ne nos sentiat hîc ineptientes*
> *Seuerus Stoicae scholae magister,*
> *Qui in nos turgidulos sophos minaci*
> *Voce concitet et iocos remissos*
> *Atroci rigidus petat flagello.*
> *Huc, o Nautile, symbolum atque larua*
> *Nostra, perpetuus comes futurus*
> *Per terrae uarios marisque casus,*
> *Laruatum tegito tuum patronum.*
> *Naenias uarias simulque lusus,*
> *Nugas, uersiculos tua esse dices*
> *Prudens omnia, sed tui patroni,*
> *Quicquid magnificum, elegans, politum,*
> *Doctum nec tetricos timens Catones.*
> *Plura nomine sub tuo uidebis,*
> *Tam placent domino tuo facetis*
> *Aspersi salibus ioci et lepores.*
> *Felix Nautile noster et beate,*
> *Tam stulto domino parere nunquam*
> *Recuses. Dabit ille uel nolenti,*
> *Vt te fama ferat per ora uirûm.*

---

33 Epicedia (wie Anm. 14), Bl. B8r–v = Opera (wie Anm. 12), I, S. 431.
34 *marina: marin* Epicedia, *marinam* Opera.

«Maskiert schreiten Junge und Alte überall
einher, alberner als sonst.
Alle sind (nur) Menschen. Weit weg von hier
sollen die strengen Sitten weichen, freiere
sollen an ihre Stelle treten. Knabe, bring mir sofort
meine vertraute Maske her und bedecke
mein Antlitz und meine Hände mit der Meeresmuschel,
damit er nicht merke, dass wir hier herumalbern,
der strenge Lehrer aus der Schule der Stoiker,
der gegen uns geschwollene Philosophen mit drohender
Stimme hetzt und gegen lockere Scherze
unerbittlich die grausame Peitsche schwingt.
Hierher, Nautilus, Symbol und Maske
mein, werde mein ständiger Begleiter
durch die Wechselfälle des Lebens zu Land und zu Wasser,
schütze Deinen maskierten Herrn.
Die verschiedenen Gedichte und Spielereien,
die poetischen Kleinigkeiten, die Verslein: sag mit Umsicht,
sie seien alle von Dir; von deinem Herr aber sei,
was immer prächtig, elegant, geschliffen,
gelehrt ist und nicht die pedantischen Kritikaster fürchten muss.
Das meiste wirst Du unter deinem Namen sehen,
so sehr gefallen deinem Herrn mit geistreichem Humor
durchsetzte Scherze und Witze.
Mein vom Glück begünstigter glückseliger Nautilus,
einem so dummen Herren zu gehorchen, wirst Du Dich niemals
weigern. Jener wird sogar gegen deinen Willen dafür sorgen,
dass der Ruhm Dich durch die Münder der Menschen trägt.»

Die evozierte Situation in diesem programmatischen Gedicht ist der Karneval von Venedig. Zwinger ist froh, der strengen Atmosphäre der Universität entflohen zu sein, und geniesst das lockere Treiben – und die Anonymität, welche die Sitte des Maskentragens ermöglicht. Er bittet seinen Diener, ihm die Nautilusmaske hervorzuholen, die ihn künftig ständig schützen soll. Was nicht ganz stubenrein oder einfach qualitativ nicht gut ist – und das werde die Mehrheit sein –, soll unter dem Namen Nautilus laufen, das andere unter dem eigenen.

Ob die Szenerie fiktiv ist oder nicht, lässt sich nicht mehr entscheiden. Sicherlich wird Zwinger während seiner Studienjahre in Padua oft am Karneval teilgenommen haben. Vielleicht hat er sogar wirklich eine Maske in Form eines Nautilus besessen. Was aber verstand Zwinger unter einem Nautilus?

Nautilus

Mit dem Nautilus ist es folgendermassen bestellt:[35] Der antike Name Nautilus wurde im Laufe der frühen Neuzeit von einer Tierfamilie auf eine andere übertragen. In der Antike wurden mit griech. ναυτίλος, lat. *nautilus* («Schiffer, Schiffsmann») Mitglieder der heutigen Familie der Argonautidae, der Papierboote, bezeichnet, deren grösste Art die *Argonauta argo* ist, das Grosse Papierboot, das auch im Mittelmeer häufig vorkommt.[36] Als im späten Mittelalter und der frühen Neuzeit die Familie der im indopazifischen Raum beheimateten Nautilidae, der Perlboote, mit dem *Nautilus pompilius,* dem Schiffsboot, als ihrem häufigsten Vertreter,[37] in Europa bekannt wurde, ging der Name allmählich auf diese Familie über. Spätestens mit der 10. Auflage von Linnés *Systema naturae* (1758) war der Namenswechsel dann vollzogen: Der antike *nautilus*, das Papierboot, hiess nun Argonauta; der Name Nautilus hingegen galt nun nur noch für das Perlboot.[38]

Beide Familien gehören zum Unterstamm der Schalenweichtiere (Conchifera) und zur Klasse der Kopffüssler (Kephalopoden) und zeichnen sich dadurch aus, dass sie Schalen tragen oder zumindest ursprünglich trugen und dass ihre Beine bzw. Arme direkt am Kopf angewachsen sind.

Das Perlboot hat seinen Namen von der im Innern perlmuttrig glänzenden Kalkschale, die den weichen Körper schützt und in die sich das Tier zurückziehen kann. Anders als das Haus einer Schnecke ist diese Schale gekammert; das Tier sitzt immer in der äussersten Kammer. Jedes Mal, wenn es wieder ein Stück gewachsen ist, schliesst es hinter sich eine Kammer ab. Die Kammern enthalten Gase und Flüssigkeiten und sind alle durch eine kleine Öffnung, den Syphon, miteinander verbunden. Das Perlboot kann so sein spezifisches Gewicht regulieren und damit im Wasser entweder sinken oder steigen. Es kommt im tropischen indopazifischen Raum vor. In Europa wurde es bzw. sein Gehäuse gegen Ende des 15. Jahrhunderts

---

35 Zum Folgenden vgl. Ulla-B. Kuechen: Wechselbeziehungen zwischen allegorischer Naturdeutung und der naturkundlichen Kenntnis von Muschel, Schnecke und Nautilus, in: Formen und Funktionen der Allegorie. Symposion Wolfenbüttel 1978, hrsg. von Walter Haug, Stuttgart 1979 (Germanistische Symposien. Berichtsbände 3), S. 478–514.
36 Grzimeks Tierleben. Enzyklopädie des Tierreichs, Bd. 3: Weichtiere und Stachelhäuter, München 1979/80, S. 222–225.
37 Ebd., S. 193–195.
38 Caroli Linnæi … Systema naturæ per regna tria naturæ, secundum classses, ordines, genera, species, cum characteribus, differentiis, synonymis, locis, Bd. 1, 10. Aufl., Stockholm 1758, S. 708–712.

bekannt, im 16. Jahrhundert dann, als Kostbarkeit und zu Schmuck verarbeitet, sehr populär.

Im Gegensatz zum Perlboot wirkt die Schale des Papierboots wirklich wie aus Papier gemacht.[39] Sie ist sekundär, denn die ursprüngliche Schale ist im Laufe der Evolution verkümmert, und nur dem Weibchen eigen, das sie mittels eines Drüsensekrets als Schutzbehälter für seine Eier bildet und mit sich herumführt.

In der antiken Literatur ist das Papierboot mehrfach beschrieben. Im 1. Jahrhundert n. Chr. fasste Plinius das Wissen seiner Zeit so zusammen:[40]

> «Zu den grössten Merkwürdigkeiten zählt der Nautilos, von andern Pompilos genannt. Auf dem Rücken liegend, gelangt er an die Oberfläche des Wassers, wobei er sich allmählich so aufrichtet, dass er, nach dem Ausstossen allen Wassers durch eine Röhre, wie vom Kielwasser entlastet, leicht daherschwimmt. Dann biegt er die beiden Vorderarme zurück und spannt zwischen beiden eine Haut von erstaunlicher Feinheit aus, mit deren Hilfe er im Wind segelt; mit den anderen Armen rudert er, und mit dem in der Mitte liegenden Schwanz lenkt er wie mit einem Steuer. So segelt er auf dem hohen Meer munter dahin wie liburnische Schiffe; wenn er aber Gefahr wittert, schluckt er Wasser und taucht unter.»

Als Nautilus pompilius auch in Europa bekannt wurde, wurde auch ihm teilweise der Name Nautilus beigelegt. In den 50er Jahren des 16. Jahrhunderts wurde er in den grossen Werken der sich entwickelnden Ichthyologie[41] folgendermassen behandelt: Pierre Belon (1517–1564) beschrieb 1551 in seiner *Histoire naturelle des estranges*

---

39   Den frühsten Beleg für diese Beobachtung habe ich gefunden bei Pierre Belon: Histoire naturelle des estranges poissons marins, Paris (Chaudière) 1551, Bl. 52v.

40   Plin. *Naturalis historia* 9,88: «*Inter praecipua autem miracula est qui vocatur nautilos, ab aliis pompilos. supinus in summa aequorum pervenit, ita se paulatim adsurgens, ut emissa omni per fistulam aqua velut exoneratus sentina facile naviget. Postea prima duo bracchia retorquens membranam inter illa mirae tenuitatis extendit, qua velificante in aura, ceteris subremigans bracchiis, media se cauda ut gubernaculo regit. Ita vadit alto Liburnicarum gaudens imagine, si quid pavoris interveniat, hausta se mergens aqua.*» Übersetzung von Roderich König (C. Plinius Secundus d. Ä.: Naturkunde, Buch IX, München 1979, S. 69). Dieselbe Art beschrieb Plinius Nat. 9,94 unter dem Namen *nauplius*, vgl. auch Aristoteles, *Historia animalium* 9,37,622b1–18; Aelian, *De natura animalium* 9,34; Oppian, *Halieutica* 338–353; Athenaeus, *Dipnosophistae* 7,317F–318C (vgl. Otto Keller: Die antike Tierwelt, Leipzig 1913, Bd. 2, S. 517f., und den Kommentar in der genannten Plinius-Ausgabe, S. 182).

41   Zur Entwicklung der Ichthyologie vgl. E. W. Gudger: The Five Great Naturalists of the Sixteenth Century: Belon, Rondelet, Salviani, Gesner and Aldrovand, in: Isis 22/1 (1934), S. 21–40.

poissons marins unter dem Namen Nautilus sowohl die Argonauta, «lequel Pline nomme Pompilus ou Nauplius», als auch den Nautilus pompilius, «une autre coquille presque semblable au Nautilus, ... vulgairement nommee grosse Porcellaine ou grand Coquille de Nacre de perle». Die Argonauta sei im Mittelmeer, speziell auch in der Adria, sehr verbreitet. Das erste Exemplar habe er in Padua gesehen. Zwei Illustrationen, welche die Argonauta in voller Fahrt bzw. den in seiner Schale verborgenen Nautilus zeigen, ergänzen den Text.[42]

In den zwei Jahre später erschienen *De aquatilibus libri duo* verknüpfte Belon den Namen Nautilus stärker mit dem Nautilus pompilius, indem er unter dem Titel Nautilus drei Sorten Nautili behandelte und abbildete: zuerst und am ausführlichsten die Argonauta, dann kürzer als *alter Nautilus* (zweiten Nautilus) den Nautilus pompilius (diese beiden mit den gleichen Abbildungen wie 1551) und als letztes mit einem neuen Bild, aber ohne Beschreibung *Tertia Nautili species ab Aristotele prodita*.[43]

Im Jahr darauf, 1554, behandelte Guillaume Rondelet (1507–1566) im ersten Band seiner Fischkunde aufgrund der antiken Literatur, aber, wie es scheint, ohne Belons Werk zu kennen, unter dem Namen Nautilus die Argonauta. Die Beschreibung ist von zwei neuen Illustrationen begleitet: Die eine zeigt die Argonauta ohne Schale von unten und von oben, die andere die blosse Schale. Im zweiten, 1555 erschienenen Teil, wo er unter der Bezeichnung Cochlea margaritifera den Nautilus pompilius behandelt, nimmt Rondelet dann Bezug auf Belon. Er übernimmt dessen Abbildung des Nautilus pompilius, kritisiert jedoch scharf, dass Belon den Namen Nautilus zumindest indirekt auch auf den Nautilus pompilius anwende und drei bei Aristoteles beschriebene Arten von Nautili postuliere. Rondelet hält fest, dass der Nautilus pompilius bei Aristoteles nicht vorkomme, und reserviert den Namen Nautilus weiterhin für die Argonauta.[44]

Conrad Gessner (1516–1565) schliesslich, der in Montpellier bei Rondelet studiert hatte, sammelte im Fischband seiner *Historia animalium* 1558 alle gedruckte Information und ergänzte sie um brieflich eingeholte Auskünfte. Man findet bei ihm alle Abbildun-

---

42 Histoire naturelle (wie Anm. 39), Bl. 52r–55r.
43 De aquatilibus libri duo, Paris (Stephanus) 1553, S. 378–383. Dieses Werk wurde auch ins Französische übersetzt: La nature et diversité des poissons, Paris 1555, Nachdruck 1560.
44 Gulielmus Rondeletius: Libri de piscibus marinis, Lyon (Bonhomme) 1554, S. 517–519 («Argonauta»); Universae aquatilium historiae pars secunda, Lyon (Bonhomme) 1555, S. 97f. («Nautilus»). Franz. Übersetzung: L'histoire entière des poissons, Lyon 1558.

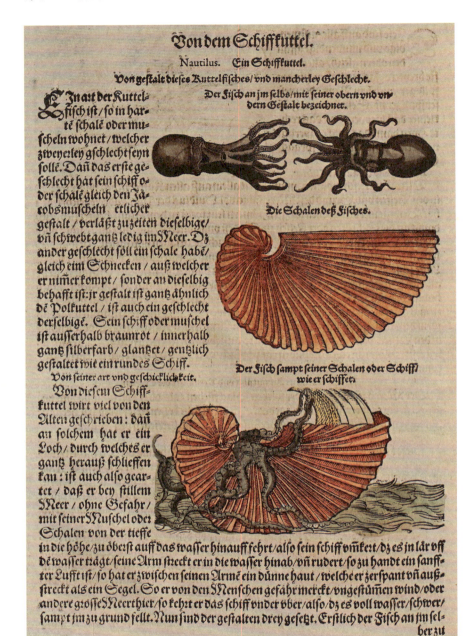

Abbildung 1

Conrad Gessner: Fischbuch, Frankfurt a.M. (Saur) 1598, Bl. 113v (UB Basel, Hb I 2).

gen, sowohl von Belon wie von Rondelet (Abb. 1). Gessner folgte Rondelet in der Kritik Belons und verwarf den Namen Nautilus für den Nautilus pompilius.

Zur Zeit, als Zwinger sich das Pseudonym Nautilus zulegte, verstand man darunter also – entgegen heutigem Gebrauch – in der Regel die Argonauta argo. Alle genannten Autoren stützten sich bei der Beschreibung der Argonauta auf die oben durch Plinius vertretene antike Tradition. In der deutschen Übersetzung Gessners, dem 1563 erschienenen *Fischbuch*, lautet der Abschnitt über den «Schiffkuttel» so:[45]

«Von seiner art vnd gschicklichkeit.

Von disem Schiffkuttel wirt vil von den alten geschriben: dann an sölchem hat er ein loch, durch welches er gantz heruss schlieffen kan: ist auch also geartet, dass er bey stillem meer, one gefaar, mit seiner muschel oder schalen von der tieffe in die höhe, oberst auff das wasser hinauf fert, also sein schiff vmbkeert, dz es lär in auff dem wasser tregt, seine arm streckt er in die wasser herab, vnd ruoderet. So ein saufter lufft zuo hand ist, so hat er zwüschend seinen armen ein dünne haut, welche er zerspant vnd aussstreckt als ein sägel. So er gefaar ermerckt von den menschen, ungestümen wind, oder anderen grosser meerthieren, so keert er das schiff vnder über, also, dz es voll wasser, schwär, sampt im zuo grund felt.»

Wie kam nun Zwinger dazu, sich dieses seltsame Geschöpf als *larva et symbolum* zuzulegen? Wir wissen, dass er mindestens eine Nautilus-Schale besass. Er gab nämlich Gilbertus Cognatus bei dessen Abreise nach Norden einen Nautilus als Unterpfand ihrer Freundschaft und als treuen Begleiter mit.[46] Denselben oder einen weiteren muss er selber nach seiner Rückkehr in Basel besessen haben, da er ihn Conrad Gessner ausleih oder schenkte.[47] Ob es

---

45 Conrad Gessner: Fischbuch. Das ist ein kurtze, doch vollkommne beschreybung aller Fischen so in dem Meer und süssen Wasseren, Seen, Flüssen, oder anderen Bächen jr wonung habend, sampt jrer waren conterfactur, Zürich (Froschauer) 1563, Bl. 113v.

46 Dies geht aus seinem Geleitgedicht für Cognatus hervor (Epicedia [wie Anm. 14], Bl. C1r = Opera [wie Anm. 12], I, S. 432): *«Noster at assiduus sociusque comesque sequetur / Nautilus, is nostri pignus amoris erit. / Nam te per larium pelagus titubante carina, / Qua Paphiam quondam uexerat, ipse uehet. / Illius hortatu niuosos scandito montes / Et tenui Italiae dicito uoce: Vale! / Is tecum Augustae quoque moenia celsa subibit, / Heu mihi quo domino non licet ire suo.»*

47 Am 7.6.1560 hatte Gessner Zwinger geschrieben: *«Fatigant me nunc duo praela: quibus icones aquatilium et quadrupedum nostrae cuduntur: vt vix digito caput scalpere liceat»* (Epistolarum medicinalium Conradi Gesneri philosophi et medici Tigurini libri III, Zürich [Froschauer] 1577, Bl. 104v). Zwinger schickte ihm in der Folge sein *Nautileum*

sich um Schalen der Argonauta oder des Nautilus handelte, lässt sich nicht mehr bestimmen. Man könnte sich vorstellen, dass es eher die attraktiveren Nautilus-Schalen waren, die im 16. Jahrhundert Bestandteil von Wunderkammern und Naturalienkabinetten wurden, und zwar in unbearbeiteter und bearbeiteter Form. Die Goldschmiede verarbeiteten sie mit Vorliebe zu Trinkschalen. Dass solche Kostbarkeiten im Umkreis von Zwinger nicht unbekannt waren, zeigt ein Goldschmiedriss aus der Sammlung von Basilius Amerbach, der auch aus Italien stammen könnte.[48] Dagegen spricht, dass Zwinger nicht sehr begütert war und es sich vermutlich doch um mehrere Schalen gehandelt hat. Argonauta-Schalen hingegen konnte er, wie die oben genannten Autoren bestätigen, leicht in Padua oder Venedig erwerben oder selbst am Strand auflesen. Auf jeden Fall hatte Zwinger bei der Wahl des Nautilus zum *symbolum* sicherlich die Argonauta im Auge.

Symbolum

Unter *symbolum* wird Zwinger eine Text-Bild-Komposition in der Art der von Paolo Giovio 1557 definierten Imprese verstanden haben.[49] Sie besteht aus einem Wahlspruch, der Devise, und einem Sinnbild und ist klassischerweise auf eine Person, allenfalls auf eine Familie bezogen.[50] Cognatus hatte 1553 bei Zwingers Onkel Oporin eine kleine Publikation erscheinen lassen, in welcher sein eigenes *symbolum* und dasjenige des Erasmus genau in dieser Form

---

somnium und erwähnte evtl. als Reaktion auf die Mitteilung, Gessner überwache den Druck der *Icones aquatilium*, seine Nautilus-Schale. Gessner zeigte sich interessiert. Gessner an Zwinger, Zürich, 7.12.1560: «*Nautileum tuum somnium libentissimè vidi: et nihil certè multo tempore eruditius, elegantius, suauiusque legi, quamobrem plurimum tibi debeo. Sed Nautilum concham tuam videre velim aliquando: quam in pegmate aliquo ad me mittere posses, breui et bona fide remissurum.*» (ebd., Bl. 105v). Das Exemplar des *Somnium*, das Zwinger Gessner schenkte, befindet sich heute in der Zentralbibliothek Zürich (Sammelband 22.897, Nr. 5, über dem Titel von Gessners Hand: «Teod. Zuinggeri»; eine eigenhändige Widmung fehlt), vgl. AK XI/2 (wie Anm. 4), Nr. 5608 Vorbemerkung.

48 Sammeln in der Renaissance. Das Amerbach-Kabinett. Die Basler Goldschmiederisse. Ausgewählt und kommentiert von Paul Tanner, Basel 1991, Nr. 87.
49 Paolo Giovio: Dialogo dell'imprese militari et amorose, Vinegia (Gabr. Giolito) 1557.
50 Imprese und Emblem als zwei eng verwandte Ausprägungen von Wort-Bild-Texten lassen sich nicht deutlich voneinander unterscheiden, vgl. Historisches Wörterbuch der Rhetorik, Tübingen 1992ff., Bd. 4, Sp. 304–307. Im Folgenden wird unter Imprese formal die Kombination von kurzer Devise und Sinnbild, unter Emblem die Kombination von Inscriptio, Sinnbild und Epigramm verstanden. Inhaltlich ist die Imprese individuell auf eine Person bezogen, das Emblem generell gültig.

abgebildet und erklärt wurden.[51] Die Vermutung, Zwinger habe, inspiriert von Cognatus, eine eigene Imprese entwickelt, liegt nahe. Tatsächlich findet sich in Zwingers Werk ein Sinnspruch, der sich vor dem Hintergrund der eben skizzierten antiken und zeitgenössischen Vorstellungen vom Nautilus als Devise zu diesem Tier beinahe aufdrängt. Im Druck erscheint er zum ersten Mal in lateinischer Fassung in den Thesen, mit denen Zwinger sich in Basel für die Aufnahme in die medizinische Fakultät qualifizierte:[52]

Remigio ventisque secundis / «Mit Ruder(n) und günstigen Winden»

Wie lässt sich dieser Wahlspruch besser darstellen als durch den Nautilus bzw. das Papierboot, das mit seinen vielen Armen rudert, gegebenenfalls aber mit zwei Armen die Kraft des Windes ausnützt?

Auf dem Titelblatt von Zwingers nächster Publikation, dem *Nautileum somnium* von 1560, finden wir das Pseudonym Nautilus vereinigt mit der Devise, und zwar in der griechischen Fassung: οὔρῳ καὶ εἰρεσίῃ.

Auf die *larva* hat Zwinger in der Folge zwar verzichtet, den Wahlspruch aber behielt er bei und verwendete ihn in vielen seiner Publikationen in griechischer oder lateinischer Fassung.[53] Nicht sicher datieren lässt sich die zweisprachige Aufschrift «οὔρῳ καὶ εἰρεσίῃ. Remigio ventisque secundis» auf dem Pappdeckel einer 1540 gedruckten Ausgabe von Pietro Aretinos *Ragionamento nel*

---

51 Effigies (wie Anm. 16). Zu Cognatus' *symbolum* vgl. Anm. 16; Erasmus' *symbolum*, der Kopf des Terminus mit der Devise *Nulli concedo,* ebd. S. 14. Im selben Jahr 1553 publizierte Oporin auch einen Einblattdruck über einen mittelalterlichen steinernen Kopf, der 1549 bei der Restaurierung des zur Basler Leonhardskirche gehörenden Diakonatshauses gefunden und von Zwingers Stiefvater Lycosthenes als *Pythagorici silentii symbolum*, Symbol des pythagoräischen Schweigegebots, interpretiert worden war, vgl. Ueli Dill/Beat Jenny: Aus der Werkstatt der Amerbach-Edition, Basel 2000 (Schriften der Universitätsbibliothek Basel, 2), S. 284–296.

52 Aufgenommen in das Consilium medicorum wurde Zwinger am 4. Dez. 1559 (siehe Historia collegii medicorum, UB Basel, AN II 23, S. 10). Die glanzvoll verlaufene Disputation fand an einem vorhergehenden Donnerstag statt, also wohl am 30. November. Vgl. den Bericht bei Platter, Vita (wie Anm. 5), Bl.}:{ 4r: «*Cuius amplissimum testimonium anno quinquagesimonono ad hanc patriam Academiam reuersus nobis exhibuit publicaque disputatione profectum admirabilem in variis scientiis, artibus linguisque comprobauit.*» Ankündigung und Publikation der Thesen: UB Basel, Diss. 148, Nr. 5.

53 Theatrum vitae humanae, Basel (Oporin / Ambrosius und Aurelius Froben) 1565, Bl. α1v (griech.); Leges ordinis medicorum in repub. et academia Basiliensi, Basel 1570 (griech.); Theatrum vitae humanae, 2. Aufl., Basel (officina Frobeniana) 1571, Bd. 1, Bl. ☞ 2r (griech.); Morum philosophia poetica, Basel (Episcopii) 1575, Bl. *2v (griech./lat.); Aristotelis Ethicorum Nicomachiorum libri decem, Basel (Eusebius Episcopius) 1582, Widmungsseite (griech.); Aristotelis Politicorum libri octo, Basel (Eusebius Episcopius) 1582, Widmungsseite (lat.).

quale ... Aretino figura quattro suoi amici che fauellano de le Corti del Mondo e di quella del Cielo (Abb. 2). Trotz des Fehlens eines anderen Hinweises wird der Band aus Zwingers Bibliothek stammen. Wahrscheinlich handelt es sich gar um den frühesten Beleg für den Wahlspruch, da Zwinger den Druck wohl während seines Italien-Aufenthalts gekauft und dort die Devise angebracht hat.

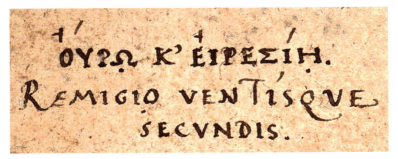

Abbildung 2
Pietro Aretino: Ragionamento nel quale M. Pietro Aretino figura quattro suoi amici che fauellano de le Corti del Mondo e di quella del Cielo, s.l., 1540 (UB Basel, AP VII 21², vorderer Deckel).

Ob Zwinger je eine vollgültige Imprese, also ein Bild eines Nautilus (am ehesten nach Belons Holzschnitt) mit der Devise, verfertigt hat bzw. verfertigen hat lassen, lässt sich nicht mehr feststellen. Ein Einblattdruck ist angesichts der Kosten des dazu benötigten Holzschnitts und Zwingers finanzieller Lage während des Italien-Aufenthalts eher unwahrscheinlich. Denkbar wäre eine Zeichnung mit Unterschrift oder eine Schale der Argonauta argo mit Aufschrift.[54] Eine solche Imprese hätte genau den fünf von Giovio formulierten Anforderungen an eine *impresa* entsprochen.[55]

Dass Zwinger gerade Ende der 50er Jahre den Nautilus zu seinem Symbol wählt, ist wohl kein Zufall. Die Anregung dazu wird er in den neu erschienenen Fischbüchern gefunden haben, am ehesten in Gessners 1558 erschienenem Fischteil der *Historia animalium*.

---

54 So könnte sogar der Nautilus, den Zwinger Cognatus auf die Heimreise mitgab, ausgesehen haben, vgl. oben Anm. 46.
55 (1) Sie würde ein ausgewogenes Verhältnis zwischen Bild und Devise aufweisen, (2) wäre nicht völlig eindeutig, aber auch nicht unverständlich, (3) böte einen angenehmen Anblick, (4) bildete keinen Menschen ab, und (5) die Devise wäre nicht in Zwingers Muttersprache abgefasst; vgl. Giovio (wie Anm. 49), S. 9.

Die Devise geht auf einen Vers Homers zurück (*Odyssee* 11,640). Die Helden entfliehen dort der Unterwelt, besteigen das Schiff und fahren weiter:

πρῶτα μὲν εἰρεσίῃ, μετέπειτα δὲ κάλλιμος οὖρος

«Zuerst mit der Kraft der Ruder, und dann mit dem herrlichsten Fahrwind.»

Im Lateinischen finden sich mehrere sprichwörtliche Ausdrücke, in denen auf die beiden Arten, sich auf dem Wasser fortzubewegen, in unterschiedlicher Weise Bezug genommen wird.[56] In Zwingers Fassung erlaubt das unbestimmte Bindewort -*que*/und, den Wahlspruch je nach Zusammenhang verschieden auszulegen. Die beiden Komponenten (*remigium* = eigene Leistung, *venti secundi* = fremde Hilfe) können unterschiedlich gewichtet sein.

a) Rudern und Wind können zusammen angewendet werden, dann heisst es «mit voller Kraft, unter Ausnützung aller Hilfsmittel».
b) Gerudert wird nur, wenn der Wind fehlt, bzw. wenn der Wind abflaut, kann man es immer mit dem Rudern versuchen, d.h., man passt sich an das Leben an und versucht mit Geschick und möglichst wenig Aufwand voranzukommen.
c) Soweit möglich, kommt man mit eigener Leistung voran. In gewissen Situationen braucht man aber auch fremde Hilfe bzw. Glück.

Die Mehrdeutigkeit des Wahlspruchs erlaubte es Zwinger, ihn auf sein ganzes Leben anzuwenden. 1548, als er heimlich seine Eltern verliess, war es ihm offensichtlich wichtig, ohne fremde Hilfe aus eigener Kraft voranzukommen. Später als ehrgeiziger junger Mann nahm er dagegen 1558 das Stipendium der Erasmusstiftung gerne an und fuhr mit diesem günstigen Wind weiter. Die Verwendung der Devise in medizinischem Kontext wird man so interpretieren dürfen, dass in der Arbeit als Arzt für Zwinger die «demütige» Variante galt: Das «Rudern» des Arztes ist wichtig, doch gelingt die Heilung nur mit günstigem Wind von oben. Daher passte

---

56 *remis velisque* («mit den Rudern und den Segeln» = mit voller Kraft; Erasmus, Adag. 318, vgl. *remis ventisque* aus Vergils *Aeneis* 5,563); *destitutus ventis remos adhibe* («Lassen Dich die Winde im Stich, benutze die Ruder»; Erasmus, Adag. 3749), vgl. Adag. 2371: *Altera navigatio*: («Flauen die Winde ab, bietet das Rudern eine zweite Chance»); *nec currimus nec remigamus* («Wir fahren nicht [mit dem Wind] und rudern nicht» = völliger Stillstand; Erasmus, Adag. 3747).

Abbildung 3

Matrikel der Medizinischen Fakultät der Universität Basel, Bd. 1: 1559–1800 (UB Basel, AN II 20), Bl. 12r: Zwingers Eintrag zu seinem Dekanat 1564.

die Devise speziell gut zum schlimmen Pestjahr 1564, als Zwinger zum ersten Mal Dekan war (Abb. 3).[57]

Auch das negative Urteil in der *Methodus apodemica* über sein frühes Ausreissen von Zuhause[58] lässt vermuten, dass Zwinger im Alter den Wert eines günstigen Windes höher veranschlagte bzw. dass er, demütiger gestimmt, zum Schluss kam, dass vieles nicht im eigenen Belieben steht, sondern in fremder, besonders Gottes Hand liegt. Im zu Beginn des Artikels zitierten Brief von 1578 schrieb er auch: *Coeptis aspiret ille, sine cuius numine nihil est in homine.*[59] / «Deine Unternehmungen möge jener begünstigen, ohne dessen Willen der Mensch nichts vermag.» Wörtlich heisst es aber: «Deinen Unternehmungen möge aber jener einen günstigen Wind schicken ...»

Ganz anders als im Programmgedicht, in dem die minderwertigen Werke dem Pseudonym Nautilus zugewiesen werden, die gelungenen hingegen Zwinger selbst, tönt es am Schluss der Ausgabe von Aristoteles' *Nikomachischer Ethik* von 1566. Über der Devise οὔρῳ καὶ εἰρεσίῃ fügt Zwinger zwei Distichen ein:[60]

Non mea, sed tua sunt, quae sunt bona: Non tua certe,
    sed mea sunt, si quae sunt mala, summe Deus.
Nos tibi pro donis grates, quas possumus. At tu
    Suscipe quae tua sunt, corrige quae mea sunt.

«Nicht mein, sondern dein ist, was gut ist. Doch sicherlich nicht dein,
    sondern mein ist, was schlecht ist, höchster Gott.
Wir danken Dir, so gut wir können, für deine Gaben. Aber Du
    nimm an, was dein ist, und korrigiere, was von mir ist.»

Das Ergebnis des Ruderns, der eigenen Anstrengung, steht also weit unter dem, was mit Hilfe des göttlichen Winds zustande kommt.

Eine explizite Auslegung in diesem Sinn gibt Zwinger 1575 in der *Morum philosophia poetica*:[61]

Item πρῶτον εἰρεσίη, μετέπειτα δὲ κάλλιμος οὖρος *a nauigatione Vlyssea ad quamlibet actionem non magis humano quam diuino indigentem auxilio accommodanda.*

---

57 Neben den genannten Stellen in den *Theses* und den *Leges ordinis medicorum* steht die Devise in der Matrikel der Medizinischen Fakultät, wo sie bei Zwingers erstem Dekanatsjahr angeführt ist (UB Basel, AN II 20, Bl. 12r).
58 Oben Anm. 6 bzw. 9.
59 Scholzius (wie Anm. 2), S. 470.
60 Aristotelis Stagiritae De Moribus ad Nicomachum Libri decem [...] opera & studio Theodori Zvinggeri, Basel 1566, S. 338.
61 Morum philosophia poetica (wie Anm. 17), S. 40 in Anschluss an die in Anm. 17 zitierte Passage.

«Ebenso lässt sich ‹zuerst Rudern, dann aber ein wunderbarer Wind› von Odysseus' Irrfahrt auf eine beliebige Tätigkeit, die nicht so sehr menschlicher als vielmehr göttlicher Hilfe bedarf, übertragen.»

Auch in Zwingers 1572 gekauftem und umgebautem Haus am Nadelberg, in dem er überall Sinnsprüche anbrachte,[62] fand sich unsere Devise an prominenter Stelle, zuoberst in der Wendeltreppe, deren Spirale ja selber nicht ohne Beziehung zum Nautilus ist.[63]

Hasce aedes deo trino et uno bene fortunante Theod(orus) Zvinger et Val(eria) Rüdina coniuges s(uo) s(uorum)q(ue) usui suis sumptib(us) accomodabant, quod si vero, ut sunt humana, etiam aliis, nec praeter votum sane nec praeter exspectationem.
Tu modo, quicunque quandocunque quomodocunque vel successor eris vel possessor, alia, dum licet, insania citra insaniam perfruere huiusque speculae invitamento suspice despecturus, despice suspecturus.

οὔρῳ καὶ εἰρεσίῃ

M D LXXIII

«Dieses Haus haben mit gütiger Unterstützung des dreieinigen Gottes die Ehegatten Theodor Zwinger und Valeria Rüdin für den eigenen Gebrauch und den der Ihren auf eigene Kosten eingerichtet; falls aber auch für andere, wie das bei Menschen üblich ist, überhaupt nicht wider Willen und Erwarten. Du, wer Du auch immer, wann auch immer und wie auch immer Nachfolger oder Besitzer sein wirst, geniesse das Resultat fremder Verschwendung, ohne selbst verschwenden zu müssen, und verlockt durch diesen Aussichtspunkt, schau nach oben, um hinunterzublicken, schau nach unten, um hinaufzublicken.

Mit günstigem Wind und Rudern.

1573.»

---

62 Zum Haus vgl. Martin Möhle: Das Zwingerhaus am Nadelberg, unten S. 209ff., zu den Inschriften S. 226ff. Die Inschriften sind dreimal überliefert: Johannes Gross: Urbis Basil. epitaphia et inscriptiones omnium templorum, curiæ, academ. & aliar. ædium public., Basel 1623, S. 475–480; Johannes Tonjola: Basilea sepulta retecta continuata, Basel 1661, S. 400–404; Ludwig Iselin, handschriftliches Inventar (UB Basel, C VIb 49:15).
63 Gross (wie Anm. 62), S. 476; Tonjola (wie Anm. 62), S. 401. Iselin (wie Anm. 62), Bl. 2v gibt als Datum 1570, nicht 1573 wie Gross und Tonjola. Obwohl Peter Buxtorf («Die lateinischen Grabinschriften in der Stadt Basel». Basler Beiträge zur Geschichtswissenschaft, Bd. 6, Basel 1940, S. 31) Iselins Genauigkeit rühmt, wird es sich hier um ein Versehen handeln, da Zwinger das Haus erst 1572 kaufte.

Diese Inschrift, die zweitlängste in Zwingers Haus, von der wir wissen, nimmt die Themen der längsten auf, welche sich beim Eingang des Hauses befand:[64] Zwinger sieht sich als einer in einer langen Reihe von Hausbesitzern. Er und seine Frau haben das alte Haus gekauft und renoviert, an und für sich schon ein Akt der Unvernunft, der durch den Anbau der Wendeltreppe, als Wahnsinn und Verschwendung *(furor, insania)* charakterisiert, gekrönt wird. Der ganze Umbau geschah mit gütiger Unterstützung Gottes und auf eigene Kosten. Diese beiden Aussagen werden durch die abschliessende Devise noch einmal aufgegriffen.

In einer späteren Phase scheint Zwinger ein zweites, kleineres Haus in der Nachbarschaft gekauft und – wohl 1578 – renoviert zu haben. Die dazugehörige Inschrift vermerkt:[65]

Domum novans teipsum nova,	«Das Haus erneuernd, erneuere auch dich,
Sic digna domino erit domus	so wird das Haus des Herrn würdig sein.»

Und zum Schluss:

Δεύτερον εἰρεσίῃ	«Zum/Beim zweiten Mal mit Rudern»

Die genaue Interpretation dieser Bemerkung muss offen bleiben: Auf jeden Fall dürfte der Umbau für Zwinger mit grossem Aufwand verbunden gewesen sein.

Dass eine ausgearbeitete Imprese mit Nautilus-Bild und der Devise *Remigio ventisque secundis* nicht erhalten ist bzw. vielleicht nie existiert hat, ist nicht verwunderlich. Eigentlich ist die Junktur *symbolum atque larva nostra* ein Widerspruch in sich: Die *larva* soll den Träger verstecken, das *symbolum* ihn bis zu einem gewissen Grad repräsentieren. Trotzdem wäre die Imprese beinahe realisiert worden. Noch zu Zwingers Lebzeiten, 1581, veröffentlichte nämlich der Jurist Nikolaus Reusner (1545–1602), der mit Zwinger in brieflichem Kontakt stand,[66] eine Sammlung von Emblemen, die er berühmten Männern zueignete. Sie bestehen aus dem Sinnbild, der Devise und einer Auslegung Reusners in Form eines Epigramms. Auch Zwingers Devise fand in der lateinischen und griechischen Fassung Aufnahme. Reusner interpretierte sie mit Verweis auf den Nautilus, den er

---

64 Vgl. Möhle (wie Anm. 62), S. 225f.
65 Gross (wie Anm. 62), S. 480; Tonjola (wie Anm. 62), S. 403f.
66 Vgl. auch Reusners Publikation zu Zwingers Tod: Icones sive imagines vivae, literis cl. virorum, Italiae, Graeciae, Germaniae, Galliae, Angliae, Ungariae, Basel (Konrad Waldkirch) 1589, mit dem 2. Teil: Icones aliquot clarorum virorum Germaniae, Angliae, Galliae, Vngariae cum elogiis et parentalibus factis Theodoro Zvingero, Basel (Konrad Waldkirch) 1589.

Abbildung 4

Symbolorum et emblematum ex aquatilibus et reptilibus desumptorum centuria quarta, Joachimo Camerario ... coepta, absoluta post eius obitum a Lud. Camerario, Heidelberg (L. Bourgeat) 1664, Bl. 50r, (UB Basel, Bot 3304:4).

als Sinnbild für den Weisen pries, den er in Zwinger exemplarisch verkörpert sah. Wie der Nautilus sich dank seinen Fähigkeiten bei jedem Wetter im Meer zurechtfinde, meistere der Weise das Leben in dieser Welt.[67]

---

67 Nikolaus Reusner: Emblemata [...] partim ethica et physica, partim vero historica et hieroglyphica, Frankfurt (Sig. Feyerabend) 1581, S. 35f., Nr. I 15. Reprint mit einem Nachwort von Michael Schilling, Hildesheim etc. 1990.

Abbildung 5
Gabriel Rollenhagen, Nucleus emblematum selectissimorum, Köln 1611, Nr. 13.

Dies ist die einzige mir bekannte Stelle, wo Nautilus und die Devise miteinander verbunden sind.[68] Ist unsere These, bereits Zwinger habe Nautilus und *Remigio ventisque secundis* miteinander verbunden, richtig, müsste Reusner entweder eine ausgearbeitete Imprese vorgelegen haben oder Zwinger müsste ihn über die Hin-

68 Im *Nautileum somnium* kommen Nautilus und Devise zwar beide vor, doch ist der Zusammenhang dem Uneingeweihten nicht klar.

tergründe der Devise aufgeklärt haben. Leider geben die erhaltenen Briefe keinen Hinweis darauf, ob und wie Zwinger Reusner über den Zusammenhang zwischen Nautilus und *Remigio ventisque secundis* informiert hat. Zu vermuten ist es, und Reusners Interpretation wird auch kaum stark von Zwingers eigener abweichen.[69]

Ironischerweise wird der Nautilus zwar im Epigramm erwähnt, doch nicht abgebildet. Dies hat seinen Grund darin, dass aus Kostengründen für die *Emblemata* nur Holzschnitte aus früheren Publikationen Feyerabends verwendet wurden. Zu «Mit Rudern und günstigen Winden» schien eine Illustration aus der *Picta poesis Ovidiana* zu passen, welche zeigt, wie die von Minos verschmähte Scylla ins Meer springt.[70]

Epilogus

Die Devise *Remigio ventisque secundis* allein hat Zwinger überlebt, nicht aber die Nautilus-Imprese. Losgelöst vom Sinnbild wurde die Devise in der Familie Zwinger weiter vererbt. Nach Theodors Tod scheint sein Sohn Jakob (1569–1610) sie übernommen zu haben, steht sie doch am Ende von dessen Grabinschrift in der Peterskirche.[71] 1616 notiert Emanuel Ryhiner die Devise auf seiner Abschrift der *Comparatio*.[72] Jacobs Sohn Theodor (1597–1654) wiederum schrieb οὔρῳ καὶ εἰρεσίῃ am 16. Februar desselben Jahres 1616 dem in Basel Medizin studierenden Paul Wagner ins Stammbuch. Mit dem dazu gesetzten Vers aus Römer 9,16 «*Non volentis neque currentis, sed miserantis est Dei*» («So liegt es nun nicht an jemandes Wollen und Laufen, sondern an Gottes Erbarmen») macht er deutlich, wie er die Devise versteht.[73] Und noch Zwingers Ururenkel Theodor III Zwinger (1658–1724) wird sie 1686 in ein Stammbuch schreiben.[74]

---

69 In einem Brief vom 1. März 1981 (UB Basel, Frey-Gryn Mscr II 25:57) meldet Reusner Zwinger, dass die *Emblemata* erschienen seien, er aber im Moment über kein Exemplar verfüge, das er ihm schicken könne. Auch wenn sich im erhaltenen Briefwechsel keine explizite Erwähnung findet, besteht in diesem Fall doch ein noch heute nachweisbarer Zusammenhang zwischen Widmungsempfänger und Devise. Das trifft auf wenige andere Embleme zu, vgl. Schilling (wie Anm. 67), S. 9*.

70 Nikolaus Reusner: Picta poesis Ovidiana, Frankfurt (Feyerabend) 1580, Bl. 83v nach Ovid, Metamorphosen 8,138–151 (noch einmal in den *Emblemata* S. 48 Nr. I 35 verwendet).

71 Buxtorf (wie Anm. 63), S. 27–30.

72 Grynäus, Comparatio (wie Anm. 5), Bl. 1r.

73 UB Basel, P III 38, Bl. 321r.

74 Stammbuch von Simon Stoecklin (1657–1726) (UB Basel, AN VI 26b), Bl. 135r:

Der von Zwinger nur konzipierten und in Reusners *Emblemata* leider nicht ganz umgesetzten Imprese hingegen war kein Nachleben beschieden. Zwar spielte der Nautilus in der reichen Literatur zu Emblemen, Impresen und anderen Pictura-Poesis-Texten in den folgenden Jahrzehnten eine wichtige Rolle, doch wurde er mit anderen Devisen gepaart. Bereits ein Zeitgenosse Zwingers, der Italiener Girolamo Catena, hatte sich, wohl ebenfalls durch die neu erschienenen Fischbücher angeregt, auch eine Nautilus-Imprese zugelegt. Als Devise wählte er *Tutus per summa per ima* («Wohlbehalten [sowohl] durch das Oberste [wie auch] das Unterste»), um damit anzudeuten, dass er mit Hilfe von Wissenschaft und Glauben sich in jeder Situation und jeder Umgebung zurecht finde. Veröffentlicht wurde die Imprese 1564 von Luca Contile,[75] wobei als Bildvorlage Belons Abbildung diente. Catenas Devise *Tutus per summa per ima* erfreute sich grosser Beliebtheit, doch auch andere wurden mit Nautilus kombiniert: *Postquam alta quierunt, Tempestatis expers* oder *Nullius egeo*.[76]

Zwingers Devise wurde zwar nach Reusners *Emblemata* 1611 von Gabriel Rollenhagen noch ein weiteres Mal für ein Emblem verwendet, doch nun ganz ohne Verbindung zum Nautilus. Die Devise wurde ganz banal durch einen rudernden Mann in einem Segelboot, das der Wind vorantreibt, dargestellt (Abb. 5).[77]

Zum Abschluss sei den Lesern, die auf der Suche nach Zwingers Imprese bis hierhin mit mir durch das Meer der Zeugnisse gerudert sind, herzlich gedankt; dem Jubilar aber mögen noch viele Jahre günstige Winde wehen!

«Vera demum recreatio animi, et suavis praeteritorum recordatio, ubi ita peregrinamur, ut profectionum nunquam poeniteat. Symbol. Οὔρῳ καὶ Εἰρεσίῃ. Genev. D. 18. Sept. 1681. Amicissimo Dno. Possessori hisce amicitiae perennaturae symbolis sui memoriam obsignat ad Parisinos abituriens Theodorus Zuingerus Phil. et Med. D.»

75 Ragionamente di Luca Contile sopra la proprietà delle Imprese, Pavia 1574, Bl. 144v–145r.
76 Vgl. Kuechen (wie Anm. 35), S. 492f. Ein Beispiel Abb. 4.
77 Gabriel Rollenhagen: Nucleus emblematum selectissimorum, Köln 1611, Nr. 13.

Das Zwingerhaus am Nadelberg[1]

von Martin Möhle

«*Mons acuum,* der Nodelberg, *platea nobilissima et quietissima*», eine höchst edle und ruhige Strasse. Mit diesen Superlativen charakterisierte der Arzt und Professor Theodor Zwinger den Nadelberg im Jahr 1577.[2] Er sprach aus eigener Erfahrung, denn im Februar 1572 hatte er, im Alter von 38 Jahren, in jener Basler Strasse zusammen mit seiner Ehefrau Valeria Rüdin ein Haus erworben (Abb. 1).[3]

Zwinger wusste um seine gute Nachbarschaft. Der Nadelberg war zu seiner Zeit eine der besten Adressen Basels. Die Strasse verläuft in Nord-Süd-Richtung und nahezu ohne Höhenunterschied vom Chorhaupt der Peterskirche bis zur Einmündung in den Spalenberg. Als «Berg» ist sie zu verstehen, weil sie die Hangkante des Birsigtals begleitet, das unmittelbar an seiner Ostseite steil abfällt. Das Areal an ihrer Westseite bildet eine ca. 75 m breite Niederterrasse bis zu der ehemals parallel verlaufenden Burkhard'schen Stadtbefestigung aus dem späten 11. Jahrhundert und der Inneren Stadtmauer des 13. Jahrhunderts (heute Petersgraben). Dieses Plateau diente seit dem 13. Jahrhundert als bevorzugte Wohngegend von Adligen und führenden Bürgerfamilien. Sie errichteten hier grosse, repräsentative Steinhäuser, wie beispielsweise das auf dem hinteren Parzellenteil stehende Hauptgebäude des Schönen Hauses (Nadelberg 6), dessen bemalte Balkendecken aus dem Spätmittelalter einen Eindruck von dem Glanz profaner Raumdekoration in diesem Quartier vermitteln.[4] An der östlichen Strassenseite, wo auch das «Zwingerhaus» steht, befanden sich ursprünglich vornehmlich Gärten, Scheunen und Ställe der wohlhabenden Hofbesitzer auf der anderen Strassenseite. Im 15.–17. Jahrhundert, teilweise erst im 19. und 20. Jahrhundert entstanden hier ebenfalls Wohnhäuser. Das von Zwinger

---

1 Der Beitrag versteht sich als Einblick in die Werkstatt der Kunstdenkmäler-Inventarisation im Kanton Basel-Stadt. Martin Steinmann hat die Arbeit von 1999 bis 2009 als Mitglied in der Kantonalen Fachkommission «Kunstdenkmäler Basel-Stadt» begleitet und gefördert, wofür ich ihm herzlich danke.
2 Theodor Zwinger: Methodus apodemica in eorum gratiam, qui cum fructu […] peregrinari cupiunt, Basel 1577, S. 179.
3 Staatsarchiv Basel-Stadt (StABS) GA B 37 (28. Febr. 1572).
4 Sabine Sommerer: Wo einst die schönsten Frauen tanzten … Die Balkenmalereien im «Schönen Haus» in Basel, Basel 2004 (182. Neujahrsblatt, hrsg. von der Gesellschaft für das Gute und Gemeinnützige).

Abbildung 1
Das «Zwingerhaus», Nadelberg 23A. Foto Erik Schmidt, 2009.

erworbene Haus zum Walpach (heute Nadelberg 23A) bildet eine Ausnahme, da es seit frühester Überlieferung als gehobener Wohnsitz diente.

Die älteste Quelle nennt 1345 ein Haus des Heinrich von Walpach.[5] Mehrere Mitglieder des Geschlechts der von Walpach sind in Basel seit dem Ende des 13. Jahrhunderts belegt und waren im 14. Jahrhundert in den Rang von Achtburgern aufgestiegen.[6] Peterhans von Walpach gehörten 1404 und 1418 zwei Häuser an der Ecke zum Imbergässlein (Nadelberg 19).[7] Die Bedeutung der Liegenschaft zum Walpach ist an ihrer beachtlichen Ausdehnung abzulesen. 1444 reichte sie mit ihrem Garten und einer hinteren Hofstatt bis an das heute sogenannte Pfeffergässlein, 1475 wurden drei (vermutlich terrassierte) Gärten erwähnt.[8] 1487 gelangte das Haus in den Besitz des Niklaus Rüsch.[9] Rüsch war eine bedeutende Persönlichkeit, erstmals ist er 1459 als Stadtschreiber in Mülhausen überliefert und wechselte 1474 auf den entsprechenden Posten in Basel, den er bis 1497 bekleidete. Danach amtete er mehrfach als Oberstzunftmeister, bis zu seinem Tod 1506. In seiner Eigenschaft als Stadtschreiber verfasste er eine ausführliche Beschreibung der Burgunderkriege zu Handen des Lübecker Rates.[10] Rüsch verkaufte sein Haus 1494 an Junker Morand von Brunn und seine Frau Maria Zscheckenbürlin.[11]

Zwinger liess das Haus 1572–1573 für seine Bedürfnisse umbauen. Anhand der Grundrisse kann ein Eindruck vom Umfang der Veränderungen gewonnen werden (Abb. 2). Der strassenseitige Bereich gegen Nr. 23 ist nicht unterkellert. Das könnte bedeuten, dass das ursprüngliche Haus des 14./15. Jahrhunderts schmaler als das heutige war. Es hatte jedoch schon im späten 15. Jahrhundert seine endgültige Breite erreicht (siehe unten). Der grosse Kellerraum unter der südlichen, gegen Nr. 27 gelegenen Haushälfte ist mit einer Balkendecke versehen, die von drei Holzpfeilern mit abgefasten

---

5 StABS KA St. Peter P, fol. 64v (1345), Nachbarschaftsangabe zu Nadelberg 25, vgl. ebenso KA St. Peter O, fol. 32 (1349).
6 Artikel «Walpach», in: Wappenbuch der Stadt Basel, unter den Auspizien der historischen und antiquarischen Gesellschaft in Basel hrsg. von Wilhelm Richard Staehelin, Zeichnungen von Karl Roschet, Basel 1917–1930.
7 StABS GA A 4 (17. Mai 1404); GA A 14, S. 26 (27. Sept. 1418).
8 StABS GA B 4, S. 336 (23. März 1444); GA B 10, S. 36 (9. Nov. 1475).
9 StABS GA B 12, S. 17 (7. April 1487).
10 Basler Chroniken 3, S. 275–332. Siehe hier die von C. Chr. Bernoulli verfasste ausführliche Biografie Rüschs.
11 StABS GA B 13, fol. 153v (24. Dez. 1494).

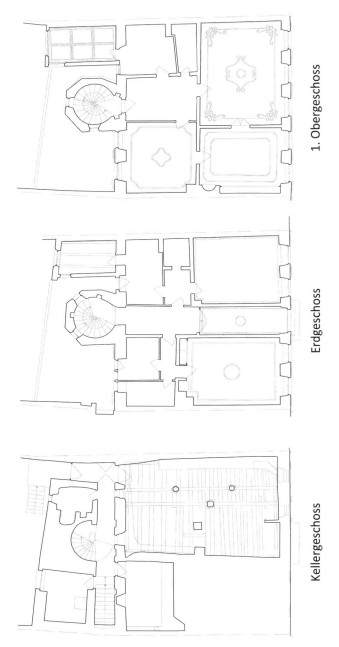

Abbildung 2
Nadelberg 23A. Grundrisse. Zeichnungen Erik Schmidt, 2009.

Kanten gestützt wird. Entlang der Hoffront wurde zu Zwingers Zeit ein gewölbter Gang angelegt, der trotz des damals erfolgten Treppenturm-Anbaus den Zugang in die ältere Kelleranlage gewährleistete. Diese ehemalige Hoffront weist mehrere einfache Keller-Fensteröffnungen, zwei rundbogige Portale mit gekehltem bzw. abgefastem Gewände sowie ein vermauertes Fenster mit Mittelpfosten auf. Diese Öffnungen gehören vermutlich zwei verschiedenen Bauphasen im Spätmittelalter an. Neben dem Treppenturm und mit diesem verbaut befindet sich eine Art Brunnenstube mit einem (ehemaligen) Sodbrunnen. Die Tür zu dieser kleinen Stube wird durch einen Sandsteinsturz mit Blend-Kielbogen überfangen, der stilistisch in das 16. Jahrhundert zu datieren ist.[12] Im Erdgeschoss gelangt man durch das zentral platzierte Eingangsportal auf einen Flur, der auf die Treppe an der Hofseite zuläuft. Die steinerne Treppenspindel führt vom Keller- bis zum Dachgeschoss. Über die Aufteilung und Einrichtung der einzelnen Räume zu Zwingers Zeit ist kaum noch Auskunft zu geben, da sie in der Barockzeit überformt wurden.

Die hauptsächliche Zutat, mit der Zwinger sein an sich schon grosses und bedeutendes Haus erweitern liess, war der rückwärtige Treppenturm. Als polygonaler Baukörper, der vor die Hausrückwand gestellt war und diese überragte, zudem mit einem eigenen spitzen Turmdach abgeschlossen wurde, ist er deutlich als eigenständiges Architekturglied zu erkennen (Abb. 3). Eigentümlicherweise gibt die farbige, gezeichnete Vogelschau Merians von 1615 Zwingers Haus ohne den Treppenturm wieder. In der grossen Radierung von 1617 ist dies korrigiert und überdies wird das Haus durch ein Muster aus glasierten Dachziegeln hervorgehoben.[13] Merians Vogelschauen sind eine hervorragende Quelle für derartige «Markierungen» der bedeutendsten Häuser Basels.[14] Die Erfahrung aus der Beschäftigung mit den historischen Häusern lehrt, dass es sich in aller Regel nicht um freie Hinzufügungen Merians handelt, sondern dass sie authentischen Wert haben. Merian zeigt im Grossbasler Stadtgebiet innerhalb der Inneren Stadtmauer rund 25 derartige Treppentürme,

---

12 Vgl. die 1564 datierte Haustür Rheingasse 28, siehe Thomas Lutz: Die Kunstdenkmäler des Kantons Basel-Stadt, Bd. 6, Bern 2004 (Die Kunstdenkmäler der Schweiz, 103), S. 120.
13 Matthäus Merian d. Ä.: Vogelschau der Stadt Basel. Kolorierte Federzeichnung, 1615, HMB Inv.-Nr. 1880.201. – Die 1617 erschienene Radierung der Vogelschau ist in Basel in mehreren Exemplaren vorhanden, z.B. Öffentliche Bibliothek der Universität Basel, Kartensammlung Schw ML 4.
14 Vgl. Thomas Lutz: Bauliche Repräsentationsformen an Basler Stadthäusern des Spätmittelalters, in: Kunst + Architektur in der Schweiz 49 (1998), H. 3/4, S. 15–26.

Abbildung 3
Nadelberg 23A. Die über das Birsigtal hinweg sichtbare Rückfassade mit dem markanten Treppenturm von 1573. Foto Erik Schmidt, 2010.

von denen einige, z.B. am Domhof (Münsterplatz 12, 1578) und am Strassburgerhof (ehem. Petersberg 29), vergrössert dargestellt sind und damit gewissermassen Wahrzeichen dieser Besitzungen bilden. Weithin sichtbar waren die Türme des am Rheinufer stehenden Hohenfirstenhofs (Rittergasse 19, Anfang 16. Jahrhundert) und des Augustinerhofs (Augustinergasse 19, 1594).

Die baugeschichtliche Stellung des Treppenturms an Basler Bürgerhäusern kann hier, zumal vor Abschluss der Inventarisierung der Altstadt, nicht ausführlich erörtert werden; es seien lediglich einige Grundlinien thesenartig vorgetragen. Ganz allgemein ist der Treppenturm als eigenständiges Bauglied typologisch auf Burgen und ländliche Herrschaftssitze zurückzuführen,[15] als deren Entsprechung die Adelshöfe in den mittelalterlichen Städten zu gelten haben. Im 16. Jahrhundert war der Einfluss des Adels in der Stadt weitgehend zurückgedrängt, und die führenden Bürgerfamilien waren in dessen Positionen nachgerückt. Sie bauten an den Sitzen der Adligen oder der ehrwürdigen Achtburgerfamilien weiter, und es scheint so, dass sie mit dem Treppenturm ein herrschaftliches Architekturmotiv aufgriffen, das die alten Adelshöfe in Basel nie besessen hatten. In den meisten Fällen wurden die Basler Treppentürme im späteren 16. und im 17. Jahrhundert an bestehende ältere Gebäude angefügt und zwar nicht selten in der Mitte an der hofwärtigen Traufseite von breiteren Liegenschaften. Handelte es sich um eine Hofanlage mit Einfahrt durch das Vorderhaus, so fungierte der Zugang zum Treppenturm als Hauptportal für das ganze Gebäude und wurde als solcher im 17. Jahrhundert zuweilen mit einem Wappen versehen, wie z.B. am Schönen Haus (Nadelberg 6, 1680), dem Schönen Hof (Nadelberg 8, um 1657) und dem Spalenhof (Spalenberg 12, 1678). Die eigentlich unpraktische Positionierung vor der Mitte der Hoffront, wo dem Haus am meisten Licht geraubt wurde, liess den meist polygonalen Turm aussen deutlich hervortreten und hatte zugleich Folgen für die innere Einteilung der Stockwerke. Zuvor müssen bescheidenere Treppenaufgänge im Inneren des Hauses oder aber von den hölzernen Lauben aus bestanden haben, die den Zugang in eine Hausecke gewährleisteten. Vom Treppenturm aus gelangte man hingegen in die Mitte der hofseitigen Haushälfte, und zwar in einen Raum, der, wenn er noch ein Fenster haben sollte, recht gross sein musste. Es ist dies das sogenannte, schon aus spätmittelalterlichen Quellen bekannte Sommerhaus, worunter ein im Sommer kühler, nicht heizbarer Raum im Erd- oder Obergeschoss an der Hofseite eines Hauses verstanden wird.[16] Seine Entwicklung und repräsentative Ausgestaltung hat durch den Anbau des Treppenturmes wichtige Impulse erfahren.[17]

---

15 Christian Renfer: Zur Typologie des privaten Herrschaftsbaus in der Eidgenossenschaft seit der frühen Neuzeit (1450–1700), in: Zeitschrift für Schweizerische Archäologie und Kunstgeschichte 50 (1993), S. 13–24.

16 Schweizerisches Idiotikon, Bd. 2, Frauenfeld 1885, Sp. 1727; Deutsches Wörterbuch von Jacob Grimm und Wilhelm Grimm, Bd. 16, Sp. 1533.

17 Siehe z.B. die Wand- und Deckenmalereien in den Sommerhäusern des Schönen Hauses und des Schönen Hofs (Nadelberg 6 und 8), die im 16. und frühen 17. Jahrhundert dekoriert wurden.

Theodor Zwinger bewegte sich mit dem Umbau seines Hauses 1572–1573 im Rahmen dessen, was für die vornehmsten Adressen in der Basler Altstadt angemessen erschien. Sein Treppenturm gehört zu den frühesten bekannten Beispielen und wurde in einer Bauinschrift, von der noch die Rede sein wird, an erster Stelle der Baumassnahmen gewürdigt.

Die weitere Geschichte des Zwingerhauses sei kurz resümiert. 1578 gehörte zu der Liegenschaft auch ein Nebenhaus am Imbergässlein (Nr. 33). Eine Inschrift bezeugte den Umbau durch den Gelehrten zu jener Zeit. Das Gebäude diente ihm offenbar als Arztpraxis, denn es war an der Fassade mit einem Pentakel und der Inschrift «Domus Hippocratea» ausgezeichnet.[18] Vielleicht noch im 16. Jahrhundert, sicher aber im 17. Jahrhundert wurde ein benachbarter Stall, der nach seiner langjährigen Zugehörigkeit zum Engelhof «Zum Engel» genannt wurde, hinzugekauft.[19] Theodor Zwingers Nachkommen lebten bis 1686 in dem Haus am Nadelberg.[20] 1747 erwarb der Strumpffabrikant Niklaus Preiswerk das Haus mit den Nebenhäusern am Imber- und am Pfeffergässlein.[21] Preiswerk liess das Haus zum Walpach um 1760/70 mit der heute noch prägenden Barockfassade umbauen und richtete im Inneren mehrere stuckierte Zimmer ein, wofür er möglicherweise den Bregenzer Stuckateur Johann Martin Frohweis hinzuzog.[22] Das Hauptgebäude am Nadelberg wurde 1843 an das städtische Almosenamt verkauft, das es bis 1879 als Schaffnei, also als Verwaltungsgebäude und Dienstwohnung des Schaffners, benutzte.[23] 1950–1952 erfuhr das Haus

---

18 Nachbarschaftsangabe zu Imbergässlein 31, StABS GA B 39 (2. Okt. 1578). – Johannes Gross: Urbis Basil. epitaphia et inscriptiones omnium templorum, curiæ, acad. & aliar. ædium public. […], Basel 1623, S. 480; Johannes Tonjola: Basilea sepulta retecta continuata, hoc est: Tam urbis quam agri Basileensis monumenta sepulchralia, templorum omnium, curiae academiae, aliarumque aedium publicarum latinae et germanicae inscriptiones […], Basel 1661, S. 402f. Für den Hinweis auf diese Textstellen danke ich Ueli Dill. In den Quellen zur Hausgeschichte taucht der Name erstmals 1628 auf, allerdings verballhornt als «Hipenkratz», StABS GA E 18, fol. 246 (15. Febr. 1628).
19 StABS Historisches Grundbuch Nadelberg Teil von 21 neben 23 [sic, richtig Nr. 23].
20 Zuletzt Maria Magdalena Zwinger, verheiratet mit Antistes Lucas Gernler. Verkauf an den Handelsmann Abraham Forcart: StABS GA J 10, S. 42 (18. Sept. 1686).
21 StABS GA J 22, S. 510 (20. Febr. 1747) und GA W 32, S. 6 (17. Febr. 1747). Siehe auch Ernst Schopf: Die Basler Familie Preiswerk, Basel [1952], S. 164f.
22 Die aus C-Voluten zusammengefügten Rocaillen waren mit Blumengirlanden und verschiedenen Gewächsen umgeben. Stilistisch entsprach der Stuck den Arbeiten im Wildt'schen Haus (Petersplatz 13), dem Haus zum Raben (Aeschenvorstadt 15), im Weissen Haus (Rheinsprung 18) – alles gesicherte Arbeiten von Frohweis – oder im Eptingerhof (Rittergasse 12–14).
23 Kantonsblatt 1843 I, S. 265 (27. Mai 1843).

Abbildung 4
Nadelberg 23A. Wandmalerei mit Stifterbild und einer Hirschjagd, zwischen 1487 und 1490 im Auftrag des Stadtschreibers Niklaus Rüsch entstanden. Ausschnitt, H. ca. 100 cm, B. ca. 120 cm. HMB Inv.-Nr. 1952.300. Foto Historisches Museum Basel.

eine durchgreifende Renovierung. Beim Grossbrand der Nachbarhäuser Nrn. 25–27 im Februar 1956 wurden die oberen Geschosse beschädigt und insbesondere die barocken Stuckdecken des Hauses durch Löschwasser zerstört.

Obgleich also das Haus in seiner historischen Substanz beeinträchtigt ist, besitzen wir doch eine Anzahl von Ausstattungselementen, welche sich in Museumsbesitz erhalten haben. Aus Niklaus Rüschs Zeit am Ende des 15. Jahrhunderts stammen Fragmente einer beachtenswerten Raumdekoration (Abb. 4). In einem hofseitigen Raum im 1. Obergeschoss wurde 1950 eine auf einer Länge von über 3,30 m angelegte Wandmalerei an der Brandmauer zu Nr. 23 freigelegt. Von ihr wurden vier verschieden grosse Teile abgelöst, auf Leinwand übertragen und für das Historische Museum restauriert.[24] Inmitten eines lebhaften Rankendickichts mit fantasie-

---

[24] HMB Inv.-Nr. 1952.300. Jahresbericht der Öffentlichen Basler Denkmalpflege 1950, S. 22; ebd. 1951, S. 18; ebd. 1952, S. 14–16; C. A. Müller: Ein neuentdecktes Wandbild vom Ende des 15. Jahrhunderts in Basel, in: Jurablätter 14 (1952), S. 111–114; Hans Lanz: Die alten Bildteppiche im Historischen Museum Basel, Basel 1985, S. 6.

vollen Blättern, Blüten und Fruchtkelchen sitzt links das (Stifter-?) Paar unter leider nicht entzifferbaren Spruchbändern. In der Mitte jagen zwei Hunde einen Hirsch, und rechts verbergen sich ein Hifthorn blasender Wildmann mit Speer und ein stillendes Wildweibchen. Anhand eines (nicht erhaltenen) Wappens können die Stifter als Niklaus Rüsch und seine Frau Ottilia Breitschwert identifiziert werden, weshalb die Malerei zwischen 1487 und 1490, dem Tod der Ehefrau, entstanden sein muss. Besondere Bedeutung besitzt das Werk durch seine starke stilistische und motivische Ähnlichkeit zu spätmittelalterlichen Bildteppichen. Basel war neben Strassburg ein Zentrum der nach ihrer ursprünglich morgenländischen Wirktechnik «Heidnischwerk» genannten Textilproduktion am Oberrhein. Entwurfszeichnungen für die Basler Teppiche oder die 1:1-Vorlage (der sogenannte Bildner) sind nicht erhalten. Motivübernahmen aus der Malerei verdeutlichen aber die enge Zusammenarbeit der Wirker mit einheimischen Malern.[25]

Ob Zwinger die Malerei geschätzt und sichtbar erhalten hat, ist uns nicht bekannt. Sicher ist hingegen, dass er ab 1572 und teilweise schon 1571, vor dem eigentlichen Erwerb, die Umgestaltung des Hauses in Angriff nahm. Von dem damals noch in der Werkstatt seines Lehrers Hans Hug Kluber arbeitenden Hans Bock d. Ä. liess er zwei Entwürfe für eine illusionistische Fassadenmalerei anfertigen (Abb. 5–6), die später von Basilius Amerbach erworben wurden und heute im Kunstmuseum aufbewahrt werden.[26] Erst auf den zweiten Blick ist die Türen- und Fensteranordnung des realen Bauwerks inmitten der gemalten Fantasiearchitektur zu erkennen. Beide Zeichnungen geben eine viergeschossige Hausfront mit mittlerem Rundbogenportal und Rechteck- und Staffelfenstern wieder. Sowohl die Fassadenproportionen als auch die Geschossgliederung stimmen mit dem heutigen Gebäude überein, so dass die Auftraggeberschaft Zwingers, die schriftlich nicht erwähnt wird, als gesichert gelten kann, zumal auch die ikonographischen Inhalte dafür sprechen, wie unten ausgeführt wird. Die üblicherweise getäferten

---

25 Anna Rapp-Buri/Monica Stucky-Schürer: Zahm und wild. Basler und Straßburger Bildteppiche des 15. Jahrhunderts, 2. Aufl., Mainz 1990, S. 43 und 104. Vgl. den um 1500 entstandenen Wandbehang mit allegorischen Tieren, Historisches Museum Basel (HMB) Inv.-Nr. 1870.745., ebd. S. 260–262.
26 Kunstmuseum Basel, Kupferstichkabinett Inv.-Nrn. U.IV.65. und U.IV.92. – Elisabeth Landolt: Materialien zu Felix Platter als Sammler und Kunstfreund, in: BZGA 72 (1972), S. 290–292; Maria Becker: Architektur und Malerei. Studien zur Fassadenmalerei des 16. Jahrhunderts in Basel, Basel 1994 (172. Neujahrsblatt, hrsg. von der Gesellschaft für das Gute und Gemeinnützige), S. 85–90.

Stuben vorbehaltenen Staffelfenster befinden sich rechts, im 1. und 2. Obergeschoss des südlichen Hausteils. Mehrere unterschiedlich hohe Strebepfeiler stützten die Hausfassade an den Rändern und seitlich des Portals. Eine grosse Fläche in der Fassadenmitte scheint keine Öffnungen zu haben. Es fällt auf, dass die Entwürfe ein zur Strasse giebelständiges Gebäude zeigen, hingegen Merians Stadtansichten von 1615 und 1617 ein traufständiges Haus.[27] In diesem Fall ist wohl Merian zu vertrauen, obwohl er z.B. den benachbarten Spalenhof (Spalenberg 12) nachweislich mit verkehrter Firstrichtung darstellte. Will man nicht an einen Fehler Bocks denken, so könnte das bedeuten, dass Zwinger ursprünglich an einen Umbau seines Daches dachte und später diesen Plan fallen liess.

Bocks Fassadenentwürfe sind 1571 und 1572 datiert. Der junge Maler stand damals noch ganz am Anfang seiner Karriere und knüpfte mit dem ersten Entwurf deutlich an Hans Holbeins Architekturphantasie am Haus zum Tanz an (Eisengasse 14, um 1520), von der das kompliziert-unmögliche Aufeinandertürmen der räumlich gestaffelten Architekturglieder, deren Mitte einen Ausblick in den Himmel freigibt, übernommen ist. Das ikonographische Programm geht sicher auf Zwinger zurück. Die treffende Charakterisierung von Dieter Koepplin ist hier zu referieren.[28] In zwei Medaillons zeigt Bock die Stürze des Ikarus und des Phaeton, beides Themen der jugendlichen Hybris, der willkürlichen Nichtbeachtung väterlicher Gebote, die im Sturz oder im Tod enden. Die Allegorien der Klugheit, die vorausschauend in einen Spiegel schaut, und des Schicksals, das unsicher mit flatterndem Segel auf einer geflügelten Kugel steht, kommentieren die mythologischen Szenen. Über dem Portal liegt ein dickleibiges, erlegtes Ungeheuer mit Kopf und Vorderpfoten eines Löwen, Hinterbeinen einer Ziege und einem Schlangenschwanz – eine Chimäre, die zu einer weiteren Übermut-Sturz-Geschichte gehört, nämlich dem Fall des Bellerophon. Nach der Überlieferung bei Homer und anderen fällt der vom Blitz des Zeus getroffene, übermütig gewordene griechische Halbgott, der mit dem geflügelten Pferd Pegasus auf den Olymp reiten wollte, vom Rücken des Tieres auf die von ihm zuvor im Kampf besiegte Chimäre. Bellerophon wird in Hans Bocks Fassadenentwurf jedoch gar nicht dargestellt,

---

27 Siehe Anm. 13; Becker (wie Anm. 26), S. 86.
28 Dieter Koepplin (und eine Ergänzung von Gisela Bucher S. 44–46): Ausgeführte und entworfene Hausfassadenmalereien von Holbein bis zu Stimmer und Bock und damit verbundene Werke, in: Spätrenaissance am Oberrhein. Tobias Stimmer 1539–1584. Ausstellung im Kunstmuseum Basel 23. Sept. bis 9. Dez. 1984, Basel 1984, S. 55–68.

Abbildung 5–6
Nadelberg 23A. Hans Bock d. Ä. Zwei Entwürfe zur Fassadenmalerei am Haus Theodor Zwingers. Lavierte Federzeichnungen, datiert 1571 und 1572. Fotos Kunstmuseum Basel.

Das Zwingerhaus am Nadelberg

sondern es bleibt die Bildmitte mit dem Architektur-Ausblick eigenartig leer.

Diese Technik des Erzählens um eine Leerstelle zeugt von der künstlerischen Raffinesse, mit der Bock in diesem Frühwerk beeindrucken wollte. Gewiss eignet sich das Thema des Sturzes in hervorragender Weise für eine Fassadenbemalung, zumal einer, bei der sich Architekturglieder kunstvoll in schwindelnde Höhe übereinander stapeln. Formal lässt sich der dem Thema innewohnende Vertikalimpuls für eine geschossübergreifende Gestaltung ausschöpfen, inhaltlich vermag die Darstellung des Sturzes an tief verwurzelte Fallängste zu appellieren. An Holbeins Seitenfassade des Hauses zum Tanz, wie auch an Tobias Stimmers Haus zum Ritter in Schaffhausen bäumt sich das Pferd mit dem römischen Helden Marcus Curtius über dem Abgrund der Strassenschlucht und wird – so weiss der klassisch Gebildete – im Opfertod herabstürzen. Der Betrachter mag sich regelrecht bedroht fühlen von dem, was auf ihn niederfallen könnte. Da Bock die Hauptfigur des Bellerophon wegliess, muss sich der vor dem Zwingerhaus Stehende fragen, was passiert ist. Die tote Chimäre und der flüchtig skizzierte, blitzeschleudernde Zeus hoch oben im Himmelsausblick zeigen an, dass der Held schon gestürzt ist. Aber wohin? Schlimmer noch als der Fall an sich ist die Tatsache, dass sich die ganze Person und mit ihr Ruhm und Ehre ins Nichts aufgelöst zu haben scheinen. Eine weitere Möglichkeit ist, dass sich der Betrachter selbst an die leere Stelle setzt. Das heisst, dass er, der das Haus betreten und im Inneren emporsteigen wird, an den möglichen Sturz gemahnt wird. Ganz wörtlich drückt das die Inschrift über dem Portal aus: «hast du vil rum vndt er jagt das al werltt nun von dier sagt so huett dich steig nit gar zu hoch das du nit aber falsst her noch.»

Theodor Zwinger liess Bock einen zweiten Entwurf machen, der das Bellerophon-Thema in einer nachdrücklicheren Weise angeht. Dieser zweite, 1572 datierte Fassadenplan ist räumlich weniger manieriert aufgebaut als der erste, seine Aussage konzentriert sich auf die figürlichen Einzelszenen. Als neues Element enthält der Entwurf in der Fassadenmitte die Darstellung eines riesigen, scheinbar mit sechs Schrauben (!) an die Wand gehefteten Tafelgemäldes mit dem Sturz des Bellerophon. Im hochrechteckigen Bildfeld reitet oben Zeus auf einem Adler, im Mittelfeld werden Pegasus und der rücklings herabfallende Held dargestellt und unten liegt die Chimäre. Wie in einem Setzkasten gruppieren sich auf den verschiedenen Gesimsen der das Tafelbild umgebenden Scheinarchitektur mehrere Figurengruppen: Daedalus weist den unwillig dreinschauenden

Abbildung 7
Hans Bock d. Ä. Bildnis Theodor Zwingers. Gefirnisste Tempera auf Eichenholz,
H. 67,5 B. 53 cm, KMB Inv.-Nr. 1877. Foto Kunstmuseum Basel.

Ikarus ein; Apoll martert Marsyas, der ihn in einem übermütigen Wettstreit herausgefordert hatte; Phaeton bittet seinen Vater Helios, einen Tag lang den Sonnenwagen lenken zu dürfen; Meleager präsentiert seiner Angebeteten Atalante den Kopf des Kalydonischen Ebers, Auftakt zu einem blutigen Streit und dem Tod des Helden. Die Warnung vor dem Hochmut wird erneut von der – mit dem ersten Entwurf gleichlautenden – Inschrift über der Haustür ausgesprochen. Eine Einzelszene am linken Bildrand weist, neben all den abschreckenden Beispielen, die Möglichkeit des richtigen Wegs: Vor dem stehenden Herkules am Scheideweg kauern die nackte Wollust mit Weinkelch und Laute sowie die bekleidete Tugend mit der schlauen Schlange, einem Vogel, einem Zollstock und einem Zirkel (letztere sind Attribute des Masshaltens).

Trompe l'œils oder illusionistische Scheinarchitekturen gehören in der schweizerischen und süddeutschen Fassadenmalerei des 16. Jahrhunderts – so gering hier angesichts des riesigen Überlieferungsverlusts auch die Kenntnis ist – zum gängigen Repertoire.[29] Ebenfalls üblich war die Staffage der Architektur mit antikischen und zeitgenössischen Figuren, die auf Gesimsen, Absätzen oder in Nischen agieren. Sie sind, wenn nicht als reale Menschen, als Skulpturen oder Steinreliefs zu denken. Mit dem gemalten, scheinbar angeschraubten Tafelbild, das in seiner Dimension alles zu jener Zeit technisch Mögliche bei weitem übertrifft, bemühte Bock eine andere Kunstgattung.[30] Hierdurch wurde das Bellerophon-Thema innerhalb der Vielfalt der mythologischen Szenen isoliert und «plakativ» hervorgehoben. Es erhielt zugleich eine besonders enge Beziehung zum Haus, als dessen monumentales Hauszeichen das Bild verstanden werden konnte. Darüber hinaus charakterisierte es den Hausherrn. Für Zwinger scheint das Bellerophon-Thema eine persönliche Bedeutung gehabt zu haben, denn er liess es auch als Fensterausblick im Hintergrund seines Halbfigurenporträts, das Hans Bock von ihm malte, verbildlichen (Abb. 7). Die Bescheidenheitsformel und die Warnung vor dem Hochmut funktionierten freilich auch im Gegensinn, dass sie nämlich das Augenmerk erst recht auf seinen Ruhm und Verdienst lenkten. Die von Bock geplante Fassadenmalerei hätte in Basel durch die Gelehrsamkeit des ikonographischen Programms und die theatralische Auffassung des Themas sowie die innovativen Züge der Gestaltung für grosses Aufsehen gesorgt. Diese Wirkung wäre wohl nicht nur dem Ehrgeiz Bocks geschuldet, sondern hätte auch dem Wunsch des Auftraggebers nach Selbstdarstellung entspro-

---

29 Christian Klemm: Artikel «Fassadenmalerei», in: Reallexikon zur Deutschen Kunstgeschichte Bd. 7, 1978, Sp. 690–742; Gunter Schweikhart/Ulrike Heckner: Fassadenmalerei in Deutschland zwischen 1520 und 1570, in: Beiträge zur Renaissance zwischen 1520 und 1570, Marburg 1991 (Materialien zur Kunst- und Kulturgeschichte in Nord- und Westdeutschland, 2), S. 245–261.

30 Interessanterweise signierte und datierte Bock seinen Fassadenentwurf nicht auf der Architektur, sondern auf jenem Scheingemälde – wollte es sich dadurch in erster Linie als Tafelmaler, weniger als Fassadenmaler ausweisen?

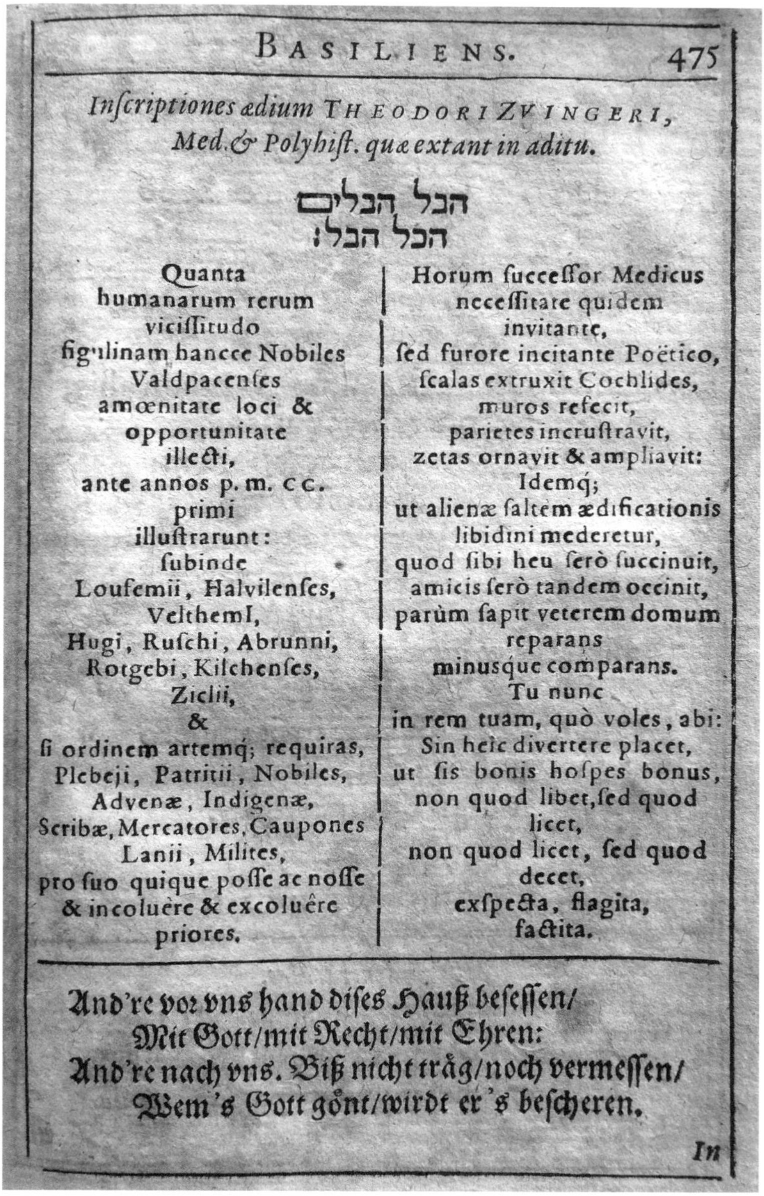

> **BASILIENS.** 475
>
> *Inscriptiones ædium* THEODORI ZVINGERI,
> *Med.& Polyhift. quæ extant in aditu.*
>
> הבל הבלים
> הכל הבלי
>
> | | |
> |---|---|
> | Quanta | Horum fucceffor Medicus |
> | humanarum rerum | neceffitate quidem |
> | viciffitudo | invitante, |
> | figulinam hancce Nobiles | sed furore incitante Poëtico, |
> | Valdpacenfes | scalas extruxit Cochlides, |
> | amœnitate loci & | muros refecit, |
> | opportunitate | parietes incruftravit, |
> | illecti, | zetas ornavit & ampliavit: |
> | ante annos p. m. cc. | Idemq; |
> | primi | ut alienæ faltem ædificationis |
> | illuftrarunt: | libidini mederetur, |
> | fubinde | quod fibi heu ferò fuccinuit, |
> | Loufemii, Halvilenfes, | amicis ferò tandem occinit, |
> | VelthemI, | parùm fapit veterem domum |
> | Hugi, Rufchi, Abrunni, | reparans |
> | Rotgebi, Kilchenfes, | minusque comparans. |
> | Ziclii, | Tu nunc |
> | & | in rem tuam, quò voles, abi: |
> | fi ordinem artemq; requiras, | Sin heic divertere placet, |
> | Plebeji, Patritii, Nobiles, | ut fis bonis hofpes bonus, |
> | Advenæ, Indigenæ, | non quod libet,fed quod |
> | Scribæ,Mercatores,Caupones | licet, |
> | Lanii, Milites, | non quod licet, fed quod |
> | pro fuo quique poffe ac noffe | decet, |
> | & incoluére & excoluére | exfpecta, flagita, |
> | priores. | factita. |
>
> And're vor vns hand difes Hauß befeffen/
> Mit Gott/mit Recht/mit Ehren:
> And're nach vns. Biß nicht träg/noch vermeffen/
> Wem's Gott gönt/wirdt er's befcheren.
>
> *In*

Abbildung 8
Nadelberg 23A. Inschriften im Hauseingang, nach Johannes Gross 1624, S. 475.

chen. Wir besitzen jedoch keinerlei Nachricht über eine Rezeption, keinen Nachweis, dass der Entwurf tatsächlich ausgeführt wurde.[31]

Von dem Anspruch und der Gelehrsamkeit des Hausherrn kündeten jedoch, wenn nicht die Fassadenmalerei, so doch andere Quellen aus seiner eigenen Hand. Gemeint sind die vielen Inschriften, mit denen die Wände des Hauses im Inneren geziert waren. Johannes Gross und, auf ihm aufbauend, Johannes Tonjola geben diese in ihren Publikationen von 1623 und 1661 wieder.[32] Einige der Sprüche waren 1919 und 1951 im Haus noch zu lesen, wurden dokumentiert und teilweise wieder erneuert.[33] Den Eintretenden informierte eine im Eingangsbereich zu lesende Inschrift (Abb. 8). Sie zählte zuerst die Reihe der Vorbesitzer im 15. und 16. Jahrhundert auf, von den von Walpach über die von Laufen, von Hallwil, Velthein, Hug, Rüsch, von Brunn, Ratgeb, Kilchen bis Zichlin. Schliesslich kommt die Inschrift auf den derzeitigen Eigentümer zu sprechen, den nicht namentlich aufgeführten *Medicus,* der *scalas extruxit Cochlides, muros refecit, parietis incrustavit, zetas ornavit & ampliavit,* also eine Wendeltreppe errichtete, Mauern wieder herstellte, Wände verkleidete (mit Täfer oder Behängen?), Wohnräume schmückte und vergrösserte.[34] Anschliessend warnt die Inschrift den Besucher, es sei derjenige nicht ganz bei Trost, der ein altes Haus billig erwerben und anschliessend renovieren wolle (*«parum sapit veterem domum reparans minusque comparans»*)! Von demselben historischen Verständnis des Bauherrn, der sich selbst als letztes Glied einer langen Kette von Eigentümern erkennt, zeugt ferner die offenbar ganz in der Nähe angebrachte Inschrift «And're vor uns hand dises Haus besessen / Mit Gott / mit Recht / mit Ehren: And're nach uns. Biss nicht träg / noch vermessen / Wem's Gott gönt / wirdt er's bescheren.» Eine ähnliche Inschrift, die in entsprechender Weise die Vorbesitzer und anschliessend die Verdienste des Hausherrn aufzählte, wurde übrigens im gegenüber stehenden «Rosshof» (Nadelberg

---

31 Nach der barocken Umgestaltung der Fassade sind keine baulichen Aufschlüsse mehr zu erwarten, und auch in den Quellen bleibt es still, so ist z.B. nie von einem «Haus zum Bellerophon» die Rede. Vgl. hingegen das Echo, das Holbeins Fresken am Haus zum Tanz fanden, siehe Anne Nagel/Martin Möhle/Brigitte Meles: Die Kunstdenkmäler des Kantons Basel-Stadt, Bd. 7, Bern 2006 (Die Kunstdenkmäler der Schweiz, 109), S. 524.
32 Gross (wie Anm. 18), S. 475–479; Tonjola (wie Anm. 18), S. 400–402.
33 Basler Denkmalpflege, Planarchiv S 013/041–044.
34 Für Übersetzungshilfe danke ich Ueli Dill.

Abbildung 9
Nadelberg 23A, Zum Walpach. Oberes Ende des Wendeltreppenturms. Foto Peter Heman, 1953.

20–22) aufgedeckt.[35] Der Rosshof gehörte dem Ziehsohn Zwingers, Hans Lux Iselin, dem Sohn aus Valeria Zwingers erster Ehe.[36]

Am oberen Ende der Wendeltreppe wurden Theodor Zwinger und seine Frau Valeria in einer weiteren Inschrift, diesmal mit voller Namensnennung, als Bauherrschaft gewürdigt, zusammen mit der Jahresangabe 1573. Einzigartig sind die mehr als siebzig deutschen, lateinischen, griechischen und hebräischen Sprichwörter, die die Wände über den Fenstern des Treppenturms, in der Studierstube *(In Musæo literario)*, in allen Wohn- und Schlafzimmern *(In conclavibus & cubiculis)* und über der Haustür zierten. Generell sind den Sprüchen ein *Memento mori* oder moralisch-christliche Ermahnungen eigen, wobei auch das Verhältnis zum eigenen Ruhm und

---

35 Fotografisch dokumentiert im Archiv der Basler Denkmalpflege, 1984/88. Die Inschrift ist publiziert bei Gross (wie Anm. 18), S. 476, und Tonjola (wie Anm. 18), S. 401.
36 Friedrich Weiss-Frey: Heinrich Iselin von Rosenfeld und sein Geschlecht, Basel 1909, S. 77–80; Andreas Staehelin: Johann Lucas Iselin-d'Annone der Ältere, in: Gustaf Adolf Wanner (Hrsg.): 600 Jahre in Basel. Lebensbilder aus der Familie Iselin, Basel 1964, S. 22–26.

der Umgang mit ihm angesprochen wird, wie z.B. «*Sit absque fuco gloria*», der Ruhm sei ungeschminkt (im Sinn von: wer Ruhm und Ehre hat, verberge es nicht).[37] Teilweise nehmen die Sprüche Bezug auf ihren Anbringungsort. So durfte z.B. derjenige, der die Wendeltreppe erklommen hatte, lesen: «An Krafft und Athem dir gebrist/ Merck auff. Dieweil du sterblich bist.» (Abb. 9) Eine ganze Anzahl von Sprüchen wie «Der Schlaff des Todes bruder ist / Wach auff zum Leben wärther Christ» kann man sich unschwer in Schlafkammern vorstellen. Die Themenwahl bezieht in ähnlicher Weise den Betrachter in seinem jeweiligen körperlichen Erleben ein, wie dies auch die Fassadenmalerei getan hätte, die den Eintretenden, im Emporsteigen Begriffenen mit der Möglichkeit des Absturzes konfrontierte. Hierdurch wird die Ansprache direkter und intensiver und bezeugt die pädagogischen Fähigkeiten des Arztes und Professors. Eine solche, teilweise ironisch gebrochene und mit Bescheidenheitsformeln versehene Demonstration der eigenen Gelehrsamkeit war auch in Kreisen der Humanisten nicht häufig anzutreffen und fand kaum Nachfolge.[38]

---

37 August Burckhardt: Von einem Treppenturm am Nadelberg zu Basel, in: Sonntagsblatt der Basler Nachrichten 1./2. Sept. 1951.
38 Einzelne Inschriften gab es vielerorts. Gross und Tonjola überliefern lediglich in den Häusern von Felix Platter und Johann Jakob Grynäus eine kleine Sammlung von Inschriften, siehe Gross (wie Anm. 18), S. 471–464 und 481–483, und Tonjola (wie Anm. 18), S. 397–400 und 404.

Ein Brief aus dem reichen Fundus der Basler Briefsammlungen.
Basel, Johannes Oporin, Theodor Zwinger und die *puella* Susanna

von Beat Rudolf Jenny

I

Der Jubilar Martin Steinmann hätte zweifellos vom Autor des vorliegenden Beitrags eine ganz persönliche Gratulations- und Dankesadresse in der heute kaum mehr üblichen Form eines Briefes zugute gehabt. Diese hätte sicher auch einige Rückblenden auf die Zeit enthalten, da er das Amt eines Konservators der Handschriften in der Universitätsbibliothek Basel antrat und während langer Jahre mit Umsicht verwaltete und dabei in freundschaftlicher Verbundenheit in seiner wohltuend zurückhaltenden, jedoch stets wirksamen und aufs Wesentliche ausgerichteten Weise die Arbeit des Autors begleitete und unterstützte. Nun hat sich jedoch überraschenderweise die Möglichkeit geboten, eine solche Adresse in den Rahmen einer Festschrift einzufügen. Eine erfreuliche, aber bezüglich der reichen Auswahl keineswegs einfache Sache! Denn das hiess, der Gratulation gleichsam das Kleid einer offiziellen Publikation überzustülpen und somit zu versuchen, das Wissenschaftliche und das Persönliche, das, was Jubilar und Autor als Fachkollegen und Freunde verbindet, in Einklang zu bringen. Das wichtigste Stichwort klingt bereits im Untertitel an: Oporin! Sein Name ist seit mehr als vierzig Jahren nicht mehr von demjenigen des Jubilars zu trennen, obwohl letzterer den berühmten Basler Drucker als Gegenstand seiner historischen Forschung längst hinter sich gelassen hat, dabei jedoch wohl nicht ohne Stolz, vielleicht gelegentlich auch mit Wehmut oder gar gemischten Gefühlen darauf zurückblickt, zweifellos auch mit Befriedigung darüber, dass es nie sein Lebensziel als Forscher war, seine leserfreundliche, wohltuend kompakt-schlanke und strikte auf Oporin selbst und seine Offizin fokussierte Dissertation nachträglich auf das Mehrfache zum *opus magnum* auszubauen, was dem Stoff nach durchaus möglich gewesen wäre. Dies im Gegensatz zum Verfasser dieser Zeilen: Seit 1962 war es – neben der reduzierten Lehrtätigkeit am Gymnasium – seine offizielle Pflicht, Amerbachbriefe zu edieren und zu kommentieren, und er ist diesem Thema auch im Ruhestand bis heute treu geblieben und hofft, genau auf Martin Steinmanns 70. Geburtstag hin dank seinen Mitarbeitern dieses Werk zu vollenden.

Entsprechend diesen Gegebenheiten galt es bei der Auswahl des vorliegenden Beitrags folgende Bedingungen zu erfüllen: Es musste eine Briefpublikation sein, und diese sollte einerseits im Hinblick auf den Jubilar Oporin zum Gegenstand haben sowie zusätzlich dem Basler Leser einen Blick auf seine Stadt im 16. Jahrhundert bieten. Anderseits galt es, sie aus den reichen handschriftlichen Briefbeständen zu schöpfen, deren Betreuung einst die hingebend und kompetent erfüllte Pflicht Martin Steinmanns war. Beim vorliegenden Dokument hatte dies für letzteren ganz konkret geheissen: Befreiung aus einem überdimensionierten, mühsam zu benutzenden und instabilen Briefsammelband, Sicherung auf einem festen Trägerblatt in einem Ordner und damit Gewährleistung der Lesbarkeit auch jener Zeilenenden, die zuvor im Falz versteckt waren. Für die sachgerechte Ausführung solcher Massnahmen konnte der Konservator dabei stets auf die hauseigene Buchbinderei bauen, die solche Aufgaben schon seit der Zeit vor seinem Amtsantritt kompetent erledigte und dies in zunehmender Professionalisierung bis heute tut.

II

Hier nun der Text des Briefes. Er trägt die Signatur Fr.-Gr. Mscr. II 26[4], fol. 349r/v (nicht erhalten ist das Adressblatt). Der lateinische Originaltext wird anschliessend übersetzt.[1] Dies eine Massnahme, welche schon Martin Steinmann der Leserschaft der «Basler Zeitschrift für Geschichte und Altertumskunde» zuliebe traf, als er im Band 69 (1969) derselben auf S. 103–203 im Nachgang zu seiner Dissertation zahlreiche Oporinbriefe, die bevorzugte Quelle zu seiner Oporinbiographie, publizierte.

---

1   Die Überprüfung von Transkription und Übersetzung verdanke ich der freundschaftlichen Hilfe meines ehemaligen Kollegen Peter Litwan.

Johannes Sentelius an Theodor Zwinger in Basel
Villach, 16. August 1586

Salutem, uir doctissime nec non affinis obseruande, ex animo precor. Dici non potest, quanto studio uos uestramque urbem amoenissimam uidere desiderem. Nam, ut verum fatear, altera uiuente viro doctissimo Joanne Oporino mihi semper patria fuit; taceo, quam familiariter tua praestantia atque adeò omnium doctorum iucundissima conuersatione vsus fuerim, nunc, quia amplius non licet, pro illis mare negotiorum sustineo, licet iam per triennium aliquantum quietioris statu fruar. Antehac enim ut eram vocatus, per annos aliquot metropolis Carinthiae syndicum egi. Postquam autem causae et reipublicae negotia in dies accrescerent nec etiam salarium laboribus responderet, vxori et liberis meis melius consulturum statum illum mutaui atque ad mea me contuli, ubi licet nihilominus reipublicae negotia magna ex parte mihi incumbant, plus tamen otii et refocillationis datur.

Susanna mea, Superis sit laus, hactenus bene valet: Filios mihi peperit tres, Sigismundum, Joannem et Christophorum, cum duabus filiabus, Maria et Regina, è quibus Joannes et Maria mortui sunt, reliquis vitam incolumem precor.

Scripsi aliquoties cuidam Balthasaro Moser, qui tum temporis monetariorum summus apud vos extitit, non quidem meo, sed fratris ipsius nomine, quem nunc locum mutasse et Colmariam profectum esse audio; nullum tamen responsum tulimus. Cum autem serenissimus comes, dominus Joannes, comes in Ortenburg etc., praesentem nuntium eò locorum ablegauerit, nullo modo facere potui, quin his te quoque demum salutarem, cui tu per otium literas tuas vicissim tutissime poteris committere.

Statueramus quidem dominus Joannes Vueitmoserus etc. et ego ante biennium perlustrando Germaniam vos quoque inuisere. Impediuit tamen consilium inuidiosa podagra, qui, ut grauiter dictum, dominum detinet; ita spes statutum iter prosequendi prorsus adempta est. Vtut sit, animo tamen, cum corpore non liceat, quotidie vobiscum sum doctissimorum uirorum iucundissimam conuersationem, chorum musicum, palatia atque adeò omnem ciuitatis vestrae situm laudatissimum recolligens. Reuiuiscerem, mihi crede, si ad octiduum saltem redeunti locus daretur et otium.

Oporini filium Emanuelem, si in viuis adhuc est, meo et uxoris meae nomine – licet ignotum – familiarissime salutabis; Samuelem

Grynaeum quoque, quo semper prae caeteris quam familiarissime usus sum. His vale, vir doctissime, mei meorumque memor, quodsi per otium licet, paucissimis rescribes. – Datae Velaci superioris Carinthiae, inter praerupta montium cacumina, XVII Calendae Septembris Anno Domini millesimo quingentesimo octuagesimo sexto.
   Tuae excellentiae paratissimus affinis
                              Joannes Sentelius Castinianus patria.

Übersetzung:
Lass' Dir, hochgelehrter Herr und verehrter Schwager, alles Gute wünschen. Ich kann kaum sagen, wie sehr ich mich danach sehne, Euch und Eure ausserordentlich schöne Stadt wiederzusehen. Denn ich habe diese in der Tat zu Lebzeiten des hochgelehrten Herrn Johannes Oporin stets als zweite Heimat empfunden, ganz zu schweigen davon, wie sehr ich vom Umgang mit Deiner vortrefflichen Persönlichkeit und ebenso von den Gesprächen mit allen Gelehrten profitierte, – während ich gegenwärtig, auf all dies verzichtend, im Meer der Geschäfte fast untergehe, auch wenn ich seit drei Jahren etwas entlastet bin. Zuvor war ich nämlich als Syndikus in die Kärntner Metropole (vermutlich Klagenfurt) berufen worden und hatte dort einige Jahre gewirkt. Nachdem sich jedoch die Rechtsfälle und öffentlichen Amtsgeschäfte von Tag zu Tag häuften, ohne dass mein Gehalt entsprechend erhöht worden wäre, habe ich mich veranlasst gesehen, meiner Frau und den Kindern zuliebe diese Stelle aufzugeben und mich meinen eigenen Angelegenheiten zu widmen, wobei mir nun trotz der Erledigung vieler öffentlicher Geschäfte mehr Ruhe und Zeit zum Ausspannen bleibt.

Meine Susanna ist, Gott sei Dank, bisher noch stets wohlauf. Sie hat mir drei Söhne geboren, Sigismund, Johannes und Christophorus, sowie zwei Töchter, Maria und Regina. Von diesen sind Johannes und Maria gestorben, für die anderen erhoffe ich mir, dass sie am Leben bleiben.

Ich habe wiederholt einem gewissen Balthasar Moser geschrieben, welcher seinerzeit der oberste Münzmeister bei Euch war. Dies allerdings nicht in eigener Sache, sondern in einer solchen seines Bruders, der nun, wie ich vernehme, seinen Wohnort gewechselt hat und nach Colmar gezogen sein soll; doch erhielt ich nie eine Antwort. Jedoch als nun seine Durchlaucht Graf

Johannes von Ortenburg etc. den Träger dieses Briefes dorthin abordnete, konnte ich nicht anders, als Dich gleichzeitig endlich einmal mit diesen Zeilen zu grüssen. Diesem Boten kannst Du, falls Du Zeit hast, eine Antwort an mich unbedenklich mitgeben.

Vor zwei Jahren hatte zwar Herr Johannes Weitmoser zusammen mit mir beschlossen, eine Reise durch Deutschland zu unternehmen und bei dieser Gelegenheit auch Euch zu besuchen. Die Ausführung dieses Planes hat jedoch leider das ekelhafte Podagra verhindert, welches zu unserem Verdruss den Herrn (Johannes) von der Reise abhält, so dass die Hoffnung, diesen Plan auszuführen, ganz und gar geschwunden ist. Doch wie dem auch sei: In Gedanken bin ich, auch wenn mir persönliche Gegenwart nicht vergönnt ist, täglich bei Euch, indem ich mir die lebhaften Gespräche mit gelehrten Männern, die Gruppe der Musizierenden, die schönen Bauten und ganz besonders die vorzügliche Lage Eurer Stadt ins Gedächtnis rufe. Glaub' mir, ich würde richtig aufleben, wenn ich nur während acht Tagen die Möglichkeit hätte, als Gast bei Euch zu sein.

Oporins Sohn Emanuel – sollte er noch leben – grüsse bitte in meinem und meiner Frau Namen, auch wenn wir ihn nicht persönlich kennen. Ebenso Samuel Grynaeus, mit dem ich stets – mehr als mit andern – in vertrauter Verbindung stand. Damit leb' wohl, hochgelehrter Herr, und sei meiner und der Meinen eingedenk, indem Du, falls Du Zeit hast, mir eine kurze Antwort zukommen lässt.

Gegeben zu Villach in Oberkärnten, mitten zwischen den schroffen Bergen, am 16. August 1586. Deiner hochansehnlichen Person stets zu Diensten bereit bin ich Dein Schwager
                    Johannes Sentelius aus Gastein.

III

Wäre der Abdruck dieses Briefes Teil einer wissenschaftlichen Briefedition, müsste sich nun ein umfänglicher Kommentar anschliessen, welcher vor allem die zahlreichen Namen zum Gegenstand hätte und, wie sich jeder Leser leicht vorstellen kann, den Umfang des Briefes um ein Mehrfaches überträfe. Doch im vorliegenden Fall dürfte dieses Bedürfnis zunächst völlig in den Hintergrund treten, bedarf der Text doch gar keiner Erläuterungen, weil er den Leser über die Jahrhunderte hinweg auf Anhieb in seiner Gesamtheit als Selbstzeugnis anspricht, ja sogar bewegt und als nüchterne Autobiographie en miniature jedermann, zweifellos gerade auch den Jubilar, dazu veranlassen kann, auf die eigene Vita zurückzublicken und diese in Parallele zu derjenigen des zunächst unbekannten Briefschreibers Johannes Sentelius und seiner Frau Susanna zu setzen. Dies zumal Sentel hier im Gegensatz zu den meisten zeitgenössischen Autobiographen, denen es nebst dem Rückblick auf das eigene Leben offen oder versteckt um Selbstrechtfertigung, Sicherung des Nachruhms oder Schönfärberei geht, nur einen einzigen konkreten und momentanen Zweck verfolgt: Wiederherstellung einer einst fundamentalen menschlichen Verbindung, die seit langem abgebrochen ist und deren Wiederaufnahme mehrmals scheiterte.

Die Dauer der Nachrichtenlosigkeit lässt sich nur schon anhand des Briefes und der bei Martin Steinmann verfügbaren biographischen Fakten ziemlich genau eingrenzen: Die Geburt von Oporins Söhnchen Emanuel, das ihm seine vierte Frau, die Witwe Faustina Amerbach, 1568 schenkte, haben Sentel und seine Frau Susanna nicht mehr in Basel erlebt, sondern nur davon gehört. Dies vielleicht aus der 1569 gedruckten Vita Oporins oder anhand eines jener zahlreichen Briefe, worin dieser nach der Geburt in rührender Weise – wie uns der Jubilar erzählt hat – seiner überschwänglichen Freude über die späte Geburt seines einzigen Kindes Ausdruck gegeben hat. Ja, liest man nicht zwischen den Zeilen, wie Sentel und insbesondere seine Frau die grosse Dankbarkeit, die sie Oporin gegenüber empfinden, auf dessen Sohn übertragen möchten, jedoch verbunden mit der bangen, aus eigener Erfahrung genährten Beifügung: «wenn er [– nun etwa 18-jährig –] noch lebt»? Das Wissen darum, dass er bereits 1570 starb und spurlos aus der Geschichte verschwand (weder Todesdatum noch Grabstein sind bekannt), bleibt uns Nachgeborenen vorbehalten, verbunden allerdings mit der erleichternden Gewissheit, dass dem vielgeprüften, aber gleich Arion, seinem Buchdruckersignet, jedem Sturm standhaltenden Drucker dieser letzte Schicksalsschlag erspart blieb.

Demgegenüber bestand für das Ehepaar Sentel kein Zweifel darüber, dass Zwinger noch lebte. Dies konnte man damals europaweit aus seiner unermüdlichen publizistischen Tätigkeit wissen. Anders verhielt es sich bei dem mit Grüssen bedachten Studienfreund Samuel Grynaeus, dem früh vaterlosen Sohn des bekannten Humanisten und Reformators Simon Grynaeus. Er war zwar nicht publizistisch tätig, wirkte jedoch als Basler Doktorvater von unzähligen evangelischen Juristen, und sei Ruf konnte leicht bis ins damals mehrheitlich neugläubige Kärnten gedrungen sein. Die enge studentische Freundschaft zwischen Sentel und Grynaeus erklärt sich neben den Fachinteressen wohl dadurch, dass ersterer längere Zeit bzw. wiederholt bei Oporin untergebracht war und letzterer in der Nähe Oporins auf dem Petersberg aufwuchs und zeitweilig sogar dessen Schützling war, bevor er zum Amt eines angesehenen Basler Jusprofessors und Stadtsyndikus aufstieg. Die ihn betreffende Briefstelle ist deshalb besonders wertvoll, weil das Wissen um seinen Studiengang teilweise noch kontrovers ist und nun ergänzt wird durch das vorliegende erfreuliche Zeugnis über seine Persönlichkeit. Keine Selbstverständlichkeit, wenn man sich im damaligen akademischen Nachwuchs aus der Basler Führungsschicht umsieht!

Die ebenso kurze wie plastische Gegenüberstellung der *amoenitas* Basels und der *praerupta cacumina* des Kärntner Gebirges gehört zu den Kostbarkeiten des Briefes. Sie mag den Jubilar und seine Basler Mitbürger in besonderer Weise ansprechen, löst jedoch beim Autor, der zu Füssen von Bergen aufgewachsen und von dort ins ursprünglich heimatliche Baselbiet zurückgewandert ist, widersprüchliche Gefühle aus, verdankt er doch dem Gebirge und seiner historischen Kultur Grundlegendes, ja vielleicht sogar seine Leidenschaft für die Geschichte.

Ungelöst bleibt indessen nach wie vor das Haupträtsel des Briefes: Wie kommen Sentel und seine Susanna dazu, als Zwinger wohlbekanntes Ehepaar aufzutreten und vom fernen Villach aus den Adressaten als *affinis,* Schwager, anzusprechen, nämlich als einen durch Heirat und nicht durchs Blut Verwandten? Der Verdacht liegt nahe, dass die Verbindung über die im Brief in ungewöhnlicher Weise in den Vordergrund gerückte Susanna läuft. Dem steht allerdings entgegen, dass Oporin nicht als Susannas Vater oder Onkel infrage kommt und dass aus den beiden Ehen von Oporins Schwester Christiana, der Mutter Zwingers, keine Tochter dieses Namens bekannt ist. Dennoch: Die Spurensuche führt in Oporins gastliches Haus, wo neben Druckergesellen auch Studenten und Gelehrte lebten – und somit auch weibliche Verwandte gelegentlich als Mägde gedient haben können! In der Tat nennt bereits 1558 Johannes Herold, der unermüdliche Publizist von Historica und Mitglied des Studenten- und Gelehrtenkreises um Oporin, ganz nebenbei eine *elegans illa puella* (also jenes «artige, feine, galante» Mädchen; auf Dialekt würden wir übersetzen «herzig», auf Schriftdeutsch «entzückend»), die bei einem Gastmahl, verbunden mit einem Kolloquium, zudient; und er bezeichnet sie als gut informierter Insider sogar als *Oporini neptis,* also Enkelin Oporins. Eine Bezeichnung, die wir prima vista wegen Oporins fast lebenslänglicher Kinderlosigkeit als Irrtum verwerfen müssen. Doch bereits 1561 erwähnt ein adliger Student, der im Haus Oporins und im Zwingerkreis verkehrte, diese Susanna erneut und preist sie als *lepida et festiua puella,* als «anmutiges und munteres Mädchen». Eine heranwachsende Schönheit? Und in der Tat ist es Sentel, der am 8. Juni 1562 aus Gastein einen Brief Zwingers beantwortet, der – man staunt, dass einer Magd so viel Aufmerksamkeit geschenkt wird – *descriptionem ac laudes modestissimae virginis Susannae* (d.h. eine Schilderung und das Lob der äusserst sittsamen Jungfrau Susanna) enthielt. Dies mit der – von Zwinger zweifellos beabsichtigten – Folge, dass Sentel *dies noctesque* nur noch das eine im Kopf hat, nämlich *ad vos ipsius gratia redire* (d.h. dass er Tag und Nacht ihretwegen einzig an die Rückkehr nach Basel sinnt). Denn wer sollte *puellam tot virtutum dotibus ornatam* (d.h. ein Mädchen, das mit soviel Tugendhaftigkeit geschmückt ist) nicht *summo desiderio* (d.h. mit grösster Sehnsucht) zur Frau begehren? Also eine bewegende Brautschaugeschichte! Nur schade, dass wir Zwingers Schilderung mit allenfalls zusätzlichen Informationen nicht mehr besitzen. Doch kann uns das, was er kurz zuvor über Basilius Amerbachs junge Braut Esther Rudin an Basilius nach Speyer geschrieben hat, um diesen zur baldigen Rückkehr zu veranlassen, eine Ahnung davon geben, dass er es nicht bloss bei der Schilderung der Tugendhaftigkeit bewenden liess.

Zwei Fragen bleiben noch offen: Was hat es mit der angeblichen «Enkelin» Oporins für eine Bewandtnis und weshalb wollte Zwinger diese «Schönheit» ausgerechnet einem Freund aus dem fernen Kärntner Gebirge und nicht einem Basler als Frau beliebt machen? Die Antwort bietet ihr Familienname. Es ist der des ersten Mannes von Oporins zweiter Frau und somit von Oporins Stiefsöhnen. Er ist bei Martin Steinmann nicht zu finden. Doch war der Autor als Kommentator der Amerbachbriefe, wie so oft nur nebenbei und im vorliegenden Fall erst im Nachhinein, gezwungen, diesem Namen nachzugehen, weil es galt, einen namenlosen Stiefsohn Oporins zu identifizieren. Dass auch Susanna den gleichen Namen trug, belegt nun zusätzlich das für Oporin und seine Familie sowie den ganzen Petersberg zuständige Eheregister. Dort ist nämlich unter dem 16. Oktober 1564 aktenmässig die Eheschliessung zwischen Sentel und Susanna festgehalten: «Junckherr Hans Sändlin vss Castein vnnd Susanna Heylmannin von Basel etc. Jm Münster».[2] Ein Historiker, der bloss auf Fakten und Statistiken aus ist, wird hierzu nüchtern feststellen: Trauung im Münster, also, im Gegensatz zu

---

2 Staatsarchiv Basel-Stadt (StABS), Ki. Ar. AA 16, 2, fol. 12v.

den meisten andern Eheschliessungen, die in der Peterskirche stattfanden, ein prunkvoller Kirchgang, vermutlich veranlasst durch den niederadligen Stand des auswärtigen Bräutigams (vgl. die «Junker» in den patrizischen Schweizer Orten). Dabei müsste allerdings als befremdlich auffallen, dass die angeblich aus Basel stammende und somit dort geborene Braut in den Basler Taufregistern nicht nachweisbar ist. Wer aber hinter die Kulissen historischer Fakten blicken kann, erschrickt, wenn er feststellt, dass Susanna der Familie Heilmann zuzuordnen und damit in engste Verbindung mit den missratenen Stiefsöhnen aus der ersten Ehe von Oporins zweiter Frau Maria, geb. Nachpur, zu bringen ist, ja sogar zum Schluss kommen muss, dass Susanna tatsächlich Oporins Stiefenkelin und somit Tochter eines dieser Söhne war. Dies zumal schon Martin Steinmann uns wissen liess, dass Oporin mit seinen Stiefsöhnen bzw. einem von ihnen, Jakob, schon 1546 «gewaltigen Ärger» hatte, nachdem alle kostspieligen Versuche, ihm zu einer Ausbildung und Lebensstellung zu verhelfen, gescheitert waren und ein Schuldenberg dazu geführt hatte, dass er die Stadt nicht verlassen durfte. Wie ein unheimliches Omen oder eine Verwünschung klingt es, wenn der sonst so nachgiebige und friedfertige Stiefvater damals wünscht, dass Jakob wie andere Nichtsnutze «inn krieg lüffe, ob ihm ettwan Gott mit einem büchsenstein ehrlich ab der welt hülffe». Dieser «ehrliche» Abgang war ihm zwar nicht vergönnt, obwohl er tatsächlich 1554 als Reisläufer in Montpellier bei Felix Platter auftauchte. Aber Oporins Befürchtung, dass ihn «zuoletzt der hencker stroffen müsse», wurde schliesslich zur Tatsache: Nachdem Jakob schon am 13. Dezember 1564 auf das Erbgut der kurz zuvor an der Pest verstorbenen Mutter verzichtet hatte und am 16. Januar 1566 nach 20tägiger Haft wegen eines Übergriffs auf Oporins Bücherlager in Frankfurt und Entwendung von Geld bei Strassburg verhört und freigelassen worden war, wurde er 1568 in Bern kurz vor Oporins Tod wegen eines schweren Finanzbetrugs, nämlich raffinierter Fälschung eines Gültbriefes (Obligation) zwecks Befriedigung seiner Gläubiger, gefangengesetzt und einige Tage nach Oporins Ableben mit dem Schwert hingerichtet, nachdem man zuvor sogar die Hinrichtung durch den Strang erwogen, aber vielleicht deshalb darauf verzichtet hatte, weil man sehr wohl wusste, dass er des weitbekannten Oporin Stiefsohn war.

Dem kriminellen Unwesen und der Landstreicherei rettungslos verfallen war auch sein Bruder Hieronymus: Vermutlich ebenfalls den guten Namen seines Stiefvaters missbrauchend, unterschlug er laufend Geld, fälschte Finanztitel und betrog z.B. die Gastwirtin in Grenzach, indem er ihr als Sicherstellung für die Zeche einen versiegelten Geldbeutel zurückliess, ohne dass sie merkte, dass er nur mit Steinchen gefüllt war. Überdies zog er, Ehemann der Baslerin Sophia Schnyder alias Schnitzer und Vater mindestens eines Kindes, mit einer Dirne in der Schweiz herum, mit Vorliebe in katholischen Gegenden, und vertat dabei das Erbgut seiner Frau. Diesem Treiben machten die Basler Behörden am Ausgang des Jahres 1565 und im Frühjahr 1566 ein Ende, indem sie auf Antrag der Sophia die Ehe schieden und zusätzlich noch während des Scheidungsprozesses Hieronymus einkerkerten, am 16. Februar 1566 gegen Schwörung der Urfehde wieder freiliessen, ihm das Betreten der Stadt nur unter Geleitschutz zwecks Verantwortung vor dem Ehegericht gestattend, endgültig aus Stadt und Land verbannten, mit «dem Anhang vnd der ernstlichen warnung, wo er über dissen Eydt ergriffen [= wenn er diesen Eid, die Stadt nicht mehr zu betreten, breche], werde man jn mit dem Schwert on wythere berechtigung [= ohne neues Gerichtsverfahren] vom Leben zuom tod Richten».[3] Eine schreckliche Bilanz für den Stiefvater und eine fast unerträgliche Belastung für Susanna, so möchte man denken, Tochter oder Nichte solcher Schurken zu sein.

IV

Man kann sich des Eindrucks nicht erwehren, dass die Basler Behörden erst im Vorfeld von Oporins vierter Heirat mit Faustina Amerbach dem üblen Treiben von Oporins Stiefsöhnen Jakob und Hieronymus ein Ende zu setzen versuchten. Geht man wohl fehl mit der Vermutung, dass dies auf Intervention von Zwinger oder Faustinas Bruder Basilius Amerbach hin geschah, welcher der zweiten Eheschliessung seiner Schwester nur widerwillig und keineswegs bedingungslos zustimmte? Wessen Tochter Susanna war – es gab noch einen dritten Bruder Heinrich, der vielleicht zusammen mit der Mutter 1564 der Pest erlegen war – wissen wir noch nicht. Doch was schadet's? Ihr Wesen scheint den dunklen familiären Hintergrund überstrahlt zu haben. Und dies war offensichtlich dem Stiefgrossvater Johannes Oporin zu verdanken, der sie dem familiären Verderben entzog und in seinem Haus aufgezogen hatte, und zwar in jenem Haus auf dem Petersberg, das auch Sentelius wie vielen anderen Studenten und Gelehrten, die dort verkehrten oder wohnten, zu einer Art Heimat wurde, indem sie dort wissen-

---

3 StABS, Ratsbücher O 10, fol. 53r; 54r/v; Ger. Arch. A 73, S. 350f.; Ger. Arch. U e 2: 4. Dez. 1565; U 5, fol. 228v/229r.

schaftliche Diskussionen führten und neben fröhlichen und ernsten Gesprächen Geselligkeit und vor allem die Musik pflegten. Man ist fast geneigt – und ich nehme an, dass sich der Jubilar dem nicht verschliesst – von der «Akademie auf dem Petersberg» zu sprechen, die neben der damals z.T. doch recht provinziellen Universität ein zweites Basler Bildungszentrum bildete, wie es solche auch in anderen Universitätsstädten oder Kulturzentren gegeben hatte und noch gab. Leuchtet da nicht das auf, was unser Jubilar einst als den «für uns so schwer fassbaren Zauber» Oporins empfand? Und widerspiegeln nicht Susannas Gestalt und Schicksal einen Teil dieses Zaubers? Muss man es Oporin und Zwinger nicht hoch anrechnen, dass sie ihre schöne und tugendhafte, aber mittellose und somit für anspruchsvolle Basler kaum interessante Susanna in die eheliche Obhut des Sentelius nach Gastein gaben und sie damit in der Ferne von der Last des familiären Unheils der Heilmann befreiten?

PS. Für alle Quellenbelege, die im vorliegenden Text fehlen, sei generell verwiesen auf Martin Steinmann: Johannes Oporin. Ein Basler Buchdrucker um die Mitte des 16. Jahrhunderts, Diss. Basel 1966 (Basler Beiträge zur Geschichtswissenschaft, Bd. 105), sowie auf: Die Amerbachkorrespondenz, Bände VIII, 1974, und XI, 2010. – Nicht eingegangen werden konnte hier auf den durch Gicht an der Reise nach Basel gehinderten Senteliusfreund Johannes Weitmoser, einen der drei Söhne des reichen, humanistisch gebildeten Gasteiner Montanindustriellen Christoph Weitmoser, die schon vor ihrem Basler Aufenthalt in Padua mit Zwinger und Sentel befreundet waren und vermutlich veranlasst hatten, dass ihr Vater Oporin aus einer schweren Finanzkrise rettete.

Ein Lob aus Tübingen für Basler Drucker

von Christoph Jungck

Das Lob stammt von Nicodemus Frischlin und steht in der Komödie *Priscianus vapulans*[1] («Der geschlagene Priscian»), die er gewissermassen als Festspiel für die Feierlichkeiten zum 100-jährigen Bestehen der 1477 gegründeten Universität Tübingen geschrieben hatte. Dort braucht der Titelheld nach all der Unbill, die ihm in den ersten vier Akten durch schlechtes Latein widerfahren ist, dringend «humanistische Arzneien», d.h. gute Autoren, die bei den entsprechenden Druckern zu finden sind. Dabei nennt Frischlin im letzten Akt nach einer langen Reihe antiker und humanistischer Autoren auch einige (wenige) Drucker: an erster und dritter Stelle zwei Basler, Froben und Oporin. An diese beiden wenden sich die Hauptpersonen auch zum Schluss des Dramas, um ihre Einkäufe zu tätigen.

Frischlin dürfte in Basel nur einem relativ kleinen Kreis von Spezialisten bekannt sein. Das war nicht immer so: Als der Nachfolger von Thomas Platter als Rektor der Basler Münsterschule, Vincentius Prallus, im Jahre 1579 ein geeignetes Stück für eine Schüleraufführung auf dem Münsterplatz suchte, fiel seine Wahl auf die *Hildegardis Magna* Frischlins. Es handelte sich um ein brandneues Stück, das eben erst im Schloss zu Stuttgart seine Uraufführung erlebt hatte. Damals war Frischlin offenbar in Basel ein Begriff; danach geriet er weitgehend in Vergessenheit. Es bestand kein Bedarf mehr nach lateinischen Theaterstücken, und für seine Auseinandersetzung mit dem Adel und für seine umfangreichen

---

1 Frischlins Komödie *Priscianus vapulans* erschien zunächst als Einzelausgabe in mehreren Auflagen, dann zusammen mit seinen andern Komödien. Diese wurden bis weit ins 17. Jahrhundert nachgedruckt. Nachher gab es offensichtlich keine Nachfrage mehr nach lateinischen Theaterstücken. Ein Neudruck mit deutscher Übersetzung erfolgte erst wieder im Rahmen der Gesamtausgabe von Frischlins Werken: Bd. 3, Teil 1: Dramen; *Priscianus vapulans* = Der geschlagene Priscian. *Julius redivivus* = Julius Caesars Rückkehr ins Erdenleben, hrsg. und übersetzt von Christoph Jungck und Lothar Mundt, Stuttgart-Bad Cannstatt 2003. Dort finden sich auch S. 291ff. genauere Angaben zu den von Frischlin zitierten Texten. Die Drucklegung des dazu gehörigen Kommentars hat sich leider verzögert. Ein vorläufiger Ausdruck ist auf der Handschriftenabteilung der UB Basel hinterlegt und kann dort eingesehen werden. Martin Steinmann danke ich für die Unterstützung beim Beschaffen, Lesen und Einordnen mir nicht geläufiger Texte. Über alle Drucke und die Sekundärliteratur zu Frischlin orientiert die 2004 erschienene Bibliographie zu Nikodemus Frischlin von Thomas Wilhelmi und Friedrich Seck. Sie enthält S. 19ff. auch eine Synopse zu Frischlins Leben und Werk.

Abbildung 1

Nicodemus Frischlin: *Priscianus vapulans*, Strassburg 1580. Universitätsbibliothek Basel, DH V 39.

grammatischen Streitereien hat man sich in Basel wohl nie sonderlich interessiert.

Etwas anders steht es in Tübingen; dort beginnt die Wiederentdeckung Frischlins bereits vor der Mitte des 19. Jahrhunderts, und die Beschäftigung mit ihm ist dann nie ganz abgerissen. In neuester Zeit hat ihm seine südlich von Tübingen gelegene Heimatstadt Balingen 1990 zu seinem 400. Todestag eine Ausstellung gewidmet, zu der auch ein inhaltsreicher Katalog vorliegt.[2] Sie stand unter dem Motto: … ein unruhig Poet NICODEMUS FRISCHLIN.

Unruhig ist sein Leben tatsächlich verlaufen – und er war wohl kein sehr angenehmer Zeitgenosse. Wer sich genauer mit seinem Leben beschäftigen will, muss zu der alten Biographie von David Friedrich Strauss greifen.[3] Dieser ist in der Schweiz durch sein Buch «Das Leben Jesu» und den sogenannten «Straussenhandel» infolge seiner Berufung an die Universität Zürich im Jahr 1839 bekannt geworden. Seine Frischlin-Biographie hat aber mit populärer Polemik nichts zu tun, sondern ist ein sehr sorgfältig aufgrund umfangreicher Archivstudien gearbeitetes Werk.

Der 1547 geborene Frischlin war ein Vertreter der zweiten Generation der Humanisten. Hervorragende Sprachkenntnis, poetische Begabung – er hat es zum *poeta laureatus* gebracht – und Angriffslust zeichnen ihn aus. Letztere hat ihn immer wieder in Schwierigkeiten gebracht, so dass sein Leben recht unstet verlief. Den einheimischen Adel brachte er gegen sich auf, als er in seiner einleitenden Rede zu Vergils *Georgica* zum Lob des Bauernstandes eine Adelsschelte fügte. An der Universität Tübingen machte er sich später durch den nicht enden wollenden Streit mit seinem Fachkollegen Martin Crusius unmöglich. In der Sache hatte er zwar, was Fragen der Grammatik und des Unterrichts betraf, wohl meist Recht, aber Crusius hatte einen sicheren Posten und die besseren Verbindungen. Zuletzt finden wir Frischlin als Gefangenen auf der zwischen Tübingen und Ulm gelegenen Festung Hohenurach. Dort gelingt ihm zwar am 30. November 1590 der Ausbruch durch den Kachelofen, aber das aus Leintuchstreifen geknüpfte Seil reisst, und er stürzt über die Felsen zu Tode.

---

2 Hedwig Röckelein/Casimir Bumiller: … ein unruhig Poet. Nikodemus Frischlin 1547–1590, Balingen 1990 (Veröffentlichungen des Stadtarchivs Balingen, Bd. 2).
3 David Friedrich Strauss: Leben und Schriften des Dichters Nikodemus Frischlin. Ein Beitrag zur deutschen Culturgeschichte in der zweiten Hälfte des sechzehnten Jahrhunderts, Frankfurt 1856.

Der *Priscianus vapulans* konnte infolge grassierender Pest erst 1578 in Tübingen aufgeführt werden; im Druck erschien er 1580. Frischlin rechnet in ihm mit dem auch an der Universität noch nicht vollständig eliminierten, «verdorbenen» mittelalterlichen Latein ab. Der wiederauferstandene spätantike Grammatiker Priscian begegnet in den ersten vier Akten Vertretern der vier Fakultäten: Philosophen, Medizinern, Juristen und Theologen, die ihr vorhumanistisches Latein sprechen. Jeder Verstoss gegen die klassischen Regeln ist für ihn ein Schlag – daher der Titel. Damit verflochten sind nach dem Vorbild des Aristophanes derbe Bauernszenen, so dass das Ganze recht vergnüglich zu lesen ist. Wie bemerkt wurde, gilt dies für den letzten Akt nur noch beschränkt: Dort wird der wunde Priscian, der sich überdies an den schlechten Autoren den Magen verdorben hat, von den Humanisten Erasmus und Philipp Melanchthon mit tadellosem Latein geheilt. Das Schlechte ist eben oft unterhaltsamer als das Gute!

Als Heilmittel dienen die Bücher antiker und humanistischer Autoren. Mit ihnen wird Priscian zunächst purgiert, danach mit weiteren wieder zu Kräften gebracht. Gegen Schluss stellt sich die Frage, wo denn diese Heilmittel zu bekommen seien. Natürlich in den richtigen Apotheken – und das sind eben die Druckereien (Verse 1917–1925):

Erasmus: *Philippe, quod factu optimum esse censeo:*
                 Ducamus hominem in pharmacopolium aliquod, atque ibi floribus
                 Poetarum corroboremus.
Philippus: *Sic equidem iam censeo.*
Erasmus: *Nam melle condita iuvant plurimum.*
Philippus: *Sed quod potissimum*
                 Pharmacopolium intrabimus?
Erasmus: *Frobenii.*
Philippus: *Non abnuo.*
                 Sed tamen etiam Egenolphus habet in suo myrothecio bonas
                 Confectiones plurimas.
Erasmus: *Etiam illic promemus aliqua*
                 Electaria.
Philippus: *Nec non Oporinus, Voegelius, Rihelius,*
                 Et inprimis Henricus Stephanus habet conservas optimas.

Erasmus: Philipp, was ich jetzt für das beste Vorgehen halte:
          Wir wollen den Mann in eine Apotheke führen und
          dort mit den Blüten der Poesie stärken.

Philipp:	Ich bin ganz deiner Meinung.
Erasmus:	Denn mit Honig Versüsstes hilft am meisten.
Philipp:	Aber in welche Apotheke wollen wir am ehesten gehen?
Erasmus:	In die Frobens.
Philipp:	Ich bin nicht dagegen. Es hat jedoch auch Egenolff in seinem Salbenladen sehr viel gute Medizinen.
Erasmus:	Wir werden uns auch dort den einen oder andern Sirup besorgen.
Philipp:	Aber auch Oporin, Vögelin, Rihel und vor allem Henri Estienne haben sehr gutes Eingemachtes.

[Es folgt eine zweite Liste empfehlenswerter Autoren.]

Dass Froben als Drucker des Erasmus an erster Stelle steht, verwundert nicht. Wenn an zweiter Stelle Christian Egenolff (1502–1555) genannt wird, so dürfte das damit zusammenhängen, dass Frischlin 1575 ein Werk bei dessen Erben in Frankfurt hatte erscheinen lassen. Entsprechendes gilt für Henricus Stephanus (Henri II Estienne, 1528–1598); bei ihm waren 1577 Übersetzungen des Kallimachos von Frischlin erschienen. Johannes Oporin ist jedenfalls als Drucker Vesals genannt, den Frischlin vorgängig (Vers 1716) genannt hatte. Ernst Vögelin (1528–1590) war Drucker in Leipzig, Wendelin Rihel (gest. 1555) brachte in Strassburg Bucer und Calvin heraus.

Vergleicht man diese Aufzählung von Druckern mit den langen Listen von Autoren, so ist sie auffällig kurz, auch wenn es natürlich, um im Bild zu bleiben, weniger «Apotheken» als Heilmittel braucht. Trotzdem wurde dies offenbar als stossend empfunden, denn in den postumen Ausgaben ist nach Vers 1924 ein Zusatzvers eingeschoben:

Vvechelus, Vignon, Corvinus, Episcopius, Feirabendius.

Es handelt sich um Andreas Wechel (gest. 1581 in Frankfurt), Eustal Vignon, der 1572 in Genf die Druckerei von Johannes Crespins übernahm, Georg Rab d. Ä. (gest. 1580 in Frankfurt), dann den Basler Drucker Episcopius d. J. (1529–1584) und den Frankfurter Verleger Sigmund Feyerabend (1528–1590).

Natürlich könnte dieser Zusatz theoretisch noch von Frischlin stammen, z.B. aus einem nachgelassenen ergänzten Exemplar. Bei dem unsteten Leben, das Frischlin in seinen letzten Jahren zu führen gezwungen war, ist das aber doch recht unwahrscheinlich, dass sich so etwas fand und beachtet wurde. Die letzten sicheren Spuren eigener Arbeit am *Priscianus vapulans* finden sich in der Ausgabe der Komödien von 1585. Zu dieser hat er eine kleine Liste von *Emendanda* beigesteuert. Allerdings finden sich in dieser Liste klare

Fehler, die zeigen, dass er die zitierte Literatur bereits damals nicht mehr zur Hand hatte. Von einer eigentlichen Weiterarbeit am Dramentext findet sich keine Spur.

Es ist also viel wahrscheinlicher, dass es sich um den Zusatz eines Druckers handelt, der fand, seine Zunft sei zu wenig berücksichtigt worden. Da drei der sechs genannten in Frankfurt tätig waren, würde man am ehesten auf einen Frankfurter Drucker schliessen. Tatsächlich war vor und nach 1590 Frankfurt der wichtigste Druckort für Frischlins Werke. Die Komödien erschienen aber weiterhin in Strassburg bei Bernhard Jobin (und später bei seinen Erben). Eine gewisse Unsicherheit bleibt also, insbesondere wenn man berücksichtigt, dass es in den postumen Drucken auch bei den Autoren einen Zusatzvers gibt, der sich nicht analog erklären lässt; dort weist die Auswahl eher auf Heidelberg.

Was Frischlin von den im *Priscianus vapulans* genannten Büchern selbst besessen hat, können wir nicht mehr feststellen. Seine Bibliothek musste aus Not verkauft werden und wurde in alle Winde zerstreut. Für die ausgiebig zitierte Literatur ist klar, dass er sie bei der Abfassung zur Hand haben musste, zum grössten Teil wohl auch selbst besessen hat. Dies wird dadurch bestätigt, dass sich diese Bücher – mit einer Ausnahme – auch in der UB Basel (zum Teil mehrfach) finden. Es handelt sich also um damals sehr verbreitete Bücher.

Für die Medizin sind es zwei Lehrbücher, das *Philonium medicinae* und das *Lilium medicinae*. Das letztere war kurz nach 1300 entstanden und eine bedeutende Leistung des in Montpellier wirkenden Arztes Bernardus de Gordonio. Es war inzwischen natürlich nicht nur sprachlich veraltet, wurde aber bis in die Zeit Frischlins nachgedruckt; das *Philonium* ist etwa 100 Jahre jünger.

Eher skurriler Art ist die *Sylva nuptialis* des Johannes Nevizanus (gest. 1540 in Turin), die Frischlin für seine Satire auf die Juristen im 3. Akt verwendet hat. Es ist eine immense Kompilation von Quellen aller Art, angefangen bei der Bibel, zum Thema, ob man heiraten solle oder nicht. Das Werk war offenbar beliebt und verbreitet. Die Universitätsbibliothek Basel besitzt zwei Exemplare, eines mit der Besitzerinschrift des Basilius Amerbach. Auch die weiter ausführlich zitierten Werke des Alexander Tartagnus und des Jean Barbier (Barberius bzw. Berberius) finden sich in der Basler Bibliothek.

Ebenfalls gut versehen ist die Basler Bibliothek mit frühen Drucken des Felix Hemmerlin (1388 bis um 1460). Frischlin hat zwei von dessen religiösen Traktaten seinem 4. Akt zu Grunde gelegt. Er hat diesen vorreformatorischen Theologen, der an den Konzilien von Konstanz und Basel teilgenommen hatte, offensichtlich deswegen gewählt, weil es ihm zu heikel schien, aktuelle theologische Dispute aufzugreifen. Im damaligen protestantischen Umfeld waren ein Streit zwischen Mönch und Priester um einträgliche Dienste oder das Ärgernis arbeitsscheuer Bettelmönche unproblematisch. Auf Hemmerlin ist man in neuerer Zeit vor allem wegen seiner Ausfälle gegen die «Schweizer», d.h. die Innerschweizer Bauern- und Hirtenkrieger aufmerksam geworden. Als seine Vaterstadt Zürich sich wieder den Eidgenossen zuwandte, geriet er dadurch in grösste persönliche Schwierigkeiten. Er wurde inhaftiert und nach Luzern abgeschoben. Mit seiner Einschätzung der Schweizer steht er nicht allein; man vergleiche nur die Beschreibung des Söldnervolks der Zapoleten in der *Utopia* des Thomas Morus, hinter denen man unschwer die Innerschweizer erkennt.

Die oben erwähnte Ausnahme bilden die Scholastiker, die Frischlin im 1. Akt für seine Satire auf die Philosophen verwendet hat. Es handelt sich vor allem um den Spätscholastiker Javelli (als Dominikaner Chrysostomus von Casale, geb. gegen 1470, gest. nach 1528), dessen Werk erst nach 1550 im Druck erschienen war. Dass seine Ausführungen in den parodierenden Zitaten Frischlins wie fast sinnloses Wortgeklingel wirken, darf nicht darüber hinwegtäuschen, dass Javelli ein bedeutender Aristoteles-Kommentator war. Für sein Werk hat sich in Basel offenbar niemand interessiert, hingegen müssen mindestens zwei Drucke nach Tübingen gelangt sein, denn der von Frischlin benutzte ist nicht der, welcher heute noch in den Bibliotheken von Tübingen und Heidelberg vorhanden ist (er findet sich hingegen in München, wo auch ein anderer von Frischlin benutzter Traktat aufbewahrt wird).

Wie schon erwähnt, gibt Frischlin im letzten Akt seines *Priscianus* auch Listen mit empfehlenswerter Literatur in gutem Latein. Eine erste, längere, dient zum Purgieren (Verse 1695–1751), eine zweite dann zur Stärkung (Verse 1926–1931). Die erste Liste enthält auch antike Autoren. Dabei erweist sich Frischlin wie die Humanisten der ersten Generation keineswegs als klassizistischer Purist: Die Liste reicht von den Vorklassikern wie Terenz und Cato bis weit in die patristische Literatur über Hieronymus und Augustin hinaus. Den grösseren Teil bilden dann Lehr- und Handbücher humanistischer Autoren – die zweite Liste zählt ausschliesslich solche auf. Ein Prinzip, nach dem Frischlin dabei zwischen abführenden und stärkenden Mitteln unterschieden hätte, ist nicht zu erkennen; die zweite Liste enthält auch Autoren, die bereits in der ersten aufgeführt sind.

Wie zu erwarten, ist die Basler Bibliothek auch mit diesen Autoren und Werken sehr gut versehen (zum Teil besitzt sie erst etwas spätere Drucke). Es gibt eigentlich nur zwei wirkliche Ausnahmen. Die eine betrifft den niederländischen Juristen Pierre van den Houte (Vers 1749: Lignius, bzw. Ligneus), dessen Anmerkungen zu den «Institutionen» offenbar nur in Antwerpen (1556 und 1558) erschienen waren und nie im deutschen Sprachraum nachgedruckt wurden. Der Grund, dass Frischlin ihn kannte, dürfte sein, dass van den Houte auch eine Dido-Tragödie verfasst hatte. Eine solche hatte Frischlin eben in Arbeit; sie erschien ein Jahr nach dem *Priscianus*.

Interessant ist der zweite Fall: Ludwig Gremp (1509–1583) hatte zwar Ende der 1530er Jahre kurze Zeit in Tübingen gelehrt, aber zu Lebzeiten kein eigenes Werk publiziert. Wie kommt Frischlin darauf, einen Autor zu empfehlen, von dem noch gar nichts gedruckt vorlag? Gremp war 1540 als Lutheraner nach Strassburg ausgewandert, Stadtarzt geworden und hatte dort auch eine Familie gegründet. 1578, d.h. im Jahre der Aufführung und zwei Jahre vor dem Erscheinen des *Priscian*, hatte er mit dem Tod seines Sohnes den einzigen männlichen Nachkommen verloren. Kurz vor seinem Tode 1583 errichtete er eine Familienstiftung, welche die Ausbildung seiner Nachkommen und weiterer Familienangehöriger sichern sollte. Als Studienort bestimmte er Tübingen – und dorthin sollte auch seine umfangreiche Bibliothek kommen. Diese wurde in den Jahren 1586–1591 auch tatsächlich nach Tübingen überführt und dort von einem eigenen, aus dem Stiftungsvermögen besoldeten Bibliothekar verwaltet.[4] Ich nehme nun an, dass die Absicht Gremps in Tübingen bereits bekannt war und dass wohl auch bereits Verhandlungen liefen. Es würde sich dann um die Ehrung eines künftigen Mäzens handeln. Aus seinem Nachlass publizierte der Tübinger Professor Jakob Schegk, den Frischlin in Vers 1700 auch genannt hatte, 1593 (d.h. drei Jahre nach Frischlins Tod) in Frankfurt seine *Codicis Iustiniani methodica tractatio*. Diese Publikation, in der wir ein Zeichen der Dankbarkeit gegenüber dem grosszügigen Stifter sehen können, hat dann den Weg nach Basel nicht mehr gefunden.

---

4 Die Geschichte der Bibliothek Gremps wurde aufgearbeitet von Monika Hagenmaier: Das Vorbild im kleinen – Die Grempsche Bibliothek in Tübingen 1583–1912, Tübingen 1992.

Strassburg – Basel – Bern. Bücher auf der Reise. Das Legat der Bibliothek von Jacques Bongars, die Schenkung von Jakob Graviseth und das weitere Schicksal der Sammlung in Bern[1]

von Patrick Andrist

> *Pour Martin Steinmann*
> *Qui aime les manuscrits et la science*
> *Peut-être autant que Jacques Bongars les a aimés.*

Am 29. Juli 1612 verstarb der französische Humanist und Diplomat Jacques Bongars (1554–1612)[2] in Paris und hinterliess eine wegen ihres Umfangs von ca. 600 mittelalterlichen handgeschriebenen und 3000 gedruckten Bänden – inkl. ca. 200 Handschriften aus karolingischer Zeit und 125 Inkunabeln – schon damals berühmte Biblio-

---

1 Überarbeitete Version eines unter dem Titel «Le legs de Jacques Bongars, le don de Jakob Graviseth et la part de la Burgerbibliothek Bern» erscheinenden Beitrags, in: R. Mouren (dir.): «Je lègue ma bibliothèque à …». Dons et legs dans les bibliothèques publiques. Actes de la journée d'études annuelle «Droit et patrimoine», organisée le 4 juin 2007 à l'École normale supérieure. Lettres sciences humaines, Lyon, Arles 2010 (Kitab Tabulae 8), S. 131–139, 201–207. – Für die Übersetzung, das Durchlesen dieses Textes und die vielfältige Hilfe bedanke ich mich herzlich bei Ariane Huber Hernández, Claudia Engler, Annelies Hüssy und Thomas Schmid. Für die Unterstützung und wertvollen Diskussionen bedanke ich mich auch herzlich bei Barbara Braun, Philipp Stämpfli, Denise Wittwer und Corinne Andrist. Dieser Artikel stützt sich zum grossen Teil auf die von Ariane Huber Hernández transkribierte Korrespondenz zum Wechsel der Bibliothek Jacques Bongars' von Basel nach Bern, siehe dazu ihren Beitrag in diesem Band «‹Wegen bongarsischer arrestierter liberey› – Korrespondenz zum Wechsel der Bibliothek Jacques Bongars' von Basel nach Bern», BZGA 110 (2010), S. 269–276.

2 Von der umfangreichen Literatur zu Jacques Bongars seien einige jüngere Arbeiten erwähnt: Martin Germann: Die Abteilung Bongarsiana-Codices, in: Die Burgerbibliothek Bern. Archiv, Bibliothek, Dokumentationsstelle, Bern 2002, S. 92–120, hier S. 93f.; Regula Frei-Stolba: Jacques Bongars (1554–1612), homme d'état et homme de lettres et son voyage à Constantinople, in: Victor Henrich Baumann (éd.): La politique éditilaire dans les provinces de l'Empire romain, IIème–IIIème siècles après J.-C. Actes du IIIème Colloque Roumano-Suisse: La vie rurale dans les provinces romaines: vici et villae (Tulcea, 8–15 octobre 1995), Tulcea 1998 (Biblioteca Istro-Pontica, Seria arheologie 3), S. 35–44; Ruth Kohlndorfer-Fries: Jacques Bongars (1554–1612). Lebenswelt und Informationsnetzwerke eines frühneuzeitlichen Gesandten, in: Francia 28/2, 2002, S. 1–15; dies.: Diplomatie und Gelehrtenrepublik. Die Kontakte des französischen Gesandten Jacques Bongars (1554–1612), Tübingen 2009; Axel. E. Walter: Späthumanismus und Konfessionspolitik. Die europäische Gelehrtenrepublik um 1600 im Spiegel der Korrespondenzen Georg Michael Lingelsheims, Tübingen 2004, S. 389–398; Patrick Andrist: Éléments pour une histoire de la Bongarsiana, in: ders.:

thek. Der Erbe war Jakob Graviseth (1598–1658),[3] der ca. vierzehnjährige Sohn von Bongars' Financier und Freund, dem in Strassburg als Juwelier und Bankier tätigen René Graviseth (1560–16??).[4] Das ist der Ausgangspunkt einer unerwartet verwickelten Geschichte, welche diese bedeutende Sammlung von Strassburg, wo Bongars sie hinterlegt hatte, über Basel, wo Graviseth sie aufbewahrte, nach Bern führte, woselbst sie noch heute das Prunkstück der historischen Bestände der Berner Bibliotheken darstellt.

Bevor wir uns jedoch einigen noch ungelösten Fragen dieser Geschichte zuwenden, sei der Lebenslauf dieses ausserordentlichen Sammlers kurz in Erinnerung gerufen.

1. Biographische Skizze

Jacques Bongars, Seigneur de la Chesnaye und Boudry (Bauldry) in der Region von Orléans, wurde 1554 in eine protestantische Familie hineingeboren. Er erhielt, zunächst in Deutschland und dann in Bourges bei Jacques Cujas, eine solide humanistische Ausbildung. Der junge Bongars begeisterte sich für Literatur und Reisen und begann eine brillante Humanistenlaufbahn. Um 1580 begab er sich nach Rom, wo er Fulvio Orsini besuchte und in der vatikanischen Bibliothek gearbeitet haben soll; 1581 publizierte er eine Ausgabe der durch Justin bearbeiteten *Epitoma* des Pompeius Trogus, die von den Gelehrten seiner Zeit sehr gut aufgenommen wurde;[5] 1583

Les manuscrits grecs conservés à la Bibliothèque de la Bourgeoisie de Berne/Burgerbibliothek Bern. Catalogue et histoire de la collection, Dietikon 2007, S. 27–29, 78f. Das Grundlagenwerk bleibt Hermann Hagen: Jacobus Bongarsius. Ein Beitrag zur Geschichte der gelehrten Studien des 16. und 17. Jahrhunderts, Bern 1874; eine Zusammenfassung davon in: Hermann Hagen: Catalogus Codicum Bernensium (Bibliotheca Bongarsiana), Bern 1875, S. XIV–XX.

3 Zu Jakob Graviseth vgl. Hagen, Catalogus (wie Anm. 2), S. XX–XXXII; ders.: Jakob von Gravisset, der Donator der Bongarsischen Bibliothek, in: Berner Taschenbuch 1879, S. 156–206; B. Schmid: Jakob Graviseth, der Donator der Bongarsiana, in: Hans Bloesch: Die Stadt- und Hochschulbibliothek Bern. Zur Erinnerung an ihr 400jähriges Bestehen und an die Schenkung der Bongarsiana im Jahr 1632, Bern 1932, S. 53–74; Martin Germann: Geschichte und Umfeld des gravisethschen Vogelbuches, in: Passepartout 2, Bern 2009, S. 9–27; ders., Die Bongarsiana (wie Anm. 2), S. 95f.

4 In der Sekundärliteratur wird das Todesjahr René Gravisseths verschiedentlich in den 1630er Jahren angesiedelt. Im Stammbuch der Familie (Burgerbibliothek Bern, FA von Graviseth 1[1]) sowie im Graviseth Geschlechterregister (Staatsarchiv Bern, F Varia II) wird es nicht präzisiert. Gemäss Hagens richtiger Bemerkung (Jakob von Gravisset [wie Anm. 3], S. 162) wird René Graviseth im Briefwechsel des Jahres 1632 nie als verstorben erwähnt, obwohl das die Position der Basler Gläubiger gestärkt hätte.

5 [J. Bongars, ed.] Iustinus: Trogi Pompeii Historiarum Philippicarum epitoma, ex manuscriptis codicibus emendatior et prologis auctior. In eandem notae, excerptiones

Abbildung 1

Jacques Bongars (1554–1612). Burgerbibliothek Bern, Inv. 4714E.

reiste er nach Leiden, wo ihn Justus Lipsius empfing. Im Frühling des Jahres 1585 begab er sich über Ungarn nach Konstantinopel; die Burgerbibliothek Bern ist immer noch im Besitz seiner Reisenotizen⁶. Als in diesem Jahr der Achte Hugenottenkrieg ausbrach,

    chronologicae et variarum lectionum libellus, Paris 1581 («Apud Dionysium du Val, sub Pegaso, in vico Bellouaco»), mehrfach nachgedruckt und immer noch erwähnt im kritischen Apparat aktueller kritischer Editionen.

6 Ediert von Hagen, Jacobus Bongarsius (wie Anm. 2), S. 62–72; siehe M. Bărbulescu: Archäologische Aufzeichnungen in Jacques Bongars Reisetagebuch, in: Studia Antiqua et Archaeologica 9 (2003), S. 381–386; Frei-Stolba (wie Anm. 2).

eilte er von Konstantinopel zurück nach Frankreich und trat in den Dienst Heinrichs von Navarra, des künftigen Heinrich IV. Dies war der Anfang einer nicht minder brillanten Karriere als Diplomat, besonders als Gesandter des Königs bei den deutschen Fürsten: Erst vor kurzem wurde Bongars als der einflussreichste königliche Diplomat der Jahrhundertwende bewertet.[7] Er wurde 1610 von seinem Dienst freigestellt und konnte sich in der Folge während etwa zweier Jahre wieder seiner Gelehrtentätigkeit widmen.

Halten wir noch zwei zentrale Aspekte seines Lebens fest: Zum einen liess sich Jacques Bongars keine Gelegenheit entgehen, um seine Sammlung anzureichern, und zwar in einem Ausmass, dass er eines Tages schrieb, er verschwende sein mageres Einkommen gerne für vergilbte Bücher, die zur Hälfte angefressen seien, so gross sei seine Begierde.[8] Seine grösste Akquisition tätigte er 1603, als sein Vetter, der Jurist, Humanist und Bibliophile Pierre Daniel (1530–1603) aus Orléans, verstarb.[9] Er konnte damals dessen Erben die Hälfte der hinterlassenen Bibliothek abkaufen und gelangte so in den Besitz eines Teils der Handschriften der Abtei Fleury (Saint-Benoît-sur-Loire) und anderer Klöster des Loire-Gebiets (inkl. ca. 200 karolingischer Handschriften), die Daniel während der Hugenottenkriege sorgfältig gesammelt hatte, sowie einiger der zahlreichen griechischen Handschriften, die Jean Hurault (?–1572)

---

7   Walter (wie Anm. 2), S. 390.
8   Brief an Lingelsheim vom 19. Januar 1604, siehe Hagen, Catalogus (wie Anm. 2), S. XVI, n. 13.
9   Zu Pierre Daniel siehe Hermann Hagen: Der Jurist und Philolog Peter Daniel aus Orleans. Eine literarhistorische Skizze, Bern 1873; erweiterte französische Übersetzung von P. de Félice: Étude littéraire et historique sur Pierre Daniel, par le Professeur Hagen, de Berne [...], avec une introduction et un appendice, Orléans 1876; Hagen, Catalogus (wie Anm. 2), S. XI–XIV; L. Jarry: Une correspondance littéraire au XVIe siècle. Pierre Daniel, avocat au parlement de Paris et les érudits de son temps d'après les documents inédits de la Bibliothèque de Berne, in: Mémoires de la Société archéologique et historique de l'Orléanais 15 (1876), S. 343ff., Sonderdruck Orléans 1876, S. 2–96; Dictionnaire de biographie française 10, 1965, col. 115–116. – Betreffend seine unbelegte Verantwortung für die Plünderung der Manuskripte aus den Klöstern des Loire-Gebietes, siehe die Bemerkungen von J.-L. Alexandre/G. Lanoë: Médiathèque d'Orléans, in: Reliures médiévales des bibliothèques de France 3 (2004), S. 20–22; Stéphane Lecouteux: Sur la dispersion de la bibliothèque bénédictine de Fécamp, 1ère partie: identification des principales vagues de démembrement des fonds, in: Tabularia 7, Caen 2007, S. 1–50, hier S. 14–22; Patrick Andrist: Bribes de la Bibliothèque de l'abbaye Saint-Mesmin de Micy conservées à la Bibliothèque de la Bourgeoisie de Berne, in: Michèle Carré: Saint-Pryvé Saint-Mesmin, de l'aube à nos jours, 2010, p. 32–34. – Für eine traditionellere Sicht siehe Alexandre Vidier: L'historiographie à Saint-Benoît-sur-Loire et les miracles de Saint Benoît, ouvrage posthume revu et annoté par les soins des moines de l'abbaye de Saint-Benoît de Fleury [...], Paris 1965. – Zu seinem Todesjahr siehe Hagen, Der Jurist (wie Anm. 9), S. 9.

während seines Aufenthalts in Venedig 1561–1564 als Botschafter des französischen Königs erworben hatte.[10] Wie bereits erwähnt, besass Bongars an seinem Lebensende eine Bibliothek, die auf 3000 gedruckte Bände und zwischen 500 und 600 Handschriften – ein grosser Teil davon mittelalterliche Codices – geschätzt wird. Dank dem Aufbau und der Benutzung einer umfangreichen Bibliothek konnte er nicht nur seine Bildung und sein Wissen mehren, sondern er wurde auch zu einem wichtigen Knotenpunkt des späthumanistischen Gelehrten-Netzwerks.[11]

Zum anderen endete eine sechsjährige Verlobungszeit mit Odette Spifama aus Chalonges (?–1596/1597)[12] dramatisch am für die Hochzeit vorgesehenen Tag mit dem Tod der Braut. Jacques Bongars heiratete nie und starb am 29. Juli 1612 ohne Nachkommen.

2. Jacques Bongars' Testamentsklauseln in Bezug auf die Bibliothek

Das weitere Schicksal von Bongars' schon damals berühmter Bibliothek wurde von seinem Testament bestimmt. Obwohl dieses Dokument nirgendwo in Bern oder Basel aufzufinden ist und der in Paris aufbewahrte Entwurf die Bibliothek nicht erwähnt,[13] sind Teile seines Inhalts, inklusive einiger darin enthaltener Bedingungen, dank mehrfacher Erwähnung während der Vorgänge von 1632[14] indirekt überliefert.

a) Wie gesagt vermachte Bongars seine Bibliothek testamentarisch Jakob Graviseth, dem Sohn seines Freundes René Graviseth; es gilt die Vermutung, dass Jakob Bongars' Patensohn gewesen sei, was jedoch noch nicht bewiesen worden ist. Obwohl die Bibliothek sich in einem Haus René Graviseths in Strassburg befand, in

---

10 Zu Jean Hurault de Boistaillé und seinen Handschriften: Isabelle de Conihout: Jean et André Hurault: deux frères ambassadeurs à Venise et acquéreurs de livres du cardinal Grimani, in: Poésie italienne de la Renaissance 10, Genève 2007, S. 107–148; D. Jackson: The Greek Manuscripts of Jean Hurault de Boistaillé, in: Studi italiani di filologia classica, Ser. 4, vol. 2/2 (2004), S. 209–252; Marie-Pierre Laffitte: Une acquisition de la Bibliothèque du roi au XVIIe siècle: les manuscrits de la famille Hurault, in: Bulletin du Bibliophile, 2008, no. 1, S. 42–98; Andrist, Les manuscrits (wie Anm. 2), S. 81f.
11 Kohlndorfer-Fries, Diplomatie (wie Anm. 2), S. 105f. und passim.
12 Hagen, Jacobus Bongarsius (wie Anm. 2), S. 24; Kohlndorfer-Fries, Diplomatie (wie Anm. 2), S. 91f.
13 Paris, BnF, Ms. fr. 7131, f. 571r; siehe Léonce Anquez: Henri IV et l'Allemagne d'après les mémoires et la correspondance de Jacques Bongars, Paris 1887, S. XLII.
14 Nachweise der Briefe vom 18. März, 5. April und 9. Mai im Beitrag von Ariane Huber Hernández (wie Anm. 1), Nr. 9, 14, 22; Hagen, Catalogus (wie Anm. 2), S. XX–XXXII; ders., Jakob von Gravisset (wie Anm. 3), S. 163f., 184–192.

Abbildung 2
Jakob Graviseth (1598–1658). Burgerbibliothek Bern, Inv. 4721E.

dem Bongars nach seinem Dienstende weiterhin gelebt hatte, ging sie wegen einer Klausel in Bongars' Testament nicht sofort in den Besitz von Jakob Graviseth über, sondern wurde durch einen anderen Freund von Bongars verwaltet: Georg Michael Lingelsheim (1557/58–1636), Mitglied des Grossen Rats der Kurpfalz und wichtiger Vertreter des späten Humanismus in Heidelberg.[15] Er war

---

15 Zu Georg Michael Lingelsheim siehe Axel. E. Walter: Georg Michael Lingelsheim. Esquisse biographique d'un humaniste politique dans la région du Rhin supérieur (1558–1636), in: Revue d'Alsace 124 (1998), S. 35–54; ders., Späthumanismus (wie Anm. 2); Kohlndorfer-Fries: Jacques Bongars (wie Anm. 2), S. 9f.

zudem ein Freund der Familie Graviseth, so hatte René Graviseth Lingelsheim ja für eine gewisse Zeit die Erziehung des damals erst neunjährigen Jakob anvertraut. Gemäss dieser Klausel, die sowohl durch Lingelsheim als auch durch Graviseth bestätigt wird,[16] und an deren Existenz also keine Zweifel bestehen, musste Jakob seine Studien beenden, bevor er in den Besitz der Bibliothek gelangen durfte. Wenn sich diese Bedingung nicht im Testament befunden hätte, könnte man sich nur schwer vorstellen, dass René Graviseth die Verwaltung der Bibliothek, die sich in seinem Haus in Strassburg befand und seinem Sohn gehörte, einer Drittperson anvertraut hätte. Bongars' Absicht war, so scheint es, dass Graviseth, der zu diesem Zeitpunkt erst etwa 14-jährig war, im Stand sein sollte, die Bücher zu benutzen; vielleicht bedeutete dies aber auch nur, dass er über gute Lateinkenntnisse verfügen musste.

Wie sich Lingelsheims Verwaltung tatsächlich gestaltete, wird aus seiner Korrespondenz deutlich. Am 17. Dezember 1616 schrieb er Pierre Dupuy (1582–1651), René Graviseth liege «auf der Bibliothek wie ein Drache auf seinem Schatze und lässt niemanden hinzu, so sehr fürchtet er, dass etwas abhanden kommen könnte; und dabei war es doch der Wille des Verstorbenen, dass er jenen gesammelten Schatz einem guten Publikum zugänglich mache».[17] In einem vor kurzem entdeckten, am 5. April 1632 an Bürgermeister und Rat zu Basel gerichteten Brief schrieb Lingelsheim ausserdem, dass die Bibliothek, «wider meinen willen unnd meiner hinderruckhß» nach Basel übergestellt worden sei.[18] Lingelsheim hatte offensichtlich keine wirkliche Kontrolle darüber, wie er selber sagt, «also die verwaltung mir nicht gedeyen können».[19]

---

16 Briefe vom 19. Januar und 21. März 1632 (Nachweis bei Huber Hernández [wie Anm. 1], Nr. 1, 11); siehe auch Andrist (wie Anm. 1), S. 133f.
17 «*De Oderico Vitali scripsi ad Gravissetum, cujus filio optimus Bongarsius legavit bibliothecam suam. Sed is bibliothecae tanquam thesauro serpens draco incubat, neque quenquam admittit, adeo metuit ne quid decedat; quum tamen voluntas defuncti fuerit ut in bonum publicum cedat collectus ille thesaurus*» (in: Sylloge scriptorum varii generis et argumenti in qua plurima de vita moribus gestis fortuna scriptis familia amicis et inimicis Thuani […], Bd. 7, London 1733, Teil 6, S. 42; Übersetzung von Christoph von Steiger, in: ders.: Zur Entstehung und Geschichte der Bibliotheca Bongarsiana, in: «Ein herrliches Präsent». Die Bongars-Bibliothek seit 350 Jahren in Bern. Handschriften und Drucke aus 1000 Jahren. Ausstellung vom 24. Oktober bis 13. November 1983, hrsg. von Christoph von Steiger und Margaret Eschler, Bern 1983, S. 3–8, hier S. 6, mit Ungenauigkeiten.
18 Nachweis des Briefes vom 5. April bei Huber Hernández (wie Anm. 1), Nr. 14.
19 Ebd.

Diese Tatsache wirft ein neues Licht auf die in der Forschung wiederholt aufgestellte Behauptung, dass Bongars der Familie Graviseth die Bibliothek zur Begleichung seiner Schulden vermacht habe.[20] Wenn die Bibliothek die Schulden Bongars' wettmachen sollte, versteht man allerdings nicht, wieso sie von Lingelsheim verwaltet und nur unter bestimmten Bedingungen Jakob Graviseth übergeben werden sollte. Da Lingelsheim aber keine wirkliche Kontrolle über die Bibliothek hatte, ist eine Beziehung zwischen Bongars' Vermächtnis und seinen Schulden nicht unwahrscheinlich und könnte die Einstellung René Graviseths erklären. Jedoch würde die Frage bestehen bleiben, warum Bongars dann «pro forma» die Bedingung hinzugefügt hätte. Um Jakob zu Studien zu ermutigen? Des schönen Scheines halber, weil ein Vermächtnis als «edler» als eine «Bezahlung» betrachtet wurde? So muss die Beziehung zwischen dem Legat der Bibliothek und Bongars' Schulden, die bisher nicht dokumentarisch zu belegen ist, eine Vermutung bleiben.

Das Jahr des Umzugs der Bibliothek nach Basel ist auch unklar. 1614 schrieb Lingelsheim Jacques-Auguste de Thou (1553–1617), dass er bald ein Verzeichnis von Bongars' Bibliothek in Strassburg erstellen möchte.[21] Da er im oben erwähnten Brief von 1616 keinen Umzug der Bibliothek erwähnt, war sie damals wahrscheinlich noch in Strassburg. So muss sie zwischen 1616 und 1622, dem ver-

---

20 Auf einem älteren Stand seiner Forschungen meinte Hagen, dass René Graviseth die Bibliothek von Bongars bei dessen Tode als Bezahlung seiner Schulden erhalten hatte, vgl. Hagen, Jacobus Bongarsius (wie Anm. 2), S. 27f., und ders., Catalogus (wie Anm. 2), S. XXI n. 30. Obwohl er später das Testament Bongars berücksichtigte (Andrist, Les manuscrits [wie Anm. 2], S. 31, 81, muss diesbezüglich korrigiert werden), dachte er nach wie vor, dass es zwischen Bongars' finanzieller Situation und der Wahl seines Erben eine Verbindung gab, vgl. Hagen, Catalogus (wie Anm. 2), S. XXIX, und ders., Jakob von Gravisset (wie Anm. 3), S. 161: «Diese Verbindlichkeiten, bei welchen Bongars selbst engagiert war, mögen ihn bestimmt haben, seine reiche Handschriften- und Bücherbibliothek gerade an Renatus Gravisset's Sohn Jakob testamentarisch zu vermachen ...». B. Schmid, Jakob Graviseth (wie Anm. 3), S. 65, denkt auch, «[...] dass Bongars, gewissermassen als Ersatz dessen, was der Vater geopfert, dem Sohne die Bibliothek vermacht hatte»; siehe auch Weigum (Hg.), Heutelia (wie Anm. 51), S. 398. – Aufgrund einer Strassburger Quelle, die wir noch nicht haben identifizieren können, meint A. Jubinal: Rapport à M. le ministre de l'instruction publique, suivi de quelques pièces inédites tirées des manuscrits de la Bibliothèque de Berne, Paris 1838, S. 15f., einige Jahre vor Hagen: «il paraît que Bongars afin de s'acquitter de quelques dettes, probablement contractées envers le baron de Graviseth ... essaya de vendre sa collection à la ville. Les magistrats refusèrent de l'acheter ...».

21 «*nam intra mensem spero Argentoratum proficisci, ubi libri a Graviseto, cui ii legati, asservantur*» (in: Sylloge scriptorum [wie Anm. 17], S. 42).

muteten Datum der offiziellen Übergabe der Bibliothek,[22] in Basel angekommen sein.

b) Auf eine zweite Testamentsbedingung weist Lingelsheim klar in seinem Brief vom 19. Januar 1632 hin: Graviseth soll «solche bibliothec ihme und anderen zuem besten brauchen»,[23] und im Brief vom 5. April 1632 beklagt er sich, dass eine Ausleihe der Bücher seit Bongars' Tod immer unmöglich gewesen ist. Seiner Aussage aber, dass die Bücher unausgepackt liegen geblieben seien,[24] widerspricht, dass die Berner am 10. Juli 1632 noch «ettliche bücher, so zu der bongarsischen liberey gehörig unnt gewüßen personen vertruwlich gelichen worden» zurückforderten.[25] Fraglich ist auch die Behauptung Lingelsheims, Graviseth habe versucht, die Bibliothek zu verkaufen.[26]

c) Eine dritte Bedingung muss im Kontext der Ereignisse des Jahres 1632 verstanden werden. Nachdem Jakob Graviseth im Januar 1624 Salome von Erlach (1604–1636), die Tochter des späteren Berner Schultheissen Franz Ludwig von Erlach (1575–1651), geheiratet und einige Monate später das Berner Burgerrecht kostenlos erlangt hatte, erhielt er 1630 das Basler Haus seines Vaters. Nach etwa drei Monate dauernden Gesprächen schenkte er im Februar 1632 – gemäss der offiziellen Version als Zeichen der Dankbarkeit – der Republik Bern Bongars' Bibliothek. Aber ihr Wegzug nach Bern wurde zunächst durch einen vom Basler Rat angeordneten «Arrest» unter dem Vorwand unbezahlter Geldschulden René Graviseths verhindert. Interessant ist die Weise, in der Lingelsheim auch versuchte, basierend auf Bongars' Testament, zugunsten seiner eigenen Söhne die Hand auf die Bücher zu legen.

In den überlieferten Dokumenten bedienen sich Graviseth und Lingelsheim ähnlicher Formulierungen, kommen aber zu ganz verschiedenen Schlussforderungen: Graviseth meint, dass gemäss

---

22 Logische Ableitung Hagens, aufgrund des Briefes vom 21. März 1632 (Nachweis bei Huber Hernández [wie Anm. 1], Nr. 11), gemäss dessen die Übergabe der Bibliothek an Graviseth ungefähr 10 Jahre zuvor stattgefunden haben muss, also gegen 1622, das heisst ungefähr 10 Jahre nach dem Tode Bongars', siehe Hagen, Jakob von Gravisset (wie Anm. 3), S. 163.

23 Brief vom 19. Januar 1632 (Nachweis bei Huber Hernández [wie Anm. 1], Nr. 1); siehe auch den Brief an Pierre Dupuy, oben S. 255.

24 Brief vom 5. April 1632 (Nachweis bei Huber Hernández [wie Anm. 1], Nr. 14). Wünschenswert wäre die Auffindung von Jakob Graviseths Brief an Lingelsheim vom 7. Februar 1632, der diese Fragen vielleicht klären könnte.

25 Brief vom 10. Juli 1632 (Nachweis bei Huber Hernández [wie Anm. 1], Nr. 23).

26 Brief vom 5. April 1632 (Nachweis bei Huber Hernández [wie Anm. 1], Nr. 14).

Testament die Bibliothek «keineswegs vertheilet oder distrahiret» werden dürfe[27] und folgert, dass man ihm darum die Bibliothek nicht entziehen könne. Wohingegen Lingelsheim behauptet, dass Graviseth «die Bibliothec ... keineswegs vereüssern oder distrahiren solle»[28], dass dieser also kein Recht habe, die Sammlung Bern zu übergeben. Trotz kleiner Unterschiede ist aufgrund der doppelten Bezugnahme anzunehmen, dass sich diese Bedingung tatsächlich in der einen oder anderen Form im Testament von Jacques Bongars befunden haben muss.[29]

d) Zur Verständnis dieser Aussagen muss ein von Lingelsheim klar formulierter vierter Punkt erwähnt werden: «Im fahl aber er gedachte bibliothec nicht brauchen und wie geordnet anwenden sollte, daß als dann meiner söhnen einem, deren damahls acht in leben gewesen, gleicher gestalten legirt und vermacht sein soltte»[30]. Diese Bongars zugeschriebene Verfügung, mit der Lingelsheim seinen Anspruch begründet, wurde am 9. Mai wiederholt: «... durch ubergebung deß extracts auß dem testament klärlich erscheinet. Darin versehen, daß Graviset die bibliothec brauchen undt keines wegs vereüsseren oder distrahiren solle, sondern auf widerigen fahl dieselbige mir für einen meiner söhnen, so hier zue tuchtige gebeühre.» Leider ist keine Entgegnung Graviseths auf dieses Argument überliefert.

Nur bei der dritten diskutierten Bedingung des Testaments können die Auslegungen Graviseths und Lingelsheims verglichen werden. Was heisst, dass die Bibliothek nicht veräussert oder verteilt werden darf? Graviseths Interpretation, dass ihm die Bibliothek unter keinen Umständen entzogen werden dürfe, erscheint als Testamentsklausel wenig überzeugend; Bongars' Bedingung würde dann nicht die Bibliothek schützen, sondern allein Graviseths Anspruch auf sie. Dagegen versteht man Lingelsheims Interpretation, nach der der Testator wünschte, dass der Begünstigte das Legat weder als Gesamtes noch Teile davon veräussert, nur zu gut.

Obwohl ohne das Testament letztlich keine abschliessende Bewertung der Interpretationen möglich ist, kann die Position Lingelsheims als wahrscheinlicher bezeichnet werden. Die Problematik der

---

27 Brief vom 18. März 1632 (Nachweis bei Huber Hernández [wie Anm. 1], Nr. 9); siehe auch Andrist (wie Anm. 1), S. 133–135.
28 Brief vom 9. Mai 1632 (Nachweis bei Huber Hernández [wie Anm. 1], Nr. 22).
29 Könnte das bedeuten, dass das Testament in Deutsch verfasst wurde, während der in Paris aufbewahrte Entwurf in Französisch gehalten ist?
30 Brief vom 19. Januar 1632 (Nachweis bei Huber Hernández [wie Anm. 1], Nr. 1).

Auslegung der Testamentsklausel hat bereits der Rat von Basel, der Exzerpte des Testaments vor den Augen hatte, in seinem Schreiben vom 28. April 1632 angesprochen, in dem er den Bernern erklärt: «ewere an selbige [Bibliothek] habende ansprach und praetension zwahr auff einen artikel das von weilandt h[errn] Bongarsen seelig gemachten testaments sich fundiret, derselbige aber ungleich außgedeütet und von jetwederem theill zu seinem vortheil und nutzen».[31] Ob es wirklich ein Auslegungsproblem gab oder diese Antwort des Basler Rats vor allem politisch war, kann auch nicht entschieden werden.

3. Die Schenkung Jakob Graviseths

Der 1632 stattfindende Streit um Bongars' Bibliothek erlaubt, die Frage nach Graviseths Intention bei seiner Schenkung zu stellen. War seine Geste wirklich, der üblichen Schilderung folgend, ein Akt der Dankbarkeit gegenüber seiner neuen Heimat für die grosszügige Verleihung des Burgerrechts oder, im Gegenteil, wurde dieses gerade mit der Absicht verliehen, in den Besitz der Bibliothek zu gelangen? Oder sogar: Die Schenkung der Bibliothek war – wie Hagen in Betracht zog, bevor er von dieser Hypothese wieder abkam – der Preis für die Aufnahme ins Burgerrecht, das er zuvor kostenlos erworben hatte?[32]

Der auffallend fordernde Ton Berns gegenüber Basel[33] macht es *a priori* nicht ganz unmöglich, dass der Rat auf diese Schenkung schon im Voraus reflektiert hat. Auf jeden Fall wollte er gemäss dem Willen Graviseths in den Besitz der Bibliothek gelangen und hat Basel nicht weniger als acht Briefe[34] zu diesem Zweck geschickt. Sollte aber dieses Geschenk der gewünschte oder gesetzte Preis zur Aufnahme Graviseths ins Berner Burgerrecht sein, versteht man die ca. achtjährige Wartezeit nicht.

Graviseth bietet Bern seine Bücher um den 11. November 1631[35] an. Als sich die Berner Obrigkeit am 16. Februar 1632 beim Schen-

---

31 Nachweis bei Huber Hernández (wie Anm. 1), Nr. 16.
32 Hagen, Catalogus (wie Anm. 2), S. XXII; ders., Jacobus Bongarsius (wie Anm. 2), S. 28. Der zeitliche Abstand zwischen der Bewilligung der Burger 1624 und dem Geschenk der Bibliothek 1631 könnte durch das in Basel blockierte Vermögen bedingt sein.
33 Siehe z.B. den Brief vom 21. März 1632 (Nachweis bei Huber Hernández [wie Anm. 1], Nr. 11).
34 Zusammenstellung siehe Huber Hernández (wie Anm. 1).
35 «Seit Martini 1631», im Brief vom 18. März 1632 (Nachweis bei Huber Hernández [wie Anm. 1], Nr. 9); siehe auch die Stelle in Anm. 42.

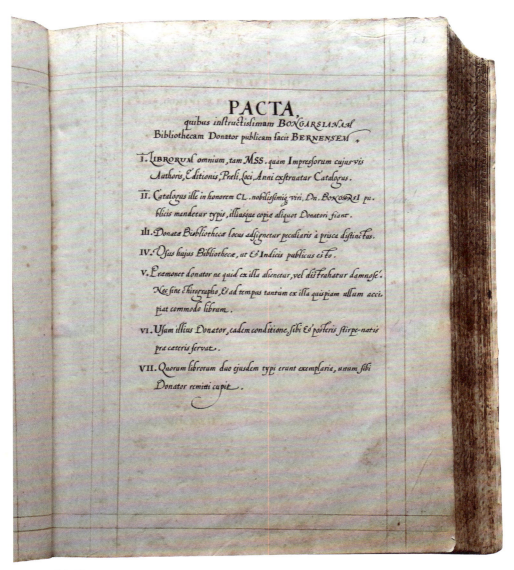

Abbildung 3
«Vertrag» betreffend die Schenkung der Bongarsiana an die Berner Obrigkeit.
Burgerbibliothek Bern, Cod. A 5, f. 8r.

ker bedankt,[36] hatte sich Lingelsheim bereits etwa einen Monat früher, am 19. Januar,[37] mit der Bitte an den Basler Rat gewandt, ihm die Bibliothek zu überlassen. Am 5. April schreibt Lingelsheim, dass er sich damals der Schenkung Graviseths nicht bewusst gewesen sei;[38] in Bezug auf seine Interpretation von Bongars' Testament – so wie sie oben dargelegt worden ist – hätte diese Information sicher ein gewichtiges Argument gegen Graviseth geliefert.[39] Die Reihenfolge der Ereignisse würde sich gut unter der Annahme erklären lassen, dass Graviseth von den Absichten seines ehemaligen Gastgebers Wind bekommen hat, und dass er ihm in gewisser Weise mit der Schenkung an Bern zuvorgekommen ist. Diese Interpretation würde der Aussage Lingelsheims gegenüber dem Basler Rat entsprechen, dass Graviseth in seinem heute verlorenen Brief zugegeben habe, «er habe die alienation vorgewandt, nur damit er e[wer] h[erren] unnd gl[aubensgenossen] anführe ...».[40]

Man könnte auch ähnlicherweise daran denken, dass Graviseth der Klage der Gläubiger zuvorkommen wollte, obwohl der Arrest, der am 12. März verhängt wurde, als Reaktion auf das Geschenk Graviseths wahrscheinlicher ist, wenn das Datum der Korrespondenz des Berner Rats mit Basel vom Februar in Betracht gezogen wird. Die Haltung der Gläubiger, unter denen Reinhart Passavant (?–1676),[41] Mitglied einer einflussreichen, in der Basler Seidenindustrie tätigen Familie, offenbar eine grosse Rolle gespielt hat, sollte von Lingelsheims Anklage getrennt betrachtet werden: sie soll hier aber nicht weiter untersucht werden.

In diesem Zusammenhang könnte auch die lange Reaktionszeit zwischen der von Graviseth deklarierten Schenkung der Bibliothek am 11. November 1631 und dem nicht überlieferten Dankesschreiben des Berner Rats am 16. Februar suspekt sein; aber das Datum wird auch durch Abraham Delosea (um 1615–1690), Pfarrer am Berner Münster, belegt, der erkennen lässt, dass die Zeit mit der Vorbereitung des Vertrags verbracht worden ist.[42] Wollte Graviseth

---

36   Siehe Anm. 42.
37   Brief vom 19. Januar 1632 (Nachweis bei Huber Hernández [wie Anm. 1], Nr. 1).
38   Brief vom 5. April 1632 (Nachweis bei Huber Hernández [wie Anm. 1] , Nr. 14).
39   Das ist im Übrigen, was er in seinem Brief vom 9. Mai 1632 gemacht hat (Nachweis bei Huber Hernández [wie Anm. 1], Nr. 22).
40   Brief vom 5. April 1632 (Nachweis bei Huber Hernández [wie Anm. 1], Nr. 14).
41   Brief vom 13. März 1632 (Nachweis bei Huber Hernández [wie Anm. 1], Nr. 6). Zu Reinhart Passavant: Schweizerisches Geschlechterbuch, vol. 6, 1936, S. 462.
42   «Verehrung Bongasischer Bibliotheck. Seit martini 1631 ist mit herrn Jacob Graviseth, herr zu Liebeck, wegen einer stattlichen, ja fürstlichen bibliotheck, so Jacob Bongars,

die Benutzungsmöglichkeit der Bibliothek durch dieses Geschenk nicht verlieren? (Vgl. dazu auch die Bedingung 6 in seinem Schenkungsvertrag, unten S. 263f.) War das Verhältnis zwischen ihm und Lingelsheim so problematisch, dass er auf keine Weise wünschen konnte, dass dieser Hand auf Bongars' Schatz legen möge?[43] Die Hypothese, dass er die Bibliothek lieber seiner neuen Heimat, «perdue pour perdue» geschenkt habe, als sie in Basel in den Besitz Lingelsheims oder der Gläubiger seines Vaters gelangen zu lassen, ist sinnvoll und deckt sich grösstenteils mit der traditionellen Erklärung der «Dankbarkeit» (vgl. oben), obwohl es sich dabei eher um eine «situationsbedingte» Dankbarkeit gehandelt haben mag. Eine definitive Antwort kann leider auf Grund der heute vorliegenden Dokumente nicht gegeben werden.

4. Die Bedingungen Jakob Graviseths

Die mit dem Geschenk Graviseths verbundenen sieben Bedingungen wurden schriftlich festgehalten. Sie kamen allerdings auf unterschiedliche Weise zur Anwendung und sind in der Einleitung des 1634 von Samuel Hortin (1589–1652) beendeten Katalogs aufgelistet.[44] Sie seien hier in gekürzter Fassung wiedergegeben:[45]

1. Es soll ein Katalog der Handschriften und Drucke geschrieben werden, in dem der Autor, der Verlag, der Druck, der Ort und das Jahr zu vermerken sind.

> legatus regius in Germania, colligirt, das die selbe alhar verehrt werde, durch brieffen ghandlet worden, welcher sich dem entlich auff ettliche conditiones dahin erklärt, solches ihr gl. hr. schuldtheissen von Erlach hernach in senatu, den 16. februar 1632 (lit. 1622) von h[errn] Luthardo proponiert und praesentiert worden darüber erkendt, dass man sy zu Basel abzehollen. Herr Lüthardo von Johann Blepp bevohlen. Im martio die bibliothek zu Basel inventorisiert. difficulteten, sy folgen zelassen …» (Burgerbibliothek Bern, Mss.h.h.I.108, S. 140, [Transkription von Ariane Huber Hernández]); Hagen, Catalogus (wie Anm. 2), S. XXVI, n. 56. Zum Brief vom 16. Februar vgl. Hagen, ebd., S. XXX (Nachweis bei Huber Hernández [wie Anm. 1], Nr. 3).

43 Interessant ist, dass er Lingelsheim am 7. Februar 1632 einen Brief schickte – also deutlich vor dem Arrest der Bibliothek in Basel, ja sogar vor dem Dankeswort des Rates (Nachweis bei Huber Hernández [wie Anm. 1], Nr. 2; siehe auch den Brief vom 5. April 1632, Nachweis bei Huber Hernández [wie Anm. 1], Nr. 14).

44 Burgerbibliothek Bern, Cod. A5, f. 8r. Zu Samuel Hortin: Hans Braun: «Hortin, Samuel», in: Historisches Lexikon der Schweiz (HLS), Version vom 17.3.2010, URL: http://www.hls-dhs-dss.ch/textes/d/D47424.php (Aug. 2010 geprüft); zu seinem Katalog: Andrist, Éléments (wie Anm. 2), S. 36–38.

45 Edition und Transkription durch Hagen, Catalogus (wie Anm. 2), S. XXXIIf.; Transkription ebenfalls bei Hagen, Jakob von Gravisset (wie Anm. 3), S. 194–197; Schmid, Jakob Graviseth (wie Anm. 3), S. 66f.

Diese Klausel wurde im Grossen und Ganzen respektiert; es handelt sich um den Katalog Samuel Hortins, hier unten erwähnt, der in der Burgerbibliothek Bern noch heute einsehbar ist (vgl. oben). Diese Arbeit wurde in etwa zwei Jahren bewerkstelligt, leider zu schnell, um keine Mängel aufzuweisen.[46]

2. Der Katalog soll zu Ehren von Jacques Bongars gedruckt und eine Kopie davon dem Schenker überreicht werden.
Diese Klausel wartet immer noch darauf, erfüllt zu werden. In den 1990er Jahren kam es zu einer Edition des Katalogs von Bongars' Drucken auf Mikrofichen.[47] Sie tritt als moderne Erfüllung dieser Klausel auf, was jedoch nicht der Fall ist, da ja die Handschriften nicht enthalten sind.

3. Die Bibliothek soll an einem anderen Ort als der alten Bibliothek Berns aufbewahrt werden.
Diese Klausel wurde respektiert: Die Bibliotheca Bongarsiana wurde getrennt von der alten Stadtbibliothek, bekannt unter dem Namen Bibliotheca Civica[48] (vgl. unten), aufbewahrt.

4. Die Benutzung der Bibliothek soll öffentlich sein.
Obwohl nur wenig über die Zugangsbedingungen der Zeit bekannt ist, scheint es, dass die Klausel respektiert worden ist. Mindestens zeigt der untenerwähnte Text *Heutelia*, dass Auswärtigen der Zutritt zur Bibliothek gewährt wurde.

5. Die Bücher dürfen nicht aus dem Sammlungszusammenhang gerissen und nur gegen eine Quittung und für eine begrenzte Dauer ausgeliehen werden[49].
Es ist erneut schwierig, über die Anwendung dieser Klausel zu urteilen. Es scheint jedoch, dass zumindest der erste Teil, trotz einiger Verluste (vgl. hier unten), eingehalten wurde.

6. Der Schenker und seine Nachfahren sollen stets Vorrang im Gebrauch der Bibliothek haben.

---

46 Andrist, Les manuscrits (wie Anm. 2), S. 36–38.
47 [Margaret Eschler:] Bibliotheca Bongarsiana: Alphabetischer Katalog, Druckerkatalog, Provenienzkatalog, Katalog der Bücher mit gedruckter Widmung an Bongars, Bern 1994, auf Mikrofichen; teilweise auf der Webseite der Universitätsbibliothek Bern zugänglich, jedoch mit Vorsicht zu benutzen, da einige Identifizierungen problematisch sind.
48 Claudia Engler: Handbuch der Historischen Buchbestände in der Schweiz. Stadt- und Universitätsbibliothek Bern, Bern [2003], S. 3; dies.: Anstatt Geschütze und Spiesse steht nun eine gewichtige Bibliothek da, in: Berns mächtige Zeit. Das 16. und 17. Jahrhundert neu entdeckt, Bern 2006, S. 284–286, 288.
49 Auffallend ist das ungefähre Übereinstimmen der Wörter *alienetur vel distrahatur* mit dem Ausdruck in der zweiten Bedingung Bongars' (siehe oben).

Es ist unmöglich, darüber zu urteilen. Halten wir jedoch fest, dass keine Klagen Jakob Graviseths oder seiner Familie darüber überliefert sind.

7. Falls es zwei Bücher einer gleichen Ausgabe hat, soll ein Exemplar dem Schenker zurückgegeben werden.
   In Anbetracht der Anzahl Dubletten unter den Drucken aus Bongars' Besitz wurde diese Klausel, wenn überhaupt, schlecht respektiert.

Dann folgen Instruktionen, vor allem an den Bibliothekar, den man unter anderem bittet, die Bibliothek sorgfältig zu unterhalten.[50]

Die Missachtung gewisser Klauseln wurde bereits zur damaligen Zeit bemerkt, wovon der im Jahre 1658 – also 25 Jahre nach der Ankunft der Bibliothek in Bern – geschriebene satirische Text *Heutelia* zeugt. Dieser Text präzisiert nicht, auf welche Klausel(n) Bezug genommen wird, aber er vermeldet das Verschwinden eines schönen Manuskriptes (vgl. Klausel 5). Ausserdem wird bemerkt, dass die Bibliothek verstaubt sei, nur spärlich und von «Fremden» benutzt werde.[51]

5. Von der Bibliotheca Bernensis zur Burgerbibliothek Bern und der Zentralbibliothek der Universität Bern

Fassen wir jetzt die oben dargelegten Ereignisse zusammen und skizzieren wir die weitere Geschichte der Bongarsiana bis in die heutige Zeit:

– Nach Bongars' Tod 1612 wurde seine Bibliothek, die sich in einem Haus René Graviseths in Strassburg befand, dem jungen Jakob Graviseth vermacht, der aber erst nach einer offenbar

---

50 Hagen, Catalogus (wie Anm. 2), S. XXXIII–XXXV, veröffentlicht ebenfalls zusätzliche Dispositionen aus einem sich damals bei Karl Rudolf Alexander Wildbolz (1825–1872) befindenden Dokument. Dieses ist jedoch heute weder im Familienarchiv Graviseth (Burgerbibliothek Bern, FA Graviseth) noch bei den Nachkommen des Herrn Wildbolz auffindbar. Für die wertvolle Hilfe bei diesen Nachforschungen bedanke ich mich ganz herzlich bei Marlise Gisiger, Rudolf von Steiger und Hans-Jörg Eduard Wildbolz.

51 [Hans Franz Veiras:] Heutelia, hrsg. von Walter Weigum, München 1969 (Deutsche Barock-Literatur), S. 249, §134: «Auss der Alten giengen wir in die Newe *Bibliothec*. Die darinn darumb newer geheissen wird, dieweil sie vor wenig Jahren dahin ist vergabet worden, zwar *certis Conditionibus* … Er sagte aber dass die gemelte conditiones nicht stricte observiert wurden, dahero schon ein schönes *manuscriptum* auss fahrlässigkeit seye *alieniert* worden …»; S. 252, §136: «jhr Herren müst euch nit verwundern, daß diese Bücher staubig seynd, dann sie selten gebraucht werden, und mehr von frembden … als von den Inheimischen …». Siehe auch Germann, Geschichte (wie Anm. 3), S. 11–16.

symbolischen Verwaltung durch Georg Michael Lingelsheim in ihren Besitz gelangte.
- Im Jahr 1615 kaufte Jakob Graviseths Vater das Schloss und die Herrschaft von Liebegg, welche sich damals auf Berner Untertanengebiet befand, und trat somit in ein Lehensverhältnis zu Bern ein.
- Wahrscheinlich wurde die Bibliothek zwischen 1616 und 1622 nach Basel verlegt. 1622 wurde sie scheinbar offiziell an Jakob Graviseth übergeben, der damals etwa 24-jährig war.
- Etwa acht Jahre nach seinem Eintritt in eines der mächtigsten Patriziergeschlechter Berns durch seine Heirat mit Salome von Erlach 1624 und dem Empfang des Berner Burgerrechts 1626 schenkte Jakob Graviseth im Februar 1632 der Republik Bern die Bibliothek aus unklaren Gründen und unter genauen Bedingungen.
- Die unter dem Vorwand unbezahlter Geldschulden René Graviseths vom Basler Rat im März 1632 angeordnete Beschlagnahmung der Bibliothek gab Anlass zu einem dichten Briefwechsel zwischen der Berner und der Basler Obrigkeit, deren Vertreter sich auch Anfang Mai 1632 in Aarau trafen. In diesem Kontext versuchte Georg Michael Lingelsheim vergeblich, die Bongarsiana zugunsten seiner Söhne zu erhalten. Und so gelangte die Bibliothek erst im Mai 1632 nach wirkungsvollem politischem Druck seitens des Kleinen Rates nach Bern.
- Gemäss Graviseths Bedingungen wurde die Bongarsiana getrennt von der Bibliotheca Civica aufgestellt und in einem 1634 von Samuel Hortin vollendeten Katalog kurz beschrieben.

Die weitere Geschichte der Bibliothek kann durch die Erwähnung einiger Daten skizziert werden. Im Jahr 1697 wurden die Bibliotheksgebäude neu gebaut und die Bibliothek selbst reorganisiert. Man befand damals, dass es keinen grossen Sinn habe, die zwei Bibliotheken getrennt zu halten und dass man sie zusammenlegen sollte.[52]

---

52 Engler, Anstatt Geschütze (wie Anm. 48), S. 288; Hans A. Michel: Das Bibliothekswesen der Berner Hochschule seit dem späten Mittelalter, in: Hochschulgeschichte Berns 1528–1984. Zur 150-Jahr-Feier der Universität Bern 1984, Bern 1984, S. 769–776, hier S. 770; Darstellung von Joh. Rudolph Rodolph [Mitglied der Bibliothekskommission zur Zeit der Bauarbeiten]: De bibliotheca civica, nuper Illustriss. Procerum mandatu ad usum publicum instaurata, Bern 1699, deutsche Übersetzung bei Hans Strahm: Die Berner Bibliothek von ihren ersten Anfängen bis zur grossen Reorganisation von 1693, in: Bibliotheca Bernensis 1974, Bern 1974, S. 13–43, hier S. 22–34; siehe auch die Bemerkung auf S. 35.

Aufgrund der dritten Klausel der Schenkung Graviseths (vgl. oben) konsultierte man offenbar dessen Familie,[53] die ihre Zustimmung zur Fusion der beiden Bibliotheken gab. Insofern fühlte man sich am Ende des 17. Jahrhunderts immer noch durch gewisse Bedingungen Jakob Graviseths gebunden, obwohl zu der Zeit auch andere Vorgaben bereits nicht mehr berücksichtigt wurden.

Wie so oft bei derartigen administrativen «Grossprojekten» ist das Resultat dieser Reorganisation nicht zu hundert Prozent glücklich ausgefallen, denn man wechselte alle Buchsignaturen aus, ohne indes eine Konkordanz mit den alten zu erstellen. Um den visuellen Aspekt der Bibliothek zu vereinheitlichen, ersetzte man zudem viele mittelalterliche Einbände. Folglich ist es noch heute bei einer grossen Anzahl Büchern schwierig zu bestimmen, ob sie je Bongars gehört haben oder ob sie aus der alten Stadtbibliothek stammen. Der vom Bibliotheksverantwortlichen Marquard Wild damals erstellte handschriftliche Katalog befindet sich noch heute in der Burgerbibliothek.[54]

1794 wurde die Bibliothek aus der im ehemaligen Barfüsserkloster installierten Schule in das nahegelegene, vom Kornhaus zur Bibliothek umgebaute Gebäude verlegt.[55] Bei der Trennung der Güter der Stadt Bern vom Kanton 1803 übernahm die von der Burgergemeinde verwaltete Stadt die «burgerliche Stadtbibliothek».[56] 1852 wurde die Bibliothek der Burgergemeinde anvertraut, als diese von der wieder errichteten Munizipalität getrennt wurde.[57] 1905 wurde die Stadtbibliothek mit der Hochschulbibliothek unter dem Namen Stadt- und Hochschulbibliothek fusioniert.

---

53 Gemäss Hinweis von Rodolph (wie Anm. 52), in der Übersetzung von 1974 S. 29 und S. 43 n. 42.
54 Burgerbibliothek Bern, Cod. A4; zu seinem Katalog siehe Andrist, Éléments (wie Anm. 2), S. 39f.
55 Michel (wie Anm. 52), S. 771.
56 «Bericht und Gutachten der zu Untersuchung und Erörterung der bernischen Dotationsverhältnisse niedergesetzten Spezialkommission an den Grossen Rath der Republik Bern», Bern 1836, 2. Teil, Urkunde Nr. 26, S. 93.
57 «Bericht des Einwohner-Gemeinderathes der Stadt Bern über die Gemeindsverwaltung vom Jahr 1852 bis und mit 1860», Bern 1863, S. 193–210, hier S. 195; Kurt von Wattenwyl: Die Entwicklung der Burgergemeinde der Stadt Bern seit 1798, unpublizierte Diss. Universität Bern 1926, S. 158f. Zu diesem komplizierten Vorgang siehe Christophe von Werdt: Der Ausscheidungsvertrag zwischen Burger- und Einwohnergemeinde Bern von 1852 – Quellenanalyse statt Verschwörungstheorie, in: Berner Zeitschrift für Geschichte 71 (2009), S. 57–97, hier S. 76.

Vor allem wegen finanzieller und politischer Gründe wurde die Bibliothek 1951 in zwei neue Institutionen aufgeteilt: Zum einen erhielt die Stadt- und Universitätsbibliothek (StUB) die Obhut über die Drucke, zum anderen empfing die Burgerbibliothek Bern die mittelalterlichen Codices sowie die handschriftlichen Bestände.[58] Zum ersten Mal in ihrer Geschichte wurden dadurch die Bücher, die einst Jacques Bongars gehört hatten, auf zwei Institutionen verteilt und somit voneinander getrennt. Wenigstens sind sie bis heute in ein und demselben Gebäude geblieben.

Aufgrund der Fusion der alten Handschriftenbibliothek 1697 wurden Bongars' Manuskripte mit den anderen mittelalterlichen und Renaissance-Handschriften in einem Bestand aufbewahrt, der immer «Bongarsiana» genannt wurde und welchem regelmässig die neuen Erwerbungen zugeführt wurden. Von diesem machen die Bücher Bongars' heute tatsächlich nur etwa die Hälfte aus.

Die gedruckten Werke, die seit der Reorganisation Ende des 17. Jahrhunderts keine eigene Einheit mehr darstellten, waren längst in der Masse der alten Drucke aufgegangen. Zwischen 1979 und 1993 versuchte die StUB, die Drucke Bongars' wieder ausfindig zu machen, die sie dann physisch von den anderen Drucken trennte und einem neuen Bestand zuordnete, der ebenfalls «Bongarsiana» genannt wurde. Bei dieser Gelegenheit wurde auch der Katalog, der heute auf Internet zugänglich ist, auf Mikrofichen publiziert.[59] Seither gibt es also zwei Bestände gleichen Namens, die, nur durch 40 Meter und zwei abgeschlossene Türen voneinander getrennt, in zwei unterschiedlichen Institutionen aufbewahrt werden.

2007 wurde die StUB, nach Auflösung der Stiftung, in die Zentralbibliothek der Universitätsbibliothek Bern (UB ZB) überführt.[60] Bei dieser Gelegenheit hat die Burgergemeinde das Heimfallrecht geltend gemacht und aus diesem Grund die alten Druckbestände bis 1900 übernommen; sie werden heute vom Zentrum historische Bestände der Zentralbibliothek der Universität Bern verwaltet.

---

58 H. Wäber: Die Geschichte der Burgerbibliothek Bern, in: Die Burgerbibliothek Bern. Archiv, Bibliothek, Dokumentationsstelle, Bern 2002, S. 9–17, hier S. 9–11; Michel (wie Anm. 52), S. 77f.
59 Eschler, Bibliotheca Bongarsiana (wie Anm. 47).
60 Susanna Bliggenstorfer: Funktionale Einschichtigkeit im Wissenschaftlichen Bibliothekswesen von Bern, in: Libernensis 2006/1, S. 4–7; Claudia Engler: Als Universitätsbibliothek Bern in die Zukunft, in: Libernensis 2006/2, S. 4f.

398 Jahre nach dem Hinschied von Jacques Bongars und 378 Jahre nach der Schenkung Graviseths haben die Sonderbestimmungen der ehemaligen Privatbesitzer dieses Bestandes kaum mehr Geltung. Was jedoch in Bern nach wie vor lebendig erhalten wird, sind die Erinnerung an den Begründer der Sammlung und deren Schenker sowie die Liebe zu den Büchern und der enthusiastische Wille, diese zu bewahren und der Öffentlichkeit zugänglich zu machen.

«Wegen bongarsischer arrestierter liberey» – Korrespondenz zum Wechsel der Bibliothek Jacques Bongars' von Basel nach Bern

von Ariane Huber Hernández

Der vorliegende Beitrag[1] soll die bisher nur in Fussnoten und kurzen Zitaten verstreuten Quellennachweise zur Verlegung der nachmaligen Bongarsiana von Basel nach Bern im Überblick zeigen und damit eine zusammenhängende Darstellung der Vorgänge und Hintergründe dieses Streitfalles ermöglichen. Von den bis heute bekannten 25 Schreiben, welche die Auseinandersetzung um die Bibliothek von Jacques Bongars betreffen und allesamt in die ersten sieben Monate des Jahres 1632 fallen, sind 20, wenn auch nicht immer im Original, so doch zumindest in Form von Konzepten oder Abschriften überliefert. Dank Erwähnungen in anderen Briefen oder Ratsprotokollen sind die fünf restlichen Briefe belegt. Das unten stehende Verzeichnis führt sämtliche 25 Schreiben unter Angabe der Absender und Empfänger sowie der heutigen Standorte in den Staatsarchiven Basel-Stadt und Bern chronologisch auf.[2]

Die Akteure und deren Interessen in Bezug auf die Bibliothek

Die Hauptkorrespondenten, das heisst der Bürgermeister und Kleine Rat der Stadt Basel sowie der Schultheiss und Kleine Rat der Stadt Bern, bedürfen keiner speziellen Einführung. Die andern drei Beteiligten, der Gelehrte und kurpfälzische Oberrat Georg Michael Lingelsheim, Jakob Graviseth als Erbe der Bibliothek von Jacques Bongars[3] sowie der bernische Bibliothekar Samuel Hortin, müssen dagegen hier vorgestellt werden.

---

1 Der Beitrag bildet eine Ergänzung zum vorangehenden Aufsatz von Patrick Andrist: Strassburg – Basel – Bern. Bücher auf der Reise. Das Legat der Bibliothek von Jacques Bongars, die Schenkung von Jakob Graviseth und das weitere Schicksal der Sammlung in Bern, oben S. 249–268.

2 Konsultierte Quellen: Staatsarchiv Bern (StABE): Akten der Kanzlei, A V 402; Deutschmissivenbuch 1628–1632, A III 56; Ratsmanual A II 373 (25.7.1631–29.2.1632); Ratsmanual A II 374 (1.3.1632–18.8.1632). – Staatsarchiv Basel-Stadt (StABS): Missiven [Konzepte] A 89 (1.3.1629–10.8.1635); Missiven [Konzepte] A 92 (4.1.1632–31.12.1632); Missiven [Reinschriften] B 37 (6.2.1632–21.8 1633); Kanton Bern, Einzelne Stücke [Konzepte und eingehende Korrespondenz nach Datum abgelegt]; Protokolle des Kleinen Rates 23 (28.6.1630–2.7.1632); Protokolle des Kleinen Rates 24 (3.7.1632–1.7.1633).

3 Zur Person von Jacques Bongars siehe Andrist (wie Anm. 1), S. 250ff.

Georg Michael Lingelsheim (1557/8–1636), geboren im Gebiet der Reichsstadt Strassburg, studiert in Heidelberg Recht und wird 1583 in Basel zum Doktor promoviert. Im Geist des Späthumanismus wirkt er von 1584 bis 1592 in Heidelberg als Präzeptor von Kurprinz Friedrich IV., und im Anschluss an seine Erziehertätigkeit beeinflusst er als Heidelberger Oberrat die damalige kurpfälzische Politik. Nach der Eroberung der Kurpfalz durch die Truppen von Kaiser Ferdinand II. flieht Lingelsheim 1621 nach Strassburg. 1633 kehrt er aus dem Exil nach Heidelberg zurück, bis sich die politischen Verhältnisse wieder zu seinen Ungunsten wenden und er 1636 in Heidelberg festgenommen wird. Er stirbt noch im selben Jahr, nach seiner Freilassung. Der protestantische Gelehrte unterhielt regen schriftlichen Kontakt mit einem weiten Korrespondentenkreis, in den sich auch Jacques Bongars einreiht.[4]

Jakob Graviseth (1598–1658) wird von seinem Vater René, einem Strassburger Juwelier, Bankier und Freund des französischen Diplomaten Jacques Bongars, bereits im Kindesalter zu Bildungszwecken nach Deutschland geschickt. Er wohnt bei Georg Michael Lingelsheim in Heidelberg, in dessen Haus er auch unterrichtet wird und von wo aus er die Lateinschule besucht. Nach einer Bildungsreise geht er 1615 wieder zurück nach Heidelberg und dann nach Basel. Sein mutmasslicher Pate, Jacques Bongars, ist unterdessen verstorben und hat dem jungen Jakob testamentarisch seine Bibliothek vermacht.[5] Mit dem Kauf der Herrschaft Liebegg und der Adelsverleihung durch Kaiser Maximilian II. 1615 gehört die Familie Graviseth neu der bernischen Oberschicht an, aus welcher auch die erste Gemahlin Jakobs, Salome von Erlach, stammt.[6]

Der im Jahre 1589 in Bern geborene Samuel Hortin besucht die bernische Hochschule, an welcher sein Vater als Professor für Hebräisch lehrt, und setzt seine Studien 1611 an der Universität Basel fort. Ab 1613 arbeitet er als Pfarrer in Sumiswald, ab 1622 als Helfer am Berner Münster und schliesslich ab 1637 als Pfarrer in Burgdorf, wo er 1652 stirbt. Zur Bibliothek von Jacques Bongars erstellt er 1634 einen Katalog, der sich noch heute in der Burgerbibliothek Bern befindet.[7]

---

4 Axel E. Walter: Späthumanismus und Konfessionspolitik. Die europäische Gelehrtenrepublik um 1600 im Spiegel der Korrespondenzen Georg Michael Lingelsheims, Tübingen 2004, S. 86–168, 480ff.
5 Siehe Andrist (wie Anm. 1), S. 250.
6 Burgerbibliothek Bern (Hg.): Die Vögel der Familie Graviseth. Ein ornithologisches Bilderbuch aus dem 17. Jahrhundert, Bern 2010, S. 9ff.; Andrist (wie Anm. 1), S. 257.
7 Patrick Andrist: Les manuscrits grecs conservés à la Bibliothèque de la Bourgeoisie de

Die im Folgenden zusammengestellten Originalquellen sollen mit Hilfe der Regesten den Verlauf der Auseinandersetzung um den Transfer der Bibliothek von Jacques Bongars nachvollziehbar machen. Der Kleine Rat von Basel vertritt in Bezug auf die Bibliothek keine eigenen Interessen, aber er wird sowohl von den um ihr Geld geprellten Basler Bürgern als auch von den bernischen Bundesgenossen zu raschem Handeln gedrängt und muss daher Stellung beziehen. So treten die Basler Autoritäten in erster Linie als Beschützer ihrer Bürger und der Pfleger der Kartause auf, welche hoffen, mit obrigkeitlicher Unterstützung doch noch das von René Graviseth geschuldete Geld einziehen zu können. Der am 12. März 1632 über die Bibliothek verhängte Arrest geschieht auf Verlangen der Gläubiger, erhält jedoch – wenn auch aus anderen Motiven – einen weiteren energischen Befürworter in der Person Georg Michael Lingelsheims.

Jeweils von ihren eigenen Interessen geleitet, versuchen sowohl Lingelsheim als auch der Berner Rat, die Basler für ihre Position zu gewinnen. Während Ersterer sein Recht im letzten Willen Bongars' und im Fehlverhalten Jakob Graviseths begründet sieht, macht Letzterer zuweilen mit unmissverständlich scharfem Unterton politische Argumente geltend und verweist auf «alle[n] unsere[n] zusammen habenden pündten, sonders auch dem keiserlichen und civilichs rechten»,[8] welche durch den Arrest verletzt würden. Anders als gegenüber der bedeutenden Familie Passavant fühlt sich der Basler Rat jedoch gegenüber Lingelsheim kaum verpflichtet und lässt sich auch nicht durch dessen Anspielung auf das Wohlwollen des pfälzischen Kurfürsten beeinflussen: «Und wird auch mein gnädigster herrschafft sodaran ein sonder gefallen haben, wird in krafft der sonder bahren gnädigsten affection, so sie gegen mir als ältesten pfälzischen raht und diener trägt, bey fürfallenden gelegenheiten auch erkennen.»[9] Schliesslich erweist sich die Position des Berner Rates als stärker, und Lingelsheim bleibt nichts anderes übrig, als sich damit abzufinden, dass «die arresta [...] weder gegen den stätten noch dero angehörigen burgeren nicht statt noch blatz haben sollen.»[10]

Berne/Burgerbibliothek Bern. Catalogue et histoire de la collection, Dietikon 2007, S. 36; Martin Germann: Die Abteilung Bongarsiana-Codices, in: Die Burgerbibliothek Bern. Archiv, Bibliothek, Dokumentationsstelle, Bern 2002, S. 92–120.
8   StABE, Deutschmissivenbuch, A III 56, fol. 198r.
9   StABE, Akten der Kanzlei, A V 402, p. 435.
10 Ebd., p. 418.

Dass der Berner Rat nach langem Tauziehen die Bibliothek schliesslich im Mai 1632 nach Bern überführen kann, scheint aber nicht ausschliesslich aufgrund schriftlicher Verhandlungen zustande gekommen zu sein: Im Brief Berns an Basel vom 2. Mai 1632 ist zu erfahren, dass «in letst gehaltner arouwischer conferentz mit üweren daselbst gehebten ehrengesandten vertruwliche red gehalten worden, die sich aber gueten befurderung erpotten.»[11]

Graviseth, dessen problematisches Verhältnis zu Lingelsheim mehr als nur erahnt werden kann und der durch den Berner Rat anhand von Briefabschriften über den Verlauf der Verhandlungen in Kenntnis gesetzt wird, reagiert zwar auf die Einmischungen Basels und Lingelsheims «mit beduren unnd höchster verwunderung», hält sich aber aus dem Konflikt heraus. Sieht er doch die Angelegenheit nicht mehr als die seine an, denn die Bibliothek gehört, wie er selber erklärt, «nit mehr mir, sondern ü[we]r gn[aden] nun mehr ein geraumbte zyt».[12]

Die Rolle Samuel Hortins muss hier nur kurz angesprochen werden: Der Abgesandte Berns trifft um den 12. März 1632 in Basel mit der Absicht ein, das prächtige Geschenk zu Handen der neuen bernischen Besitzer zu übernehmen und heimzuführen.[13] Durch den Arrest an der Ausführung seines Auftrags vorerst gehindert, lässt er Reinhart Passavant im Namen der bernischen Obrigkeit eine Protestation, also eine amtliche Beurkundung über eine Annahmeverweigerung, überreichen.[14] In Erwartung eines endgültigen Basler Entscheides wird ihm wenigstens erlaubt, ein Inventar der Bibliothek zu erstellen.

Zum Schluss gewährt zwar der Basler Rat den Abzug der Bibliothek, jedoch nicht ohne Bern um zwei Gegenleistungen zu bitten: Erstens soll Jakob Graviseth dazu bewegt werden, den Streit um die Schulden in Basel aus der Welt zu schaffen, indem er sich den Gläubigern seines Vaters stellt (ein Blick in die Quellen verrät, dass sich diese Angelegenheit bis 1635 hinzog[15]). Zweitens wollen die Basler – sollten sie durch fortgesetzte Forderungen Lingelsheims in

---

11　StABE, Deutschmissivenbuch, A III 56, fol. 237r.
12　StABE, Akten der Kanzlei, A V 402, p. 389.
13　StABS, Protokolle des Kleinen Rates 23, fol. 283v.
14　Gesiegelte Urkunde vom 13. März 1632, StABE, Akten der Kanzlei, A V 402, p. 379–382.
15　Abschrift des Schreibens vom 26. Februar 1633: Rat von Basel an den Rat von Bern (StABS, Missiven B 37, fol. 231r/v) und Jakob Graviseth an den Schultheissen von Grossbasel, Christoph Burckhardt: Original vom 13. Mai 1635 (StABS, Kanton Bern, Einzelne Stücke, 13.5.1635).

dieser Sache weiter «molestirt» werden – Berns Hilfe in Anspruch nehmen. Dies scheint allerdings, sicherlich zur Erleichterung beider Obrigkeiten, nicht mehr nötig gewesen zu sein.

Verzeichnis des Briefwechsels

(*: nicht überlieferte oder nicht auffindbare Schreiben)

1. 19. Jan. 1632:[16] Georg Michael Lingelsheim macht den Basler Rat[17] darauf aufmerksam, dass Jakob Graviseth dem Testament Jacques Bongars' zuwider handelt. (Abschrift als Beilage im Schreiben Nr. 10: StABE, Akten der Kanzlei, A V 402, p. 363–364.[18])
2.* 7. Febr. 1632:[19] Jakob Graviseth an Georg Michael Lingelsheim.
3.* 16. Febr. 1632:[20] Der Rat von Bern an den Rat von Basel.
4.* 16. Febr. 1632:[21] Der Rat von Bern an Jakob Graviseth.
5. 12. März 1632: Der Rat von Basel teilt dem Rat von Bern mit, dass die Bibliothek aufgrund der offenen Schulden Graviseths in Basel zurückbehalten wird. (Original: StABE, Akten der Kanzlei, A V 402, p. 367–370[22]. – Konzept: StABS, Kanton Bern, Einzelne Stücke, 12. März 1632.)
6. 13. März 1632: Christoph Burckhardt, der Vorsteher des Schultheissengerichts von Grossbasel, informiert den Rat von Bern über die Geschehnisse; es folgt eine Urkunde über die von Samuel Hortin im Namen Berns eingereichte Protestation gegen den Arrest der Bibliothek. (Original: StABE, Akten der Kanzlei, A V 402, p. 379–382.)

---

16 Das nicht im Original überlieferte Schreiben wurde erst am 17. März vor den Basler Rat gebracht, wie ein Eintrag im Ratsprotokoll zu diesem Datum belegt: «Ist auch zugleich [neben Berns Schreiben vom 15. März] ein schreiben von herrn Georg Michael Lingelsheim, der rechten doctor, so gerüerte bibliothec auch ansprechen thutt mit begeren, selbige verwarsamliche alhier aufzuhalten, abgelesen worden.» (StABS, Protokolle des Kleinen Rates 23, fol. 284v).

17 Die Bezeichnung «Rat» gilt in der Folge sowohl für Bürgermeister und Kleinen Rat der Stadt Basel als auch für Schultheiss und Kleinen Rat der Stadt Bern.

18 Transkription bei Hermann Hagen: Catalogus Codicum Bernensium (Bibliotheca Bongarsiana), Reprint, Hildesheim 1974, S. XXVII, Anm. 60; Patrick Andrist: Le legs de Jacques Bongars, le don de Jakob Graviseth et la part de la Burgerbibliothek Bern, in: R. Mouren (dir.): «Je lègue ma bibliothèque à …» Dons et legs dans les bibliothèques publiques. Actes de la journée d'études annuelle «Droit et patrimoine» organisée le 4 juin 2007 à l'École normale supérieure. Lettres sciences humaines, Lyon, Arles 2010 (Kitab Tabulae, 8), S. 131–139, 201–207, hier S. 133.

19 Als mitgeschickte Beilage erwähnt: StABS, Kanton Bern, Einzelne Stücke, 5. April 1632 (Schreiben Nr. 14).

20 Beleg: StABS, Kleiner Rat 23, fol. 283v, und StABE, Ratsmanual, A II 373, p. 316. Transkription: Hagen (wie Anm. 18), S. XXX.

21 Beleg: StABE, Ratsmanual, A II 373, p. 316. Transkription des Eintrags im Ratsmanual zum 16. Februar 1632 bezüglich Dankesschreiben an J. Graviseth: Hagen (wie Anm. 18), S. XXX.

22 Teiltranskription: Hagen (wie Anm. 18), S. XXVI, Anm. 57.

7. 15. März 1632:[23] Der Rat von Bern teilt dem Rat von Basel seine Entrüstung über den in seinen Augen ungerechtfertigten Arrest mit. (Kopie davon laut Ratsmanual an Jakob Graviseth. – Original: StABS, Kanton Bern, Einzelne Stücke, 15. März 1632 – Abschrift: StABE, Deutschmissivenbuch, A III 56, fol. 197v–199r.[24] – Extrakt der Abschrift: StABE, Akten der Kanzlei, A V 402, fol. 371–378.)

8. 15. März 1632:[25] Der Rat von Bern erteilt Samuel Hortin den Auftrag, die Schuldner günstig zu stimmen oder zumindest ein Bibliotheksinventar anzufertigen. (Kopie davon laut Ratsmanual an Jakob Graviseth. – Abschrift: StABE, Deutschmissivenbuch, A III 56, fol. 212–213.[26])

9. 18. März 1632: Jakob Graviseth kommuniziert dem Rat von Bern seinen Unmut über den Arrest und rechtfertigt sein Handeln in Bezug auf die Schenkung und die Auslegung von Bongars' Testament. (Original: StABE, Akten der Kanzlei, A V 402, p. 387–392.[27])

10. 19. März 1632: Der Rat von Basel erklärt dem Rat von Bern, dass der Arrest nicht aus Eigeninteresse, sondern auf Grund der Bitten der Herren Passavant und nun auch Georg Michael Lingelsheims geschah. Sie fordern Jakob Graviseth auf, die Angelegenheit zu bereinigen. (Beilage: Schreiben Nr. 1. – Original: StABE, Akten der Kanzlei, A V 402, p. 383–386.[28] – Konzept: StABS, Kanton Bern, Einzelne Stücke, 19. März 1632.)

11. 21. März 1632:[29] Der Rat von Bern entrüstet sich im Schreiben an den Rat von Basel über das Festhalten am Arrest und weist Georg Michael Lingelsheims Ansprüche mit Verweis auf die Handhabung der letzten 10 Jahre zurück, signalisiert jedoch Unterstützung in Sachen Gravisethscher Schulden. (*Original in Basel nicht überliefert. – Abschrift: StABE, Deutschmissivenbuch, A III 56, fol. 215r–217v.[30])

12. 26. März 1632: Der Rat von Basel teilt Georg Michael Lingelsheim mit, dass die Bibliothek vorerst in Basel zurückgehalten wird, dass Lingelsheim aber seinen Anspruch erneut formulieren solle. (Beilage: ein Auszug des Schreibens Nr. 11. – Konzept: StABS, Kanton Bern, Einzelne Stücke, 26. März 1632.)

13. 26. März 1632: Der Rat von Basel vertröstet den Rat von Bern auf einen Entscheid in der Sache auf die Tage nach Ostern, da auf ein Forderungsschreiben der Pfleger der Kartause gewartet wird. (Original: StABE, Akten der Kanzlei,

---

23 Beleg: StABE, Ratsmanual, A II 374, p. 34. Transkription: Hagen (wie Anm. 18), S. XXX.
24 Erwähnung: Hagen (wie Anm. 18), S. XXVI, Anm. 58.
25 Beleg: StABE, Ratsmanual, A II 374, p. 34. Transkription: Hagen (wie Anm. 18), S. XXX.
26 Erwähnung: Hagen (wie Anm. 18), S. XXVII, Anm. 59.
27 Teiltranskription: Hagen (wie Anm. 18), S. XXVII, Anm. 58; Andrist (wie Anm. 18), S. 133.
28 Erwähnung: Hagen (wie Anm. 18), S. XXVII, Anm. 60.
29 Beleg: StABE, Ratsmanual, A II 374, p. 45. Transkription: Hagen (wie Anm. 18), S. XXXI.
30 Teiltranskription: Hagen (wie Anm. 18), S. XXVIII, Anm. 61; Andrist (wie Anm. 18), S. 134.

A V 402, p. 407–410.[31] – Konzept: StABS, Missiven A 92, fol. 92r. – Abschrift: StABS, Missiven B 37, 47v–48r.)
14. 5. April 1632: Georg Michael Lingelsheim beteuert dem Rat von Basel, dass er sein letztes Schreiben im Unwissen über die Schenkung Graviseths an Bern verfasst hat; er sieht sich aber dennoch im Recht. (Original: StABS, Kanton Bern, Einzelne Stücke, 5. April 1632.)
15.* 19. April 1632:[32] Der Rat von Bern an den Rat von Basel.
16. 28. April 1632: Der Rat von Basel teilt Georg Michael Lingelsheim mit, dass die Bibliothek aufgrund der Testamentsklausel, welche nicht eindeutig zu interpretieren sei, nicht länger in Basel zurückgehalten werden könne, auch dürften die Beziehungen zu den eidgenössischen Bundesgenossen nicht wegen dieser Streitsache leiden. (Konzept: StABS, Kanton Bern, Einzelne Stücke, 28. April 1632. – Als Beilage im Schreiben Nr. 18. Abschrift durch Basel: StABE, Akten der Kanzlei, A V 402, p. 417–418.[33])
17. 2. Mai 1632:[34] Der Rat von Bern bittet den Rat von Basel ungeduldig um Bescheid über dessen Beschluss. (*Original in Basel nicht überliefert. – Abschrift: StABE, Deutschmissivenbuch, A III 56, fol. 237r/v.[35] – Extrakt der Abschrift: StABE, Akten der Kanzlei, A V 402, p. 411–413.)
18. 7. Mai 1632: Der Rat von Basel entschuldigt sich beim Rat von Bern für die Verzögerung mit Verweis auf Georg Michael Lingelsheims Brief, erteilt aber die Erlaubnis für den Abzug der Bibliothek aus Basel. (Beilage: Kopien der Schreiben Nr. 14[36] und 16. – Konzept: StABS, Kanton Bern, Einzelne Stücke, 7.5.1632. – Original: StABE, Akten der Kanzlei, A V 402, p. 415.)
19. 8. Mai 1632:[37] Der Rat von Bern bedankt sich beim Rat von Basel und hofft, für die durch die Verzögerung entstandenen Kosten von deren Urhebern (Passavant) entschädigt zu werden. (*Original in Basel nicht überliefert. – Abschrift: StABE, Deutschmissivenbuch, A III 56, fol. 240v.[38] – Extrakt der Abschrift: StABE, Akten der Kanzlei, A V 402, p. 423–424.)
20.* 8. Mai 1632:[39] Der Rat von Bern an Jakob Graviseth. (Beilage: Kopien der Schreiben Nr. 11 und 14.)

---

31 Erwähnung: Hagen (wie Anm. 18), S. XXVIII.
32 Beleg: StABE, Ratsmanual, A II 374, p. 97. Transkription des Beleges: Hagen (wie Anm. 18), S. XXXI; es findet sich keine Erwähnung im Basler Ratsprotokoll.
33 Teiltranskription: Hagen (wie Anm. 18), S. XXIX, Anm. 64.
34 Beleg: StABE, Ratsmanual, A II 374, p. 125. Transkription des Beleges: Hagen (wie Anm. 18), S. XXXI.
35 Erwähnung: Hagen (wie Anm. 18), S. XXVIII.
36 «N[ota] b[ene] H. Doctor Lingelsheimb schreiben ist inzusamen tragung dieses buchs nit gefunden worden.» (StABE, Akten der Kanzlei, A V 402, p. 416). Transkription des Beleges: Hagen (wie Anm. 18), S. XXVIII, Anm. 64.
37 Beleg: StABE, Ratsmanual, A II 374, p. 139. Transkription des Beleges: Hagen (wie Anm. 18), S. XXXI.
38 Erwähnung: Hagen (wie Anm. 18), S. XXX, Anm. 66.
39 Beleg: StABE, Ratsmanual, A II 374, p. 139. Transkription des Beleges: Hagen (wie Anm. 18), S. XXXI.

21. 9. Mai 1632:⁴⁰ Der Rat von Bern informiert den Rat von Basel, dass er Joseph Plepp sowohl mit dem Abholen der Bibliothek als auch mit dem Einfordern der noch ausgeliehenen Bücher betraut habe. Der Forderung nach finanzieller Entschädigung wird Nachdruck verliehen. (*Original in Basel nicht überliefert. – Abschrift: StABE, Deutschmissivenbuch, A III 56, fol. 241r.⁴¹ – Extrakt der Abschrift: StABE, Akten der Kanzlei, A V 402, p. 425–426.)
22. 9. Mai 1632: Georg Michael Lingelsheim schildert dem Rat von Basel nochmals seine Sicht und befürchtet, dass seine Chance, einen gerechten Richter in der Angelegenheit zu finden, mit dem Abzug der Bibliothek nach Bern zunichte gemacht würde. (* Original in Basel nicht überliefert. Als Beilage im Schreiben Nr. 25. Abschrift durch Basel: StABE, Akten der Kanzlei, A V 402, p. 433–435.⁴²)
23. 10. Juli 1632:⁴³ Der Rat von Bern bittet den Rat von Basel, die fehlenden Bücher von den Entleihern mit obrigkeitlicher Verfügung einzufordern; Bern sei nicht willens, Teile der Bibliothek zurückzulassen. (*Original in Basel nicht überliefert. – Abschrift: StABE, Deutschmissivenbuch, A III 56, fol. 277r/v.⁴⁴ – Extrakt der Abschrift: StABE, Akten der Kanzlei, A V 402, p. 427–429.)
24. 28. Juli 1632: Der Basler Stadtarzt Matthias Harsch rechtfertigt sich gegenüber dem Rat von Bern wegen eines fehlenden Buches. (Original: StABE, Akten der Kanzlei, A V 402, p. 439.)
25. 29. Juli 1632: Der Rat von Basel gibt dem Rat von Bern positiven Bescheid über die zusammengetragenen Bücher und bittet Bern um Einschreiten bei allfälligen Forderungen Lingelsheims und um Mithilfe zur endgültigen Bereinigung der Schulden Graviseths. (Beilage: Kopie des Schreibens Nr. 22 und kurze Liste von Samuel Hortin über die in Basel ausgeliehenen und zusammengetragenen Bücher. – Original: StABE, Akten der Kanzlei, A V 402, p. 431–432,⁴⁵ p. 437. – Konzept: StABS, Kanton Bern, Einzelne Stücke, 29. Juli 1632.)

---

40 Beleg: StABE, Ratsmanual, A II 374, p. 142. Transkription des Beleges: Hagen (wie Anm. 18), S. XXXII.
41 Erwähnung: Hagen (wie Anm. 18), S. XXX, Anm. 66.
42 Ebd., Anm. 67; Andrist (wie Anm. 18), S. 134.
43 Beleg: StABE, Ratsmanual, A II 374, p. 264. Transkription des Beleges: Hagen (wie Anm. 18), S. XXXII.
44 Erwähnung: Hagen (wie Anm. 18), S. XXX, Anm. 67.
45 Ebd.

«Nach der Neigung der jedesmaligen Bibliothekare». Die Basler Universitätsbibliothek aus Zürcher Sicht – Das Gutachten von 1834

von Marlis Stähli

«Nach der Neigung der jedesmaligen Bibliothekare» – dies ist nur einer der Aspekte, mit denen Johann Caspar von Orelli (1787–1849) die Erwerbungspolitik der Basler Universitätsbibliothek charakterisiert. Orelli stammte aus der bekannten Locarneser Familie, die im 16. Jahrhundert aus konfessionellen Gründen nach Zürich auswanderte.[1] Seine Mutter, ebenfalls aus einer angesehenen Zürcher Familie stammend, Regula von Orelli-Escher vom Glas, pflegte enge Beziehungen zu Johann Caspar Lavater, der ihrem ältesten Sohn Pate stand. Der Vater, David von Orelli, war Landvogt zu Wädenswil. Da er sich früh schwer verschuldete, konnte sein Sohn Johann Caspar kein Universitätsstudium beginnen und trat nach einem Aufenthalt in Yverdon bei Pestalozzi, den die Eltern gut kannten, 1807 eine Pfarrstelle in Bergamo an. Wenige Jahre später wechselte er 1814 als Lehrer für Altphilologie und Literaturgeschichte an die Kantonsschule in Chur und wurde 1819 an das Collegium Carolinum nach Zürich berufen. Schon in seinem Elternhaus war Orelli mit der Welt der Bücher in enge Berührung gekommen; Grossvater, Onkel und Vater waren Mitinhaber von Orell-Füssli. Früh erstellte er ein nummeriertes Verzeichnis seiner Bibliothek, ein schönes Beispiel für die Art, wie sich ein gebildeter junger Mann im Eingang des 19. Jahrhunderts mit Unterstützung der Eltern eine eigene Privatbibliothek aufbaut, denn in diesen «Catalogus» trug die Mutter auch die Bücher ein, die dem Sohn von zu Hause nach Bergamo geschickt wurden. Im Frühjahr 1809 setzte Orelli eine testamentarische Verfügung auf, die ihn im Alter von 22 Jahren bereits als selbstbewussten Büchersammler und überdies als Donator ausweist, spricht er doch ausdrücklich von «meiner Sammlung Italiänischer Schriftsteller», die er der Zürcher Stadtbibliothek vermacht, unter der Bedingung, dass die Bücher zusammen aufgestellt bleiben, auf «einem besondern Gestelle» mit Tafel und einer Inschrift, deren Text er selber formuliert. Doubletten sollen verkauft werden, wobei er präzisiert: «[…] die allfällig schon daselbst vorhandenen Werke

---

1   Michele C. Ferrari (Hg.): Gegen Unwissenheit und Finsternis. Johann Caspar von Orelli (1787–1849) und die Kultur seiner Zeit, Zürich 2000.

von derselben Ausgabe».[2] Testament und Catalogus sind frühe, eindrückliche Zeugnisse sowohl für Orellis Bücherliebe als auch für sein planmässiges Sammeln – Oberbibliothekar der Zürcher Stadtbibliothek wurde er erst über 20 Jahre später, 1831, jedoch offensichtlich keinesfalls zufällig.

Orelli war denn auch wie kaum ein anderer berufen, als es 1834 darum ging, aus Anlass der Teilung der beiden Kantone Baselstadt und Basselland im Auftrag des Eidgenössischen Schiedsgerichts in Aarau ein Gutachten zur Basler Bibliothek zu erstellen, war er doch von Amtes wegen und als Mitbegründer der Zürcher Universität beteiligt an den Auseinandersetzungen um die Einrichtung einer Universitätsbibliothek in Zürich, die sich von 1833 bis 1835 hinzogen und in deren Verlauf der damalige, aus Baden in Deutschland stammende Universitätsrektor und Naturforscher Lorenz Oken (1779–1851) den zunächst mit der Stadtbibliothek geschlossenen Vertrag zur Literaturversorgung als nutzlos bezeichnete und namentlich gegen die Benachteiligung der von auswärts stammenden Dozenten protestierte.[3] Sowohl in der Sichtung und Bewertung von Bibliotheken als auch in Fragen des planerischen Bibliotheksaufbaus war Orelli bestens bewandert, und es überrascht nicht, dass verschiedene Gesichtspunkte, nach denen er in Zürich wirkte, auch in seinem Entwurf des Gutachtens für die Basler Universitätsbibliothek deutlich wiederzuerkennen sind. Obwohl er nicht der einzige Experte war, trägt das Gutachten sozusagen Punkt für Punkt seine Handschrift, vor allem auch, was die antiquarische Seite betrifft. Orelli als ausgesprochenem Bibliophilen waren besonders die ökonomischen Dimensionen dieser brisanten Angelegenheit wohlbekannt – die Frage des materiellen Wertes der Bücher bzw. ihrer Preise. Die Schätzung der Basler Universitätsbibliothek von 1834 ist unverkennbar Orellis Werk – und man kann sicher auch sagen sein Verdienst.

In Orellis Nachlass ist ein ausführlicher, 19 Seiten umfassender Entwurf des Gutachtens zur Basler Bibliothek erhalten, geschrieben in schmalen Spalten mit viel Platz für Ergänzungen und Korrekturen, abgefasst in «Wir-Form», aber weder unterzeichnet noch datiert. Da er auch keine Überschrift trägt, blieb der interessante

---

2 Testament: Zentralbibliothek Zürich (ZBZ), FA von Orelli 11.8, Catalogus: FA von Orelli 12.16.
3 Vgl. Jean-Pierre Bodmer/Martin Germann: Kantonsbibliothek Zürich 1835–1915, Zürich 1985, S. 69f.

Inhalt lange unbeachtet.⁴ Zusammen mit Orelli fungierte Johann Georg Baiter (1801–1877), Professor für Klassische Philologie an der Universität Zürich, als Experte für Basel-Landschaft, für den Basel-Stadtteil gutachteten zwei weitere Zürcher, Kirchenrat und -historiker Salomon Vögelin (1774–1849) und der Mathematiker und Gymnasiallehrer Johann Jakob Horner (1804–1886), der damals noch junge Unterbibliothekar der Zürcher Stadtbibliothek und Kollege Orellis. Dass die Zürcher so prominent vertreten waren, hängt wohl damit zusammen, dass der Obergerichtspräsident von Zürich, Friedrich Ludwig Keller, als Obmann des Schiedsgerichts eingesetzt wurde. Dieses konstituierte sich am 16. September 1833 in Zürich, tagte mit den Teilungsausschüssen beider Basel vom 30. September bis Mitte August 1834 während zehneinhalb Monaten in Aarau, anschliessend zwei Wochen sowie von Ende Oktober bis Mitte Dezember in Zürich und im April 1835 während drei Wochen in Bern, wo am 21. April die Schlussurkunden unterzeichnet wurden.⁵

Unter den Nachlassmaterialien Horners finden sich in der Zentralbibliothek Zürich mehrere Schreiben von Bürgermeister und Rat des Kantons Basel-Stadt, die über den genauen Ablauf der Schätzung informieren. Im Schreiben vom 30. April 1834 wird Horners Bereitschaft mitzuwirken verdankt, und es wird erläutert, dass gemäss Schiedsgericht in Aarau für «dreierlei verschiedene Gegenstände der zum Universitätsgut gehörigen Sammlungen» – nämlich die Bücher-, die Kunst- und die naturwissenschaftlichen Sammlungen – je zwei Schätzungsexperten bestimmt wurden. Im nächsten Schreiben wird Horner aufgefordert, am Montag, den 2. Juni vormittags um 10 Uhr vor dem Präsidenten des Schiedsgerichtes, Johannes Herzog von Effingen (1773–1840), zu erscheinen, um in Eidespflicht aufgenommen zu werden und «die in Bereitschaft liegende Instruction, welche Ihnen bei der vorzunehmenden Werthung als Grundlage dienen soll, in Empfang zu nehmen.» Im Hochsommer erfolgte die Mitteilung, dass durch das am 29. Juli erlassene Urteil, durch

---

4   ZBZ, FA von Orelli 19.5, Abschrift Ms. M 13.1. Vgl. J. Friedrich von Tscharner: Verhandlungen über die Theilungsfrage, Heft 2, Chur 1835, S. 7–10 (Zusammenfassung und einige Zitate aus dem Bericht, der Tscharner vorlag, welcher das Datum mit 10. Juli 1834 angibt).

5   Vgl. dazu den «Summarischen Bericht der Theilungs-Ausschüsse an E. E. Grossen Rath des Kantons Basel-Stadtheil über die Theilungs-Verhandlungen und deren Ergebniß», Basel 1835, S. 5–7 (Geschichtliches und Persönliches der Teilungs- und Schatzungsbehörden) und S. 8 (Schatzungsexperten); Andreas Heusler: Geschichte der Öffentlichen Bibliothek der Universität Basel, Basel 1896, S. 65f.

welches die Universität dem Kanton Basel-Stadt zugeteilt wurde, alle das Universitätsgut betreffenden Streitfragen gelöst seien, und am 15. Oktober wurden Horners Bemühungen verdankt:[6]

> «Wir Bürgermeister und Rath des Kantons Basel, Stadttheil, an Herrn Professor und Bibliothecar Horner in Zürich.
>
> Hochgelehrter Herr!
>
> Als wir unterm 30. April d. J. die Ehre hatten, Wohldieselben im Vertrauen auf Ihre ächt eidgenössische Gesinnung zu ersuchen, diejenigen Schatzungen vorzunehmen, welche in Folge schiedsgerichtlicher Urtheile in Bezug auf die in die Theilung zwischen den beiden Baselschen Kantonstheilen gezogenen Bibliotheken der Universität statt finden mussten – entsprachen Sie, mit Hintansetzung Ihrer sonstigen Geschäfte und unter Verlassung Ihres Wirkungskreises und der Ihrigen, unserer Bitte auf eine Weise, welche uns sofort zum wärmsten Dank verpflichtet […].»

Die Experten erarbeiteten demnach ihre Schätzung während eines länger dauernden Aufenthaltes vor Ort. Die Eidesformel lautete:

> «Ihr als bestellte Schatzleute zur Werthung der unter Aufsicht und Verwaltung der Universität Basel stehenden wissenschaftlichen Sammlungen werdet schwören zu Gott dem Allwissenden und Allmächtigen, daß Ihr dieses Euch anvertraute Geschäft mit aller Sorgfalt und Aufmerksamkeit best Eures Wissens und Gewissens vollziehen, und ohne Rücksicht auf Gunst oder Ungunst, Niemand zu lieb und Niemand zu leid, den Preisanschlag der abzuschätzenden Gegenstände also bestimmen wollet, wie Ihr es nach Anleitung und im Sinne der Euch ertheilten Instruktion für billig erachten werdet, und Ihr es Euch getraut, vor Gott und Eurem Gewissen zu verantworten.»

Die Beilage zur Instruktion enthält eine «Vorläufige Übersicht über die verschiedenen Sammlungen nach ihrer Aufstellung in den verschiedenen Aufbewahrungsorten geordnet», d.h. die Universitätsbibliothek mit Gemäldesammlung, Zeichnungen, Kupferstichen und Holzschnitten, Münzkabinett, Antiquitäten und Curiosa, das naturwissenschaftliche Museum mit Bibliothek (mit Ausnahme der Bücher der naturforschenden Gesellschaft), zoologischer Sammlung, Mineralien und Petrefakten, physikalischem Kabinett und chemischem Laboratorium, die botanische Anstalt mit Bibliothek

---

6 ZBZ, Ms. M 13.1. Zur Instruktion in 8 Punkten, mit Beilage, und zur Eidesformel vgl. den Summarischen Bericht (wie Anm. 5), S. 120–123.

und Herbarium, die anatomische Sammlung und die Bibliothek der Alumnen, die wegen ihres geringen Wertes schliesslich in die Schätzung des Bestandes der Universitätsbibliothek mit einbezogen wurde.

Unter Horners Papieren finden sich des Weiteren Protokolle der Sitzungen der 12 Experten, die über das Verfahren Aufschluss geben. Eine Liste der aktuell ausgeliehenen Bücher gewährleistete eine korrekte Schätzung. Zu beginnen war mit den Handschriften, dann kamen Inkunabeln, Rara und die eigentliche Bibliothek an die Reihe. Als Maximalwert für ein Buch wurden 500 Gulden angesetzt, die Handschriften (ausser helvetische) sollten einzeln geschätzt werden, für die Münzen wurde ein eigener Experte, Seckelmeister Johann Heinrich Landolt aus Zürich, eingesetzt. Einer Notiz zufolge übernahmen die zwei Experten je einzelne Partien und schätzten zuerst jeder für sich, um dann vergleichen zu können. Ausserdem sind etliche Bewertungslisten über die den ganzen Monat Juni hindurch dauernden Erhebungen mit den Schätzungssummen für die einzelnen Sammlungen vorhanden, deren einstimmiges Ergebnis festgehalten wurde. Gleichzeitig wurde Orelli ersucht, einen ausführlichen Bericht über die Schätzung zu verfassen, dessen Entwurf hier ediert wird. Eine Abschrift dieses Berichtes liegt ebenfalls unter Horners Akten, doch macht der gut ausgearbeitete Entwurf in Orellis Nachlass durch Korrekturen, Streichungen und Ergänzungen auf den Seitenrändern an vielen Stellen seine Gedankengänge deutlicher, auch lassen seine meist wieder gestrichenen oder gar getilgten Nebenbemerkungen nicht selten schmunzeln. Vom Schiedsgericht in Aarau wurden die vorgeschlagenen Schätzwerte ohne Abstriche übernommen.[7]

Nach kurzen einleitenden Floskeln kommt Orellis Bericht gleich zur Sache: «Die Universitätsbibliothek besteht aus beiläufig 1500 Manuskripten, (der Mehrzahl nach Codd. chartacei),[8] und 44 000 Bänden Druckwerken.» Die ganze Diktion des Gutachtens ist deutlich von Orelli geprägt und bringt die Energie zum Ausdruck, mit der sich der gelehrte Oberbibliothekar und enthusiastische Bibliophile dieser ihm durchaus adäquaten Aufgabe widmet, er ist offensichtlich ganz in seinem Element. Zunächst gibt er einen kurzen Überblick zur Basler Bibliotheksgeschichte, zu den Klosterbibliotheken und zu den verschiedenen Sammlungen, die durch Ankäufe und Geschenke zusammenkamen. Die Korrekturen, Streichungen und Nachträge

---

7 Vgl. den Summarischen Bericht (wie Anm. 5), S. 64.
8 Codices chartacei = Papierhandschriften.

am Rand zeigen gut, wie er es unbedingt zu vermeiden sucht, den Kollegen in Basel zu nahe zu treten:

> «Die ganze, hier in Kürze zu entwickelnde Beschaffenheit dieser Bibliothek rührt daher, daß sie [ganz, *über der Zeile*] wie die [sämmtlichen, *gestrichen*] übrigen größeren Bibliotheken der Schweiz, mehr eine nach und nach zufällig entstandene, als planmäßig angelegte ist. Alle unsre Bemerkungen sind demnach [einzig, *über der Zeile*] als unparteiische Schilderung der Wichtigkeit [nicht aber als Tadel der Universität Basel selbst oder der von ihr angeordneten Bibliothekare, *gestrichen*] zu betrachten. [*Bis auf den Rand, gestrichen:* Wir wißen, und anerkennen es, was Basel im 15. und 16. Jahrhundert für Buchdruck und Wißenschaften geleistet hat].»

Orelli betont kritisch die Zufälligkeit im Bestandesaufbau, die er schliesslich als Ausprägung typisch schweizerischer Sparsamkeit – beziehungsweise Sinn für das «Kapital» – charakterisiert:

> «Zuweilen fielen ihr auf einmal bedeutsame, aber ganz nach den Studien und der Liebhaberei Eines Individuums [eingerichtete, *gestrichen*] angelegte Sammlungen zu; die nicht sehr beträchtlichen Zinsen von den Vermächtnißen und die Geldbeiträge wurden nach den Wünschen einzelner Profeßoren und der Neigung de[s]r jedesmaligen Bibliothekar[s]e verwandt, mitunter auch [zum Kapital, *gestrichen*] nach alter Schweizersitte zum Kapital geschlagen.»

Im Einzelnen beginnt Orelli mit den griechischen und lateinischen Handschriften, darunter diejenigen aus Fulda und die wertvollen Manuskripte des 9. Jahrhunderts – «welche sämmtliche Codices für die lateinische Handschriftenkunde von hoher Wichtigkeit sind». Diesen wertvollen Codices billigt er geradezu königlichen Charakter zu, die spätmittelalterlichen Handschriften dagegen wertet er stark ab, wie dies bis heute weitgehend üblich geblieben ist und erst in letzter Zeit ein Umdenken stattfindet:

> «Allein außer diesen und einigen andern Handschriften, welche auch königlichen Bibliotheken zur Zierde gereichen würden, findet sich, wie es sich von Franciskaner-, Dominicaner- und Karthäuserbibliotheken nicht anders erwarten läßt, eine Unzahl papierner Handschriften des XIV u. XVten Jahrhunderts gleichzeitiger Theologen, Juristen, Mediciner, Scholastiker, welchen durchaus kein innerer noch äußerer Werth bei[zu]gemeßen [ist, *gestrichen*] werden kann. Nicht sonderlich bedeutsam zeigten sich [auch, *über der Zeile*] die ohnehin wenigen orientalischen u. altdeutschen Handschriften; [*am Rand:* eine einzige altfranzösische war ebenfalls werthlos …].»

Orelli betont, dass «gerade jetzt ein so hoher Werth auf [...] diesen Zweig der Literatur gesetzt» werde, wohingegen die 170 Foliobände umfassenden, umfangreichen Briefsammlungen von Amerbach, Bauhin und Grynaeus[9] wegen ihres Interesses für die zeitgenössische Literaturgeschichte nicht stillschweigend übergangen werden dürften – eine durchaus moderne Sicht auf Briefe als bedeutende historische Quellen. Anschliessend geht er auf allgemeine Grundsätze von Bestandesaufbau und Erwerbungspolitik ein. Er bezeichnet die Organisation nach Fachreferaten als die geeignetste für Universitätsbibliotheken, nicht ohne gleichzeitig zu unterstreichen – und hier setzt seine scharfe Kritik ein –, dass gerade bei diesem System ausreichende Geldmittel von entscheidender Bedeutung seien, wenn nicht weiterhin der blosse Zufall walten soll:

> «In einer Universitätsbibliothek sollte jedes wißenschaftliche Fach [ganz, *über der Zeile*] im Verhältniße zu seiner innern Wichtigkeit und seiner äußern Ausdehnung bedacht seyn. Wirklich geht auch in Basel keines ganz leer aus; allein [...] [*am Rand:* wegen der Hauptbegründung der Bibliothek durch Geschenke und Vergabungen und der Unzulänglichkeit der Geldmittel, welche letztere allein planmäßig hätten verwandt werden können] hat [hier, *eingefügt*] lediglich der Zufall gewaltet, am freigebigsten für Philologie, Jurisprudenz, Mathematik und Bibliographie; kärglicher schon für Geschichte, Theologie, Medicin, Philosophie. Wir zählen die Fächer in der nämlichen Unordnung auf, in welcher sie in Basel [ohne irgend eine Schuld, *gestrichen*] durch den Zufall besetzt sind.»

Orelli schildert hier sehr anschaulich Nachteile des «Sponsoring», das einem längerfristigen, sinnvollen Aufbau einer Sammlung nicht immer förderlich ist. Zweifellos dem Bibliophilen Orelli zuzuschreiben sind sicher auch die Kriterien des Antiquariatsmarktes, die ihn bei seiner Wertung der Inkunabeln und Druckschriften als versierten Kenner ausweisen:

> «Auch unter den theologischen vor 1480 [gedruckten Werken, *gestrichen*] erschienenen Büchern befinden sich manche ungemein seltene, welchen die Bibliophilen vor 30–40 Jahren ungemein hohen Werth beimaßen, während sich jetzt die allgemeine Neigung derselben mit Recht mehr der ältern französischen, englischen, italienischen und deutschen Litteratur zuwendet und die Todten ihre Todten begraben läßt.»

---

9 Zu Bonifacius Amerbach, Caspar Bauhin und Simon Grynaeus vgl. Anm. 14 und 19.

Solche auflockernden, treffenden Nebenbemerkungen finden sich hie und da, sind jedoch mitunter nicht nur gestrichen, sondern gelegentlich auch durch Überkringelung getilgt und unleserlich gemacht, wie etwa die Stelle, in der Orelli vom «schauerlichen Gefühl der Nichtigkeit alles menschlichen Treibens, mitten unter diesen Bücherleichen» spricht, das ihn während der Bewältigung seiner Aufgabe offenbar beschlich. Weiter heisst es:

> «Brauchbar für den Kritiker und wegen der Seltenheit an sich werthvoll ist dann eine beträchtliche [Sammlung, *gestrichen*] Reihe griechischer und lateinischer Aldinen, Juntinen und Stephanianen, in Verbindung mit zahlreichen, im Handel aber wenig geltenden Basler, Antwerper und Lyonerausgaben klaßischer Autoren.»[10]

Vollends kritisch wird die Wertung der Bestände im Bereich der Hilfswissenschaften in der Basler Bibliothek, die von «veraltet» (für Numismatik) über «das Gewöhnlichste» (für Archäologie und Epigraphik) und «schwerlich irgend etwas nach 1790 erschienenes» (für Kunstgeschichte) bis zu «beinahe Nichts» reicht (für das Wertvollste auf diesem Gebiet, nämlich die Kunst Italiens). Nach diesem Rundumschlag wird für alle Fächer der Reihe nach auf gravierende Lücken in den Beständen verwiesen. Dabei lässt es sich Orelli nicht nehmen, feine ironische Seitenhiebe einzustreuen oder seine Meinung unmissverständlich zum Ausdruck zu bringen, was die Lektüre gemessen an der trockenen Materie zum Vergnügen werden lässt. So heisst es zur juristischen Literatur: «[...] dann eine Menge Gloßatoren (welchen wir alle ihnen gebührende Ehre erweisen)» oder zur Theologie: «Ziemlich versehen ist die Theologie mit einer reichen Bibelsammlung (welche Art von Bibliothekszierden übrigens jetzt bei weitem nicht mehr den Werth hat, wie vor zwei Generationen)», und etwas weiter: «Das ganze Fach ist übrigens schon seinem innern Wesen nach und auch äußerlich niemals geeignet, irgend einer Bibliothek bedeutenden Werth zu ertheilen.»

Diese kritische Sichtung wird schliesslich in vier Punkte zusammengefasst, die zur Begründung dafür dienen, dass der Gesamtwert der Basler Bibliothek nicht allzu hoch zu veranschlagen sei:

— Vieles ist gänzlich veraltet,
— aus Mangel an Geldmitteln über eine Reihe von Jahren gibt es kaum zu schliessende Lücken,
— manches wird von Jahr zu Jahr weniger brauchbar und ist

---

10 Zu den Aldinen, Giuntinen und Stephanianen vgl. Anm. 21.

darum von geringerem Wert, vor allem im mathematisch-naturwissenschaftlichen Bereich,
– fremdsprachige Literatur fehlt weitgehend.

Unter den Gründen für die lange Dauer der Wertung wird hervorgehoben, dass in Basel keine Kataloge der einzelnen Repositorien zur Verfügung standen – Orelli wusste wohl, dass es solche in Zürich seit dem 18. Jahrhundert gab. Das Ergebnis lautet: Ein «Freund der Wißenschaft» oder ein Antiquar könnte 55 000 Schweizerfranken aufwenden, der eine, indem er als Liebhaber seltener Handschriften und Drucke etwa 12 000 Bände «für sich behielte und das übrige verschenkte», der Antiquar dagegen müsste «ohne Gewißheit eines namhaften Gewinnes» über genügend Geldmittel verfügen, um nach Verbreitung eines bibliographischen Verzeichnisses «alles werthvollen durch ganz Europa [...] während drei, vier Jahren den Erfolg seines Unternehmens geduldig abzuwarten.» Nicht zuletzt galt es aber auch, eine mögliche Blamage vor dem Ausland zu vermeiden, «wenn nämlich eine auswärtige Regierung die ganze Sammlung, vielleicht für einen noch höheren Preis an sich ziehen wollte, um eine ihrer Bibliotheken zu vergrößern». Als weitere «ziemlich schwierige Aufgabe» erachtete Orelli den Paragraphen 4 der eidlich beschworenen Instruktion für die Schätzung, in welchem die beiden Kantonsteile Basel-Stadt und Basel-Land mit zwei gleichermassen erbberechtigten Söhnen und Anwärtern auf ein Millionenerbe verglichen wurden, von denen derjenige, der geeignet sei, die Sammlungen zu übernehmen, «keinerlei ökonomischen Vortheil suchen, sondern dieselben als Schätze der Wißenschaft und Kunst ungeschmälert bewahren und sie ihrer Bestimmung, als solche benutzt zu werden, erhalten werde.»[11]

Orelli fasst deshalb in sehr moderner Art und Weise – ganz im Sinne von «open access» – zusammen, wie hoch der Aufwand für Bewahrung/Konservierung und Vermehrung einerseits sowie Zurverfügungstellung und Benutzung andererseits zu bemessen und bei der materiellen Wertung unbedingt in Rechnung zu stellen sei. Kurz, es seien 20% Nachlass auf den geschätzten Wert zu gewähren. Aus dem ganzen Gutachten sprechen unmissverständlich die Grundsätze, die aus Orellis Sicht für ein funktionierendes Bibliothekswesen auf Universitätsstufe zu beachten sind. An mehr als einer Stelle erhärtet sich der Eindruck, dass die hervorgehobenen Gesichtspunkte

---

11 Vgl. Instruktion, Punkt 4 im Summarischen Bericht (wie Anm. 5), S. 121.

nicht nur für Basel gedacht, sondern zugleich auch auf die geplante Zürcher Universitätsbibliothek gemünzt sind und als Wink mit dem Zaunpfahl gelten können. Am Schluss stehen fünf Servitute, die dem Kanton Basel-Stadtteil bei Übernahme der Universitätsbibliothek auferlegt werden sollen:

– Ergänzung des Fehlenden und Vermehrung der Bibliothek sowie Katalogisierung,
– Einrichtung eines Bibliothekariates mit Gehilfen,
– Zugang für Fremde und Einheimische,
– Einrichtung und Verschönerung des Bibliothekslokals,
– Umbinden vieler Werke, um sie vor gänzlichem Untergang zu sichern.

Hieraus zieht Orelli den notwendigen Schluss, dass «der eigentliche Werth der Bibliothek wieder um zwanzig Procente, im Ganzen also um vierzig Procente zu ermäßigen sei.» Für rund 33 000 Franken war demnach die Basler Universitätsbibliothek zu haben, mit der gleichzeitigen Auflage, ein modernes Bibliothekswesen zu garantieren. Mit dem dritten Servitut schliesst sich der Kreis, denn dass die Bibliothek der Benutzung durch Fremde und Einheimische gleichermassen offenzustehen habe, war ein Hauptstreitpunkt in Zürich (man erinnere sich an den erwähnten Protest des Universitätsrektors Lorenz Oken). Der Konflikt hatte sich daran entzündet, dass die Zürcher Stadtbibliothek nur den Bürgern uneingeschränkt zugänglich war, während zur gleichen Zeit die neugegründete Universität ein Refugium für Professoren darstellte, die sich aufgrund der politischen Situation gezwungen sahen, Deutschland zu verlassen.

Die von den Experten einstimmig vorgeschlagenen Summen wurden tel quel übernommen: Von 55 000 Schweizerfranken wurden 40% abgezogen, was 33 000 Franken und zusammen mit dem auf 11 000 Franken geschätzten Münzkabinett für die Universitätsbibliothek die Summe von 44 000 Franken ergab. Dabei belief sich das gesamte Universitätsgut auf rund 543 600 Franken, das Bibliotheksgebäude zur Mücke wurde auf 14 300, der Reinacher Hof mit der alten Lesegesellschaft auf 21 600, der Schönauer Hof mit der Bibliothekarswohnung auf 11 700, oberes und unteres Kollegium auf knapp 50 000 und der botanische Garten auf 22 700 Franken geschätzt. Probleme bereiteten die Schätzungen der Gemälde und Kunstsammlungen, die zwischen 16 000 und 113 000 Franken differierten, worauf durch den eigens ernannten Oberexperten 22 000 Franken festgelegt wurden, die naturwissenschaftlichen Sammlungen mit zugehörigen Bibliotheken wurden auf 12 000 Franken geschätzt, was für alle drei Sammlungen die Summe von 78 000 Franken ergab.[12]

Zürcher Expertenbericht zur Universitätsbibliothek Basel samt Münzkabinett von 1834, zuhanden des Schiedsgerichts anlässlich der Teilungsverhandlungen der Kantone Baselstadt und Baselland[13]

Hochgeachteter Herr Präsident!
Hochgeachtete Herren Schiedsrichter!

Die unterzeichneten, von Ihrer Behörde mit der Bewerthung der Baslerischen Universitätsbibliothek und des damit verbundenen Münzkabinetes beauftragten Experten erstatten Ihnen [*Abschrift mit Zusatz:* hiermit über jene nachfolgenden ehrerbietigen] folgenden Bericht.

Die Universitätsbibliothek besteht aus beiläufig 1500 Manuscripten, (der Mehrzahl nach Codd. chartacei), und 44 000 Bänden Druckwerken. Die ganze, hier in Kürze zu entwickelnde Beschaffenheit dieser Bibliothek rührt daher, daß sie [ganz, *über der Zeile*] wie die [sämmtlichen, *gestrichen*] übrigen größeren Bibliotheken der Schweiz, mehr eine nach und nach zufällig entstandene, als planmäßig angelegte ist. Alle unsre Bemerkungen sind demnach [einzig, *über der Zeile*] als unparteiische Schilderung der Wichtigkeit, [nicht aber als Tadel der Universität Basel selbst oder der von ihr angeordneten Bibliothekare, *gestrichen*] zu betrachten. [*Bis auf den Rand, gestrichen:* Wir wißen, und anerkennen es, was Basel im 15. und 16. Jahrhundert für Buchdruck und Wißenschaften geleistet hat].

Die Universitätsbibliothek gestaltete sich allmälig aus folgenden [Haupt-, *über der Zeile*] Bestandtheilen: den Bibliotheken der Dominikaner, Karthäuser und Franciskaner; dem von Seite des Staates 1661 gemachten Ankaufe der Bonifacius-Amerbachischen Sammlung; verschiedenen Schenkungen und Vergabungen, wie des Martin Borrhäus (1564), des Freiherr Anton von Högger (1719), dann anderer Freunde der Wißenschaft und Baslerischer Buchdrucker; [*am Rand:* ferner] der Anreihung des Fäschischen Musäums und der

---

12 Summarischer Bericht (wie Anm. 5), S. 62–65.
13 ZBZ, FA von Orelli 19.5. In der Abschrift Ms. M 13.1 wurden die Ergänzungen in der Regel übernommen und die gestrichenen bzw. getilgten Stellen weggelassen.

Huberschen Bibliothek;[14] endlich aus Geldbeiträgen der Profeßoren, Doctoren und Studirenden.

[Infolge dieser zufälligen Gestaltung, *gestrichen*] Während der 374 Jahre, welche seit der Stiftung der Universität verfloßen sind, blieben manchmal lange Zeiträume ohne allen Gewinn für die Bibliothek; zuweilen fielen ihr auf einmal bedeutsame, aber ganz nach den Studien und der Liebhaberei Eines Individuums [eingerichtete, *gestrichen*] angelegte Sammlungen zu; die nicht sehr beträchtlichen Zinsen von den Vermächtnißen und die Geldbeiträge wurden nach den Wünschen einzelner Profeßoren und der Neigung de[s]r jedesmaligen Bibliothekar[s]e verwandt, mitunter auch [zum Kapital, *gestrichen*] nach alter Schweizersitte zum Kapital geschlagen.

In Folge dieser rein zufälligen Gestaltung befinden sich unter den Handschriften sehr werthvolle aus dem Nachlaße des Kardinals Johannes von Ragusa,[15] aus den Amerbachischen und Fäschischen Museen. Die wichtigern Lateinischen in der letztern kamen während des dreißigjährigen Krieges aus Fulda nach Basel, wie z.B. ein ausgezeichnet merkwürdiger Martianus Capella, ein Caesar Germanicus Sec. IX. und mehrere Schriften des Isidorus, welche sämmtliche Codices für die lateinische [Palä--, *gestrichen*] Handschriftenkunde von hoher Wichtigkeit sind. Von den Griechischen mögen noch erwähnt werden ein Evangeliarium Sec. --- --- [Lücke] (Griesbach[16]

---

14 Bonifacius Amerbach (1495–1562). Zur Bibliothek der Familie Amerbach (rund 900 Titel) vgl. Carl Roth: Conrad Pfister, Basilius Iselin und die Amerbachische Bibliothek, in: Festschrift Gustav Binz, Basel 1935, S. 179–200; Martin Steinmann/Berthold Wessendorf/Fredy Gröbli: Basler Büchersammler, in: Librarium 20 (1977) S. 22–49, hier S. 27–42. – Martin Borrhaus (1499–1564), zu seiner Bibliothek (rund 200 Drucke) vgl. Irena Backus: Martin Borrhaus (Cellarius), in: Bibliotheca bibliographica Aureliana 88, Baden-Baden 1981, S. 81–101; Ueli Dill, Das Legat von Martin Borrhaus, in: «Treffenliche schöne Biecher». Hans Ungnads Büchergeschenk und die Universitätsbibliothek Basel im 16. Jahrhundert (mit einem Ausblick auf spätere Geschenke), hrsg. von Lorenz Heiligensetzer [et al.], Basel 2005, S. 135–136. – Baron und Freiherr Anton von Högger (1682–1767), zu seiner Schenkung vgl. Heusler (wie Anm. 5), S. 40–46. – Remigius Sebastian Faesch (1595–1667), zu seiner Bibliothek (rund 5000 Bände) vgl. Heusler (wie Anm. 5), S. 53–62; Steinmann/Wessendorf/Gröbli, Basler Büchersammler (wie Anm. 14), S. 42–49; Martin Steinmann: Universitätsbibliothek Basel. Die Bibliothek des Museum Faesch, in: Das Museum Faesch. Eine Basler Kunst- und Raritätensammlung aus dem 17. Jahrhundert, hrsg. von Remigius Sebastian Faesch und André Salvisberg, Basel 2005, S. 76–78. – Daniel Huber (1768–1829) vermachte seine v.a. Mathematik und Physik umfassende Sammlung (12 500 Bände) der Bibliothek.

15 Zu der dem Predigerkloster hinterlassenen Bibliothek des Kardinals Johannes von Ragusa (1395–1443) vgl. André Vernet: Les manuscrits grecs de Jean de Raguse, in: BZGA 61(1961), S. 76–108.

16 Johann Jacob Griesbach (1745–1812). Gemeint ist hier wohl seine Ausgabe des Neuen Testaments, griechisch, 1774–1775.

--- [Lücke]), Eustathius παρεκβολαὶ εἰς Πίνδαρον,[17] Scriptores militares Graeci (zum Theil noch ungedruckt), Thucydides (noch nicht genau verglichen), Procopius, Proclus, Olympiodorus, Hermias, Damascius, einige Kirchenväter, z.B. Athanasius, Basilius, Ioannes Chrysostomus; Von den Lateinischen, außer jenen Fuldaischen, Salustius (eine der vorzüglichsten Handschriften) [dieses Klaßikers, *gestrichen*] Ciceronis Officia, Laelius, Cato, Epistolae familiares; Lucretius [*am Rand:* von dem geistreichen] [von, *gestrichen*] Pompeius Lälus [1468, *über der Zeile*], im Kerker, [wie geschrieben, *gestrichen*]; Velleius Paterculus von Bonifacius Amerbach (1516) aus dem verlornen Codex Murbacensis abgeschrieben. (Rücksichtlich der einzelnen verweisen wir auf Haenels Catal. Codd. Mss. Lipsiae 1830,[18] p. 513 seqq.).

Allein außer diesen und einigen andern Handschriften, welche auch königlichen Bibliotheken zur Zierde gereichen würden, findet sich, wie es sich von Franciskaner- Dominicaner- und Karthäuserbibliotheken nicht anders erwarten läßt, eine Unzahl papierner Handschriften des XIV u. XVten Jahrhunderts gleichzeitiger Theologen, Juristen, Mediciner, Scholastiker, welchen durchaus kein innerer noch äußerer Werth bei[zu] [gemeßen [ist, *gestrichen*] werden kann, *über der Zeile*]. Nicht sonderlich bedeutsam zeigten sich [auch, *über der Zeile*] die ohnehin wenigen orientalischen u. altdeutschen Handschriften; [*am Rand:* eine einzige altfranzösische war ebenfalls werthlos. Dies muß ausdrücklich bemerkt werden, weil [die, *gestrichen*] jetzt ein so hoher Werth auf [das Altfranzösische, *gestrichen*] diesen Zweig der Literatur gesetzt wird.] Hingegen darf eine aus 170 Foliobänden bestehende, sehr intereßante Briefsammlung der Amerbach, Bauhin, Grynäus,[19] [*am Rand:* von ihnen und an sie] [u.a., *gestrichen*] nicht mit Stillschweigen übergangen werden, weil sie für die gleichzeitige Literaturgeschichte wichtige [charakteristische, *über der Zeile*] Notizen darbietet.

In einer Universitätsbibliothek sollte jedes wißenschaftliche Fach [ganz, *über der Zeile*] im Verhältniße zu seiner innern Wichtigkeit und seiner äußern Ausdehnung [gleichmäßig, *gestrichen*] bedacht

---

17 Commentarii in Pindaron.
18 Gustav Haenel: Catalogus codicum manuscriptorum qui in bibliothecis Galliae, Helvetiae, Belgii, Britanniae M., Hispaniae, Lusitaniae asservantur, Leipzig 1830.
19 Caspar Bauhin (1560–1624), Simon Grynaeus (1493–1541). Heute die Abteilung G der Handschriftensammlung, vgl. Martin Steinmann: Die Handschriften der Universitätsbibliothek Basel, 2. Aufl., Basel 1987, S. 22f.

seyn. Wirklich geht auch in Basel keines ganz leer aus; allein [bei der Unzulänglichkeit der Geldmittel, und der Gründung der Bibliothek durch Geschenke und Vergabungen, *gestrichen*], [*am Rand:* wegen der Haupt[stiftung]begründung der Bibliothek durch Geschenke und Vergabungen und wegen der Unzulänglichkeit der Geldmittel, welche letztere allein planmäßig hätten verwandt werden können], hat [hier, *unter der Zeile*] lediglich der Zufall gewaltet, am freigebigsten für Philologie, Jurisprudenz, Mathematik und Bibliographie; kärglicher schon für Geschichte, Theologie, Medicin, Philosophie. Wir zählen die Fächer in der nämlichen Unordnung auf, in welcher sie in Basel [ohne irgend eine Schuld, *gestrichen*] durch den Zufall besetzt sind.

So stammen aus den Sammlungen des Johannes a Lapide,[20] der Amerbache, des Remigius Fäschen, des Freiherrn von Högger manche, sehr gut erhaltene Incunabeln her, worunter die schätzbarsten einige griechische Drucke von Mailand [*am Rand:* Aesopus 1484, Isokrates 1493] und Florenz (Appollonius 1496); eine Reihe lateinischer, theils von Sweinheim und Pannartz in [Rom, *über der Zeile*], theils von Ulrich Gering [in Paris, *über der Zeile*] u.a.; ferner juristische [Incunabeln, *gestrichen*], z.B. von Peter Schoeffer in Mainz unter welchen zwei [splendide, *über der Zeile*] Pergamentdrucke. Auch unter den theologischen vor 1480 [gedruckten Werken, *gestrichen*] erschienenen Büchern befinden sich manche ungemein seltene, welchen die Bibliophilen vor 30–40 Jahren ungemein hohen Werth beimaßen, während sich jetzt die allgemeine Neigung derselben mit Recht mehr der ältern französischen, englischen, italiänischen und deutschen Litteratur zuwendet und die Todten [*bis auf den Rand:* ihre Todten begraben läßt.]

Brauchbar für den Kritiker und wegen der Seltenheit an sich werthvoll ist dann eine beträchtliche [Sammlung, *gestrichen*] Reihe griechischer und lateinischer Aldinen, Juntinen und Stephanianen,[21] in Verbindung mit zahlreichen, im Handel aber wenig geltenden Basler, Antwerper und Lyonerausgaben klaßischer Autoren.

---

20   Zur Bibliothek des Johannes Heynlin de Lapide (um 1430–1496) vgl. Max Burckhardt: Die Inkunabeln aus der Bibliothek des Johannes de Lapide, in: Für Christoph Vischer, Basel 1973, S. 15–75; Steinmann [et al.], Basler Büchersammler (wie Anm. 14), S. 22–27; Beat Matthias von Scarpatetti: Die Büchersammlung des Johannes de Lapide (gest. 1496). Eine ausserordentliche Bibliothek als einziger Spiegel einer ausserordentlichen Person, in: Gazette du livre médiéval 34 (1999), S. 37-43.
21   Drucke aus den Offizinen des Aldus Manutius (1449–1515), der Buchdruckerfamilie Giunta, des Heinrich Stephanus (Henri Etienne, 1528–1598).

Von der Philologie des 17ten Jahrhunderts und der ersten Hälfte des 18ten sind die Originalausgaben in usum Delphini in der Höggerschen Donation beinahe vollständig vorhanden. Bekanntlich besitzen dieselben im Ganzen sehr geringen innern Werth und werden nur noch von französischen und englischen Bibliomanen gesucht. Weit minder vollständig sind die Holländischen, stets werthvollen Quartausgaben cum notis Variorum; durchaus lückenhaft die gesamte Philologie des 18ten und 19ten Jahrhunderts, mit Ausnahme der Erzeugniße der letzten vier Jahre. Unter den Hilfswißenschaften der klaßischen Philologie ist die Numismatik noch am besten ausgestattet; doch reicht sie nicht über Eckhel[22] hinaus und das Meiste zeigte sich veraltet; für Archäologie, namentlich auch für Epigraphik, ist nur das Gewöhnlichste vorhanden; für Kunstgeschichte im weitesten Sinne schwerlich irgend etwas nach 1790 erschienenes; Italiänisches dieser Art, [*bis an den Rand:* also des Werthvollsten, beinahe Nichts].

Für die Orientalisten kommt außer der Londner-Polyglotte nur die von Joh. Jakob Buxtorf[23] herstammende Sammlung Rabbinischer, jetzt meist sehr selten gewordener Schriften in Betrachtung; das übrige ist weder zahlreich noch von Belang. [*Rest durch Tilgung unleserlich*].

Die Jurisprudenz findet außer den oben angedeuteten Incunabeln [die alle, *gestrichen*] [*bis an den Rand, in der Abschrift weggelassen:* welche wirklich Achtung verdienen, noch] mehrere werthvolle Ausgaben des Corpus Iuris civilis aus dem 16ten Jahrhunderte, [dann, *über der Zeile*] eine Menge Gloßatoren, [*am Rand:* (welchen wir alle ihnen gebührende Ehre erweisen)] Commentatoren [des 16. Jahrhunderts, *über der Zeile*], zahllose Consilia und Responsa bis gegen den Anfang des 18ten Jahrhunderts, endlich einige hundert Bände neuerer Werke seit 1800, allein auch hier fehlen z.B. Hugonis Donellii opera [omnia, *über der Zeile*], Canciani Leges Barbarorum und [manch, *über der Zeile*] andres [ganz, *gestrichen, bis an den Rand:* dem historischen Juristen ganz] Unentbehrliches.

Die Literaturgeschichte und Bibliographie ist [*am Rand:* neben andren trefflichen Hilfsschriften] mit einer so zahlreichen Reihe von Catalogen öffentlicher und Privatbibliotheken bedacht, daß wir diese Partie als eine der vorzüglicheren betrachten [müßten, *über*

---

22 Joseph Hilarius von Eckhel, Numismatiker, Wien 1737–1798.
23 Die Bibliothek hatte 1705 Johann Jakob Buxtorfs (1645–1704) bedeutende Sammlung orientalischer und rabbinischer Handschriften und Bücher angekauft, vgl. Heusler (wie Anm. 5), S. 32.

der Zeile]. Jedoch vermißten wir wieder gar manches Nothwendige, namentlich für die neuern Literaturen im [*bis an den Rand:* Allgemeinen, dann für die Einzelheiten] [… im Fache, *gestrichen*] der Biographien und Briefsammlungen, auf welche beide Partien [*bis an den Rand:* bei einer öffentlichen Bibliothek so ungemein vieles ankommt.]

Dem Mathematiker bietet die Huber'sche Bibliothek eine beinahe vollständige Sammlung sowohl für die Geschichte seiner Wißenschaft, als auch zu praktischerBenutzung dar; wir halten dafür, [*am Rand:* daß keine andere öffentliche Bibliothek der Schweiz hierin der Baslerischen gleich komme. Über Mechanik und Technologie freilich ist auch hier nur weniges vorhanden].

Der [Geschichtsforscher, *gestrichen*] Historiker findet außer einigen Quellensammlungen, wie die Muratorische und ähnliche deutsche, eine beträchtliche Anzahl von deutschen und lateinischen Geschichtswerken des 16ten und 17ten Jahrhunderts; für Spezialgeschichte einiges über Frankreich; die slavischen Völker hingegen, der Norden Europas, England, Italien, Spanien gehen beinahe leer aus. Auffallend war unter den Handschriften und Druckwerken die sehr mangelhafte Besetzung der [Schweizergeschichte, *gestrichen*] Schweizerischen Geschichte. Auch im Fache der Geographie und der Reisebeschreibungen bot sich wenig Ausgezeichnetes dar.

Ziemlich versehen ist die Theologie mit einer reichen Bibelsammlung (welche Art von Bibliothekszierden übrigens jetzt bei weitem nicht mehr den Werth [haben, *gestrichen*] hat, wie vor zwei Generationen;) mit Kirchenvätern (doch fehlen sehr viele der Ausgaben der Congregation von St. Maur;) mit Conciliensammlungen, Bullarien, Kirchenhistorikern, Reformatoren, Dogmatikern, Exegeten, Polemikern bis gegen den Beginn des 18ten Jahrhunderts hin; für die neuere Theologie scheint erst seit [*Tilgung, unleserlich*] kurzer Zeit wieder ein Anfang gemacht worden zu sein. [*Am Rand:* Das ganze Fach ist übrigens schon seinem innern Wesen nach und auch äußerlich niemals geeignet, irgend einer Bibliothek bedeutenden Werth zu ertheilen].

Das medicinische Fach (beiläufig 3500 Bände) ist mit Ausnahme von ungefähr 300 der jetzigen Heilkunde angehörigen [Schriften, *über der Zeile*] nur noch geschichtlich merkwürdig; [und, *gestrichen*] es erfreut durch werthvolle Ausgaben der griechischen und lateinischen Ärzte, so wie durch mehrere Incunabeln wohl mehr den Philologen und Bibliophilen als den eigentlichen Mediciner.

Für die Naturwißenschaften [bietet, *gestrichen*] enthält nur die Hubersche Bibliothek einiges jetzt noch Brauchbare; [*bis auf den*

Rand: das auf der ältern Universitätsbibliothek befindliche ist theils veraltet, theils alchymistischer Art].

Für speculative Philosophie findet sich allerdings manches von Giordano Bruno (doch nur die lateinischen [Schriften, *gestrichen, am Rand:* nicht die [einzig, *gestrichen*] vornämlich werthvollen italiänischen Schriften dieses Genie's) von Patricius, Telesius, Campanella, Bacon, Descartes, Spinoza, Locke, Wolf, Kant, Hegel vor; allein von der pecuniären Seite genommen kann dises Fach an sich in keiner Bibliothek sehr gewichtig ausfallen; [*bis auf den Rand:* es verhält sich damit [ganz, *gestrichen*] beinahe wie mit der Theologie].

Überdieß treffen [noch mehrere, *gestrichen*] bei dieser Bibliothek noch mehrere Umstände ein, welche uns bei aller möglichen Rücksichtnahme auf das wirklich brauchbare und [auf das, *über der Zeile*] seltene nicht gestatteten, den Gesammtwerth höher anzuschlagen, als es unserer Überzeugung gemäß, wirklich geschehen ist. Nämlich:

1) Des gänzlich Veralteten und werthlos gewordenen besonders unter den theologischen Büchern von 1480 bis 1750, den juristischen aus demselben Zeitpuncte, allem medicinischen und naturwißenschaftlichen, den Grammatiken, Wörterbüchern, Enyklopädien, ja in jedem Fache, das hier irgend von Bedacht ist, zeigte sich so vieles, daß wohl [aus, *gestrichen*] zwei Fünftel des Vorhandenen, wenn man die schonendste Besprechung wählen will, nur in literarhistorischer Rücksicht noch einigen Werth besitzen können.

2) Übrigens hätte sich auch so unsere Werthung um ein Bedeutendes höher gestellt, wenn nicht sehr viele, gerade der wichtigsten Werke, z.B. die Abhandlungen der Akademien und andrer gelehrten Gesellschaften, [sowie, *gestrichen*] ferner die Journale jeder Art nur unvollständig vorhanden wären. Die Fortsetzung der meisten unterblieb [seit eine, *gestrichen*] aus Mangel an ökonomischen Hülfsmitteln seit einer Reihe von Jahren, und zwar in solchem Grade, daß jetzt schon etwa 15 000 Franken erforderlich wären, um das fehlende zu ergänzen. Aus den in unsere Werthung mit aufgenommenen Doubletten (um auch dieser [im Vorbeigange, *über der Zeile*] zu gedenken) ließen sich aber kaum [2000, *korrigiert*] 1500 fr. erlösen.

3) Von Jahr zu Jahr wird so wohl [theils, *gestrichen*] die Höggersche Schenkung, als die Hubersche Bibliothek weniger brauchbar, folglich auch weniger werthvoll. Jene besteht dem größeren Theile nach aus französischen Prachtwerken und bändereichen Wörterbüchern vor 1720, welche nunmehr durch typographische, chalkographische und wißenschaftliche Leistungen ganz andrer Art [gänzlich, *über der Zeile*] verdrängt sind. Auch die an sich richtige Liebhaberei an den Editionen in usum Delphini nimmt immer mehr

ab. Die Hubersche Bibliothek (12 000 Bände) enthält eine Menge mathematischer und naturwißenschaftlicher Werke, wovon etwa der vierte Theil jetzt noch benutzbar [*Abschrift:* brauchbar] sein mag; allein auch dieser tritt bei dem raschen Fortschreiten unserer Zeit gerade in diesen Fächern immer mehr in den Hintergrund, so daß nach einigen Jahrzehenden außer den astronomischen Beobachtungen eines Bredley, Maskelyn, Beßel, Littrow[24] nur den wenigen Denkmalen wahrhaft genialer Entdeckungen und Leistungen z.B. eines Copernicus, Kepler, Galilei, Newton, Euler, Laplace[25] ihr Werth immerdar gesichert bleiben wird. [*Bis auf den Rand längere getilgte Passage, kaum leserlich:* … Partien der gesamten Bibliothek, ergriff uns oft … ein schauerliches Gefühl der Nichtigkeit alles menschlichen Treibens, mitten unter diesen Bücherleichen, während wir …].

4) Daß der Gesammtwerth der Bibliothek sich im Verhältniße zur Bändezahl nicht höher stellte, rührt zum Theile auch daher, daß die klaßischen, oder auch irgendwie sprachlich merkwürdigen Erzeugniße der nordischen, deutschen, französischen, italiänischen und spanischen Lieratur mit ganz wenigen Ausnahmen derselben fehlen; für die englische Literatur besitzt sie nur die im Preise sehr niedrig stehenden thurneisenschen Wiederholungen. Da in dem literarischen Museum die neuern Literaturen vorzugsweise berücksichtigt wurden, so begreift es sich leicht, daß die Universitätsbibliothek sich nicht damit befaßen kann.

Die Alumnenbibliothek, deren Bewerthung uns ebenfalls aufgetragen wurde, enthält mit Ausnahme einiger neulich angeschaffter Werke bloß veraltete theologische und philologische Bücher; sie konnte nur auf [640, *gestrichen*] 760 Franken gewerthet werden, welche in der Hauptsumme mit inbegriffen sind.

In Folge nun der Einzelnwerthung jedes auch nur einigermaßen bedeutsamen Buches, zu welcher Arbeit wir Eines Monates bedurften [*am Rand getilgte Bemerkung, kaum leserlich:* so weit von Seiten der Stadtbasel delegirten, den Herrn Prof. … uns manchmal unnöthige Stunden zuviel Unterbrechungen …], zum Theil auch [deshalb, *über der Zeile und bis auf den Rand:* weil keine Katalogen der einzelnen Repositorien vorhanden sind], manche abweichende Absichten der einzelnen Mitglieder der Expertencommißion durch Discußionen beseitigt werden mußten, gelangten wir am Schluße unserer Sitzungen einstimmig zu folgendem Ergebniße:

---

24 Die Astronomen James Bradley (1693–1762), Nevil Maskelyne (1732–1811), Friedrich Wilhelm Bessel (1784–1846), Joseph Johann von Littrow (1781–1840).
25 Die Mathematiker Leonhard Euler (1707–1783), Pierre-Simon Laplace (1749–1827).

1) Fünf und fünfzig tausend Schweizerfranken könnte für die Baslerische Universitätsbibliothek ein Freund der Wißenschaft erlegen, welcher eine besondere [Liebhaberei, *gestrichen*] Vorliebe für Handschriften griechischer und lateinischer Klaßiker, des Neuen Testamentes und griechischer Kirchenväter, für philologische und juristische Incunabeln, für Aldinen, Juntinen, Stephanianen, Edd. in usum Delphini, überhaupt für literarische Seltenheiten jeder Art hegte, etwa 12 000 Bände für sich behielte [...öffentliche, *gestrichen*] und das übrige [*am Rand:* für ihn Werthlose] verschenkte oder ohne Rücksicht auf einigen Ersatz seiner Auslage veräußerte. Hingegen könnten sich Kenner einzelner Zweige der Wißenschaft, z.B. Historiker, Mathematiker, Theologen, welche nicht zugleich wie jener uns vorschwebende Philologe, [allgemeine, *gestrichen*] universelle Bibliophile wären, [nicht, *getilgt*] in keinem Falle mit der gesammten Bibliothek befaßen, ob[wohl, *gestrichen*] obgleich sie frei von ihnen gewählte Partien derselben sich mit Freuden aneignen würden.

2) Die nämliche Summe von fünfundfünfzigtausend Schweizerfranken, dürfte, wiewohl ohne Gewißheit eines namhaften Gewinnes, auch ein Antiquar darbieten, welcher [die, *gestrichen*] ökonomische[n] Mittel genug besäße, nach Makulierung einer beträchtlichen Bändezahl, ein bibliographisch genaues Verzeichniß alles werthvollen durch ganz Europa zu verbreiten und während drei, vier Jahren den Erfolg seines Unternehmens geduldig abzuwarten.

Eine dritte juristische Fiction war den Experten nicht nur durch ihre Instruction, sondern auch durch den Gedanken, wie schmählich deren Vermittlung für die Eidgenoßenschaft wäre, gänzlich untersagt: Wenn nämlich eine auswärtige Regierung die ganze Sammlung, vielleicht für einen noch höheren Preis an sich ziehen wollte, um eine ihrer Bibliotheken zu vergrößern [*am Rand:* oder für eine neu gestiftete Universität [eine solche den Kern einer Bibliothek, *gestrichen*] die Grundlage einer für sie geeigneten Bibliothek zu legen]. Allein auch in diesem Falle würden einsichtsvolle Beauftragte derselben wohl eben so verfahren, wie der zuerst erwähnte philologische Liebhaber, da sich [wenigstens 20 000 Bände für die Wegfüh---, *gestrichen*] gar manches für die Wegführung von Ort und Stelle schlechterdings nicht eignet.

Nach Ausmittlung des innern Werthes der Bibliothek war es die ziemlich schwierige Aufgabe der Experten, [einen Antrag, *gestrichen*] in Rücksicht auf § 4 der von ihnen eidlich beschwornen Instruction dem hohen Eidgenößischen Schiedsgerichte einen unmaßgeblichen Antrag zu stellen.

Der erwähnte Paragraph lautet folgendermaßen:
§ 4
«Das Resultat der Schätzung soll derjenige billige [*unterstrichen*] Werth sein, welcher nach Sitte und Gebrauch und billigem Ermeßen etwa in einem Falle angenommen würde, wo (A) diese Sammlungen sich in der Erbschaft eines Vaters befänden, der zwei Söhne und neben jenen Sammlungen ein zinstragendes Vermögen von mehrern Millionen Schweizerfranken hinterlaßen hätte, wo (B) ferner der eine dieser Erben nach den Verhältnißen des Falles sich vorzugsweise zur gänzlichen Übernahme dieser Sammlungen eignen würde und wo man endlich (C) in der unzweifelhaften Voraussetzung stünde, daß der Übernehmer auf diesen Sammlungen keinerlei ökonomischen Vortheil suchen, sondern dieselben als Schätze der Wißenschaft und Kunst ungeschmälert bewahren und sie ihrer Bestimmung, als solche benutzt zu werden, erhalten werde.»

Da [folglich, *über der Zeile*] eine gedoppelte Bedingung zu beachten war, nämlich erstens die eng zusammenhängende Voraussetzung A und B, so verständigten sich die Experten dahin, in dem gegebenen Falle würde es die Billigkeit erfordern, daß der eine Sohn dem andern vorzugsweise zur gänzlichen Übernahme der Sammlungen geeigneten die Bibliothek zu zwanzig Procent unter dem eigentlichen Werthe derselben überließe.

Eine genauere Erörterung der Voraussetzung C zeigte den Experten, daß bei dem vorliegenden, wirklichen Falle mehrere, nicht unbedeutende Servituten in ihr involvirt seien, welche [immerdar, *gestrichen*] auf der Baslerbibliothek [immerdar, *über der Zeile*] lasten müßten. Nämlich:
1) Die Ergänzung der Defecte und die zeitgemäße Vermehrung der Bibliothek selbst, so wie auch eine bequemere Anordnung und Katalogisierung derselben;
2) Die Aufstellung eines Bibliothekariates nebst deßen Gehülfen;
3) Die Veranstaltung, daß die Bibliothek fernerhin auf eine der jetzigen Kultur angemeßene Weise von Fremden und Einheimischen benutzt werden könne;
4) Die Erhaltung und allfällige Erweiterung und Verschönerung des Locales;
5) Das Umbinden einer beträchtlichen Anzahl [von Werken, um sie vor gänzlichem Untergange zu sichern, *auf der letzten Zeile und bis auf den Rand nachgetragen*].

Welcher [vier, *gestrichen*] fünffacher Servitut gegenüber dem Übernehmer keinerlei ökonomischer Vortheil aus seinem Eigenthume jemals erwachsen kann.

In Folge dieser nothwendigen Annahmen fanden die Experten, daß in Beziehung auf Littera C der eigentliche Werth der Bibliothek wieder um zwanzig Procente, im Ganzen also um vierzig Procente zu ermäßigen sei.

Was endlich die Münzsammlung anbetrifft, so wurde dieselbe von dem durch die Expertencommißion zu diesem Behufe eingeladenen Kenner, Herrn Stadtsäkkelmeister Landolt von Zürich mit Beachtung der in § 4 der Instruction enthaltenen Vorschriften auf eilftausend Schweizerfranken gewerthet, von welcher Summe folglich nach der Ansicht der Experten nichts zu ermäßigen wäre, und zwar um so weniger, da der Preis der Münzen weit stabiler ist, als der von Jahrzehend zu Jahrzehend sich [*am Rand:* nach dem Gange des gesammten [litterarischen, *gestrichen*] wißenschaftlichen Strebens aller Europäischen Völker] ändernde Preis der Handschriften und Bücher.

Indem wir Ihnen Gegenwärtigen Bericht vorlegen, geben wir uns die Ehre, Sie [unserer, *gestrichen*], [*am Rand:* Herr Präsident, Herren Eidgenößische Schiedsrichter], vollkommenen Hochachtung zu versichern.

Worte des Gedenkens für Dr. Paul Henry Boerlin

gesprochen an der Sitzung der Historischen und Antiquarischen Gesellschaft zu Basel

vom 30. November 2009

von Fritz Nagel

Am 9. November 2009 ist unser Mitglied Herr Dr. Paul Henry Boerlin-Brodbeck nach längerer Krankheit und infolge eines Unfalls im Universitätsspital Basel verstorben. Es geziemt sich, seiner an dieser Stelle zu gedenken, zählte Paul Boerlin doch mehr als ein halbes Jahrhundert zu den Stützen unserer Gesellschaft, der er als Mitglied des Vorstandes und von 1976 bis 1979 als Vorsteher in vielfacher Weise diente.

Paul Henry Boerlin (1926–2009).

Paul Boerlin wurde am 5. Mai 1926 als Sohn von Paul und Frida Boerlin-Schmid in Basel geboren. Der Vater vermittelte ihm die Gewissenhaftigkeit und Exaktheit in allen seinen Aktivitäten, die Mutter die Liebe zur Musik. Prägend für seinen ganzen Lebensweg war der Besuch des Humanistischen Gymnasiums «auf Burg», wo ihn unvergessliche Lehrer wie Karl Meuli und Ernst Sigg mit dem Wert und den Kriterien wissenschaftlichen Arbeitens sowie mit dem Wissen um die Musik des 17. und 18. Jahrhunderts bekannt machten.

1945 immatrikulierte sich Paul Boerlin an der hiesigen Alma Mater, wo er im Hauptfach Kunstgeschichte (bei Joseph Gantner) sowie klassische Archäologie (bei Karl Schefold) und Musikgeschichte als Nebenfächer studierte. In seiner eigenen Sicht mag allerdings die Musikgeschichte, in der er durch Jacques Handschin entscheidende Impulse empfing, gleichrangig neben der Kunstgeschichte gestanden sein. Nach dem Erlernen des Orgelspiels begleitete ihn das virtuos ausgeübte Cembalospiel in Verbindung mit einer aktiven Konzertpraxis lebenslang. Die theoretische und praktische Beschäftigung mit der Musik des 17. und 18. Jahrhunderts waren das Elixier, das ihn neben seiner wissenschaftlichen und beruflichen Tätigkeit stets beflügelte. Ein weiteres Lebenselixier für Paul Boerlin waren die Freundschaften, die er während seiner Gymnasialzeit und dann vor allem in der Studentenverbindung Zofingia knüpfen konnte. Genannt sei hier vor allem der Freundeskreis des so genannten «Viererrats», dem ausser Paul Boerlin Prof. Andreas Staehelin, Dr. Wolfgang Wackernagel und Prof. Hans-Rudolf Hagemann angehörten.

Das Zeitalter des Barock, das Paul Boerlin – stimuliert durch seine musikalischen Interessen – so sehr liebte, stand von Beginn an auch im Zentrum seiner wissenschaftlichen Tätigkeit. Eine ausgedehnte Seminararbeit über Balthasar Neumann führte Paul Boerlin zu seiner Dissertation über «Die Stiftskirche von St. Gallen. Ein Beitrag zur Geschichte der deutschen Barockarchitektur», mit der er 1952 an der Universität Basel promoviert wurde. Nach Abschluss seines Studiums lernte Paul Boerlin von 1953 bis 1955 als Konservator am vorwiegend geschichtlich orientierten Landesmuseum in Zürich die Praxis des Museumsbetriebs, seine ideellen Ziele und auch seine einschränkenden Voraussetzungen kennen.

1955 trat Paul Boerlin dann das Amt eines Konservators für die Abteilung der älteren Malerei am Kunstmuseum Basel an. Die zum Teil andersartigen Herausforderungen eines bedeutenden Kunstmuseums nahm er an und wurde ihnen – seit 1972 auch in der Funktion eines stellvertretenden Direktors – unter den Direktoren Georg

Schmidt, Franz Meyer und Christian Geelhaar bis zu seiner Pensionierung im Jahr 1992 mehr als gerecht. Zahlreiche Ausstellungen und Publikationen aus dieser Zeit zeugen von Paul Boerlins Einsatz insbesondere für den Sammlungsbereich der älteren Kunst, ohne dass dabei der Bezug zur Gegenwart vernachlässigt wurde. Genannt seien hier Kataloge wie die zu der Ausstellung «Im Lichte Hollands» (1987) oder zu Frank Buchser, Veröffentlichungen zu Ambrosius Holbein, zu den Orgelflügelentwürfen von Hans Holbein d.Ä., zu Hans Baldung Grien oder zu ersten Restaurierungsergebnissen des Totentanzes der Predigerkirche. In Paul Boerlins Amtszeit entstand auch seine grosse Monographie über «Leonhard Thurneysser als Auftraggeber. Kunst im Dienste der Selbstdarstellung zwischen Humanismus und Barock» (1976). Alle Publikationen wären wahrscheinlich in dieser Form nicht möglich gewesen ohne die diskrete Unterstützung durch Yvonne Boerlin-Brodbeck, die – als Kunsthistorikerin ebenfalls dem 17. und 18. Jahrhundert verpflichtet und als Wissenschafterin erfolgreich tätig – ihrem Gatten Paul seit ihrer Heirat im Jahr 1957 im Hintergrund den Rücken von den ihm lästigen Alltagsarbeiten frei hielt.

Nicht zu vergessen sind auch Paul Boerlins Bemühungen, mit interdisziplinären Veranstaltungen ein breiteres Publikum ins Kunstmuseum zu locken, indem er versuchte, «aus Musikfreunden Museumsfreunde zu machen». Dies geschah durch «musikalisch-kunsthistorisch-literarische Veranstaltungen», bei denen er im ersten Stock des Kunstmuseums Werke aus der Sammlung thematisch gruppiert präsentierte und dazu passende musikalische Werke, meist Solokantaten der Zeit, aufführte. Ich erinnere z.B. an Veranstaltungen mit Titeln wie «Lukrezia. Ein moralischer Abend» (1982) mit Beiträgen von Prof. Dr. Thomas Gelzer, Prof. Dr. Johannes Georg Fuchs und Dr. Dieter Koepplin, oder «Zweifel an Amor» (1985) mit einem Beitrag von Prof. Dr. Karl Pestalozzi. Das gesammelte Bildmaterial zur letztgenannten Veranstaltung hat Paul Boerlin 1993 unter dem Titel «Venus und Amor» in Buchform publiziert.

Neben dem Blick auf Paul Boerlins Funktionen als Museumsmann, Konservator und Wissenschafter darf aber nicht übersehen werden, dass Paul Boerlin auch ein «homo politicus» war. Allerdings war er dies nicht im modernen Sinne eines Mannes, der öffentliche Ämter als Stufen einer Karriereleiter sucht. Paul Boerlin war politisch im Sinne Jacob Burckhardts, d.h. er fühlte sich als «cives Basiliensis» für seine «polis» und deren überlieferte Werte verantwortlich, wobei er sehr wohl zwischen der Sorge um das Basler Gemeinwesen und der Geschäftigkeit des gemeinen Wesens in Basel zu unterscheiden wusste. In diesem Sinn ist vor allem sein Engagement im Vorstand der Freiwilligen Basler Denkmalpflege zu verstehen, wo er sich vehement für den Erhalt baslerischer Baudenkmäler und städtischer Ensembles einsetzte. Dass er dazu beitragen konnte, z.B. das Marktplatzensemble vor einem Neubauriegel anstelle des Markthofes zu schützen oder den Abbruch des Stadtcasinos zugunsten eines überdimensionierten Neubaus zu verhindern, erfüllte ihn ebenso mit Stolz wie seine Beteiligung am Kampf um den Schutz des historischen Rheinufers zwischen Pfalz und Wettsteinbrücke. In diesem Kontext sind seine Veröffentlichungen zum besseren Verständnis historischer Bauten in Basel zu verstehen. Ich nenne hier z.B. Titel wie «Das Basler Sommercasino» (1951), «Klein-Riehen. Ein Basler Landsitz der Barockzeit» (1957), «Der Meierhof in Riehen» (1958) oder «Basler Gärten. Der Bäumlihof» (1972). Ein Ausdruck der tiefen Verbundenheit Paul Boerlins mit den Anliegen einer frühen Basler Denkmalpflege ist auch die Publikation «Rudolf Riggenbach gesehen von Photographen, Freunden und Fachgenossen» von 1965. Dass Paul Boerlin in diesem Kontext auch die Verbindung von Stadt und Universität am Herzen lag, zeigt sich an seiner Mitgliedschaft in E. E. Akademischen Zunft, der er seit 1989 auch als Mitglied des Zunftvorstandes diente.

Von Paul Boerlins Einsatz für das geistige und monumentale Erbe Basels durfte nicht zuletzt auch die Historische und Antiquarische Gesellschaft zu Basel profitieren. Ihr gehörte Paul Boerlin seit 1958 bis zu seinem Tod als Mitglied an. 1973 wurde er in den Vorstand unserer Gesellschaft gewählt, ein Amt, das er 2007 zum allgemeinen Bedauern auf eigenen Wunsch aus Altersgründen niederlegte. In den Jahren 1976 bis 1979 amtierte Paul Boerlin als Vorsteher unsere Gesellschaft. Unvergessen sind aus dieser Zeit seine Einführungen zu den Vorträgen, in denen er die jeweiligen Referentinnen und Referenten mit baslerischem Witz vorstellte und mit hintergründiger Ironie das Publikum über falsche Fährten auf die eigentlichen Forschungsschwerpunkte der Vortragenden hinleitete, um so das Interesse der Zuhörenden nicht nur zu wecken, sondern recht eigentlich anzustacheln. Die Liste der Referenten und der Vortragsthemen aus seiner Amtszeit spiegelt nicht nur das breite Interessensspektrum Paul Boerlins wieder, sondern zeugt auch von seinem erfolgreichen Bemühen, die divergenten Erwartungen unserer Mitglieder aufs Beste zu erfüllen. Unvergessen sind auch die Exkursionen, die Paul Boerlin mit grösster Sorgfalt vorbereitete. Sie führten – wie könnte es anders sein – meist zu Denkmälern des Barocks, so z.B. in die Innerschweiz oder zu Balthasar Neumanns chef d'œuvre, dem Treppenhaus des Bruchsaler Schlosses, und wurden von Paul Boerlin durch spannende und kundige Führungen vor Ort bereichert. Mit Vergnügen erinnere ich mich auch an manche «Vortour» im kleinen Kreis, an denen Paul auch nach seiner Amtszeit gerne teilnahm und die zu besuchenden Orte ebenso sorgfältig auswählen half wie die kulinarische Stationen.

Spezielle Geschenke an unsere Gesellschaft waren schliesslich die zahlreichen Konzerte, die Paul Boerlin mit Ensembles aus Amateuren und Berufsmusikern organisierte und als «maestro di capella» vom Cembalo aus leitete. In ihnen vermittelte er unseren Mitgliedern viele oft wenig bekannte Schätze barocker Kammermusik und zahlreiche Kantaten. Es war für ihn selbstverständlich, diese Werke und deren Texte samt deutschen Übersetzungen im Kontext ihrer Zeit zu erläutern und im Programmheft den Zuhörern vorzustellen. Aus solchen Anlässen erwuchsen auch Publikationen wie z.B. zum «Virginal des Andreas Ryff» (1962), zu «Jeremias Wildt als Musikfreund» (2001) oder zu «Silbermann-Cembali bei Wildt und in anderen Basler Häusern» (2001). Besondere Erwähnung verdient auch Paul Boerlins Erschliessung ausgewählter Jugendkompositionen Jacob Burckhardts, die er aus Anlass des 80. Geburtstags von Max Burckhardt 1990 aufführte und die als Festgabe unserer Gesellschaft heute auf CD vorliegt. Wie intensiv Paul Boerlin sich in die Musik des 18. Jahrhunderts eingelebt hat, zeigen auch seine Kompositionen von Sonaten und Solokantaten, die er als «Anonymus Basiliensis» im Konzert vorstellte und die selbst von Kennern als authentische Werke des 18. Jahrhunderts eingeschätzt wurden. Die Konzerte Paul Boerlins, die meist an historischen Orten wie dem Wildtschen Haus stattfanden, werden allen Beteiligten unvergesslich bleiben.

Nach seiner Pensionierung widmete Paul Boerlin seine Aktivitäten vor allem der Musik, sei es aktiv durch Hauskonzerte oder öffentliche Konzerte für ausgewählte Kreise, sei es passiv durch den regelmässigen Besuch von Konzerten wie denjenigen der AMG oder der Gesellschaft für Alte Musik. Grösste Freude bereitete ihm in den letzten Jahren vor allem der Besuch der Aufführungen von Bachkantaten in der Predigerkirche. Hier war er sich nicht zu schade, ausgerüstet mit Lektüre bereits eine Stunde vor Beginn der vielbesuchten Konzerte die Kirche aufzusuchen, um sich seinen Stammplatz zu sichern.

Einem Nahestehenden fällt es schwer, hier und heute ein umfassendes und objektives Bild der Persönlichkeit Paul Boerlins zu zeichnen. Ich möchte deshalb zum Schluss nur einige der Eigenschaften nennen, die ich an Paul Boerlin besonders geschätzt habe. Es war dies zunächst seine umfassende Bildung, wobei ich dieses Wort im klassischen Sinn einer den ganzen Menschen prägenden geistigen Formung verstanden wissen möchte. Damit verbunden war es Pauls Bewusstsein von der Notwendigkeit intellektueller Gewissenhaftigkeit und sprachlicher Exaktheit. Beeindruckend war für mich weiter die Geschliffenheit seiner Sprache, die es ihm möglich machte, in geistreichen Gesprächen auch den baslerischen Sprachwitz spielen zu lassen und zwar nicht als Selbstzweck, sondern zur Aufdeckung versteckter Unzulänglichkeiten oder zum Zweck des Hinweises auf übersehene Hintergründe im Dialog. Paul Boerlins Fähigkeit zu scharfer Kritik auf Grund seiner grossen Erfahrung und zugleich in ironischer Distanz, die sein Engagement für die Sache sowohl erhellte als auch verbarg, war beeindruckend. Er war ein Gegner aller Spasskultur und aller Anlässe mit «Event»-Charakter. Den sogenannten «erweiterten Kulturbegriff» von «tout Bâle», der alles Überlieferte zur beliebigen Disposition von Vermarktern stellt, verabscheute er tief. Hingegen war ihm die Sorge um die Pflege des historischen Erbes, das die Bewährungsprobe der Geschichte bestanden hat, ein Herzensanliegen. Der kompetente Rat und die kritische Stimme Paul Boerlins waren daher im Vorstand unserer Gesellschaft willkommen, notwendig und stets hilfreich. Seine Stimme wird unserer Gesellschaft und dem geschichtsbewussten Basler Gemeinwesen fehlen. Die Historische und Antiquarische Gesellschaft zu Basel wird Paul Boerlin stets ein dankbares und ehrendes Andenken bewahren.

135. Jahresbericht der Historischen und Antiquarischen Gesellschaft zu Basel

1. Juli 2009 bis 30. Juni 2010

I. Mitglieder und Kommissionen

Als neue Mitglieder durften wir begrüssen: Dipl. Arch. ETH Christoph Martin, Marlies Pichler, Doris Tranter, Johanna zu Dohna, Klaus Egli, Ilse Rollé Ditzler und Christoph Ditzler, Dr. phil. Helga Hausmann, Hans Noetzli, Dr. iur. Georges von der Mühll, Schwabe AG Verlag, Dr. Jürg Düblin, Niklaus Merz.

Wir beklagen den Tod folgender Mitglieder: Dr. Theophil Schubert, Hans Lacher, Dr. Paul H. Boerlin, Arthur M. Gürber, Jenny Bernoulli, Marguerite E. Merian, Dr. Paul Erni, Prof. Dr. Thomas Gelzer, Hans-Peter Weidmann.

Die Mitgliederzahl per 30. Juni 2010 beträgt 442.

Der Vorstand setzte sich im Berichtsjahr zusammen aus Dr. Margret Ribbert, Vorsteherin; Dr. Ueli Dill, Statthalter; lic. iur. Martin Wepfer, Seckelmeister; Erika von Nostitz, Schreiberin; Dr. Hans Berner und Dr. Hermann Wichers, Redaktoren der «Basler Zeitschrift für Geschichte und Altertumskunde»; Dr. Franz Egger, Dr. Elsanne Gilomen-Schenkel, Prof. Dr. Kaspar von Greyerz, Dr. Annemarie Kaufmann-Heinimann, Prof. Dr. Josef Mooser, Dr. Fritz Nagel, Dr. Niklaus Röthlin, lic. phil. André Salvisberg, Prof. Dr. Martin Steinmann, Dr. Charles Stirnimann und Dr. Dieter Weichelt, Beisitzer.

Dem Stiftungsrat der «Pro Augusta Raurica» gehören Dr. Ueli Dill und Dr. Annemarie Kaufmann-Heinimann an.

Der Publikationsausschuss setzte sich wie folgt zusammen: Dr. Fritz Nagel (Präsident), Dr. Margret Ribbert (Vorsteherin), Dr. Hans Berner und Dr. Hermann Wichers (Redaktoren der Basler Zeitschrift), Prof. Dr. Martin Steinmann, lic. iur. Martin Wepfer (Seckelmeister).

An der Jahresversammlung vom 15. März 2009 wurden die Regularien behandelt und lic. phil. André Salvisberg zum neuen Vorsteher gewählt; Dr. Margret Ribbert wurde turnusgemäss neue Statthalterin. Neu in den Vorstand gewählt wurden: lic. phil. Esther Baur und lic. phil. Patrick Moser.

Es wurden drei Rücktritte aus dem Vorstand bekanntgegeben:

Prof. Dr. Martin Steinmann gehörte dem Vorstand 37 Jahre an und war drei Jahre Vorsteher. Dr. Niklaus Röthlin gehörte dem Vorstand über 25 Jahre an, davon vier Jahre als Vorsteher. Erika von Nostitz amtete 22 Jahre als Schreiberin des Vorstands. Allen drei sei an dieser Stelle sehr herzlich für ihr ausserordentliches Engagement für die Gesellschaft gedankt.

Die Rechnung wurde revidiert durch Dr. rer. pol. Werner Schupp, Revisor, und Dr. rer. pol. Anton Föllmi, Supplant. Beide Herren stellen sich wiederum als Revisoren zur Verfügung. Ihnen sei an dieser Stelle gedankt. Die revidierte Rechnung 2008/09, publiziert in der «Basler Zeitschrift für Geschichte und Altertumskunde», Bd. 109 (2009), S. 231–236, wurde einstimmig genehmigt. Der jährliche Mitgliederbeitrag wird auf der gegenwärtigen Höhe (Fr. 75.– für Mitglieder und Fr. 30.– für Zusatzmitglieder und Studierende der Universität Basel) beibehalten.

II. Vorträge und andere Anlässe

Vorträge
Wie gewohnt wurden die Vorträge in der Alten Aula an der Augustinergasse gehalten; Nachtessen und 2. Akt fanden in der Safran-Zunft statt.

2009:

19. Oktober   Dr. Hans Christoph Ackermann, Basel: «Basel, Rom, St. Petersburg und zurück. Der Basler Maler Jakob Christoph Miville (1786–1836)».
2. Akt mit einem Beitrag von Katja Herlach, Olten: «Mivilles Basler ‹Krimmiade› – Gemälde für den russischen Markt».

2. November   Dr. Michael Knoche, Weimar: «Die Herzogin Anna Amalia Bibliothek in Weimar fünf Jahre nach dem Brand». (In Zusammenarbeit mit der Universitätsbibliothek Basel.)
2. Akt mit einem Beitrag von Dr. Hermann Wichers, Basel: «Drei Tage im Erstversorgungszentrum Köln – ein Erfahrungsbericht».

15. November Dr. Elsanne Gilomen-Schenkel, Arlesheim: «Engelberg und Interlaken – Klosterreform und Doppelklöster (12.–14. Jahrhundert)».

	2. Akt mit einem Beitrag von Dr. Felix Ackermann und Frau lic. phil. Therese Wollmann, Binningen: «Die Basler Klosterkirchen und ihr heutiges Erscheinungsbild – das Ergebnis von Umbauten, Umnutzungen und Restaurierungen».
30. November	Prof. Dr. Hans-Rudolf Hagemann, Basel: «Laiengericht und gelehrtes Recht in der Basler Zivilrechtspflege».
	2. Akt mit einem Beitrag von Dr. iur. Bernhard Christ, Basel: «Das erste gedruckte Prozess- und Zivilrecht in Basel aus dem Jahre 1719».
14. Dezember	PD Dr. Peter Huber, Basel: «Die Schweizer Spanienkämpfer (1936–1939): Rote Söldner? Heroen der Freiheit?».
	2. Akt mit einem Beitrag von Dr. Margret Ribbert, Basel: «‹In der Fremde› – ein Ausstellungsprojekt des Historischen Museums Basel zu Mobilität und Migration seit der Frühen Neuzeit».

2010:

18. Januar	Dr. Christina Reuter, Zürich: «Johann Caspar Lavaters Haltung gegenüber den Juden in ‹Pontius Pilatus›».
	2. Akt mit einem Beitrag von Dr. Margret Ribbert, Basel: «Ein ‹umrändertes Blättchen› von Johann Caspar Lavater für Pfarrer Sebastian Spörlin im Historischen Museum Basel» (mit Vorweisung des Originals).
1. Februar	Dr. Lothar Schmitt, Zürich: «Bleibende Werte. Erasmus von Rotterdam im Portrait». (In Zusammenarbeit mit den Burgenfreunden beider Basel.)
	2. Akt mit einem Beitrag von Ian David Holt, MA, Solothurn: «Mittelalterliche Handschriften und Drucke des 15. und 16. Jahrhunderts aus Basel in der Zentralbibliothek Solothurn».
15. Februar	Dr. Matthias Steinbrink, München: «Wolle und Wein, Fribourg und Frankfurt. Das Geschäft des Basler Kaufmanns Ulrich Meltinger im 15. Jahrhundert».
	2. Akt mit einem Beitrag von Kevin Heiniger, lic. phil., Basel: «‹... denn die französische Tugend

	scheint mir an einem kleinen Faden zu hängen.› Aus dem Pariser Reisetagebuch des Basler Tapezierers Joachim Weitnauer (1785–1848) von 1807».
1. März	Dr. des. Sara Janner, Basel: «Rudolf Wackernagel (1855–1925) und die Inszenierung der Stadtgeschichte im späten 19. Jahrhundert».
	2. Akt mit einem Beitrag von Dr. Franz Egger, Basel: «Wiederbelebung alter Sachkultur im Historismus: vom Schweizerdolch zum Armeedolch Ordonnanz 43».
15. März	Dres. Sabine Deschler-Erb, Markus Peter, Debora Schmid, Augst: «Krise, Kult und Kehricht: ein Blick in die Unterwelt von Augusta Raurica».

Die Vorträge hatten insgesamt 940 Besucher, das heisst 94 pro Vortrag.

Andere Anlässe
Der Gesellschaftsausflug 2010 führte am 23. Oktober nach Solothurn. Der Bericht dazu erscheint aus organisatorischen Gründen im nächsten Jahresbericht.

III. Bibliothek

Wir haben 452 Exemplare der «Basler Zeitschrift für Geschichte und Altertumskunde» verschickt und dafür 350 Publikationen im Tausch erhalten.

IV. Wissenschaftliche Unternehmungen

Publikationen: Der 109. Band der «Basler Zeitschrift für Geschichte und Altertumskunde» wurde von Dr. Hermann Wichers redigiert und umfasst 238 Seiten.

Mit dem Konsortium der Schweizer Hochschulbibliotheken konnte der Vertrag über die Digitalisierung der «Basler Zeitschrift für Geschichte und Altertumskunde» im Rahmen des Projekts «retro.seals.ch» unterzeichnet werden.

Basler Bibliographie: Der freie online-Zugriff auf die Basler Bibliographie erfolgt über den Katalog der Universitätsbibliothek Basel oder direkt über die Website www.ub.unibas.ch/spez.baselbib.htm. Ein Link dazu findet sich auch auf der Website der Historischen und Antiquarischen Gesellschaft zu Basel: www.unibas.ch/hag.

V. Tätigkeitsbericht der Archäologischen Bodenforschung Basel-Stadt in der «Basler Zeitschrift für Geschichte und Altertumskunde»

1988 wurde der vorher in der «Basler Zeitschrift für Geschichte und Altertumskunde» veröffentlichte Jahresbericht der Archäologischen Bodenforschung Basel-Stadt durch eine selbständige jährliche Publikation abgelöst. In der «Basler Zeitschrift für Geschichte und Altertumskunde» erschien seither noch ein Auszug aus dem umfangreichen Jahresbericht des Kantonsarchäologen. Ein neues Publikationskonzept der Archäologischen Bodenforschung führt nun zu grundsätzlichen Veränderungen in der Gestaltung ihres Jahresberichtes, welche es nicht mehr ermöglichen, für die «Basler Zeitschrift für Geschichte und Altertumskunde» eine Kurzfassung in der bisherigen Form vorzulegen. Der Tätigkeitsbericht des Kantonsarchäologen in der «Basler Zeitschrift für Geschichte und Altertumskunde» entfällt daher ab Band 110 (2010), verwiesen wird auf die ausführlichen eigenen Publikationen der Archäologischen Bodenforschung. Der Leiter der Archäologischen Bodenforschung und die Redaktoren der «Basler Zeitschrift für Geschichte und Altertumskunde» streben an, anstelle des regelmässigen Kurzberichtes vermehrt thematisch selbständige Darstellungen von Ergebnissen der Bodenforschung in der «Basler Zeitschrift für Geschichte und Altertumskunde» zu präsentieren.

Basel, im Oktober 2010   Die Vorsteherin: Dr. Margret Ribbert
                                                      Die Schreiberin: Erika von Nostitz

Jahresrechnung der Historischen und Antiquarischen Gesellschaft

1. Juli 2009 bis 30. Juni 2010

Erfolgsrechnung

	Aufwand CHF	Ertrag CHF
Ertrag		
Mitgliederbeiträge		30 343.00
Zinserträge / Entschädigungen		548.10
Staatsbeitrag		20 000.00
Verkauf UB Basler Zeitschrift		58.00
Auflösung Rückstellung		13 996.73
Aufwand		
Vortragskosten	24 375.47	
Spesen, Jahresbeiträge	8 478.55	
Buchbinderkosten / Porti UB	693.74	
Herstellungskosten Basler Zeitschrift	33 100.00	
(inkl. 452 Ex. für Tauschverkehr)		
Drucksachen	3 884.35	
Verlust		5 586.28
	70 532.11	70 532.11

Bilanz per 30. Juni 2010

	Aktiva CHF	Passiva CHF
Aktiven		
Postcheck	979.92	
Postcheck Deposito-Konto	2 194.35	
UBS AG, Privatkonto	2 136.82	
UBS AG, Sparkonto	51.80	
Debitor Eidg. Steuerverwaltung	24.90	
Debitor Univ.-Bibliothek	7 545.80	
Transitorische Aktiven	318.25	
Mobiliar	1.00	
Immobilien	1.00	
Passiven		
Rückstellung für Publikationen		55 900.00
Kapitalkonto		
– Verlustvortrag 104 059.88		
– Verlust 2008/09 .... 5 586.28	109 646.16	
Einzahlungen		77 000.00
Auszahlungen	10 000.00	
	132 900.00	132 900.00

Anlagen der Gesellschaft

Erfolgsrechnung 2009/2010

	Aufwand CHF	Ertrag CHF
Ertrag		
Zinsertrag		9 010.27
Wertschriftenertrag		16 502.13
Aufwand		
Bankspesen/Kursdifferenzen	2 417.02	
Veränderung der Marchzinsen	1 365.00	
Abschreibungen Wertschriften	14 423.35	
Zuweisung Fonds für Publikationen	2 083.23	
Zuweisung Andreas Heusler-Fonds	2 408.40	
Zuweisung Vortrags-Fonds	1 208.58	
Zuweisung Karl Stehlin-Fonds	1 606.82	
	25 512.40	25 512.40

Bilanz per 30. Juni 2010

	Aktiva CHF	Passiva CHF
Aktiven		
Bankguthaben Julius Bär CHF	88 104.51	
Bankguthaben Julius Bär EUR	6 243.00	
Debitor Eidg. Steuerverwaltung	3 469.20	
Marchzinsen	2 768.00	
Transitorische Rechnungsabgrenzungen	2 900.00	
Wertschriften	501 565.44	
Passiven		
Transitorische Rechnungsabgrenzungen		1 860.00
Auszahlungen	77 000.00	
Einzahlungen		10 000.00
Kreditor Fonds für Publikationen		144 858.52
Kreditor Andreas Heusler-Fonds		192 057.10
Kreditor Vortrags-Fonds		91 930.69
Kreditor Karl Stehlin-Fonds		241 343.84
	682 050.15	682 050.15

Erfolgsrechnung Fonds für Publikationen

	Aufwand CHF	Ertrag CHF
Ertrag		
Anteil Anlagen Gesellschaft		2 083.23
Aufwand		
Autorenhonorare BZ	2 340.00	
20% Zinsgewinn an Kapital	416.65	
Verlust 2009/10		673.42
	2 756.65	2 756.65

Erfolgsrechnung Andreas Heusler-

	Aufwand CHF	Ertrag CHF
Ertrag		
Anteil Anlagen Gesellschaft		2 408.40
Aufwand		
25% Zinsgewinn an Kapital	602.10	
Gewinn 2009/10	1 806.30	
	2 408.40	2 408.40

Erfolgsrechnung Vortrags-

	Aufwand CHF	Ertrag CHF
Ertrag		
Anteil Anlagen Gesellschaft		1 208.58
Aufwand		
20% Zinsgewinn an Kapital	241.72	
Gewinn 2009/10	966.86	
	1 208.58	1 208.58

2009/10 — Bilanz per 30. Juni 2010

	Aktiva CHF	Passiva CHF
Aktiven		
Anteil Anlagen Gesellschaft	144 858.52	
Passiven		
Kapitalkonto		129 537.78
Gewinn- und Verlustkonto		
– Vortrag 15 994.16		
– Verlust 2009/10 .... −673.42		15 320.74
	144 858.52	144 858.52

Fonds 2009/10 — Bilanz per 30. Juni 2010

	Aktiva CHF	Passiva CHF
Aktiven		
Anteil Anlagen Gesellschaft	192 057.10	
Passiven		
Kapitalkonto		163 005.82
Gewinn- und Verlustkonto		
– Vortrag 27 244.98		
– Verlust 2008/09 .... 1 806.30		29 051.28
	192 057.10	192 057.10

Fonds 2009/10 — Bilanz per 30. Juni 2010

	Aktiva CHF	Passiva CHF
Aktiven		
Anteil Anlagen Gesellschaft	91 930.69	
Passiven		
Kapitalkonto		62 741.12
Gewinn- und Verlustkonto		
– Vortrag 28 222.71		
– Verlust 2008/09 .... 966.86		29 189.57
	91 930.69	91 930.69

Karl Stehlin-Fonds 2009/10

Erfolgsrechnung

	Aufwand CHF	Ertrag CHF
Ertrag		
Spende		100 000.00
Verkaufserlös «Führer Augusta Raurica D» neu 98		2 120.00
Verkaufserlös «Führer Augusta Raurica F»		780.00
		1 606.82
Aufwand		
Bestandesabnahme Bücher	3 430.40	
Unkosten	30 540.00	
Gewinn 2009/10	70 536.42	
	104 506.82	104 506.82

Bilanz per 30. Juni 2010

	Aktiva CHF	Passiva CHF
Aktiven		
Anteil Anlagen Gesellschaft	241 343.84	
Bestandeskonto «Führer Augusta Raurica D» neu 98	6 270.00	
Bestandeskonto «Führer Augusta Raurica F»	3 460.80	
Passiven		
Kapitalkonto		
– Gewinnvortrag 180 538.22		
– Gewinn 2009/10 .... 70 536.42		251 074.64
	251 074.64	251 074.64

Basel, den 17. September 2010   lic. iur. M. Wepfer, Seckelmeister

Vom Vorstand genehmigt am 23. September 2010

Obige Rechnung geprüft und für richtig befunden.

Basel, den 20. September 2010   gez. Dr. rer. pol. Werner Schupp

                                                       gez. Dr. rer. pol. Anton Föllmi

Verzeichnis

der von der Historischen und Antiquarischen Gesellschaft zu Basel herausgegebenen selbständigen Publikationen.

Stand von Ende 2010
Alle früheren Verzeichnisse sind dadurch aufgehoben.

Es sind nur die noch erhältlichen Veröffentlichungen aufgeführt. Wo es nicht anders angegeben ist, sind sie beim Schwabe Verlag, Auslieferung, Tel. +41 (0)61 467 85 75, Fax +41 (0)61 467 85 76, E-Mail: auslieferung@schwabe.ch, zu beziehen.
(Zur Publikationstätigkeit der Gesellschaft vgl. die Darstellung der Gesellschaftsgeschichte durch Eduard His, Basler Zeitschrift, Bd. 35, 1936, S. 57–70, und durch Max Burckhardt, Basler Zeitschrift, Bd. 86, 1986, S. 19–56).

Die Statuten der Philosophischen Fakultät der Universität Basel. Nach der in der Fakultätsmatrikel enthaltenen Fassung herausgegeben von Carl Christoph Bernoulli. Basel 1907. ISBN 978-3-7965-2525-4

Der Stadthaushalt Basels im ausgehenden Mittelalter. Herausgegeben von Bernhard Harms. Abt. 1, Bde. 1–3. Tübingen 1909–1913. ISBN 978-3-7965-2527-8

Die Statuten der Theologischen Fakultät der Universität Basel. Im Auftrag der Historischen und antiquarischen Gesellschaft zu Basel herausgegeben von Carl Christoph Bernoulli. Basel 1910. ISBN 978-3-7965-2526-12

Wappenbuch der Stadt Basel. Herausgegeben von Wilhelm Richard Staehelin. Zeichnungen von Carl Roschet. Teil 1, Folgen 1–5; Teil II, Folgen 1–5; Teil III, Folge 1. Basel 1917–1930 (nicht fortgesetzt). ISBN 978-3-7965-2528-5

Aktensammlung zur Geschichte der Basler Reformation in den Jahren 1519 bis Anfang 1534. Herausgegeben von Emil Dürr und Paul Roth. Basel 1921–1950. Bde. 2 und 3 vergriffen. ISBN 978-3-7965-2529-2

Briefwechsel des Basler Ratschreibers Isaak Iselin mit dem Luzerner Ratsherrn Felix Balthasar. Herausgegeben von Ferdinand Schwarz (Sonderdruck aus BZGA 24, 1925). ISBN 978-3-7965-2538-4

Briefwechsel zwischen Philipp Anton v. Segesser und Andreas Heusler Ryhiner 1842–1867. Festgabe zum Anlass des 600. Jahrestages des ewigen Bundes von Luzern und der Eidgenossenschaft. Herausgegeben von Eduard His (Sonderdruck aus BZGA 31, 1932). ISBN 978-3-7965-2539-1

Johannes de Segovia, *Historia gestorum generalis synodi Basiliensis.* Vol. 2, pars 5 (Editionem continuaverunt Carolus Stehelin et Conradus G. Hieronimus). Basel 1932. Vol. 3. Ad Joh. de Segobiae editionem Epilogus, Emendationes, Index alphabeticus. Ad finem perduxerunt Carolus Stehlin et al. Basel 1935 (= Monumenta conciliorurn generalium saec. XV. Scriptorum tom. 3, fasc. 5; tom. 4). ISBN 978-3-7965-2531-5

Das Hochstift Basel im ausgehenden Mittelalter (Quellen und Forschungen). Bearbeitet von Konrad W. Hieronimus. Basel 1938. ISBN 978-3-7965-2532-2

Das Tagebuch des Johannes Gast. Bearbeitet von Paul Burckhardt (Basler Chronik Bd. 8). Basel 1945. ISBN 978-3-7965-2524-7

Register der Personen- und Ortsnamen zu Rudolf Wackernagels Geschichte der Stadt Basel. Auf Grund der nachgelassenen Handschrift von Eduard VonderMühll im Auftrag der Historischen und Antiquarischen Gesellschaft zu Basel bearbeitet und herausgegeben von Johannes Karl Lindau. Basel 1954. ISBN 978-3-7965-1292-6

Ludwig Berger, *Die Ausgrabungen am Petersberg in Basel. Ein Beitrag zur Frühgeschichte Basels.* Verfasst im Auftrag der Historischen und Antiquarischen Gesellschaft zu Basel. Basel 1963. ISBN 978-3-7965-2533-9

Festgabe Hans Georg Wackernagel zum 70. Geburtstag (BZGA 65, 1965, Nr. 1)

Andreas Ryff, *Der Rappenkrieg.* Herausgegeben und eingeleitet von Friedrich Meyer (Sonderdruck aus BZGA 66, 1966). ISBN 978-3-7965-2541-4

Thomas Platter d.J., Beschreibung der Reisen durch Frankreich, Spanien, England und die Niederlande (1595–1600). Im Auftrag der Historischen und Antiquarischen Gesellschaft zu Basel herausgegeben von Rut Keiser. Zwei Bände (Basler Chroniken Bd. 9/I und 9/II). Basel, Schwabe 1968. ISBN 978-3-7965-0206-4

Festgabe Werner Kaegi dargebracht zum 70. Geburtstag am 26. Februar 1971 von der Historischen und Antiquarischen Gesellschaft zu Basel (BZGA 71, 1971, Nr. 1)

Andreas Ryff, *Reisebüchlein.* Herausgegeben und eingeleitet von Friedrich Meyer. Mit einem Beitrag von Elisabeth Landolt (Sonderdruck aus BZGA 72, 1972). ISBN 978-3-7965-2542-1

Josef Rosen, *Die Universität Basel im Staatshaushalt 1460 bis 1535* (Sonderdruck aus BZGA 72, 1972). ISBN 978-3-7965-2548-3

Festgabe Albert Bruckner zum siebzigsten Geburtstag am 13. Juli 1974 überreicht von Freunden und Schülern (BZGA 74, 1974, Nr. 1)

Ludwig Berger, *Archäologischer Rundgang durch Basel.* Basel 1981. ISBN 978-3-7965-2534-6

Aus der Geschichte der Historischen und Antiquarischen Gesellschaft zu Basel. Von Max Burckhardt, mit einem Beitrag von Alfred R. Weber (Festgabe zum 150jährigen Bestehen der Historischen und Antiquarischen Gesellschaft zu Basel, BZGA 86, 1986, Nr. 1). ISBN 978-3-7965-2552-0

Rudolf Laur-Belart, *Guide d'Augusta Raurica,* 5ᵉ édition augmentée et revue par Ludwig Berger. 1991. ISBN 978-3-7965-2536-0

Andreas Staehelin zum 65. Geburtstag (BZGA 91, 1991)

Ludwig Berger, *Führer durch Augusta Raurica.* 6. Auflage, mit einem Beitrag von Thomas Hufschmid. 1998. ISBN 978-3-7965-2535-3

Das Haushaltsbuch des Basler Bischofs Johannes von Venningen (1458–1478). Herausgegeben von Volker Hirsch und Gerhard Fouquet (Basler Chroniken 12). Basel, Schwabe 2009. ISBN 978-3-7965-2442-4

Basler Zeitschrift für Geschichte und Altertumskunde (BZGA)
Herausgegeben von der Historischen und Antiquarischen
Gesellschaft zu Basel

BZGA 105
Schwerpunktthema: **Strom, Gas und Vitamin C**
**Energienutzung und wissenschaftlich-industrielle Innovation
in Basel 1900–1950. Drei Fallbeispiele**
2005. 274 Seiten, 24 Abbildungen, davon 18 in Farbe, 1 Tabelle.
Broschiert. ISBN 978-3-7965-2521-6

BZGA 106
Schwerpunktthema: **Migration, Integration, Einbürgerung
Aspekte der Zuwanderung nach Basel im späten
19. und im 20. Jahrhundert**
2006. 244 Seiten, 21 Abbildungen, davon 9 in Farbe, 1 Tabelle,
4 Grafiken. Broschiert. ISBN 978-3-7965-2522-3

BZGA 107
Schwerpunktthema: **Sportgeschichten**
2007. 238 Seiten, 33 Abbildungen, davon 8 in Farbe, 1 Tabelle.
Broschiert. ISBN 978-3-7965-2523-0

BZGA 108
Schwerpunktthema: **Helvetia Sacra – Katholisches Basel
Regionale Beiträge zum Abschluss eines nationalen
Forschungsunternehmens**
2008. 254 Seiten, 30 Abbildungen, davon 2 in Farbe, 2 Tabellen.
Broschiert. ISBN 978-3-7965-2520-9

BZGA 109
Schwerpunktthema: **Aus der Geschichte der Universität Basel**
2009. 238 Seiten, 27 Abbildungen, davon 5 in Farbe. Broschiert.
ISBN 978-3-7965-2589-6

BZGA 110
Schwerpunktthema: **Scriptorium und Offizin**
2010. 318 Seiten, 76 Abbildungen, davon 59 in Farbe, 1 Tabelle.
Broschiert. ISBN 978-3-7965-2687-9

Schwabe Verlag Basel   www.schwabe.ch

Verzeichnis der Autorinnen und Autoren

Dr. Patrick Andrist, Hochfeldstrasse 115, CH-3012 Bern
Dr. Charlotte Bretscher, Zentral- und Universitätsbibliothek Luzern, CH-6002 Luzern
Dr. Ueli Dill, Universitätsbibliothek Basel, CH-4056 Basel
Prof. Dr. Christoph Eggenberger, Zentralbibliothek Zürich, CH-8001 Zürich
Dr. Rudolf Gamper, Kantonsbibliothek St. Gallen/Vadianische Sammlung, CH-9000 St. Gallen
Dr. Martin Germann, Klosbachstrasse 150, CH-8032 Zürich
Ariane Huber Hernández, lic. phil., Burgerbibliothek Bern, CH-3000 Bern
Dr. Beat Rudolf Jenny, Universitätsbibliothek Basel, CH-4056 Basel
Dr. Christoph Jungck, Sommergasse 46, CH-4056 Basel
Peter Kamber, lic. phil., Zentral- und Universitätsbibliothek Luzern, CH-6002 Luzern
Dr. Mikkel Mangold, Zentral- und Universitätsbibliothek Luzern, CH-6002 Luzern
Dr. Martin Möhle, Basler Denkmalpflege, CH-4058 Basel
Dr. Fritz Nagel, Universitätsbibliothek Basel, CH-4056 Basel
Dr. Jean-Claude Rebetez, Archives de l'Ancien Évêché de Bâle, CH-2900 Porrentruy
Dr. Martin Roland, Otto Pächt-Archiv am Institut für Kunstgeschichte der Universität Wien, A-1090 Wien
Dr. Beat von Scarpatetti, Neusatzweg 7, CH-4102 Binningen
Prof. Dr. Silvana Seidel Menchi, Dipartimento di Storia, Università di Pisa, I-56126 Pisa
Marlis Stähli, MA, Zentralbibliothek Zürich, CH-8001 Zürich
Dr. Pierre Louis Van der Haegen, Rennweg 92, CH-4052 Basel

Das Signet des 1488 gegründeten
Druck- und Verlagshauses Schwabe
reicht zurück in die Anfänge der
Buchdruckerkunst und stammt aus
dem Umkreis von Hans Holbein.
Es ist die Druckermarke der Petri;
sie illustriert die Bibelstelle
Jeremia 23,29: «Ist nicht mein Wort
wie Feuer, spricht der Herr,
und wie ein Hammer, der Felsen
zerschmettert?»